经以济世
建行尚真

贺教务印
刷关文向项目
心手互融

李瑞林

教育部哲学社會科學研究重大課題攻關項目

中国产业竞争力研究

STUDY ON CHINA'S INDUSTRIAL COMPETITIVENESS

赵彦云

等著

经济科学出版社

Economic Science Press

图书在版编目（CIP）数据

中国产业竞争力研究／赵彦云等著．—北京：经济科学
出版社，2009.9
（教育部哲学社会科学研究重大课题攻关项目）
ISBN 978 – 7 – 5058 – 7597 – 5

Ⅰ．中…　Ⅱ．赵…　Ⅲ．产业 – 市场竞争 – 研究 – 中国
Ⅳ．F121.3

中国版本图书馆 CIP 数据核字（2009）第 013356 号

责任编辑：王　瑛
责任校对：徐领弟　杨晓莹
版式设计：代小卫
技术编辑：潘泽新　邱　天

中国产业竞争力研究

赵彦云　等著

经济科学出版社出版、发行　新华书店经销

社址：北京市海淀区阜成路甲 28 号　邮编：100142

总编部电话：88191217　发行部电话：88191540

网址：www.esp.com.cn

电子邮件：esp@esp.com.cn

北京中科印刷有限公司印装

787 × 1092　16 开　26 印张　490000 字

2009 年 9 月第 1 版　2009 年 9 月第 1 次印刷

印数：0001—8000 册

ISBN 978 – 7 – 5058 – 7597 – 5　定价：58.00 元

课题组主要成员

（按姓氏笔画为序）

李正辉　　李亚杰　　李静萍　　张明倩

陈　芳　　陈卫平　　郭淡泊　　甄　峰

谭英平

编审委员会成员

主 任　孔和平　罗志荣

委 员　郭兆旭　吕　萍　唐俊南　安　远

　　　　文远怀　张　虹　谢　锐　解　丹

总　序

哲学社会科学是人们认识世界、改造世界的重要工具，是推动历史发展和社会进步的重要力量。哲学社会科学的研究能力和成果，是综合国力的重要组成部分，哲学社会科学的发展水平，体现着一个国家和民族的思维能力、精神状态和文明素质。一个民族要屹立于世界民族之林，不能没有哲学社会科学的熏陶和滋养；一个国家要在国际综合国力竞争中赢得优势，不能没有包括哲学社会科学在内的"软实力"的强大和支撑。

近年来，党和国家高度重视哲学社会科学的繁荣发展。江泽民同志多次强调哲学社会科学在建设中国特色社会主义事业中的重要作用，提出哲学社会科学与自然科学"四个同样重要"、"五个高度重视"、"两个不可替代"等重要思想论断。党的十六大以来，以胡锦涛同志为总书记的党中央始终坚持把哲学社会科学放在十分重要的战略位置，就繁荣发展哲学社会科学做出了一系列重大部署，采取了一系列重大举措。2004 年，中共中央下发《关于进一步繁荣发展哲学社会科学的意见》，明确了新世纪繁荣发展哲学社会科学的指导方针、总体目标和主要任务。党的十七大报告明确指出："繁荣发展哲学社会科学，推进学科体系、学术观点、科研方法创新，鼓励哲学社会科学界为党和人民事业发挥思想库作用，推动我国哲学社会科学优秀成果和优秀人才走向世界。"这是党中央在新的历史时期、新的历史阶段为全面建设小康社会，加快推进社会主义现代化建设，实现中华民族伟大复兴提出的重大战略目标和任务，为进一步繁荣发展哲学社会科学指明了方向，提供了根本保证和强大动力。

高校是我国哲学社会科学事业的主力军。改革开放以来，在党中央的坚强领导下，高校哲学社会科学抓住前所未有的发展机遇，紧紧围绕党和国家工作大局，坚持正确的政治方向，贯彻"双百"方针，以发展为主题，以改革为动力，以理论创新为主导，以方法创新为突破口，发扬理论联系实际学风，弘扬求真务实精神，立足创新、提高质量，高校哲学社会科学事业实现了跨越式发展，呈现空前繁荣的发展局面。广大高校哲学社会科学工作者以饱满的热情积极参与马克思主义理论研究和建设工程，大力推进具有中国特色、中国风格、中国气派的哲学社会科学学科体系和教材体系建设，为推进马克思主义中国化，推动理论创新，服务党和国家的政策决策，为弘扬优秀传统文化，培育民族精神，为培养社会主义合格建设者和可靠接班人，做出了不可磨灭的重要贡献。

自 2003 年始，教育部正式启动了哲学社会科学研究重大课题攻关项目计划。这是教育部促进高校哲学社会科学繁荣发展的一项重大举措，也是教育部实施"高校哲学社会科学繁荣计划"的一项重要内容。重大攻关项目采取招投标的组织方式，按照"公平竞争，择优立项，严格管理，铸造精品"的要求进行，每年评审立项约 40 个项目，每个项目资助 30 万～80 万元。项目研究实行首席专家负责制，鼓励跨学科、跨学校、跨地区的联合研究，鼓励吸收国内外专家共同参加课题组研究工作。几年来，重大攻关项目以解决国家经济建设和社会发展过程中具有前瞻性、战略性、全局性的重大理论和实际问题为主攻方向，以提升为党和政府咨询决策服务能力和推动哲学社会科学发展为战略目标，集合高校优秀研究团队和顶尖人才，团结协作，联合攻关，产出了一批标志性研究成果，壮大了科研人才队伍，有效提升了高校哲学社会科学整体实力。国务委员刘延东同志为此做出重要批示，指出重大攻关项目有效调动各方面的积极性，产生了一批重要成果，影响广泛，成效显著；要总结经验，再接再厉，紧密服务国家需求，更好地优化资源，突出重点，多出精品，多出人才，为经济社会发展做出新的贡献。这个重要批示，既充分肯定了重大攻关项目取得的优异成绩，又对重大攻关项目提出了明确的指导意见和殷切希望。

作为教育部社科研究项目的重中之重，我们始终秉持以管理创新服务学术创新的理念，坚持科学管理、民主管理、依法管理，切实增强服务意识，不断创新管理模式，健全管理制度，加强对重大攻关项目的选题遴选、评审立项、组织开题、中期检查到最终成果鉴定的全过程管理，逐渐探索并形成一套成熟的、符合学术研究规律的管理办法，努力将重大攻关项目打造成学术精品工程。我们将项目最终成果汇编成"教育部哲学社会科学研究重大课题攻关项目成果文库"统一组织出版。经济科学出版社倾全社之力，精心组织编辑力量，努力铸造出版精品。国学大师季羡林先生欣然题词："经时济世 继往开来——贺教育部重大攻关项目成果出版"；欧阳中石先生题写了"教育部哲学社会科学研究重大课题攻关项目"的书名，充分体现了他们对繁荣发展高校哲学社会科学的深切勉励和由衷期望。

创新是哲学社会科学研究的灵魂，是推动高校哲学社会科学研究不断深化的不竭动力。我们正处在一个伟大的时代，建设有中国特色的哲学社会科学是历史的呼唤，时代的强音，是推进中国特色社会主义事业的迫切要求。我们要不断增强使命感和责任感，立足新实践，适应新要求，始终坚持以马克思主义为指导，深入贯彻落实科学发展观，以构建具有中国特色社会主义哲学社会科学为己任，振奋精神，开拓进取，以改革创新精神，大力推进高校哲学社会科学繁荣发展，为全面建设小康社会，构建社会主义和谐社会，促进社会主义文化大发展大繁荣贡献更大的力量。

教育部社会科学司

前 言

目前，中国的发展正面临重要机遇期，机遇大于挑战，因此，全面认识中国产业竞争力的潜力和发展路径是非常重要的一项研究。教育部确立"中国产业竞争力研究"的重大课题攻关项目（项目批准号：03JZD0016）是迎合时代需要的，也是发挥社会科学研究引领与科学决策作用的具体体现。我们的研究努力追求世界学术前沿，但同时注重竞争力非常具体的特性，深入研究和深刻理解发达国家学者的理论，联系我国实际，提出为我们应用的产业竞争力钻石模型。我们的学术研究密切联系我国实际问题，并大量使用统计数据作出各种模型分析，有比较大的学术价值，因此，在广泛的国际交流中，得到很多国际同行的认可。我们的产业竞争力研究一直面向解决我国重大实际问题，因此，在研究中一直与政府部门、银行及有关单位保持密切的互动关系。我们的制造业产业竞争力研究成果，曾经提供给商务部产业损害调查局，国家发改委产业政策司、地区司、国际合作司，国家统计局工交司，国家开发银行投资局，中国工商银行信贷部等单位。在产业竞争力七大要素、主要决定因素、国际比较和产业间优劣势评估等方面的成果，更直接为实际部门服务。中国旅游业竞争力研究，直接为国家旅游局服务，在我国旅游业发展的国际比较和旅游强国分析研究中发挥了积极的作用。中国文化产业竞争力研究，从国际和国内区域与城市两个层面展开，突出文化产业的作用，文化对经济发展的基础和推动作用，为我国文化竞争力和文化产业竞争力两个层面，提供了全新系统的实证分析，为我国发挥文化优势，提升国家经济竞争力和产业竞争力提供科学和现实的依据。针对我国服务业相对滞后的局面，我们立足国际竞争力的比较，全面剖析比较存在的问题，发掘发达国家经验，为提升我国服务业，实现全面振兴提供了科学和客观的依据。中国环保产业竞争力是一项前所未有的研究，我们联系可持续发展理论，深入研究统计问题，提出了我国环保产业竞争力分析框架，并作出了实证分析，得到了非常有实际价值的结论。在中国农业产业竞争力方面，我们突出了从贸易角度和技术效率角度的研究，追求从产业内贸易的深入分析之中评价我国主要农业地区的竞争力问题，并提出解决的对策。

中国经济增长方式转变过程中，提升产业竞争力是根本的问题。我们的研究构建了产业竞争力信息平台，为企业、产业、金融机构、政府部门一体化分析与决策设施和机制提供科学的设计和应用案例式研究，这可以弥补我国市场经营中有效信息缺失，特别是系统加工的产业信息缺失加重的重复建设、低水平繁衍、盲目竞争、恶性竞争等问题，由此将产生巨大的社会效益。我们不仅追求技术方法和应用理论的创新，还追求相关国内外数据的搜集、加工整理和开发应用，为适应政府管理需要的产业竞争力数据库提供基础性成果。这是信息化走向科学分析、科学决策的基本前提，我们的研究为此作出了巨大的努力，也得到社会的认可。

我们的研究一直与政府部门和社会需求互动发展，研究成果得到了有关政府部门如商务部、国家发改委、国家旅游局和金融机构，如中国工商银行、国家开发银行，以及北京市、深圳市、西藏等地方政府的肯定。我们的研究成果多次参加国内外学术会议或论坛，得到非常高的评价。芬兰世界银行中国造纸业发展分析研究课题组专门向我们咨询产业竞争力分析方法、数据和分析成果。荷兰联合国大学发展中国家产业发展研究课题组委托我们为他们提供改革开放以来中国纺织、服装业发展过程的竞争力优势和领头羊优势企业的分析报告。西班牙蒙特罗·洛伦孛（Montero Lorenzo）教授委托我们提供中国与欧盟经济合作发展的分析报告，该报告被翻译成西班牙文在西班牙国内重要杂志上发表。我们的研究论文在参加越南国际会议时，得到了越南英文报纸的全面介绍。我们的研究成果在澳大利亚、意大利、日本、韩国也有比较大的影响。

　　中国产业竞争力研究方兴未艾，希望我们的研究能够为此奠定重要基础，也希望我们的研究为中国产业竞争力的全面提升作出积极的贡献。

摘　要

一、中国产业竞争力钻石模型设计的理论及客观依据

1993 年以来，我们在国际竞争力、区域和城市竞争力、产业竞争力和企业竞争力，以及在有关专题的竞争力研究基础上，得到一个基本的认识，就是中国改革开放以来完善起来的社会主义市场经济制度非常适合竞争力发展空间的系统关系发展，即是核心竞争力、基础竞争力和环境竞争力协调发展的制度基础。尽管这个制度还没有达到目标下的完善，但是，作为提升和培育产业竞争力的基础平台，它特别适合整合政府、金融、区域、产业和企业的竞争力资源。我们按照这样的经验和理念，在全面跟踪世界学术前沿，考察世界经济论坛（WEF）、瑞士洛桑国际管理发展学院（IMD）、欧洲联盟贸易竞争司、英国贸工部，以及中国驻世界贸易组织（WTO）使团、中国驻欧盟使团之后，结合关于我国产业竞争力的实证分析研究，提出了中国产业竞争力的钻石模型，包括它的理论基础，即国家、产业、企业竞争力关系和产业集聚竞争力、竞争力资源的基本理论。我们关于中国各个产业竞争力的研究都是在这个钻石模型基础上，联系我国产业发展实际和特点作出设计和研究的。我们也在模型上追求实证的解释，希望这个钻石模型能够进一步推动中国产业竞争力的理论研究。

二、中国产业竞争力的模型创新

我们前期已经在竞争力模型，特别是有关分析中国国际竞争力、产业与企业竞争力、区域与城市竞争力方面做了大量的研究（参见《国际竞争力统计模型及应用研究》，中国标准出版社 2005 年版），这次研究我们完成了中国制造业模型的设计和分析，在利用外资、研究与开发、人力资本、市场竞争力、国际贸易与产出水平、增长水平和效率水平决定关系上得到了非常有价值的结论。对于中国产业聚集竞争力模型、中国旅游强国潜力分析模型、中国文化国际竞争力模型、

中国农业产业内贸易模型等产业分析模型作出了全面深入的设计和应用研究。在产业竞争力评价模型方法上，我们提出了对称性设计的理论和方法，并应用于许多产业的国际竞争力和区域产业竞争力评价的具体体系设计上。

三、中国产业竞争力的应用研究与创新

我们的应用研究基本上在两个层面展开，产业国际竞争力和国内区域产业竞争力，并努力将两个层面的分析研究连成一个分析研究的整体。就中国产业国际竞争力，我们的全新研究是：（1）中国企业管理软国际竞争力研究，设计了分析体系，全面分析研究了我国企业管理软国际竞争力与世界主要国家和地区的差异、问题和如何发展。（2）中国制造业产业国际竞争力研究，包括三个角度的研究，一是从制造业核心竞争力、基础竞争力、环境竞争力全面比较中国与世界的差异、问题，并研究如何发展；二是运用经济合作与发展组织（OECD）20个国家和地区的投入产出表数据进行产业国际竞争力分析研究，全面比较产业链条关系的竞争力问题；三是基于国际贸易数据，进行分细类产业的国际贸易竞争力分析研究。（3）中国文化产业国际竞争力研究，设计了评价体系，比较了中国与世界强国（地区）的差异与问题，研究了文化产业发展与经济发展互动模式，提出我国的文化价值推动。（4）中国旅游业强国潜力模型的分析应用，用统计模型筛选世界最优旅游强国（地区）群，基于强国（地区）群建模分析我国经济发展各阶段的旅游发展规模和水平。（5）提出我国服务业国际竞争力模型，全面分析研究我国与世界各国和地区的差距、原因，提出发展对策。就国内区域产业竞争力，我们的创新性研究是：（1）31个省市自治区制造业产业竞争力研究，包括分具体行业用全国20多万家规模以上企业数据进行系统分析。（2）制造业国内市场产业国际竞争力分析研究，即按照外资企业、港澳台企业、国有企业、股份制企业、私营企业等经济类型分组的竞争力水平差异和竞争力优劣势分析。（3）中国工业产业间竞争力分析研究，全新分析各个产业之间的竞争力优劣势，为完善我国工业竞争关系，实现快速高效发展提供研究依据。（4）中国31个省市自治区、27个城市旅游产业竞争力分析研究。（5）中国31个省市自治区文化产业竞争力评价分析研究（见《中国人民大学学报》2006年第4期，第72~82页）。（6）中国31个省市自治区环保产业竞争力分析研究。（7）中国农业竞争力研究，包括产业内贸易和具体产品如大豆、水稻的分析研究。

Abstract

1. Theory and Objective basis for the Design of Diamond Model of China's Industrial Competitiveness

Based on the studies of related competitiveness subjects such as international competitiveness, regional and city's competitiveness, industrial competitiveness and enterprises competitiveness, a consensus has been reached since 1993 that the socialist market economy system, which has been improved since the reform and the opening-up, is suitable for the development of systematic relationships in the competitiveness development space. In other words, the socialist market economy system is the foundation for the coordinated development of core competitiveness, fundamental competitiveness and environmental competitiveness. As a platform of cultivating and improving the industrial competitiveness, the socialist market economy system is fit for integrating the competitive resources in the government, finance, regions, industries and enterprises, although it hasn't reached the targeted perfection. In accordance with such experience and ideas, we put forward a diamond model and its theoretical basis for China's industrial competitiveness, after we investigated the World Economic Forum (WEF), Institute of International Management and Development in Lausanne (IMD), Competitiveness Council of European Union, Department of Trade and Industry of United Kingdom, as well as the Mission of China to the World Trade Organization (WTO) and that to the European Union. Tracking the forefront of academic world, this model came into being after an empirical and analytical study on China's industrial competitiveness. The theoretical basis consists of some basic theories about the relationships among national, industrial and enterprise competitiveness and the competitiveness of industrial cluster and resources of competition. Our study of industrial competitiveness in each sector is based on the theory and method system of the diamond model. We are also seeking for an empirical explanation based on this model, hoping it can further promote the theoretical study of industrial competitiveness of China.

2. Innovation on Research Model of China's Industrial Competitiveness

Our former study has focused on competitiveness models, especially the applied model to analyze international competitiveness, industrial competitiveness, regional and city's competitiveness. (See *International Competitiveness Models and its Application*. 2005. China Standards Press) Through this research, we completed the design and analysis of the Chinese manufacturing sector's industrial competitiveness and got many valuable results about FDI, R&D, human resources, market competitiveness, international trade, and their relations with output, growth rate and efficiency. With regard to models in areas of industrial Cluster competitiveness, tourism sector's potential competitiveness, culture sector's international competitiveness and agricultural inner-sector's trade and so on, we also made comprehensive and in-depth design and applied research. In the assessment model of industrial competitiveness, we came up with theories and methods of symmetric design, and applied them to the design of many specific assessment systems of sectors' and regions' international competitiveness.

3. Applied Research and Innovation of the Study of China's Industrial Competitiveness

Our applied research opens up on two levels, i. e. industrial international competitiveness and regional international competitiveness, and we try to combine and compare the results of the two different levels. The brand new research on China's industrial international competitiveness mainly includes the following areas: (1) study on the soft international competitiveness of China's enterprise management. At this aspect, we designed an analytical system and conducted comprehensive analysis and study on the disparity between China's soft competitiveness of enterprise management and that of other major countries and regions, the problems and on how to develop; (2) three-perspective studies on China's manufacturing international competitiveness, the first perspective is comparison between China and the rest of the world with regard to core competitiveness, fundamental competitiveness and environmental competitiveness and study on how to develop China's industrial competitiveness; the second is input-output study on international competitiveness to understand the value chain with data of OECD, collecting from twenty countries and regions and a comprehensive comparison of different industrial chains in respect of the competitiveness ; the third is study on international trade competitiveness based on data of international trade by subdivided category; (3) study on China's industrial competitiveness of culture sector, including the design of assessment system, the analysis of interaction of culture industry and economic development and the importance of culture moral values; (4) putting forward China's industrial competitiveness model of tourism sector and the potential situation comparing with the best tourism countries, and the analysis of tourism sector's development process; (5) raising China's international competitiveness model of service sector, with the analysis of gap with developed countries and suggestion for improvement.

In the regional comparative study on industrial competitiveness of different sectors, our work covers the following innovation fields: (1) the research on manufacturing competitiveness of thirty-one provinces and cities, including the application of firm data based on more than 200, 000 Chinese firms; (2) the analysis and research of manufacturing sector's international competitiveness in the domestic market under the classification of firm status by ownership, including foreign-funded enterprises, enterprises with funds of Hong Kong, Macao, and Taiwan, state-owned enterprises, joint-stock enterprises, private enterprises and others; (3) the comparative analysis of industrial competitiveness among sectors, which gives a new viewpoint to understand the advantages and disadvantages of different sectors, and provides a research basis for improving industrial competition of China and achieving the high-speed development; (4) the analysis on China's industrial competitiveness of tourism sector among thirty-one provinces, municipality and autonomous regions and twenty-seven cities; (5) analysis on the assessment of China's industrial competitiveness of culture sector of thirty-one provinces, cities and autonomous regions (see Journal of Renmin University of China. 2006. Issue 4. P72-82); (6) the analysis on China's industrial competitiveness of environmental protection sector among thirty-one provinces, cities and autonomous regions; (7) the research on China's industrial competitiveness of agriculture, including the inner-sector trade and products like soybean and rice.

目 录

Contents

Contents

Part III

China's Industrial Competitiveness Research by Subjects   179

第一部分

中国产业
竞争力理论方法与
模型研究

第一章

中国产业竞争力理论

一、中国产业竞争力研究的基本问题

20 世纪 80 年代兴起、90 年代成为世界热点的国际竞争力研究，在经济全球化和信息技术革命，以及高新技术产业快速发展的推动下逐步成为重要研究领域，受到世界各国的广泛关注。经济的竞争，归根到底是产业的竞争。一个国家或地区整体经济竞争力的强弱，正是由其主要产业竞争力的强弱决定的。对于我国来讲，随着经济全球化的加速发展，以及我国加入世界贸易组织承诺的落实，关于各产业如何应对日益开放的国际大市场带来的机遇和挑战，成为企业、产业、政府、研究机构，乃至老百姓等各方面关注的问题，对产业竞争力的研究更是愈发凸显了其重要性。

中国地大物博，市场潜力和人力资源，以及人民的勤劳致富、政府强化指导等都具有很强的国际竞争力。但是，从 1994 年到 2006 年，我国的国际竞争力排名一直徘徊在第 28 名左右的水平。根据我们长期的跟踪分析研究，其问题主要是我国产业竞争力，以及产业竞争力之下的企业竞争力乏力造成的。产业竞争力已经成为提升中国国际竞争力的关键瓶颈，它阻碍我国其他竞争力优势的发挥。因此，全面研究，深入分析我国产业竞争力问题具有重要的时代价值。

从我国实际看，改革开放以来，我国的产业规模和产业门类发展是非常快的，制造业在三次产业中的比重已经达到比较高的水平，但是制造业内部结构仍很不合理，主要是高附加值、高技术含量的产业和产品比重不高。由于利益机制的推动和投资主体多元化，市场引领能量不够，市场经济竞争约束机制不够成熟和强硬，导致低水平与高水平共生，重复建设，盲目扩张，形成一般加工业的产品供过于求，造成相当普遍的产品积压和能力闲置。同时，高附加值的高新技术产业发展，遇到国际市场的激烈竞争，高新技术产业竞争力强化的步伐缓慢，困难很多。作为基础产业的农业，其发展与提升也面临来自国内外的影响。第三产业的比重与我国人均收入水平的发展阶段不相适应，与发达国家比较存在着很大的差距，也低于印度、巴西等国的水平。服务业产业发展滞后国民经济整体的产业水平，是一个不争的事实。提升中国产业竞争力成为我们面临的迫切任务。

从产业组织结构的角度来讲，运用竞争手段来提升企业和产业国际竞争力的能力还远未成熟，甚至还存在认识和实践上的偏误。我国工业企业技术设备和工艺水平仍比较陈旧落后，产品的档次低、质量差，研究开发能力弱，创新竞争力不强。在我国，工业组织结构方面也比较落后，突出表现在全能性企业多，小企业多，专业化程度低，规模经济效益差。因此，强化产业聚集优势，吸引国内外竞争力资源，推动企业聚群，成为提升我国产业核心竞争力的主要问题。此外，我国的理论界对现代竞争理论与政策研究重视不够，政府对竞争政策的运用重视不够或不够得当，企业和产业界对这一问题也有许多片面的认识，出现了许多违反现代竞争原理的事件，从而大大影响了我国产业竞争力的提升。借鉴国际产业竞争力发展经验，寻找我国产业组织的关键要素，有效支持产业创新和竞争力提升，成为我们研究的重要方面。

中国产业竞争力长期低迷徘徊的一个重要原因是各地区产业结构同构现象严重，盲目投资、重复建设一直难以改观，产业竞争力不能在最适合的区域形成聚集效应，直接影响提升我国的产业国际竞争力。究其原因是缺乏产业竞争力信息、评价与竞争优劣势分析平台，导致政府相关政策制定的失误和市场竞争信息严重不对称，造成产业竞争性资源盲目流动和低效配置。事实上，我国各个地区具有不同的产业竞争力优势，根据各自竞争力条件，完全可以形成各具特色的产业竞争力群，并在全国甚至国外聚集最有优势的竞争力资源，支持各地区支柱性产业或特色产业竞争力的快速成长，以至于逐步走向国际，建立强大的中国产业竞争力群。因此，中国产业竞争力研究，从发展的主题看具有非常重要的意义。

加入世界贸易组织（WTO）以来，"世界制造业中心"在我国成为一个非常热门的话题。因此，提升我国制造业竞争力便成为问题的关键。对于中国而言，制造业产业发展正处于从传统到现代、从计划经济向市场经济转型的关键时期，它既具有一般国家制造业产业的共性，也具有其内在的特质。中国制造业产业以积极的姿态迎接制造业国际化的挑战，走出当前制造业发展的困境，确保中国经济可持续增长，有许多产业竞争力的理论问题需要研究，有许多规律需要模型来解释，有许多趋势需要科学判断，有许多问题需要深入分析，结构调整、产业升级、产业竞争力聚集，以及积极有效的产业政策制定都需要有科学的解决方案，因此，中国制造业产业的国际竞争力成为研究的重点之一，如何从实证理论和方法上解决中国制造业产业国际竞争力的水平判断，找出关键问题，指出发展之路，具有重要的理论价值与现实意义。

产业的发展和成长最终要冲破国家界限，形成国际竞争，产业竞争力最终是体现在国与国之间的市场较量上，但是，一国内部的、各地区之间的产业竞争现象也是现实存在并且值得关注的。美国哈佛大学迈克尔·波特教授对各国实践的研究也表明，激烈的国内市场竞争对产业国际竞争优势的培育、形成和保持具有十分重要的作用。所以，尽管是在竞争日益国际化的现在，研究国内产业的竞争状况，考察各地区各产业的竞争力，仍具有非常重要的意义。

二、中国产业竞争力研究现状

中国产业竞争力研究，在一定程度上起源于国际竞争力的研究。中国的国际竞争力研究在世界经济论坛（WEF）和瑞士国际管理发展学院（IMD）每年一度的国际竞争力评价报告推动下，在理论和应用上都得到了深入发展，已经成为我国参与国际竞争、深化市场经济、提升整体的系统竞争力分析水平的一个重要方面。回顾 20 多年的研究发展历程，国际竞争力评价从 1980 年开始到 2006 年为止的发展基本上可以概括为三个阶段。第一阶段是 80 年代，国际竞争力评价主要是以比较经济竞争实力为主，将反映工业经济活动、自然资源等作为基本内容。评价指标全部是硬指标，而且指标体系比较庞大，指标间关系松散。研究的对象也主要是工业化国家。第二阶段是 90 年代。国际竞争力理论和评价方法基本确立起来，并逐步发展完善。这主要体现在国际竞争力概念、评价原则、软指标的全世界调查与八大要素评价指标体系的建立和成熟发展。而且在实践上把国际竞争力评价从工业化国家范围逐步扩展到新兴工业化国家和地区，以及发展中国家、转型经济国家的世界总体范围，使国际竞争力评价体系真正成为世界各国和地区经济社会发展的公共竞争信息平台。第三阶段是从进入新世纪后的 2001 年开始，国际竞争力理论获得了新的发展。90 年代国际竞争力的应用得益于全球化和信息技术、高新产业的快速发展，从而大大促进了世界主要国家和地区创新体系的形成，以及社会结构优化调整，推动以人为本、终身学习、价值观与企业价值互动等新的竞争力结构的形成。我们把这种国际竞争力新理念总结为 21世纪国际竞争力新概念。作为中国产业竞争力研究的基础，我们应该把最新的国际竞争力理论应用于我国的产业竞争力研究之中，这样才能更为有效地使用 IMD

5

的国际竞争力数据，作出我国产业国际竞争力的实证分析。

联合国工业发展组织在 2002～2003 年度工业发展报告中，公布了世界各国和地区工业国际竞争力评价结果，我国列世界第 37 名，比 1985 年的第 61 名提高了 24 个国际竞争位次，这是中国产业国际竞争力水平测度的一个重要结果。联合国工业发展组织为评价工业国际竞争力，选择了四大指标测度工业运行和生产竞争能力，即人均制造业附加值；人均制成品出口量；中、高科技产品所占的比重；出口产品中高档技术产品的比重。此外，联合国工业发展组织还把基础设施作为第五项指标，用来测度基础设施支持工业内外部驱动因素。最后用综合评价，即评价得分的方式，说明各国或地区的工业国际竞争力总体水平。这种分析研究，引领我们开发中国产业竞争力研究中计量经济模型，它体现一国产业参与国际竞争的高端水平。然而，联合国工业发展组织的工业国际竞争力研究也有比较大的缺欠，即忽视国际投资与国际资本流动的决定影响，我们的相关研究已经彻底改变产业竞争力这种理论覆盖相对不足的缺憾。

美国哈佛大学迈克尔·波特教授的产业竞争力理论具有重要的国际影响。他的著名三部曲：《竞争战略》（1980）、《竞争优势》（1985）和《国家竞争优势》（1990），以创造性的思维提出了一系列竞争分析的综合方法和技巧，为理解竞争行为和指导竞争行动提供了较为完整的知识框架。总体看，他在反思传统的国际贸易理论的基础上，提出了解释一国特定产业在国际市场上具有竞争力的新理论。他认为，产业竞争力的关键在于该国能否有效地形成竞争性环境，推动创新的发展。这种激励创新的竞争性环境具有广泛的内涵，主要包括要素条件、需求条件、相关与支持性产业、企业策略、结构与竞争态势，以及政府与机遇等因子的组合。在一国的众多产业中，最有可能在国际竞争中取胜的是那些国内竞争性环境对其特别有利的产业。因此，动态的激励创新的竞争环境是产业竞争力的最重要来源。迈克尔·波特还特别强调了产业集群（clusters）的作用，提出特定产业领域内互相关联的企业、专门的供应商、服务提供商以及相关产业的企业和相关机构（例如大学、权威的贸易机构）在地理上的集中而形成的产业集群可以产生效率和其他优势，促进产业创新，从而增强该产业的竞争力。一个国家或地区，不论它的竞争能力如何，不可能在所有产业领域都获得成功，而往往只能在某些产业集群上获得竞争优势。在《国家竞争优势》一书中，波特教授还利用自己所提出的"钻石"方法体系研究了许多国家特定产业发展和参与国际竞争的历史，并提出了产业国际竞争阶段理论，即一国产业参与国际竞争的过程大致可以分为四个依次递进（也可能发生折返）的阶段：第一阶段是要素驱动阶段（Factor-driven），第二阶段是投资驱动（Investment-driven），第三阶段是创新驱动（Innovation-driven），第四阶段是财富驱动（Wealth-driven）。在这四个阶段中，前三个阶段是产业国际竞争力上升时期，第四个阶段则是产业国际竞争力衰落时期。1993年英国经济学家 J. 邓宁对波特的"钻石模型"进行了补充和修正。他认为，在跨国公司的技术和组织受到"国家钻石"影响的同时，跨国公司也会对国家的资源以及生产力方面的竞争力产生冲击，而波特忽略了跨国公司与"钻石"之间的这种关系。考虑到跨国公司活动的性质对国家竞争力"钻石"四要素的影响，邓宁将"跨国公司商务活动"作为与"机遇"和"政府"并列的因素引入波特的"钻石模型"，形成了更为完善的"波特—邓宁模型"。一些学者以这一模型为基础，结合具体国家的案例，对产业国际竞争力的决定因素进行了实证研究（鲁格曼和迪克鲁斯，1993；赫基茨，1993；刘夏明和宋海岩，1997）。

中国人民大学竞争力与评价研究中心在国际竞争力和产业竞争力方面做出许多研究成果。《中国国际竞争力发展报告（1996）》、《中国国际竞争力发展报告（1997）——产业结构主题研究》、《中国国际竞争力发展报告（1999）——科技国际竞争力主题研究》、《中国国际竞争力发展报告（2001）——21世纪发展主题研究》、《中国国际竞争力发展报告（2003）——区域竞争力主题研究》（中国人民大学出版社1997、1998、1999、2001、2003年出版），全面发展了国际竞争力在中国应用的理论、方法、模型和竞争力要素的实证分析与对策研究的系统应用，从理论上提出用核心竞争力、基础竞争力、环境竞争力三位一体的模式认识中国的国际竞争力和产业竞争力。因为中国从计划经济向市场经济转变过程中，竞争力结构相对松散、竞争力资源流动活力不足等问题，造成竞争力基础累积乏力，所以，提升中国产业竞争力需要系统设计和全方位挺进的战略支撑。该中心还为原国家计委、国家统计局、国家开发银行、原国家经贸委、国务院西部开发办，以及北京市政府、厦门市政府、东莞市政府、原南海市政府、南阳市政府、广西壮族自治区政府、中关村科技园区、东鹏集团等单位提供关于国际竞争力与产业竞争力、企业竞争力方面的咨询性研究报告。1999~2003年中国人民大学有关国际竞争力和产业竞争力的博士论文研究共10篇，博士后研究报告一部，硕士论文数十篇。其中，彭丽红的博士论文《中国企业国际竞争力理论、方法与应用研究》（1999），比较系统地研究了我国企业国际竞争力的理论方法和应用问题。李静萍的博士论文《国际竞争力理论与应用》（2000），对于国际竞争力理论基础、要素理论、结构理论和方法，联系我国实际做出了深入的研究。王仁曾的博士论文《产业国际竞争力理论、方法与统计实证研究》（2001），对于产业竞争力的理论方法和应用模型都有新的研究创新，其中一个是建立产业竞争力模型，对我国产业在国际竞争中所处成长阶段做出基本判断，即目前我国多数出口产业正处于从要素驱动阶段向投资驱动阶段的转变过程中，少数产业已率先

7

进入创新驱动阶段，与此同时，仍有部分产业处于要素驱动阶段。申小玲的博士论文《中国地区间产业结构与产业竞争力研究》（2002），对我国地区间产业竞争力的理论方法和应用模型，以及各地区电子及通信设备制造业的产业竞争力做出了实证分析。乔云霞的博士论文《区域国际竞争力：理论研究与实证分析》（2003），对于竞争力要素应用模型、区域创新能力应用模型、区域吸引能力应用模型，做出了深入的研究，获得了非常有价值的参数和基本结论。同时，她还比较系统深入地研究了我国发达地区珠江三角洲制造业和服务业的产业国际竞争力，许多分析结果对进一步提升我国发达地区产业竞争力具有重要的参考价值。此外，还有《我国信息产业发展现状的分析研究》、《结构模型在科技竞争力分析中的应用》、《我国中医药业上市公司企业竞争力的实证研究》、《多水平模型在国际竞争力分析中的应用》等硕士论文。在中国产业竞争力评价上，赵彦云教授提出建立中国产业竞争力信息平台，其中针对评价指标设计提出对称性设计理论和方法，来解决中国产业竞争力相对信息标准混乱和信息严重不对称的客观局面。2003年中国人民大学竞争力与评价研究中心分别发表"中国31个省市自治区农业竞争力评价报告"、"中国31个省市自治区制造业竞争力评价报告"、"中国31个省市自治区服务业竞争力评价报告"、"中国31个省市自治区旅游业竞争力评价报告"，建立了中国产业竞争力的评价体系，做出了各个产业竞争力优势与劣势的分析，以及区域产业竞争力发展梯度的分析，并提升了有关发展对策建议。

北京航空航天大学的任若恩教授利用购买力平价（PPP），以全要素生产率、单位劳动成本、相对价格水平和固定市场份额分析我国制造业的国际竞争力，首次对我国制造业全要素生产率进行了双国背景和多国背景下的比较，认为我国制造业产品的比较优势源于便宜的劳动成本，维持我国产品成本国际竞争力的办法是提高劳动生产率，应用CMS（固定市场份额分析）方法分析我国制造业部门的出口数据，通过测定非效率研究影响我国制造业企业国际竞争力的主要因素。尽管全要素生产率指标是竞争力研究中不可或缺的部分，但作为比较基础的购买力平价却存在诸多争议。中国社会科学院的金碚研究员建立了包括显示性指标（一国工业品的市场占有份额）和直接因素指标、间接因素指标（一切有助于开拓市场、占据市场，并以此获取利润的因素）在内的产业竞争力因果分析框架，并以此分析了我国工业国际竞争力。我们认为一国（区域）制造业产业竞争力结构并非简单的因果关系所能涵盖，它是一个涵盖制造业本身以及有关要素、关系和行为多个方面的综合系统，波特的"钻石模型"指出竞争力要素之间存在着广泛的经济联系。一国（区域）制造业产业竞争力不仅显示为市场占有份额，产业技术层次的不断升级和深化才是一国（区域）制造业产业竞争力持续提升、不断扩大市场占有份额的根本保证。所以本研究将从多维度、多视角着眼，从系统的角度考察我国产业竞争力水平及其决定要素。

三、中国产业竞争力研究的基本理论

关于中国产业竞争力研究理论的一个基本观点是：在市场经济和全球化背景下，释放压力和提高适应性就是提升竞争力。竞争力的基本点是建立竞争对手之间的竞争信息标准，以便于竞争对手之间的竞争力测度和比较分析，发现竞争优势和竞争劣势，据此制定积极的竞争力提升战略和管理措施，全面提升自身的竞争力。产业竞争力或企业竞争力就是要追求综合竞争能力的可持续发展，追求百年不衰，追求独一无二的核心竞争力。竞争力对于政府非常重要。政府可以通过竞争力建立公正的竞争规则和公共的竞争力信息平台，以满足全球化背景下的企业间、社会间的快速沟通、科学决策和科学监管，以及满足政府职能改革发展的不断需要。中国产业竞争力理论应该成为我国市场经济中政府监管产业、促进创新、完善基本制度和法规的最有效工具，也是处理政府与企业关系，科学调动竞争力资源，加速全面创新和发展的根本手段。

（一）国家竞争力、产业竞争力、企业竞争力之间的关系

就经济社会发展的主体管理任务而言，竞争力概念可以应用到国家竞争力、产业竞争力、企业竞争力。它们之间存在着包容与互动的影响关系，也可以作为相对的独立概念使用。彼此之间的包容性是指国家竞争力最终决定于一国或地区的产业竞争力和企业竞争力。国家竞争力实现的竞争力目标包含着企业竞争力和产业竞争力提升中实现的目标，例如技术创新和创造价值的能力，当然国家竞争力也有自己独立的内容，主要是政府竞争力和市场经济基础所表现出的竞争力，它们本身对于聚集国外竞争力资源有直接的作用。彼此之间的互动性是指国家竞争力、产业竞争力和企业竞争力之间具有互相支持、互相推动、共同实现的性质。在市场经济基础和原则上，国家竞争力存在的重要价值就是积极发挥政府的作用，为产业竞争力和企业竞争力提升及可持续发展创造新型政府职能，竞争的法制规则环境，现代交通、动力、信息、生活环境，社会活动等设施基础，以及人力资源培育与开发的基础等。这些方面已经成为世界各国和地区提升竞争力发展的重要方面。国家竞争力的提升，就是要通过这些竞争力要素的提升，为企业和产业竞争力的提升创造基础、竞争与监管的环境，推动重点与全面的协调发展。反过来，产业竞争力和企业竞争力，除了提升自己内部系统的竞争力外，要充分利用国家竞争力创造的环境、基础和条件，聚集竞争能量，实现最优的持续

发展。

　　许多发达国家和地区都积极推行国际竞争力的广泛应用，一致认可瑞士世界经济论坛（WEF）和洛桑国际管理发展学院（IMD）关于国家竞争力的评价和关于国家竞争力的定位。WEF强调通过政府的政策和制度支持一国或地区的经济增长或经济发展的综合测度来评价一国（或地区）的国家（或地区）竞争力，在方法上，它们发展了宏观的对标评价方法，具体是对世界主要的105个国家和地区，建立一套比较统一的评价指标和竞争力综合指数，最综合的是国家竞争力指数和增长竞争力指数，子竞争力指数包括技术创新竞争力指数、公共制度与管理竞争力指数、宏观经济环境竞争力指数，以及11项竞争力内容的要素指数。他们强调指出，国家竞争力已经不是以产品国际贸易的世界份额为主要内容，而是以投资环境和增长潜力为主体的综合竞争能力。IMD设计的国家竞争力的评价体系，更强调不要把国家竞争力理解为财富的存量，国家竞争力不仅仅是一国经济实力的表现，更重要的是一国与他国比较所表现出的经济效率和持续发展的综合能力，其中包括对投资、企业研究与开发（R&D）等方面产生的经济活动与投资的吸引力，以及所包含着潜在的原创性竞争力能量。目前推行国家竞争力概念基本上是在国家宏观层面的直接评价，虽然涉及产业竞争力和企业竞争力，但通常也是从一般水平出发的评价，它们并不涉及产业竞争力和企业竞争力内部结构的具体内容。从这种意义上，英国等国的做法是把国家竞争力和产业竞争力分成两个密切联系的层次分别评价和研究。国家竞争力要解释未来5~10年的发展问题和面临的挑战。产业竞争力更多的是面向所辖的企业群体，评价和分析行业的发展问题、政策问题、国际竞争问题，总之是站在产业所辖企业群体角度，为企业谋求公平竞争的环境和条件服务。因此，产业竞争力是行业协会联系政府并要求政府创造积极条件的主要工具。产业竞争力评价体系是一套标准的竞争力信息，为企业、行业与金融、教育、基础研究，以及与政府政策制定等之间发展关系的协调处理建立良好的沟通渠道和平台。竞争力信息沟通带动相关行为的扁平化，例如英国首相与企业家沟通早餐会，每次由5位企业家参加并每个人讲一个方面，增加首相对企业竞争力问题的直接了解。政府、行业协会、企业界对于产业竞争力是共同分享的，政府立足产业竞争力政策制定和监管，行业协会立足产业竞争力的积极推动，企业界是从中更多地发现，包括竞争力提升的关键因素和竞争力资源，竞争规则、政策、环境的利用，以及来自全球化过程中的适应与挑战的压力。产业竞争力就是要从本国实际出发，考虑具体的发展阶段和各种资源条件，以及经济改革和发展，兼顾上述三方面的服务与沟通的基本原则，运用现代科学的统计评价方法，建立一整套标准的竞争力信息，逐步发展成产业竞争力应用的平台。这项工作应该由政府相关职能部门建立完成。

一个具体的产业竞争力决定于这个产业发展战略层面的竞争力因素、产业价值链层面的因素和区域集群层面的因素，而这些层面上的具体竞争力又表现在不同类型群组的企业或公司竞争力上面。产业发展战略层面的竞争力因素因行业不同差别很大，西方发达国家经验表明一般是以行业"领头羊"公司的发展战略为引领。世界"领头羊"性质的跨国公司的国际竞争力发展一般集中在 2～3 家大型公司，它们具有开放型、全球化和领导新兴企业竞争力结构的发展力量，决定这个产业竞争力的战略层面的发展和企业竞争力形成。产业价值链层面的因素，是指一个具体产业上下游企业、大型企业与中小企业之间，按照市场经济公平竞争、选优结合、合同法律责任约束等原则，以产品或服务生产链条影响质量和价值的关系，建立创优增值的产业价值链的企业间稳定的合作供应关系，共同提升产业竞争力，持续促进创新和发展的关键方面和决定因素。区域集群层面的因素，是指一个具体产业找到一个适应自身竞争力全面提高与持续发展的区域，其中包括高水平的"领头羊"大型企业，以及保证金融条件、风险投资与孵化培育创新、人力资源开发、基础研究、基础设施、教育培训、政府监管等形成的横向产业价值链关系的区域功能，以实现和谐发展与积极主动的协调关系，保证竞争力资源的聚集和繁衍，从而达到快速提升产业竞争力的目的的关键方面和决定因素。产业竞争力评价体系需要考虑上述三个层面的关键方面和决定因素的系统评价。

企业竞争力是基于一个具体企业持续发展能力建设的概念，因行业不同、国家发展阶段不同、市场经济基础不同，以及企业竞争优势差异等决定，对企业竞争力的内容理解有所不同。世界上最有影响的企业竞争力理论是美国哈佛大学波特教授的钻石模型，但我们认为，它的理论带有美国发达市场经济国家的背景特点。对于企业竞争力，有一点是大家共同的，那就是用企业持续发展和获得不断增加的利润及增加值的综合能力来说明企业竞争力水平。企业竞争力的相应特征是综合要素生产率持续提高，产品或服务的质量价格比不断提高，由此与所有竞争对手比较，都具有明显的竞争力优势和持续发展的潜力。

（二）竞争力结构

对于竞争力设计的关键是运用市场经济理论和统计分析方法，找到影响竞争力提升的关键方面和决定因素。波特竞争力模型曾经用钻石的形象比喻来说明竞争力结构。剑桥大学彼得·诺兰（Peter Nolan）教授根据 10 多年对于世界"领头羊"跨国公司的深入访谈和调研，累积出大型国际竞争型企业 6 个方面的竞争力结构，即：（1）品牌与营销能力；（2）研究与开发的创新能力；（3）人力资源聚集与利用能力；（4）供应链采购系统能力；（5）筹集资金与运用能力；

（6）系统整合与适应变化的能力。伦敦经济学院约翰·萨顿（John Sutton）教授认为，企业竞争力关键取决于综合要素生产率和产品或服务的质量价格比，影响这两个方面的关键因素构成企业竞争力的基本结构。企业竞争力是产业竞争力结构的基础。英国产业竞争力的结构主要考虑产业投资和信息通信技术竞争力、产业研究开发与创新竞争力、产业人力资源竞争力、企业竞争力、市场竞争力。英国在产业竞争力之上还建立国家竞争力，作为产业竞争力的基础和背景与环境分析，主要竞争力结构包括宏观经济稳定性、竞争力环境、劳动力市场、制度组织与政治环境、生活质量。世界经济论坛（WEF）的国际竞争力评价，对于国家竞争力有更全面的竞争力结构设计和定义，在国家竞争力指数下面竞争力结构的主要内容是：国家总体运行、宏观经济环境、技术创新与扩散、信息通信技术、基础设施、国家制度与法规、政府浪费、国内竞争力、区域集群发展、公司运营和战略、环境政策。瑞士洛桑国际管理发展学院（IMD）定义的国家竞争力，更贴近产业竞争力和企业竞争力的竞争环境、基础和条件的分析，而且重视区域竞争力层面的影响，其国家竞争力的竞争力结构是：经济实力、政府效率、企业效率、基础设施与政体，在这四大要素之下，他们又设计 20 个反映竞争力结构的细致方面来系统描述竞争力的成长与变化。IMD 具有方法的相对成熟性。

中国人民大学从中国 1993 年初步加入和 1994 年正式加入 WEF 和 IMD 的国际竞争力评价体系开始，一直跟踪研究到现在，有许多关于竞争力理论、方法和分析应用的研究成果。赵彦云教授提出用核心竞争力、基础竞争力、环境竞争力来测度我国的国家竞争力，更适合我国发展中国家的环境和条件，更有利于分析我们与国际竞争对手的优势和劣势。在核心、基础、环境三位一体的竞争力结构之下，分别八大要素深入分析，对于我国的改革与协调发展更加重要。这八大要素是：经济实力、国际化、政府管理、金融体系、基础设施、科学技术、企业管理、国民素质。我们在本书中对中国制造业产业竞争力做出了研究，包括产业竞争力评价和分析、区域产业集群竞争力评价和分析，以及具体产业中企业竞争力的竞争力信息和分析研究，探讨了产业竞争力结构的设计和应用。

（三）竞争力资源

竞争力资源是我们今天运用竞争力的核心概念之一。竞争力的手段性质是建立具有系统对标性质的竞争力信息平台。从思想上看，竞争力主要是针对考察的客观活动系统，发现和建立能够统领全局的竞争力目标，通过竞争力目标发现竞争力的关键方面和决定因素，也就是发现竞争力结构，然后我们通过实际的竞争力数据和信息，分析竞争力优势和劣势，保持竞争优势，改进竞争劣势就是追求竞争力的内在潜力向现实的转化。从外部看，竞争力提升的集中表现是要聚集竞争力资源，支持内在竞争力资源裂变以产生巨大能量，推动持续、协调和高质量的发展。今天的竞争力资源，已经不局限在自然资源、物质条件和资本实力，它的新理论是竞争力的硬资源和软资源。根据世界经济论坛和瑞士洛桑国际管理发展学院数十年连续跟踪世界主要国家和地区变化的分析，今天成功国家和地区如新加坡、芬兰、爱尔兰等，都是软的竞争力资源发挥了重要作用。竞争力硬资源可以看作我们传统意义上的资源，包括自然资源、生产力物质资源和资本资源等；竞争力软资源包括政府软资源，如政府创造的制度与规则，政策与监管，开放与文化影响等，还包括人力资源开发的软环境、研究开发和技术创新转化软环境、国民素质与生活质量提升的软环境等。当今国家竞争力资源的特点是硬、软资源的各种新组合，如以人为本和终身学习的竞争力资源体系，政府管理和效率提升的竞争力资源体系，生产力与经济、社会、环境可持续发展的竞争力资源体系。发展中国家后来者居上，追赶发达国家的重要方式，首要的是开发政府竞争力资源，其次是以人为本和终身学习的竞争力资源体系，生产力与经济、社会、环境可持续发展的竞争力资源体系。从世界经济论坛和瑞士洛桑国际管理发展学院的国际竞争力评价内容看，我们可以发现许多新型的竞争力资源内容。英国政府的国家竞争力评价，单独把竞争力资源的核心内容列出，主要包括人力资本、实物资本、金融、信息通信技术、科学技术。尽管直接看这几个方面似乎并不新鲜，但是从他们的进一步解释看却完全站在竞争力资源决定的概念上。关于人力资本的竞争力资源，他们解释为以知识经济驱动，成功运用知识、个人技能，体现高水平、高素质、高能力和终身学习、管理创新、知识运用过程能力的全部整体内容。关于实物资本的竞争力资源，解释为投资与创新的全过程，包括研究开发创新、技术扩散和转移过程创新，以及把创新作用在全部经济活动的各个方面的体制和机制的有效保证。关于金融的竞争力资源，解释为以现代金融投资概念建立的支持高素质人才、现代知识开发和运用、风险投资与孵化培育，以及创业等新竞争力成长的金融资源体系。关于信息通信技术的竞争力资源，解释为以信息技术设施运用，支持电子商务、市场开发，利用和积累大量信息，创造动态适应性能力等的信息资源体系。关于科学技术的竞争力资源，解释为以延伸科学研究能力，扩展技术资源，全面支持国家技术创新、管理创新、制度创新，以及更多的知识发现能力提高的资源体系。

产业竞争力资源应该更多地是从决定一个具体产业发展战略层面的竞争力因素、上下游产品或服务的产业价值链层面的因素和区域集群层面的因素来认识软硬资源。另一个角度，我们也可以从核心、基础、环境资源来认识竞争力资源的内容。具体包括决定一个产业的核心技术、核心知识所创造的竞争力核心资源；基础设施包括交通、能源动力、水资源的基本设施和现代信息基础设施，以及环境设施等的竞争力基础资源，以及制度、法规、政策、文化、价值观等的竞争力环境资源。

我们认识竞争力资源的目的，是为了挖掘竞争力资源，以便协调它们、能动它们，让潜力转换为现实生产力。另一方面，我们要聚集外部的竞争力资源，促进内部资源的裂变，产生发展的巨大能量，当然，在这个过程中，我们也需要按照竞争力规律，创造新的核心竞争力，使中国的产业获得更大的发展。

（四）产业集聚区域竞争力

"全球化"与"本地化"是20世纪后期支配世界经济运行的一对矛盾，"全球化"强调的是经济发展过程中全球的连接；而"本地化"强调的则是地区利用自身特点与优势占领全球市场。两者间的互动与竞合所展现出来的现实张力凸显了"区域尺度"的重要性。而区域的核心竞争力又往往表现在具有特色的集聚产业上，因此区域的竞争往往等同于区域集聚产业之间的竞争。从这样的逻辑出发，区域经济发展的关键便是如何发展区域中的产业集聚（王缉慈，2001）。

伯格曼和弗塞尔（Bergman & Feser，1999）指出，产业集聚在区域理论和方法上不仅是概念上的创新，更提供了分析区域经济现状和发展趋势的新的思路。区域发展与规划的关键之一，就是如何发展区域中的产业集聚，它同时也成为区域应对经济全球化竞争的重要策略，无疑集聚产业已成为区域竞争优势的基础。产业集聚的竞争优势可归纳为成本优势（降低生产成本、提高生产率）、创新优势（创新速度快、创新能力强）、产业吸引力大、扩张能力强等方面，可通过这些优势的充分发挥和系统内优势资源的整合来实现整个区域竞争功能的增强。

美国斯坦福国际咨询研究院（SRI）[①] 结合波特的竞争优势与产业集聚的观念，架构出一个具有竞争优势的产业发展环境整体框架。其中包括：（1）优良的集聚产业；（2）良好的经济基础；（3）好的生活与工作环境。产业集聚是具有竞争优势产业发展环境的基础，将其推广至区域发展，可以得出区域竞争力提升的关键在于培育有竞争优势和区域特色的产业集群。希尔和布伦南（Hill & Brennan，2000）更详尽地指出以核心产业和其完整的上下游产业所组成的产业集聚，往往具有竞争优势，进而带动区域经济的发展，提升区域的竞争优势。因此，促进区域内产业集聚的形成是发展和及时提升区域竞争力的关键环节。

我们对产业集聚现象从统计模型角度进行了研究，一方面验证了产业集聚理论的内容，另一方面丰富了产业集聚研究。我们首次将产业集聚效应纳入竞争力

---

① SRI 为一国际性的规划组织机构，总部设在美国斯坦福大学。

框架，从生产效率、创新能力及产业扩张能力三个方面对产业集聚效应进行了建模研究。有关中国产业集聚现象的实证研究，依托于国家统计局的庞大企业数据库，信息丰富、覆盖面广，是我国产业集聚现象已有研究成果中所不曾涉及的，是该领域的一次创新和突破。

第二章

中国产业竞争力钻石模型研究

一、中国产业竞争力决定要素的理论体系

产业竞争力钻石模型是对一个国家或地区产业竞争力关键因素及其互动关系的整体说明。就一个具体国家来说，产业竞争力钻石模型可能不一定完全相同，因为它受市场经济制度和机制的完善程度，以及经济发展水平、政府管理、区域文化等的影响，会使一些关键决定因素有所不同。我们提出中国产业竞争力钻石模型，实际是运用竞争力理论方法对我国现实发展阶段竞争力关系与竞争力提升关键因素的基本判断。相比发达的市场经济国家和地区，中国在许多方面都有特殊的情况，例如市场经济制度和机制不够完善，竞争力关系比较松散，竞争力资源所附带的竞争力素质不够协调，特别是软资源上的活性理性认识还不够成熟，这些问题都是我们在运用竞争力评价和分析时必须考虑的。从实际角度看，产业竞争力是一个产业活动的系统揭示，包括现实竞争力的优势因素和劣势因素表现，以及我国产业竞争力广泛的潜在力量。中国产业竞争力钻石模型在应用方向上，应立足产业聚集、企业聚群、创新支撑、资源配置方面，为建立中国产业竞争力的立体应用体系提供理论框架。在分析层次上，有利于从产业竞争力评价体系设计、竞争力调查与数据整理、竞争力要素体系分析、竞争优势与劣势研究、提升产业竞争力对策研究，建立中国产业竞争力的分析体系。因此，中国产业竞争力钻石模型在理论模式上是在产业的核心竞争力、基础竞争力、环境竞争力基础上揭示关键因素及其体系关系的，具体见图2-1。

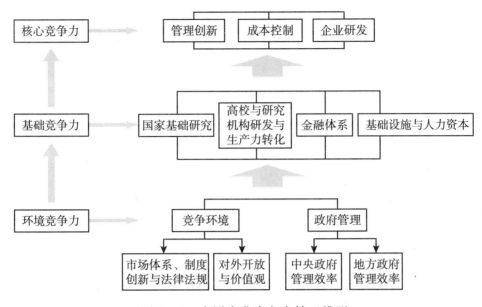

图 2 - 1　中国产业竞争力钻石模型

从产业国际竞争力的实际发展看，表现在核心竞争力的竞争主要是成本竞争和研究与开发的竞争。成本竞争是比较传统的方式，往往也主要体现在产业周期发展的成熟阶段及之后，而研究与开发的竞争则多为新兴产业，往往多为产业周期发展的成长阶段，体现高水平的竞争，例如高新技术产业。中国目前的多数产业处于成本竞争阶段，部分产业开始进入国际前沿的研究与开发的竞争。另外，我们正处于从计划经济的潜在制度向完善的市场经济制度过渡，企业制度改革和完善还严重影响着产业竞争力，因此中国产业核心竞争力中，除了成本控制、企业研发外，还有一个显著要素是企业管理创新。这是中国当今产业竞争力的一个基本特征。

在中国产业基础竞争力对于核心竞争力支撑上，技术创新是一条主线，国家基础研究、高校与研究机构的研究与开发如何与企业研发在市场经济竞争机制下形成一个有机整体，是我们在战略、政策等软竞争力上提升的关键。金融体系的支撑是实现上述技术创新主线提升竞争力的基础，金融资源流动与配置如何激励产业竞争力勃发，如何推进金融创新与化解风险，关键是与产业竞争力提升形成良性循环。基础设施与人力资本是产业竞争力的中长期发展的基本平台。产业基础竞争力的全面系统提升，对于中国产业竞争力的推动是非常重要的，在一定程度上也是与发达国家和新型工业化国家和地区竞争的关键方面之一，特别是在相关的软竞争力方面，已经成为基本的瓶颈。因此，我们认为，中国必须在产业基础竞争力上下硬功夫，才能使产业竞争力有一个跨越的发展。

在中国产业环境竞争力对于核心竞争力和基础竞争力支撑上，包括两个支

17

点：竞争环境和政府管理。市场体系、制度创新与法律法规，对外开放与价值观，是解释我国产业竞争力基本环境的关键要素。政府管理对于产业竞争力的加倍影响主要体现在中央政府管理效率和地方政府管理效率上。

二、中国制造业产业竞争力模型及应用

经过 30 年的改革开放，我国制造业有了非常大的发展，一些产品从国际市场看具有明显的竞争力。但是，从另一个方面看，我国各个地区制造业产业的盲目投资和重复建设，造成产业竞争力资源极度分散和技术低水平徘徊，金融资源难以循环为继，土地等资源浪费性过度使用的恶劣局面等现状，说明我们在制造业产业竞争力方面还没有非常有效的理论指导和政策。究其原因，与我国制造业产业竞争力信息严重不对称、实证分析贫乏、竞争规则不清、自我为正的恶劣基础有关。因此，研究探讨我国制造业竞争力模型，用以判断和分析重要决定因素和驱动要素，可以系统深入认识我国制造业产业竞争力发展中的基本问题。

（一）我国制造业竞争力分析的要素变量

我们借鉴国际前沿的相关理论和实证经验，结合我国产业竞争力发展阶段的特点，建立我国制造业竞争力及其决定要素的统计模型分析体系。我们的研究首先突出两个测度，一个是对于我国制造业产业竞争力的直接测度，包括制造业竞争力的重要侧面和综合整体，共用 5 个变量；另一个是对于决定或驱动我国制造业产业竞争力发展的关键因素的测度，理论上依据中国产业竞争力钻石模型理论，包括 5 个变量。模型的实证分析就是用决定或驱动的关键因素来解释我国制造业产业竞争力的各个侧面及其综合整体的变化，从中找到现阶段我国制造业产业竞争力提升与发展的基本特性和规律。

1. 我国制造业竞争力水平的测度变量（或称测度指标）。

制造业竞争力的反映或直接测度，主要是从制造业产业竞争发展的直接结果或竞争力水平出发的，在一定意义上深入体现该产业创造价值的能力和外在市场竞争的实力水平，具体体现在以下重要指标的变量上。

制造业劳动生产率。我们强调用我国各个区域制造业的从业人员数去除区域制造业增加值总量，实际上它已经体现一定意义上的区域制造业的劳动生产率（更准确的产业劳动生产率计算是用严格意义上的制造业生产活动的人员数，即排除与制造业生产活动无关的企业人员）。这和联合国工业发展组织用以反映制造业竞争力使用的人均制造业增加值不同，本研究并未采用各省市自治区的总人口计算人均制造业增加值，因为制造业发展在我国各省市自治区间存在较大差

异，直接利用总人口数有可能放大这种差异，而采用制造业从业人员可以更客观地反映区域制造业竞争力生产过程的竞争创造力。事实上，运用制造业劳动生产率指标也恰恰是产业竞争力测度通常采用的核心指标之一。

人均制造业出口额。它是基于国际贸易流量反映市场高端竞争的制造业竞争力测度指标，在这方面通常采用的指标是比较优势指数（relative comparative advantage index，RCA），鉴于我国各省市自治区制造业人均出口额与 RCA 指标呈现高度正相关（$r = 0.958$），且为了保持模型指标的对称性，我们选用人均制造业出口额（各省市自治区制造业从业人员数调整的人均水平）作为我国各省市自治区制造业竞争力的测度指标。

制造业高技术产品的含量和区域制造业出口高技术产品的含量。一国或区域制造业竞争力的提升不仅表现为规模的扩大，其制造业的技术层次更能真实地反映一国或区域制造业在国际市场上赢得市场份额获得更丰厚的市场回报的能力。经验表明，在世界贸易中，增长速度最快的五种产品均属于高技术产品。分析表明，目前一国区域制造业的技术层次的提升才是其制造业竞争力的核心能力。为了反映我国各省市自治区制造业的技术层次和产业升级状况，特将反映区域制造业竞争力技术结构的指标纳入分析范畴，鉴于中高级技术产品合计在我国各省市自治区之间并未形成显著差异，为提高模型的灵敏度，特构建区域制造业高技术产品的含量和区域制造业出口高技术产品的含量作为我国区域制造业竞争力技术结构的测度指标。

上述三方面指标，不仅符合产业竞争力的基本理论，同时也比较适应和符合我国区域制造业竞争力的实际状况，这其中包括生产创造力、技术竞争力和市场竞争力的反映。从区域制造业竞争力模型看，这些变量是模型的因变量即方程左方的函数变量，它们既反映我国区域制造业竞争力的水平，同时也反映受我国区域制造业竞争力各个决定要素的影响变化程度，间接揭示制造业竞争力提升过程中的重要决定关系。

为了综合反映区域的制造业竞争力水平，在上述四个指标的基础上构建制造业竞争力指数，指标构造过程如下：

第一步，检验制造业竞争力指数构造的合理性。上述四个竞争力测度指标（制造业劳动生产率、人均制造业出口额、制造业高技术产品的含量和区域制造业出口高技术产品的含量）呈现显著的正相关性，表明可以构造制造业竞争力指数来反映区域制造业整体竞争力水平。

第二步，检验上述竞争力指标的概率分布（近似地服从均匀分布），选择下述公式进行标准化：$y_i' = \dfrac{y_i - \min(y_i)}{\max(y_i) - \min(y_i)}$。

第三步，构造制造业竞争力指数：$y = \left(\dfrac{w_1 y_1'^{\alpha} + w_2 y_2'^{\alpha} + w_3 y_3'^{\alpha} + w_4 y_4'^{\alpha}}{w_1 + w_2 + w_3 + w_4} \right)^{\frac{1}{\alpha}}$。

其中：w_i 为每个指标的权重，α 为各竞争力测度指标对制造业竞争力指数的弹性系数。通过稳定性检验（对 w 赋予不同的值，确保权重不影响指数排名）确定 $w_i = 1$，进一步简化取 $\alpha = 1$，因此，$y = \dfrac{1}{4} \sum_{i=1}^{4} y_i'$。

2. 我国制造业竞争力决定要素的测度变量（或称测度指标）。

根据我们的实际观察和数据的描述分析，我们认为我国及区域制造业竞争力的变化主要受四个方面的影响：一是投资资源的聚集能力，从竞争力理论上讲，区域制造业竞争力越强所表现出的聚集投资资源的能力就越强。二是区域制造业的技术创新努力，技术创新努力主要是研究开发的能力和效果。三是区域制造业的生产要素状况，包括劳动、资本、自然资源等的总量、质量、水平和成本，对于该产业在区域上聚集生产要素具有直接的影响，对区域制造业竞争力的提升具有决定性作用。四是区域内产业竞争的激烈程度，竞争促进创新，竞争促进效率的提高，因此，通过区域内产业竞争激烈程度的测度来说明产业创新与效率的潜在水平，以及决定影响的程度是分析制造业竞争力的重要方面。

区域吸引外商直接投资能力即投资资源的聚集能力的重要指标是：

外商直接投资（FDI）投入强度。FDI 是一国区域（尤其是发展中国家）制造业产业竞争力提升过程中获得技能、知识和技术的重要途径。统计数字显示，国外直接投资的流量正在以快于其他经济总量指标如 GDP、世界出口总量等的速度在增长，我国作为外商直接投资流入量最大的发展中国家，在提升制造业竞争力的过程中，外商直接投资的作用是不应小视的。为了反映我国各省市自治区在外商直接投资吸引能力上的差异且进一步验证外商直接投资对区域制造业竞争力提升的影响，将 FDI 投入强度（利用各省市自治区制造业销售产值调整）作为外生变量引入制造业竞争力模型。

区域内技术创新努力的重要指标是：

R&D 投入强度。由于在高层次（核心）技术传播上外商直接投资不可避免的局限性，自身的技术努力将是制造业竞争力提升的另一重要驱动要素，尤其外商直接投资在各省市自治区之间存在较大差异，所以通过自身的技术创新努力，培育自己的核心技术，才是我国制造业竞争力整体水平有效提升之路，R&D 的支出是表示创新活动的一个很好的指标，本研究采用各省市自治区制造业企业的研发经费支出来反映各省市自治区制造业内部的技术努力，且为了更客观地反映技术投入强度，利用制造业销售产值对其进行调整。

区域内生产要素状况的重要指标是：单位劳动成本（价格要素）和劳动力技能（非价格要素）。传统的贸易理论认为，竞争力取决于要素的状况（人力、资本、自然资源等），其中又以单位劳动成本为最关键要素，而产业竞争力理论强调技能、投资等非价格要素在竞争力提升过程中的重要作用。由于目前制造业发展同自然资源的依存程度日益降低，所以不将自然资源纳入分析范畴，而前面关于资本要素主要以 FDI 形式引入本研究，因此我们对区域生产要素的关注主要集中于各省市自治区的人力资本状况，其中包括价格要素（成本）——单位劳动成本和非价格要素（质量）——劳动力技能（中高级专业技术人员比重）。

区域内产业竞争激烈程度的重要指标是：制造业综合产业集中度。产业竞争力理论认为：创造和持续产业竞争优势的最大关联因素是强烈而广泛存在的竞争。激烈的市场竞争之所以重要是因为它是提高企业改进和创新的原动力，会使企业彼此降低成本、提高质量和服务、研发新产品和新流程，而且激烈的市场竞争不但会强化国内的竞争优势，还会形成参与国际竞争的压力。本研究选择产业集中度（CR4——制造业中各小类行业前 4 个企业的市场份额）作为各省市自治区竞争激烈程度的测度指标，产业集中度是产业经济理论中最常用、最简单易行的绝对集中度的衡量指标，它综合反映了企业数量和企业规模这两个决定市场竞争状况的重要方面。本研究关注的是各省市自治区制造业产业综合竞争力，由于各省市自治区制造业产业结构存在差异，为了更客观地反映其竞争激烈程度，在测算该指标时，首先计算制造业各产业小类的产业集中度指标，利用该省市自治区制造业产业结构对其进行加权处理得到制造业综合产业集中度。

（二）我国制造业产业竞争力模型

在上述理论框架和借鉴国际分析模式下，我们建立如下模型：

$$Y_{it} = \alpha_i + \beta_1 X_{1it} + \beta_2 X_{2it} + \beta_3 X_{3it} + \beta_4 X_{4it} + \beta_5 X_{5it} + e_{it}$$

其中：

Y_{it} 是第 i 省第 t 时期的制造业竞争力测度指标数值（分别为制造业竞争力指数、制造业劳动生产率、人均制造业出口额、制造业产品中高技术产品含量和制造业出口中高技术产品含量）；

X_{1it} 是第 i 省第 t 时期的制造业 FDI 投入强度指标；

X_{2it} 是第 i 省第 t 时期的制造业 R&D 投入强度指标；

X_{3it} 是第 i 省第 t 时期的制造业产业集中度指标（CR4）；

X_{4it} 是第 i 省第 t 时期的制造业劳动力技能指标；

X_{5it} 是第 i 省第 t 时期的制造业劳动力成本指标。

在我国 31 个省市自治区 2000～2002 年制造业 "时空数据" 的基础上，为了更有效地挖掘数据的潜力，本研究采用了面板数据（Panel Data）模型，该模型适用于对不同时刻的多个截面个体做连续观察所得到的多维时间序列数据，他能够同时反映研究对象在时间和截面单元两个方向上的变化规律及不同时间、不同单元的特性，分析变量间的相互关系并预测其变化趋势。它能综合利用样本信息，使研究更加深入，同时减少多重共线性带来的影响。

Panel Data 模型有多种基本类型，根据分析需要我们选择目前变截距模型进行方程拟合，其基本形式为：

$$Y_{it} = \alpha_i + \beta' x_{it} + e_{it} \qquad i = 1, \cdots, n; \quad t = 1, \cdots, t$$

其中，个体时期恒量 α_i 代表了截面单元的个体特性，反映了模型中被遗漏的体现个体差异变量的影响，而个体时期变量 e_i 代表了模型中被遗漏的体现随截面与时序同时变化的因素的影响。在确定模型具体形式之前首先应对截面效应和时序效应进行检验，检验结果如表 2 - 1 所示。

表 2 - 1　　我国制造业竞争力模型的截面效应和时序效应的 F 检验

	原假设 （Null Hypothesis）	统计检验 （Test Statistic）	F 分布 （Statistic Distribution）	概率值 （P-Value）
截面效应 （Prov Intercept）	$\mu_i = 0$ $i = 1, \cdots, 31$	18.09	$F_{29, 55}$	< 0.0001
		9.58		< 0.0001
		165.4		< 0.0001
		83.11		< 0.0001
		15.39		< 0.0001
时序效应 （Year Intercept）	$\lambda_t = 0$ $t = 1, \cdots, 3$	0.48	$F_{2, 82}$	0.6222
		2.65		0.0767
		1.81		0.1696
		0.19		0.8307
		0.51		0.6022

注：由于西藏的多个指标数据是极端值，所以将其剔除，参与计算的数据为除西藏外的 30 个省市自治区 2000 ~ 2002 年的制造业数据。

在 5% 的显著性水平下，可以认为样本数据中不存在时间差异，在建立 panel data 模型时只考虑截面（省市自治区）效应即可。

分别建立只包含截面效应的固定效应模型（one-way fixed effects model）和随机效应模型（one-way random effects model）如下：

截面效应的固定效应模型：

$$Y_{it} = \alpha_1 + \alpha_2 prov_1 + \cdots + \alpha_{29} prov_{29} + \beta_1 X_{1it} + \beta_2 X_{2it}$$
$$+ \beta_3 X_{3it} + \beta_4 X_{4it} + \beta_5 X_{5it} + e_{it}$$

该模型在基本模型的基础上添加了 29 个省份虚拟变量，其中 α_1 表示第一个省份的截面效应，$\alpha_1 + \alpha_2$ 表示第二个省份的截面效应，$\alpha_1 + \alpha_3$ 表示第三个省份的截面效应，依次类推。

截面效应的随机效应模型：

$$Y_{it} = \alpha_i + \beta_1 X_{1it} + \beta_2 X_{2it} + \beta_3 X_{3it} + \beta_4 X_{4it} + \beta_5 X_{5it} + e_{it}$$

$$\alpha_i = \alpha + v_i$$

$$\therefore Y_{it} = \alpha + \beta_1 X_{1it} + \beta_2 X_{2it} + \beta_3 X_{3it} + \beta_4 X_{4it} + \beta_5 X_{5it} + e_{it} + v_i$$

其中：

$v_i \sim N(0, \sigma_i^2)$：截面误差成分；

$e_{it} \sim N(0, \sigma_{it}^2)$：混合误差成分。

为了便于对比，本研究将列出上述两种模型的估计结果，可根据豪斯曼检验（Hausman test）结果最终确定模型的形式。

（三）基于我国区域制造业竞争力模型的描述统计分析

我们采用的数据为我国 31 个省市自治区 2000～2002 年制造业全部国有及规模以上非国有企业数据，在计算各省市自治区制造业及制造业出口技术结构指标时参考了国际工业分类标准（ISIC 第三版和 ISIC 第二版）的技术分类及我国工业高新技术产业统计范围。

基于我国区域制造业竞争力模型，我们首先考察一下我国制造业竞争力水平测度指标及其驱动要素测度指标的描述统计分析结果。

1. 我国区域制造业竞争力水平测度指标的描述统计分析。

表 2 - 2 说明我国制造业竞争力整体水平在 2000～2002 年呈现上升态势，尤其是反映制造业规模实力的制造业劳动生产率指标各地区的平均水平从 2000 年的 40.72 千元/人上升到 2002 年的 55.41 千元/人，年均增长速度达到 16.65%，人均制造业出口额指标从 2000 年的 19.32 千元/人上升到 2002 年的 24.56 千元/人，年均增长速度达到 12.75%，我国制造业技术层次实现小幅上升，其中制造业出口技术层次的上升幅度要高于制造业整体水平，而且各指标（除出口指标）的变异系数均随时间呈现降低趋势，这说明我国制造业竞争力水平在各地区之间的差距在缩小，实现了制造业竞争力在全国意义上的提升。

表 2 - 2　　我国区域制造业竞争力水平测度指标描述统计结果

	均　　值			变异系数		
	2000 年	2001 年	2002 年	2000 年	2001 年	2002 年
y_1	40.721	47.280	55.411	0.340	0.326	0.305
y_2	19.317	20.861	24.563	1.148	1.174	1.168
y_3	18.307	18.286	18.639	0.562	0.574	0.557
y_4	21.276	21.886	24.999	0.789	0.807	0.771

注：y_1：制造业劳动生产率（千元/人）；y_2：人均制造业出口额（千元/人）；y_3：制造业高技术产品的含量（%）；y_4：区域制造业出口高技术产品的含量（%）。

表 2 - 3 显示各制造业竞争力测度指标间呈现出不同程度的正相关关系，这一方面说明区域制造业竞争力是一个多维度的问题，它反映在相互影响的多个指标上，对于不同区域或产业竞争力发展的不同阶段指标间的相互作用会有不同的反应。另一方面尽管指标间存在一定的相互影响，但信息并非完全重叠，各自反映了制造业竞争力系统的一个侧面。对我国目前制造业竞争力而言，制造业出口同制造业产品技术结构存在较大的正相关关系，而制造业整体规模并未同技术层次形成明显的相关关系，这说明我国目前大部分省份制造业规模的提升还在依靠技术层次较低的制造业产业。

表 2 - 3   我国区域制造业竞争力水平测度指标相关矩阵（2002 年）

	y_1	y_2	y_3	y_4
y_1	1.00			
y_2	0.45	1.00		
y_3	0.21	0.72	1.00	
y_4	0.28	0.63	0.89	1.00

2. 我国区域制造业驱动要素测度指标的描述统计分析。

就我国区域制造业竞争力驱动要素而言，表 2 - 4 显示外商直接投资的年均增长速度为 11.87%，研究开发费用的年均增长速度为 19.15%，但值得注意的是这两个指标在各地区之间的差距进一步扩大。尽管各地区劳动力技能指标在上升，但相对于劳动力成本的上升幅度而言，其略显不足，劳动者技能的上升速度为 6.25%，劳动力成本的上升速度为 10%。随着劳动力市场的健全，这两项指标在各省之间的差距在逐年缩小。产业集中度指标上升幅度并不明显。

表 2 - 4   我国区域制造业驱动要素测度指标描述统计结果

	均　　值			变异系数		
	2000 年	2001 年	2002 年	2000 年	2001 年	2002 年
x_1	6.956	7.906	8.708	1.229	1.240	1.281
x_2	0.479	0.479	0.680	0.728	0.728	0.818
x_3	0.516	0.518	0.518	0.335	0.333	0.333
x_4	21.458	22.820	22.820	0.473	0.378	0.378
x_5	8.777	10.018	10.622	0.283	0.250	0.260

注：x_1：外商直接投资（千元/万元销售产值）；x_2：研究开发费用（千元/万元销售产值）；x_3：产业集中度（指数）；x_4：劳动力技能（%）；x_5：劳动力成本（千元/人）。

表 2 - 5 说明我国区域制造业竞争力的各驱动要素之间存在着一定的经济联系，在一定程度上印证了波特产业国际竞争力核心因素间存在广泛经济联系的理论假说，其中较为突出的是区域劳动力状况对外商直接投资的影响（x_1 外商直接投资与 x_5 劳动力成本相关系数为 0.78）。

表 2 - 5   我国区域制造业竞争力驱动要素测度指标

相关矩阵（2002 年）

	x_1	x_2	x_3	x_4	x_5
x_1	1.00				
x_2	0.41	1.00			
x_3	- 0.30	0.04	1.00		
x_4	0.78	0.40	- 0.02	1.00	
x_5	0.78	0.44	- 0.20	0.73	1.00

（四）我国制造业竞争力的模型估计

我们基于前面关于我国区域制造业竞争力综合测度的指数变量，以及反映制造业竞争力水平的各个具体侧面的变量，与决定制造业竞争力成长的关键要素变量一起，分别建立产业竞争力模型来分析我国区域制造业竞争力的要素决定的数量关系以及竞争力结构特征。根据模型设计，我们使用 panel data 模型具体估计一个制造业综合竞争力和 4 个制造业竞争力侧面共 5 个模型的要素变量参数和相应检验结果（见表 2 - 6.1 ~ 6.5）。通过 5 个模型的估计结果和检验，我们可以得到关于中国制造业产业竞争力分析的科学推断、论证和解释，第一个模型论证的是哪些因素决定中国制造业产业竞争力整体水平的变化；第二个模型论证的是哪些因素决定中国制造业产业竞争力的一个侧面：制造业劳动生产率水平的变化；第三个模型论证的是哪些因素决定中国制造业产业竞争力的一个侧面：制造业人均出口额所表现出的我国制造业国际市场竞争力水平的变化；第四个模型论证的是哪些因素决定中国制造业产业竞争力的一个侧面：制造业产品中高技术产品含量表现出我国制造业技术创新水平的变化；第五个模型论证的是哪些因素决定中国制造业产业竞争力的一个侧面：制造业出口中高技术产品含量表现出我国制造业技术创新在国际市场竞争力中的水平变化。这些模型的科学分析结论是对中国制造业产业竞争力现阶段规律的最有力说明，也包括中国现阶段利用产业竞争力资源的特性和局限性。

表 2 - 6.1　　　　　　　　　制造业竞争力指数

	截距	X_1	X_2	X_3	X_4	X_5	R^2	Hausman test
Fixone 固定效应模型	-0.4767 (-3.51)***	0.6061 (4.83)***	0.1223 (2.78)**	0.0855 (1.54)	0.1587 (2.20)*	0.1383 (2.41)**	0.9832	$m=11.82$ {Pr > m} = 0.0373
Ranone 随机效应模型	—	0.5 (5.96)***	0.1008 (2.43)**	0.2525 (3.34)**	0.0685 (1.84)*	0.2001 (3.92)***	0.687	

表 2 - 6.2　　　　　　　　　制造业劳动生产率

	截距	X_1	X_2	X_3	X_4	X_5	R^2	Hausman test
Fixone 固定效应模型	-0.1999 (-0.82)	0.7413 (3.3)***	0.3298 (4.19)***	0.2032 (0.71)	0.4323 (1.83)*	0.3881 (3.78)***	0.946	$m=13.73$ {Pr > m} = 0.0174
Ranone 随机效应模型	—	0.2987 (2.19)**	0.2627 (2.32)***	0.0533 (1.48)	0.2195 (1.67)*	0.5611 (6.28)***	0.6986	

表 2 - 6.3　　　　　　　　　制造业人均出口额

	截距	X_1	X_2	X_3	X_4	X_5	R^2	Hausman test
Fixone 固定效应模型	-0.3848 (-3.67)	0.5915 (6.10)***	0.0517 (1.64)	0.0606 (0.49)	0.082 (1.81)*	0.055 (1.25)	0.9899	$m=7.65$ {Pr > m} = 0.1764
Ranone 随机效应模型	—	0.5599 (7.19)***	0.0315 (1.05)	0.2607 (3.19)***	0.0141 (0.67)	0.081 (1.95)*	0.5688	

表 2 - 6.4　　　　　　　制造业产品中高技术产品含量

	截距	X_1	X_2	X_3	X_4	X_5	R^2	Hausman test
Fixone 固定效应模型	-0.2967 (-3.18)	0.0458 (1.02)	0.0046 (1.17)	0.1041 (0.95)	0.1382 (2.76)**	0.0406 (1.29)	0.9921	$m=22.65$ {Pr > m} < 0.0001
Ranone 随机效应模型	—	0.1698 (2.17)**	0.0238 (1.03)	0.1337 (1.49)	0.2711 (3.54)***	0.0379 (1.2)	0.5082	

表 2 - 6.5　　　　　　　　制造业出口中高技术产品含量

	截距	X_1	X_2	X_3	X_4	X_5	R^2	Hausman test
Fixone 固定效应模型	-0.6314 (-3.90)	0.4006 (2.58)**	0.1072 (1.62)	0.1121 (0.47)	0.2818 (1.18)	0.0938 (1.07)	0.9619	$m = 11.79$ |Pr > m| = 0.0378
Ranone 随机效应模型	—	0.3938 (3.13)**	0.0807 (1.29)	0.1967 (1.74)*	0.1971 (2.61)**	0.0248 (0.32)	0.532	

　　注:(1)*,**,***分别表示10%,5%,1%的显著性水平。(2)在模型估计过程中逆指标产业集中度和劳动力成本均作处理。(3)Hausman test:$H_0:E(v_i|x_i)=0$,在原假设下随机效应模型是更好的估计模型。从 Hausman test 结果来看,在1%的显著性水平下,除制造业产品技术结构模型外,其他模型均可采用随机效应模型(one-way random effects model)来进行估计。

　　由 Panel Data 模型估计结果可知:

　　(1)制造业竞争力指数(表2-6.1),Hausman test 结果显示对于制造业竞争力指数,随机效应模型更为适宜。在1%的显著性水平下 FDI 投入强度、劳动力成本指标通过了检验,这在一定程度上反映了我国目前制造业发展对资金的饥渴以及对劳动力要素的敏感,将显著性水平扩大为5%,R&D 投入强度和产业集中度指标通过了检验,若显著性水平为10%,所有因素对制造业竞争力均呈现显著的影响。

$$y = 0.5x_1 + 0.1008x_2 + 0.2525x_3 + 0.0685x_4 + 0.2001x_5$$
$$\underset{(5.96)}{} \quad \underset{(2.43)}{} \quad \underset{(3.34)}{} \quad \underset{(1.84)}{} \quad \underset{(3.92)}{}$$
$$R^2 = 0.687 \qquad m = 11.82 \tag{2.1}$$

模型(2.1)验证了各决定要素对我国制造业竞争力提升的驱动作用,各驱动要素对我国制造业竞争力指数的弹性系数(弹性系数 = 标准化系数×(因变量变异系数/解释变量变异系数))分别为0.2945、0.093、0.572、0.1367、0.5806。由此,目前我国制造业竞争力影响结构为(按影响作用顺序):劳动力成本、产业集中度、外商直接投资、劳动者技能和企业研发投入。可见劳动成本这一波特模型中所谓的初级生产要素对我国制造业竞争力仍发挥关键作用,同时培育动态的激励创新的竞争环境是我国制造业产业竞争力提升的重要来源之一。

　　(2)制造业劳动生产率(表2-6.2),Hausman test 结果显示对于制造业劳动生产率,随机效应模型更为适宜。在1%的显著性水平下 R&D 投入强度、劳动力成本指标通过了检验,将显著性水平扩大均为5%,FDI 投入强度指标通过了检验,若显著性水平为10%,劳动力技能对制造业竞争力也呈现显著的影响。

$$y_1 = 0.2987x_1 + 0.2627x_2 + 0.0533x_3 + 0.2195x_4 + 0.5611x_5$$
$$\underset{(2.19)}{} \quad \underset{(2.32)}{} \quad \underset{(1.48)}{} \quad \underset{(1.67)}{} \quad \underset{(6.28)}{}$$
$$R^2 = 0.6986 \qquad m = 13.73 \tag{2.2}$$

模型（2.2）显示除产业集中度指标外，其他驱动要素均对我国制造业劳动生产率产生显著影响，弹性系数分别为：0.0711、0.098、0.1771、0.6583，其影响作用顺序依次为劳动力成本、劳动力技能、企业研发投入和外商直接投资。

（3）人均制造业出口额（表2-6.3），Hausman test 结果显示对于人均制造业出口额，随机效应模型更为适宜。在1%的显著性水平下 FDI 投入强度指标和产业集中度指标通过了检验，若显著性水平为10%，劳动力成本对其也呈现显著的影响。

$$y_2 = 0.5599x_1 + 0.0315x_2 + 0.2607x_3 + 0.0141x_4 + 0.081x_5$$
$$\underset{(7.19)}{} \quad \underset{(1.05)}{} \quad \underset{(3.19)}{} \quad \underset{(0.67)}{} \quad \underset{(1.95)}{}$$
$$R^2 = 0.5688 \qquad m = 7.65 \tag{2.3}$$

通过统计检验的驱动要素对人均制造业出口额的弹性系数分别为：0.5105、0.9144、0.3639，人均制造业出口额的竞争力驱动要素结构按影响作用顺序依次为产业集中度、外商直接投资和劳动力成本。

（4）考察我国区域制造业产品中高技术产品含量即制造业整体的技术结构（表2-6.4），Hausman test 结果显示对于制造业产品中高技术产品含量，固定效应模型更为适宜。在5%的显著性水平下只有劳动力技能指标通过了检验。

$$y_3 = -0.2967 + 0.0458x_1 + 0.0046x_2 + 0.1041x_3 + 0.1382x_4 + 0.0406x_5$$
$$\underset{(-3.18)}{} \quad \underset{(1.02)}{} \quad \underset{(1.17)}{} \quad \underset{(0.95)}{} \quad \underset{(2.76)}{} \quad \underset{(1.29)}{}$$
$$R^2 = 0.9921 \qquad m = 22.65 \tag{2.4}$$

模型（2.4）显示劳动力技能对制造业产品中高技术产品含量的弹性系数为0.2036，即劳动力技能提升1%则制造业产品中高技术产品的含量将提升0.2036%，可见我国制造业整体技术层次的提升在很大程度上依赖于我国制造业劳动力素质的提升。

（5）考察我国区域制造业出口中高技术产品含量即制造业出口的技术结构（表2-6.4），Hausman test 结果显示对于制造业产品中高技术产品含量，随机效应模型更为适宜。在5%的显著性水平下外商直接投资和劳动力技能指标通过了检验。将显著性水平扩大为10%，产业集中度指标对制造业出口的技术结构也呈现显著的影响。

$$y_4 = 0.3938x_1 + 0.0807x_2 + 0.1967x_3 + 0.1971x_4 + 0.0248x_5$$
$$\underset{(3.13)}{} \quad \underset{(1.29)}{} \quad \underset{(1.74)}{} \quad \underset{(2.61)}{} \quad \underset{(0.32)}{}$$
$$R^2 = 0.532 \qquad m = 11.79 \tag{2.5}$$

模型（2.5）显示通过统计检验的驱动要素对我国制造业出口中高技术产品含量的弹性系数分别为：0.237、0.4554、0.402。制造业出口中高技术产品含量的竞争力驱动要素结构依次为产业集中度、劳动力技能和外商直接投资指标。

三、我国制造业产业竞争力的问题

前面模型分析可以得出我国制造业竞争力存在着一些严重的问题。

1. 我国制造业竞争力总体模型分析表明，劳动力成本（弹性系数 0.5806）、产业集中度（0.572）、外商直接投资（0.2945）、劳动者技能（0.1367）和企业研发投入（0.093）是影响作用大小的基本顺序，从弹性系数比较看，劳动力成本、产业集中度作用相当，其次是外商直接投资，但作用只是前者的不足 50%，企业研发投入处于微弱的状况。由此得出我国目前的制造业发展和产业竞争力提升，整体上还是以成本竞争和初级生产要素扩张为主，这基本上是一种利用传统方式提升我国制造业产业竞争力的现状。与发达市场经济国家的以研究与开发竞争为主，以人为本的现代竞争方式相比，我国制造业核心竞争力的推动力是低档的，也是严重不足的。

2. 我国制造业产业竞争力侧面劳动生产率的分析表明，劳动力成本、劳动力技能、企业研发投入和外商直接投资的 4 个主要影响因素中，劳动力成本最突出，其弹性系数 0.6583，分别是劳动力技能、企业研发投入和外商直接投资的 3.7 倍、6.7 倍和 9.2 倍。如果联系我国制造业劳动生产率与发达国家的巨大差距，我国制造业主要还是依赖相对劳动密集与低端技术的发展特点。相比发达市场经济国家，我国并没有把利用人力资本尤其是高级人力资本和利用企业研究开发支持技术创新来提升企业竞争力放在重要的层面，从利用外资中获取技术并提升劳动生产率的程度非常弱，产业集中度对劳动生产率没有影响，说明我国制造业劳动生产率提升中许多关键因素乏力。

3. 以人均制造业出口额作为我国制造业产业的国际竞争力的模型分析表明，提升国际竞争力的主要推动要素按影响作用顺序依次为：产业集中度（弹性系数 0.9144）、外商直接投资（0.5105）和劳动力成本（0.3639）。产业集中度对我国制造业参与国际竞争解释的重要作用说明市场经济机制的正面影响的积极作用和产业竞争力成长方向的正确性，即产业的国际市场竞争力不仅在增强，而且其竞争能力更趋成熟。出口是反映一国区域能否在国际市场上获得竞争优势的关键指标，尽管该指标呈现了上升趋势，但模型（2.3）结果表明外商直接投资是它的主要影响要素，企业自身的技术努力并未对其形成显著影响，这种受对外资过渡依赖影响的竞争力结构不利于我国制造业竞争力在国际市场上的持续提升。劳动力成本在国际竞争力提升中仍然发挥着作用，但相对利用市场机制的聚集产业竞争能力和利用外资来说，其作用较弱。

4. 以制造业产品中高技术产品含量作为我国制造业科技创新竞争力的模型

分析表明，只有劳动力技能通过检验，这说明我国制造业科技创新竞争力提升的瓶颈问题，也就是说目前我国制造业发展过程中高新技术的创新能力提升主要是依靠劳动力技能的提升，而模型（2.4）显示劳动力技能对制造业产品中高技术产品含量的弹性系数为0.2036，即劳动力技能提升1%则推动我国制造业高新技术产品创新能力提升0.2036%，我国制造业整体技术层次的提升在很大程度上依赖于我国制造业劳动力素质和技能的提升。恰恰由于目前我国劳动力素质和技能偏低，影响了对其他技术创新要素的有效利用与开发。

5. 以制造业出口中高技术产品含量作为我国制造业科技创新国际竞争力的模型分析表明，产业集中度（弹性系数0.4554）、劳动力技能（0.402）和外商直接投资（0.237）构成主要影响因素。从模型（2.5）分析中的企业研究与开发变量和劳动力成本变量未通过模型检验看，说明这两个因素对于我国制造业科技创新国际竞争力的提升目前还没有发挥作用。前面分析表明，劳动力成本对于我国制造业整体竞争力、对于劳动生产率、对于出口国际竞争力的作用是积极显著的。但是，从我国制造业科技创新国际竞争力的模型分析看，劳动力成本没有发挥作用，而劳动力技能因素通过模型检验说明科技创新的国际竞争力主要依靠高素质劳动力，即我国制造业科技创新国际竞争力依靠劳动力素质和技能的提高。企业研究与开发变量未通过模型（2.5）的检验，说明我国制造业企业自身技术努力对我国区域制造业科技创新国际竞争力的提升未形成显著影响，结合描述统计分析中制造业技术层次相对于制造业生产总量和出口总量提升缓慢的特点，说明我国明显地处于"生产工序型国际分工"中的外围部件生产和组装工序上，并呈现外资主导型特征。对于我国这样一个发展中大国而言，这对我国制造业竞争力的持续提升增加了潜在风险。

四、提升我国区域制造业竞争力的基本对策

1. 提升中国制造业竞争力的关键是加大研究开发投入力度，提高技术创新能力。模型显示，我国制造业自身技术努力相对不足，在制造业产业竞争力提升过程中并未发挥其作为关键要素的作用。2002年IMD《世界竞争力年鉴》显示我国的研究开发要素在49个国家中仅列第32位，属于科技创新能力较弱的国家之一，而作为大国，我们的目标不是仅仅成为全球"加工车间"的一个"制造大国"，而是要成为一个真正的"制造强国"，关键在于是否具备产品自主开发创新能力。这就要求我国在提升制造业竞争力的过程中：（1）加大国家研发投入力度，即增加国家基础研究经费和重点攻关的科研经费，提升国家整体的技术创新平台的能力和水平。（2）在加强利用外资转化创新能力的同时，还要注重对

外资研发资金的吸引，全面提升我国制造业区域创新能力和国际竞争力。（3）最重要的还是鼓励我国企业加大研发投入力度，从成本竞争型为主向研究与开发的创新型为主转变，提升我国制造业企业的国际竞争力。

2. 劳动力状况仍是我国制造业产业竞争力提升的关键要素，在劳动力成本必然上升的趋势下，目前关键是提高制造业企业生产者的技能，增加高级技术工人的比重。我国目前高级工仅占3.5%，与发达国家高级工占40%的水平相差很远。而中国绝大多数青年工人的技术水平还达不到现有技术等级所规定的标准。这一方面要求国家重视职业教育体系的完善，另一方面也要求企业自身注重职工培训。

3. 继续加大外商直接投资的引进力度，我国作为外商直接投资流入量最大的发展中国家，外商直接投资在我国制造业提升的过程中已发挥明显的作用，但为了避免陷入全球价值链中，仅成为劳动密集型产品和高新技术产品外围部件的生产和供应者，吸引外商直接投资应和较强的产业政策结合起来，有选择地吸引技术含量高的外商资本，同时加大自身的技术努力，加快对先进技术的学习过程。

4. 模型还验证了产业竞争激烈程度对制造业竞争力的影响，本研究的实证分析结果验证了国（区域）内市场竞争程度同其产业竞争力呈正向关系的理论假说，为了有效地提高区域内产业竞争程度，培育动态的激励创新的竞争环境，应注重产业集群建设，通过形成在一定地理区域中相对密集的企业群，达到加快技术传播速度，提高企业改进和创新的原动力，最终实现我国整体制造业竞争力水平提升的目的。

第三章

中国产业集聚竞争力研究

一、中国产业聚集经济模型及其应用研究

尽管关于产业集聚经济探讨已经引起国外学者的广泛关注，但对我国而言，这方面的研究还相对薄弱，潘佑红、张帆（2002）在我国 1995 年第三次全国工业普查企业层面资料的基础上，运用柯布－道格拉斯生产函数、CES 生产函数和超越对数生产函数三种形式，对 200 个主要城市的 28 个制造业两位数行业集聚效应（城市化经济）进行了估计，研究结果表明城市规模扩大 1 倍，其产业的生产率将提高 8.6 个百分点。吉昱华等（2004）选用两投入变量（two-digital）的柯布－道格拉斯总量生产函数，验证了集聚效应（城市化经济）对工业部门生产率的影响。这两项研究主要是针对于城市化经济而言，并未有效区分区域化经济和城市化经济对产业劳动生产的影响，而且两项研究均利用的是截面数据，研究的稳定性有待考察，吉昱华的研究是针对于工业部门整体而言的，合并层次过高。

我们的研究将利用我国 2001～2003 年制造业企业数据，对我国 236 个地级市的 29 个两位数制造业行业的集聚经济效应进行估计，其研究特点是：

（1）利用面板数据对我国制造业的两种集聚经济——区域化经济、城市化经济进行估计，并考察模型估计结果的稳定性。

（2）按照区域类型将我国 29 个制造业两位数行业分为四类——装配制造业、基本原材料制造业、资源依赖型制造业和最终消费品制造业，分别对这四种

产业类型的集聚经济进行估计。

（3）按照人口规模将我国236个地级市分为——超大型城市、特大型城市、大型城市、中型城市和小型城市五类，并考察集聚经济在不同规模的城市存在哪些差异。

（一）产业集聚经济测度模型设计

由于产业集聚经济效应对企业而言属于外部因素，所以集聚经济效应可由生产函数 $F(\cdot)$ 乘以集聚因子 $g(\cdot)$ 得到，即

$$Y = g(g)F(g) \tag{3.1}$$

其中，Y 表示企业的产出；$g(\cdot)$ 将集聚经济效应表示为企业生产函数效率参数转换器的一种方式，若 $g(\cdot)$ 中的参数是区域范围内产业规模的某种测度，则该集聚经济效应为地方化效应（localisation economies），若 $g(\cdot)$ 中的参数是对区域总体经济活动的测度，则该集聚经济效应为城市化效应（urbanisation economies）[①]。$F(\cdot)$ 表示企业生产函数，经常假定规模报酬不变，这是测度产业集聚经济的一般模式。通常假定（3.1）式的误差项为倍增误差项。

总之，在集聚经济测度模型的设计过程中，模型的理论支撑、模型对数据的要求以及数据的合并程度都是被考虑的制约条件。

（二）我国产业集聚经济测度模型

我们采用两要素柯布－道格拉斯生产函数为分析起点：

$$Y = g(g)F(K, L) \tag{3.2}$$

其中，Y 为增加值，K 为资本存量、L 为劳动力，$g(g)$ 为集聚经济的转换函数。

在规模报酬不变的假定下，式（3.2）可以改写为：

$$Y/L = g(g)F(K/L) \tag{3.3}$$

式中，Y/L 为劳动生产率，K/L 为劳动资本密度，将 $g(\cdot)$ 函数中产业集聚经济测度参数分解为：区域化指数（Loc）、城市化指数（Urb）。基于波特关于竞争的观点，本研究引入了竞争程度指数（Comp），对式（3.3）实施对数变换：

$$\log(Y/L)_{ij} = \alpha_0 + \alpha_1 \log(K/L)_{ij} + \alpha_2 Urb_j + \alpha_3 Loc_{ij}$$
$$+ \alpha_4 Comp_{ij} + \alpha_5 Region_j + \varepsilon_{ij} \tag{3.4}$$

具体变量解释为：

---

① 朱英明：《产业集聚论》，经济科学出版社2003年版，第59~60页。

$(K/L)_{ij}$ 表示 j 区域 i 行业的资本密度，K 为固定资产净值，L 为职工人数。

本研究参考了亨德森等（Henderson et al.，1995）测度城市化和区域化的方法。

$$\text{Urb}_j = \frac{1/\sum_i s_{ij}^2}{1/\sum_i s_{ic}^2}$$ 为 j 区域城市化（多样化）指数，s_{ij} 表示 j 区域制造业行业 i

的销售份额，s_{ic} 表示在全国范围内行业 i 的销售份额。若城市化经济存在，则 Urb 对劳动生产率的系数为正。

$$\text{Loc}_{ij} = \frac{v_{ij}/v_j}{v_{ic}/v_c}$$ 定义为 j 区域制造业行业 i 的区域化（专业化）指数，v_{ij} 和 v_{ic} 表示制造业行业 i 在 j 区域和全国的增加值，v_j 和 v_c 表示 j 区域和全国的制造业增加值总和。若区域化经济存在，则 Loc 对劳动生产率的系数为正。

$$\text{Comp}_{ij} = \frac{n_{ij}/v_{ij}}{n_{ic}/v_{ic}}$$ 为竞争程度指数，v_{ij} 和 v_{ic} 表示制造业行业 i 在 j 区域和全国的增加值，n_{ij} 和 n_{ic} 表示制造业行业 i 在 j 区域和全国从业人数。格莱泽等人（Glaeser et al.，1992）认为该指标很好地描述了企业面临的竞争环境。若 Comp 对劳动生产率的系数为正，则表明区域内同一产业激烈的竞争有助于生产效率的提高。

鉴于我国东部、中部、西部地区的市场化水平差异会导致资本效率的差异，本研究引入虚拟变量 Region_{ij} 控制相同资本在三大经济区域的生产率差异。

（三）我国产业聚集经济的统计描述分析

在进行回归分析之前，我们首先对数据进行简要的统计描述，表 3 – 1 依次给出了区域化、城市化和竞争程度指数最高的 5 个两位数制造业行业。在 236 个地级市中，就平均水平而言，区域化程度最高的产业依次为：烟草加工业、石油加工及炼焦业、有色金属冶炼及压延加工业、木材加工及竹、藤、棕、草制品业和饮料制造业，这些产业多数是资源依赖型产业。其中烟草加工业所处的产业环境城市化水平也相对较高，因此，尽管区域化和城市化是集聚经济的两个极端形式，但两者并不相互排斥，且产业所处的区域产业环境具有时间上的相对稳定性。

表 3-1　　　　　区域化、城市化及竞争激烈程度最高的产业

	2003 年	2002 年	2001 年
区域化水平	烟草加工业	烟草加工业	烟草加工业
	石油加工及炼焦业	有色金属冶炼及压延加工业	有色金属冶炼及压延加工业
	有色金属冶炼及压延加工业	石油加工及炼焦业	石油加工及炼焦业
	木材加工及竹、藤、棕、草制品业	木材加工及竹、藤、棕、草制品业	木材加工及竹、藤、棕、草制品业
	饮料制造业	化学纤维制造业	饮料制造业
城市化水平	化学纤维制造业	化学纤维制造业	化学纤维制造业
	文教体育用品制造业	文教体育用品制造业	文教体育用品制造业
	烟草加工业	烟草加工业	烟草加工业
	电子及通信设备制造业	电子及通信设备制造业	电子及通信设备制造业
	仪器仪表及文化、办公用机械制造业	皮革、毛皮、羽绒及其制品业	家具制造业
竞争程度	非金属矿物制品业	非金属矿物制品业	非金属矿物制品业
	食品加工业	食品加工业	食品加工业
	化学原料及化学制品制造业	化学原料及化学制品制造业	化学原料及化学制品制造业
	普通机械制造业	金属制品业	普通机械制造业
	纺织业	普通机械制造业	纺织业

（四）我国产业聚集经济模型的应用和分析

我们的应用研究将考察集聚效应的不同类型和产业劳动生产率的关系以及不同产业、不同规模城市中集聚效应的差别和它们对劳动生产率的贡献。本研究采用的是来自我国 236 个地级市的 29 个两位数制造业行业 2001～2003 年的数据，我们需要同时研究和比较 29 个两位数制造业行业的生产函数，因此一般的线性回归模型就不适用了。Panel Data 模型可以很好地解决这一问题，相对于传统的横截面和时间序列分析，它的最大优点在于可大幅增加估计的自由度，并增加研究者运用数据分析的空间。另外，对本研究而言，它还可以呈现产业在一定时期内的差异性。Hausman 检验（$\chi^2(5) = 74.57$）拒绝了随机效应（Random effect）模型，本研究将报告固定效应模型（Fixed effect）的估计结果。

1. 制造业整体。

我们首先运用模型（3.4）对全部行业进行了回归分析，表 3-2 给出了具体的模型估计的实际分析结果。在全部模型中均保留要素投入变量（$\ln(K/L)$）和区域特性（Region）两个控制变量，在回归结果（1.1）～（1.3）中，我们依次加入了反映集聚经济的区域化效应、城市化效应和竞争程度的变量 Loc、Urb

和 Comp。回归结果（1.4）与（1.5）是引入全部变量的固定效应和滞后一期的模型估计结果。由表 3-2 中（1.1）～（1.5）列可知，模型估计结果稳定可信，各变量系数的方向及显著性均保持了很好的稳定性。

表 3-2 　　　　　　　　　　制造业整体的模型估计结果

	(1.1) FE	(1.2) FE	(1.3) FE	(1.4) FE	(1.5) 滞后一期 FE
要素投入					
$\ln(K/L)$	0.3837 ***	0.3839 ***	0.3774 ***	0.3808 ***	0.3872 ***
	0.0066	0.0066	0.0066	0.0066	0.0081
集聚经济					
Urb	0.7588 ***			0.4815 ***	0.4111 ***
	0.062			0.0643	0.0778
Loc		0.0076 ***		0.0045 *	0.0041 *
		0.0023		0.0023	0.0024
Comp			0.4158 ***	0.3673 ***	0.3296 ***
			0.021	0.022	0.0267
区域特性					
Region	0.1856 ***	0.2074 ***	0.1544 ***	0.1484 ***	0.1581 ***
	0.0075	0.0074	0.0078	0.0079	0.0094
常数项	2.1409 ***	2.0655 ***	2.2789 ***	2.2812 ***	2.1669 ***
	0.0269	0.0264	0.0281	0.0286	0.0347
组内 R^2	0.5156	0.5092	0.5263	0.4315	0.6402
组间 R^2	0.7166	0.7148	0.4588	0.5097	0.5075
样本容量	17 074	17 074	17 074	17 074	11 066

注：系数下方的值是标准差，*** 表示在 1% 水平上显著，** 表示在 5% 水平上显著，* 表示在 10% 水平上显著。

劳动资本密度（K/L）这个要素投入变量的作用符合理论预期，对劳动生产率具有显著的正向影响。

在其他条件相同的情况下，城市化经济效应，即多样化的经济环境有助于产业劳动生产率的提升（见表 3-2 中（1.1）、（1.4）、（1.5）列），这个变量的显著影响证明了"产业间"外部性的重要性。这个结果表明企业可以从同城市产业多样化中获得好处。

区域化经济效应，即产业在特定区域的专业化趋势同样有助于产业劳动生产率的提升（见表 3-2 中（1.2）、（1.4）、（1.5）列），这个变量的显著作用证明了"同一产业企业间"外部性的重要性。换句话说，当某产业在特定区域的工业结构中占据较大的份额时，企业间的"交易成本"大幅下降，有助于企业劳动生产率的提升，但塞西尔（Cecile，2001）的研究表明，这种外部性只出现在产业发展的初期阶段，当生产和技术发展到一定阶段后，生产就会出现迁移。

区域产业竞争程度变量对产业劳动生产率显著的正向影响表明竞争程度对产业生产效率的提高具有显著的推动作用（见表3-2中（1.3）、（1.4）、（1.5）列），这表明由于某产业大量企业的聚集形成的激烈竞争是动态外部性的重要组成部分（Porter，1998）。

比较区域化、城市化和竞争程度对产业劳动生产率的影响，对于制造业整体而言，产业发展的城市化经济效应是提升产业生产效率的关键环节，当产业集聚在一个具有较高产业差异性的区域时，由此产生的"相互孕育"往往能使该产业获得较高的生产效率。另外，产业发展的竞争环境也是影响产业生产效应提升的主要因素，以区域性竞争为主要特点的产业在特定区域的集聚通过刺激企业间的技术创新和信息扩散，导致区域产业生产效率的提高。而产业集聚的区域化效应对产业生产率提升的作用相对较弱。

区域控制变量（Region = 1，东部；Region = 0，中部；Region = -1，西部）对产业生产效率显著的正向作用表明我国制造业生产效率在区域间存在显著差异。东部省份由于具有较好的基础，如人力资源、交通和通信基础设施、外商直接投资等"软硬件环境"，其产业生产率水平显著地高于中西部地区。

2. 分产业类型。

集聚经济在不同产业间表现出极大的差异性，本研究在验证了集聚经济在我国制造业整体的表现形式之后，进一步追问集聚经济在我国不同类型的制造业两位数行业间的表现形式，借鉴 Kyoung-Hwie Mihn（2004）分类方式，依据产业的区位特征将其分为：装配制造业、基本原材料制造业、资源依赖型制造业和最终消费品制造业（见表3-3）。

表3-3　　　　　　　制造业2-SIC行业的区位特征分类

制造业分类	ISIC 代码 Rev 3.1	GB/T 4754-2002 代码
装配制造业	28～35	35～42
基本原材料制造业	23、24、27、37	25～28、32～34
资源依赖型制造业	15、16、20、21、26	13～16、20、22、31
最终消费品制造业	17～19、22、25、36	17～19、23、29、30、21、24、43

注：装配制造业即所谓的"松脚型"产业，无明显的区位限制；
　　基本原材料制造业是对交通运输设施有较高要求的重型工业；
　　资源依赖型制造业是集中于原料产地的制造业；
　　最终消费品制造业是集中于消费者集聚地（城市）的产业；
　　ISIC：国际标准行业分类码；
　　GB/T：推荐性国家标准。

表 3-4 给出的分产业类型模型估计结果显示，投入要素变量、区域控制变量和常数项与不分产业类型的模型估计结果基本保持一致（方向及显著性）。和其他国家的实证研究结果一样，集聚经济在不同类型的产业间存在着一定的差异。

表 3-4　　　　分产业类型的固定效应模型估计结果

	(2.1) 装配制造业	(2.2) 基本原材料制造业	(2.3) 资源依赖型制造业	(2.4) 最终消费品制造业
要素投入				
$\ln(K/L)$	0.4345 ***	0.3719 ***	0.4368 ***	0.3113 ***
	0.0181	0.0119	0.0131	0.0118
集聚经济				
Urb	0.1610	0.2946 **	0.8038 ***	0.5604 ***
	0.1487	0.1299	0.1149	0.1263
Loc	0.0427 ***	0.0038	0.0182 ***	0.0015
	0.0135	0.0031	0.0044	0.0079
Comp	0.3202 ***	0.3820 ***	0.2042 ***	0.4432 ***
	0.0499	0.0451	0.0481	0.0387
区域特性				
Region	0.1954 ***	0.1394 ***	0.1457 ***	0.1265 ***
	0.0178	0.0162	0.0143	0.0150
常数项	1.9484 ***	2.5346 ***	2.0428 ***	2.3859 ***
	0.0762	0.0559	0.0598	0.0480
组内 R^2	0.6197	0.5545	0.5619	0.4056
组间 R^2	0.5240	0.4652	0.8122	0.5688
样本容量	3 706	4 029	4 379	5 158

注：系数下方的值是标准差，*** 表示在 1% 水平上显著，** 表示在 5% 水平上显著，* 表示在 10% 水平上显著。

城市化经济效应对于基本原材料制造业、资源依赖型制造业和最终消费品制造业的劳动生产率表现出了显著的促进作用，而对于装配制造业这种集聚经济类型的促进作用并不显著。

装配制造业和资源依赖型制造业劳动生产率的提升会显著地得益于它们在特定区域的专业化程度。而对于基本原材料制造业和最终消费品制造业而言，在特定区域的集中并不会显著地提升其生产效率。

产业在特定区域的竞争程度对于生产效率的提升在各类型的产业中表现出了高度的一致性。可见，培育区域产业发展的竞争环境，是提升产业竞争能力乃至促进区域经济发展的关键环节。

3. 分城市规模。

为了考察处于不同规模城市的产业究竟是得益于专业化还是多样化，为不同类型的城市制定区域产业发展政策提供理论准备，本研究按照人口规模将我国236 个地级市分为超大型城市、特大型城市、大型城市、中型城市和小型城市五类，并考察集聚经济在不同规模的城市存在哪些差异。模型估计结果见表 3 - 5。

表 3 - 5　　　　　　　　分城市规模的固定效应模型估计结果

	(3.1)	(3.2)	(3.3)	(3.4)	(3.5)
	超大型城市	特大型城市	大型城市	中型城市	小型城市
要素投入					
$\ln(K/L)$	0.5052***	0.4150***	0.3718***	0.3473***	0.3614***
	0.0278	0.0200	0.0134	0.0095	0.0263
集聚经济					
Urb	0.8544***	0.9496***	0.2908**	0.6403***	0.2093
	0.2247	0.2363	0.1273	0.1002	0.1819
Loc	0.019	0.0150	0.004	0.0003	0.0152***
	0.0191	0.0103	0.0055	0.0034	0.0059
Comp	0.1346	0.3932***	0.4649***	0.2902***	0.4182***
	0.0973	0.0190	0.0453	0.0317	0.0946
区域特性					
Region	0.1157***	0.2264***	0.1028***	0.1589***	0.1639***
	0.0195	0.0162	0.0177	0.0115	0.0332
常数项	1.8373***	2.1928***	2.3039***	2.3884***	2.2905***
	0.1214	0.0870	0.0569	0.0399	0.1164
组内 R^2	0.5392	0.5492	0.6835	0.6115	0.5031
组间 R^2	0.6553	0.4913	0.4843	0.4908	0.3565
样本容量	1 118	2 309	4 674	7 891	1 204

注：系数下方的值是标准差，*** 表示在 1% 水平上显著，** 表示在 5% 水平上显著，* 表示在 10% 水平上显著。

由表 3 - 5 给出的结果可知，落户于超大型城市、特大型城市、大型城市和中型城市的制造业产业的劳动生产率均在不同程度上获益于产业结构的多样化，而产业结构的专业化程度使小城市的制造业产业的生产效率得到提升。竞争的激烈程度对产业生产效率的显著提升作用在特大型城市、大型城市、中型城市和小型城市均表现突出，但超大型城市对于产业生产效率的促进主要取决于其产业结构的多样化，而专业化和同一产业内部的竞争对于产业劳动生产率的促进作用均不显著。

本研究模型估计的实际研究结果基本上验证了产业集聚化发展的外部性有利于提高产业的生产效率，实证分析结果为区域产业集聚政策提供了如下启示：

（1）对我国制造业整体生产效率的模型估计结果表明，产业生产效率的提升在很大程度上取决于其所处区域产业结构的多样化程度，这种建立在技术经济联系上的产业间的"相互渗透"是目前我国制造业产业提高劳动生产率的重要环节。相对而言，区域单一的生产结构（专业化）不再是促进生产效率提高的显著要素，取而代之的产业内部在特定区域竞争的激烈程度对生产效率的提高有显著的促进作用。

（2）不同行业的区位特性制约着集聚经济对其生产效率的影响，对于装配制造业和资源依赖型制造业，同行业企业在特定区域的大量集聚对其劳动生产率有显著的影响，即区域化效应显著；对于基本原材料制造业和最终消费品制造业，位于产业结构多样化的大城市，有利于其生产效率的提高，即城市化效应显著。区域化效应显著的行业在小城市集聚更有利于提高其产业劳动生产率，城市化效应显著的制造业行业在大中城市集聚会获得更大的发展空间，突破单纯以城市为指向，着眼于整个城市体系的区域产业集聚战略将更有利于整个城市体系的均衡发展。

二、中国产业集聚创新模型及其应用研究

在事关企业得失成败的技术创新领域，集聚的影响尤为深刻，作用也尤为显著。当前，随着国内外产业集聚实践和研究活动的深入开展，越来越多的学者对创新活动的空间特性给予了极大的关注。不少学者认同空间发展模式是某些地区企业创新成功的主要影响因素这一观点。我们通过对我国 2 位代码行业分类下（2 - SIC）不同行业的产业技术创新活动的研究，分析论证了产业集聚对区域产业创新活动的促进作用。

（一）我国制造业创新活动的区域差异

1. 创新活动的度量。

反映我国制造业创新活动的区域分布特征，首先要解决的就是创新活动的测度问题（Griliches，1979），相关研究对于创新活动的定义主要集中于"专利数据（patent）"、"专利引用（patent citations）"、"新产品记录（innovation record）"三种。贾弗（Jaffe，1986，1989）、阿克斯等（Acs et al.，1990）利用企业专利数据进行了创新活动的研究，贾弗等（1993）、克利和阿热曼（Kelly & Hageman，1999）、渥斯培根和舍内马克斯（Verspagen & Schoenmakers，2000）认为知识吸收能力是制约知识外溢效率的重要因素，因此，在对知识外溢的研究中他们使用了专利引用。关于运用专利数据及专利引用数据研究创新和知识外溢的方法在学术界颇受争议，早在贾弗（1989）以前，谢勒（F. M. Scherer，1983）和格里利谢斯（Griliches，1980）都曾指出申请发明专利并非是一个直接

的衡量创新产值的指标（Acs et al., 1992）。格里利谢斯（1980）指明专利对于创新产出来说存在不足之处，如很多创新活动并未申请专利，而且专利所带来的经济价值存在很大差异。阿克斯等（1990）在研究中采用了更为直接的衡量指标——新产品发布，在奥瑞兹和费尔德曼（Audretsch & Feldman）的研究中运用了这一指标。我们的研究认为新产品指标在市场经济条件下对创新活动的测度更具真实性，它以价值实现为原则来衡量创新活动。因此，本研究采用新产品数据对创新活动进行测度。

2. 创新活动的空间分布。

对我国 2003 年制造业企业数据进行制造业层次上的合并，可以研究其在 31 个省市自治区的分布情况，由于各地区的绝对规模存在较大差异，因此在具体分析时，我们将各地区人口数作为除数，构造了新产品密度指标（新产品产值/人口数），将各地区规模对创新活动的影响予以剔除。

我国制造业的创新活动具有明显的区域集聚性，创新活动大量集聚于我国东部沿海省份[①]（天津、北京、上海、浙江、江苏、吉林、广东、山东、辽宁、福建等）。而内陆省份的制造业普遍缺乏创新活力。在本研究涉及的 2 857 个县级行政单位中有 1 425 个无创新活动，其中来自中部省份的县级行政单位 461 个，来自西部省份的县级行政单位 678 个，东部省份创新活动占全部创新活动的 74.31%。

为了对我国不同产业的创新活动的区域分布进行深入认识，本研究对我国制造业 465 个 4 - SIC 行业的创新活动的区域分布进行描述，区域层次细化至县级城市。通过考察 4 - SIC 行业的创新产值在制造业创新产值中所占份额，本研究选择了汽车整车制造业（3721）、移动通信及终端设备制造业（4014）和家用影视设备制造（4071）等 12 个 4 - SIC 行业，这 12 个行业创造的创新产值超过全部 4 - SIC 行业创新产值的 50%，本研究将这些行业定义为最具创新活力的制造业 4 - SIC 行业。我们进而对这 12 个行业的创新活动在县域层次上进行了考察，现将最具创新活力的 4 - SIC 行业的区域分布整理为表 3 - 6。汽车整车制造业（3721）创新产值为 2 509.7 亿元，占全部制造业创新产值的 18.55%，其中该行业创新产值的 63.08% 集中于长春市绿园区、上海市嘉定区、上海市浦东区、北京市昌平区、武汉市蔡甸区和黄石市张湾区。其他行业的区域分布见表 3 - 6。对这些行业的主要分布区域进行省域层次上的合并可知：这些区域大部分集中于我国东部沿海省份。与表 3 - 6 得出的结论吻合，即我国制造业创新活动具有区

---

① 本研究将中国经济分为三大经济带（Huang et al., 2005），东部地区：北京、福建、广东、河北、江苏、辽宁、上海、山东、天津、浙江；中部地区：安徽、黑龙江、河南、湖北、湖南、江西、吉林、山西；西部地区：重庆、海南、内蒙古、广西、甘肃、贵州、宁夏、青海、陕西、四川、西藏、新疆、云南。

41

表3-6　我国制造业最具创新活力的4-SIC行业及其创新活动的区域分布

	制造业4-SIC行业	创新产值（亿元）	主要集聚区域及其创新份额					
3721	汽车整车制造业	2 509.70 18.55%	长春绿园区 20.86%	上海嘉定区 16.73%	上海浦东区 12.86%	北京昌平区 4.41%	武汉蔡甸区 4.19%	黄石张湾区 4.02%
4014	移动通信及终端设备制造	951.45 7.03%	天津塘沽区 23.35%	宁波奉化市 11.80%	北京大兴区 11.09%	天津西青区 8.68%	厦门思明区 7.70%	惠州惠城区 7.63%
4071	家用影视设备制造	752.73 5.56%	绵阳涪城区 18.34%	青岛市南区 18.25%	惠州惠城区 8.06%	厦门湖里区 7.67%	常州武进区 7.07%	上海浦东区 6.07%
3952	家用空气调节器制造	532.30 3.93%	青岛崂山区 52.88%	珠海香洲区 11.85%	天津北辰区 8.18%	芜湖鸠江区 8.08%	泰州海陵区 5.54%	
3230	钢压延加工	445.14 3.29%	常熟张家港 19.55%	太原尖草坪区 15.48%	北京石景山区 17.06%	本溪平山区 10.02%	湘潭岳塘区 10.85%	
4041	电子计算机整机制造	319.48 2.36%	北京海淀区 70.81%	济南历下区 15.81%	惠州惠城区 8.22%			
4012	通信交换设备制造	271.24 2.00%	深圳南山区 95.08%					
3725	汽车零部件及配件制造	265.20 1.96%	上海浦东区 11.13%	无锡南长区 6.05%	上海徐汇区 4.54%	上海嘉定区 3.40%	南京雨花台区 3.17%	上海卢湾区 2.86%
3220	炼钢	263.24 1.95%	本溪平山区 16.86%	鞍山铁西区 12.50%	武汉青山区 11.78%	天津和东区 8.55%	唐山路北区 7.97%	青岛李沧区 6.27%
4043	电子计算机外部设备制造	245.49 1.81%	深圳福田区 29.45%	天津西青区 28.25%	北京朝阳区 12.39%	深圳龙岗区 5.97%	南京白下区 5.92%	北京海淀区 3.35%
3951	家用制冷电器具制造	208.51 1.54%	佛山顺德区 26.71%	青岛黄岛区 25.24%	新乡红旗区 12.36%	合肥包河区 9.60%	泰州海陵区 7.13%	
4061	电子元件及组件制造	205.11 1.52%	无锡滨湖区 15.78%	天津河西区 13.25%	北京朝阳区 5.42%	天津西青区 4.51%	惠州惠城区 4.14%	南通通州市 3.62%

域集聚性，且主要分布于我国东部沿海省份。

为了测度我国制造业创新活动及其生产活动的区域集聚程度，本研究借鉴克鲁格曼（Krugman，1991）在《地理与贸易》一书中测度美国产业集聚程度时采用的洛伦茨曲线和基尼系数。洛伦茨曲线和基尼系数最初是用于衡量收入分配平均程度的指标。1986 年，基布尔等（Keeble et al.）将洛伦茨曲线和基尼系数用于衡量产业在空间分布的均衡性。洛伦茨曲线下凹程度越小，基尼系数值越接近于 0，说明行业 i 的空间分布与整个工业的空间分布相匹配；反之，洛伦茨曲线下凹程度越大，基尼系数值越接近于 1，说明行业 i 的空间分布与整个工业的空间分布不一致，行业 i 的集中程度高于其他行业的集中程度，或者说行业 i 的地方化程度高。克鲁格曼（1991）计算了美国 106 个 3 位数行业的区位基尼系数。阿米特（Amiti，1997）计算了 EU 十国的 3 位数代码分类下（3 - SIC）27 个行业的基尼系数及五国 65 个行业的基尼系数，以检验 EU 国家在 1968 ~ 1990 年期间的工业是否更为集中了。梁琦（2003）计算了我国 24 个 2 位数行业和 171 个 3 位数工业的区位基尼系数。奥璀兹等（Audretsch et al.，1996）利用平均区位基尼系数研究了美国制造业 2 位数行业的生产活动和创新活动的空间分布特征。

本研究将利用区位基尼系数研究我国 3 位数制造业行业的创新活动在 2 850 个县级行政单位的空间分布特征。其基本方法为：

令 $I_s = q_{ij}/q_i$　　$P_s = q_j/q$　　$i = 1, \cdots, n$　　$j = 1, \cdots, m$

其中，q_{ij} 表示地区 j 的行业 i 的产值（或创新活动产值、创新企业个数），$q_j = \sum_{i=1}^{n} q_{ij}$ 表示地区 j 的制造业总产值（或创新活动总产值、创新企业总个数），$q_i = \sum_{j=1}^{m} q_{ij}$ 表示行业 i 的全国总产值（或创新活动总产值、创新企业总个数），$q = \sum_j \sum_i q_{ij}$ 表示全国制造业总产值（或创新活动总产值、创新企业总个数）。

以 Ps 为横轴，Is 为纵轴，得到洛伦茨曲线（图 3 - 1），记洛伦茨曲线与正方形对角线合成面积为 S_A，下三角形的其他部分面积为 S_B。

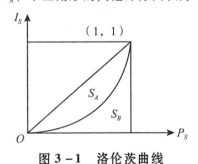

图 3 - 1　洛伦茨曲线

根据洛伦茨曲线计算基尼系数：$G = \dfrac{S_A}{S_A + S_B} = 2S_A$　$\leqslant G \leqslant 1$

除此之外，还可利用面积算法中的下梯形算法，得到：

$$G = \sum_{k=1}^{m-1} (M_k Q_{k+1} - M_{k+1} Q_k)$$

其中，$M_k = \sum_{s=1}^{k} I_s$，$Q_k = \sum_{s=1}^{k} P_s$，$M_n = Q_n = 1$

我们对我国制造业 3 – SIC 行业生产和创新活动的区位基尼系数绘制了直方图，见图 3 – 2，在 3 – SIC 行业的区位基尼系数的基础上，本研究利用简单算术平均的方法给出了我国制造业 2 – SIC 行业生产活动和创新活动的区位基尼系数及各行业区位基尼系数对应的标准差，见表 3 – 7。

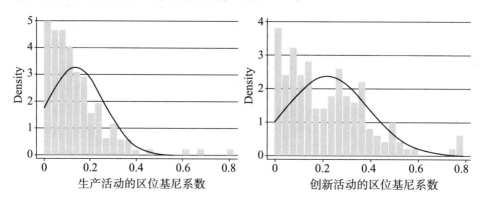

图 3 – 2　我国制造业 3 – SIC 行业生产和创新活动的区域基尼系数直方图

通过对我国制造业 3 位数行业数据的探索性分析，不难得出如下结论：

我国制造业 3 位数行业均存在程度不同的区域集聚性，在我国 2 850 个县级行政单位呈现不均衡的空间分布特征。相对生产活动而言，我国制造业 3 位数行业创新活动的区域集聚性更为突出。

生产和创新活动的区域集聚性在不同产业间表现出极大的差异性，竹藤家具制造业、精制茶加工业、制糖业和纸浆制造业等资源依赖性产业的创新活动表现出较强的区域集聚性。我国产业生产活动区域集聚性比较突出的行业也多为资源依赖型产业，如制糖业、烟草制品业等。

（二）中国产业集聚创新模型及应用分析

1. 模型使用的数据。

本研究基础数据来源于中国 2003 年制造业国有及规模以上非国有企业数据库，对基础数据进行了区域—产业层次的合并，得到我国 2003 年 2 850 个县级行政单位（其中包括市辖区）和 164 个 3 – SIC 制造业行业的面板数据。由于国家统计局 2002 年对产业标准进行重新划分，产业的归类标准与 2002 年前不一致，故本研究中数据只涉及 2003 年的数据。

表3-7 我国制造业2-SIC行业生产和创新活动的区域基尼系数

	2-SIC 行业	生产活动	创新活动		2-SIC 行业	生产活动	创新活动
13	农副食品加工业	0.180 (0.214)	0.337 (0.186)	24	文教体育用品制造业	0.131 (0.137)	0.242 (0.204)
14	食品制造业	0.149 (0.124)	0.310 (0.179)	25	石油加工、炼焦及核燃料加工业	0.429 (0.340)	0.226 (0.120)
15	饮料制造业	0.149 (0.096)	0.353 (0.318)	26	化学原料及化学制品制造业	0.130 (0.065)	0.132 (0.146)
16	烟草制品业	0.410 (0.174)	0.507 (0.005)	27	医药制造业	0.086 (0.080)	0.194 (0.116)
17	纺织业	0.050 (0.048)	0.167 (0.184)	28	化学纤维制造业	0.090 (0.029)	0.092 (0.016)
18	纺织服装、鞋、帽制造业	0.067 (0.096)	0.227 (0.034)	29	橡胶制品业	0.068 (0.024)	0.151 (0.112)
19	皮革、毛皮、羽毛(绒)及其制品业	0.073 (0.035)	0.093 (0.080)	30	塑料制品业	0.084 (0.068)	0.165 (0.105)
20	木材加工及木、竹、藤、棕、草制品业	0.090 (0.093)	0.354 (0.161)	31	非金属矿物制品业	0.126 (0.080)	0.208 (0.136)
21	家具制造业	0.233 (0.177)	0.372 (0.313)	32	黑色金属冶炼及压延加工业	0.252 (0.035)	0.313 (0.104)
22	造纸及纸制品业	0.197 (0.136)	0.325 (0.253)	33	有色金属冶炼及压延加工业	0.211 (0.139)	0.215 (0.192)
23	印刷业和记录媒介的复制	0.075 (0.066)	0.355 (0.366)	34	金属制品业	0.097 (0.081)	0.198 (0.156)

续表

2-SIC 行业		生产活动	创新活动
35	通用设备制造业	0.126 (0.070)	0.114 (0.113)
36	专用设备制造业	0.127 (0.090)	0.197 (0.122)
37	交通运输设备制造业	0.160 (0.091)	0.270 (0.159)
39	电气机械及器材制造业	0.126 (0.101)	0.155 (0.115)
40	通信设备、计算机及其他电子设备制造业	0.108 (0.058)	0.179 (0.143)
41	仪器仪表及文化、办公用机械制造业	0.185 (0.106)	0.126 (0.125)
42	工艺品及其他制造业	0.109 (0.083)	0.212 (0.159)
43	废弃资源和废旧材料回收加工业	0.157 (0.022)	0.297 —

注：括号内为该 2-SIC 行业区域基尼系数的标准差。

2. 计量模型的变量说明。

根据德卢西奥（de Lucio，1997）、格罗斯曼和赫尔普曼（Grossman and Helpman，1991）、马丁和奥塔维亚诺（Martin and Ottaviano，1996）等人的研究，创新由经济活动在区域及产业间的分布决定，且创新是所有决定创新因素的线性及单调增函数。因此，在研究多样化与专业化两种产业集聚结构对创新活动的外溢影响时，考虑一个简单的线性函数：

$$y = f(x，w，z)$$

其中，y 表示特定区域特定产业的创新产出，x 表示特定区域特定产业的创新投入，w 表示特定区域具有的特征，z 表示特定产业具有的特征。

对于马歇尔外部性（专业化）和雅各布斯（Jacobs）外部性（多样化）的测度，本研究借鉴亨德森等人（1995）研究中采用的测度方法。

区域 j 产业 i 的专门化指数 PS_{ij} 被定义为 i 产业的工业总产值在区域 j 制造业总体中所占份额与该产业在全国制造业总体中所占的份额之比，即：

$$PS_{ij} = \cfrac{\left(工业总产值_{ij} / \sum_i 工业总产值_{ij} \right)}{\left(\sum_j 工业总产值_{ij} / \sum_i \sum_j 工业总产值_{ij} \right)}$$

该指数反映了产业 i 相对于全国水平而言在区域 j 的专业化程度，如果该变量系数为正，则表明生产活动的马歇尔外部性能激发产业内部提高企业的创新效率。为了估计的需要，我们利用公式（$PS-1$）/（$PS+1$）对专门化指数进行规格化处理，出于方便规格化处理后的指数仍用 PS 表示。

本研究利用标准化的赫芬达尔（Herfindhal）集中性指数来测度多样化水平，即对于 j 区域而言，其产业结构的多样性被定义为该区域各产业在全部产业工业总产值中所占的份额，其公式为：

$$PD_j = \cfrac{\left[1/ \sum_i \left(工业总产值_{ij} / \sum_i 工业总产值_{ij} \right)^2 \right]}{\left[1/ \sum_i \left(\sum_j 工业总产值_{ij} / \sum_i \sum_j 工业总产值_{ij} \right)^2 \right]}$$

如果生产活动的集聚对企业的创新产出存在雅各布斯型外部性，该指标的系数应大于 0。

为了度量特定产业 i 的相关产业（群）在该产业所属区域 j 内的发育程度，本研究定义了相关产业群的专业化程度指标（SBS_{ij}），

$$SBS_{ij} = \cfrac{\left(工业总产值_{ij}^k - 工业总产值_{ij} \right) / \sum_i 工业总产值_{ij}}{\left(\sum_j 工业总产值_{ij}^k - \sum_j 工业总产值_{ij} \right) / \sum_i \sum_j 工业总产值_{ij}}$$

如果特定产业的相关产业的发达程度对该产业的创新产出存在促进作用，则该指标的系数应为正值。为了估计的需要，我们利用公式（$SBS-1$）/（$SBS+1$）对产业

群专门化指数进行规格化处理，出于方便，规格化处理后的指数仍用 SBS 表示。

鉴于本研究涉及的 2 850 个县级行政单位的市场化水平和 164 个 3 - SIC 制造业行业的技术密集度水平的差异较大，而市场化水平和技术密集度水平的差异会导致创新效率的差异，因此本研究将引入两组虚拟变量控制这种差异。

市场化水平虚拟变量（DM），本研究认为直接隶属于我国省级及副省级城市[①]的市辖区市场化水平明显高于直接隶属于地级市的市辖区及县级城市，通过引入该虚拟变量验证格莱泽等（Glaeser et al.，1992）关于雅各布斯外部性更易在市场化水平较高的大都市显现的观点。

$$DM_j = \begin{cases} 1 & \text{该区域隶属于副省级以上的城市} \\ 0 & \text{其他} \end{cases}$$

技术密集度水平虚拟变量（DHT），本研究对制造业行业技术密集度水平的划分采用国家统计局 2002 年 7 月印发的《高技术产业统计分类目录》，分类情况见表 3 - 8，定义技术高密集度水平产业的 DTH 变量取值为 1，否则为 0。引入技术密集度水平虚拟变量为了验证雅各布斯外部性在高技术行业更为活跃这一经验性结论（Henderson et al.，1995）。

$$DTH_i = \begin{cases} 1 & \text{高技术产业} \\ 0 & \text{其他} \end{cases}$$

模型变量的具体定义参见表 3 - 9。

本研究将创新产出密度（INN），即新产品产出/工业总产值，设定为模型因变量。利用 R&D 投入占产品销售收入的比重指标反映特定区域特定产业的创新投入水平。

3. 实证模型的设定与分析结果。

本研究采用的数据为我国 2003 年 2 850 个县级行政单位（其中包括市辖区）和 164 个 3 - SIC 制造业行业的面板数据。本研究因变量创新产出密度 INN_{ij}，即新产品产出/工业总产值，当特定区域特定 3 - SIC 行业的新产品产出为 0 时，INN_{ij} 等于 0。这种类型的因变量被称为受限因变量（limited dependent variable），即在严格为正值时大致连续，但总体中有一个不可忽略的部分取值为 0，本研究的样本量为 62 780，其中因变量创新产出密度指标为 0 的样本为 54 433 个，占全部样本的 86.7%。利用传统的最小二乘估计法处理此类数据得到的结果为有偏估计（Green，1997）。为了找到适宜的模型估计形式，我们对两种模型设定的形式进行比较（Cragg，1971）。

---

① 省级城市：北京、上海、天津、重庆；副省级城市：成都、哈尔滨、武汉、广州、青岛、长春、西安、沈阳、杭州、济南、大连、南京、宁波、厦门、深圳。

表 3-8　　高技术产业统计分类目录

行业代码	行业名称	行业代码	行业名称
253	核燃料加工	405	电子器件制造
2665	信息化学品制造	4051	电子真空器件制造
27	医药制造业	4052	半导体分立器件制造
2710	化学药品原药制造	4053	集成电路制造
2720	化学药品制剂制造	4059	光电子器件及其他电子器件制造
2730	中药饮片加工	406	电子元件及组件制造
2740	中成药制造	4061	家用影视设备制造
2750	兽用药品制造	4062	印制电路板制造
2760	生物、生化制品的制造	407	家用视听设备制造
2770	卫生材料及医药用品制造	4071	家用影视设备制造
368	医疗仪器设备及器械制造	4072	家用音响设备制造
3681	医疗诊断、监护及治疗设备制造	409	其他电子设备制造
3682	口腔科用设备及器具制造	411	通用仪器仪表制造
3683	实验室及医用消毒设备和器具的制造	4111	工业自动控制系统装置制造
3684	医疗、外科及兽医用器械制造	4112	电工仪器仪表制造
3685	机械治疗及病房护理设备制造	4113	绘图、计算及测量仪器制造
3686	假肢、人工器官及植（介）入器械制造	4114	实验分析仪器制造
2689	其他医疗设备及器械制造	4115	试验机制造
376	航空航天器制造	4119	供应用仪表及其他通用仪器制造
3761	飞机制造及修理	412	专用仪器仪表制造
3762	航天器制造	4121	环境监测专用仪器仪表制造

续表

行业代码	行业名称	行业代码	行业名称
3769	其他飞行器制造	4122	汽车及其他用计数用仪表制造
40	通信设备、计算机及其他电子设备制造业	4123	导航、气象及海洋专用仪器仪表制造
401	通信设备制造	4124	农林牧渔专用仪器仪表制造
4011	通信传输设备制造	4125	地质勘探和地震专用仪器仪表制造
4012	通信交换设备制造	4126	教学专用仪器制造
4013	通信终端设备制造	4127	核子及核辐射测量仪器制造
4014	移动通信及终端设备制造	4128	电子测量仪器制造
4019	其他通信设备制造	4129	其他专用仪器制造
402	雷达及配套设备制造	4141	光学仪器制造
403	广播电视设备制造	4154	复印和胶印设备制造
4031	广播电视节目制作及发射设备制造	4155	计算器及货币专用设备制造
4032	广播电视接收设备及器材制造	4190	其他仪器仪表的制造及修理
4039	应用电视设备及其他广播电视设备制造	621	公共软件服务
404	电子计算机制造	6211	基础软件服务
4041	电子计算机整机制造	6212	应用软件服务
4042	计算机网络设备制造		
4043	电子计算机外部设备制造		

资料来源：国统字〔2002〕33号文件。

表 3 - 9　　模型变量及说明

变量	名　称	定　义
INN_{ij}	创新能力	新产品产值$_{ij}$ / 工业总产值$_{ij}$
$R\&D_{ij}$	创新投入	$R\&D_{ij}$ / 产品销售收入$_{ij}$
PS_{ij}	专业化（Marshall 外部性）	（工业总产值$_{ij}$ / $\sum_i$ 工业总产值$_{ij}$）/（$\sum_j \sum_i$ 工业总产值$_{ij}$）
PD_j	多样化（Jacobs 外部性）	$[1/\sum_i$（工业总产值$_{ij}$ / $\sum_i$ 工业总产值$_{ij}$）^{2}] / $[1/\sum_i$（$\sum_j$ 工业总产值$_{ij}$ / $\sum_i \sum_j$ 工业总产值$_{ij}$）^{2}]
SBS_{ij}	产业群专业化 相关产业专业化程度	（（工业总产值$^k_{ij}$ - 工业总产值$_{ij}$）/ $\sum_j$ 工业总产值$_{ij}$）/（（$\sum_j$ 工业总产值$^k_{ij}$ - $\sum_j$ 工业总产值$_{ij}$）/ $\sum_j$ 工业总产值$_{ij}$）
DM_j	大都市	大都市，则 $D_{1j} = 1$，否则为 0
DTH_i	高科技	高科技，则 $D_{2i} = 1$，否则为 0

注：i 表示产业，j 表示区域，k 表示具有共同科学基础的产业群，相关产业即具有共同科学基础的产业。

首先，我们考虑审查数据的 Tobit 模型，该模型假定影响区域产业是否具有创新能力和区域产业创新能力大小的区域产业结构及其影响程度是相等的（Lin & Schmidt, 1984）。相对于传统的线性回归模型，Tobit 模型通过对创新产出密度为 0 的样本进行审查（censor），估计各解释变量对创新能力的影响程度及对所有样本零创新几率的影响，其参数估计也更为精确。

随机效应的托宾模型（Random effects Tobit）模型可将本研究的实证模型定义为如下潜变量模型：

$$\text{INN}_{ij}^* = \alpha + X_{ij}'\beta + \mu_i + v_{ij} \tag{3.5}$$

其中 $v_{ij} \mid X_{ij} \sim \text{Normal}(0, \sigma_v^2)$，$\beta$ 为待估参数。

$$\text{INN}_{ij}^* = \text{INN}_{ij} \qquad \text{当 } \text{INN}_{ij} > 0$$

$$\text{INN}_{ij}^* = 0 \qquad \text{当 } \text{INN}_{ij} \leqslant 0$$

INN_{ij}^* 可以理解为样本未被观测到的"创新能力"。当特定省份的某产业在观测期内进行了创新，INN_{ij}^* 等于实际观测的创新产出密度 INN_{ij}；当特定省份的某产业在观测期内出口为 0，INN_{ij}^* 记为 0，INN_{ij}^* 也被称为指示变量（Index variable）。本研究将模型（3.5）视作约束模型（Restricted model）。

其次，我们考虑克拉格（Cragg, 1971）提出的一个更一般的模型形式，受限观测值的概率独立于未受限数据的回归模型。该模型分两步研究我国制造业区域产业集聚结构对创新能力的影响。

第一步我们关注区域产业集聚结构对区域产业是否具有创新能力的影响。本研究采用基于面板数据的概率单位（Probit）模型进行估计，首先设定：

$$\text{PINN}_{ij} = 1 \qquad \text{当 } \text{INN}_{ij} > 0$$

$$\text{PINN}_{ij} = 0 \qquad \text{当 } \text{INN}_{ij} \leqslant 0$$

随机效应（Random effects）Probit 模型可将本研究的实证模型定义为：

$$\text{Prob}(\text{PINN}_{ij} = 1) = \Phi(\alpha + X_{ij}'\beta + \mu_i + v_{ij}) \tag{3.6}$$

其中 $v_{it} \mid X_{it} \sim \text{Normal}(0, \sigma_v^2)$，$\beta$ 为待估参数。

第二步本研究关注区域产业集聚结构对区域产业创新能力大小的影响。截断模型（Truncate model）只考虑创新能力大于 0 的子总体。

$$\text{INN}_{ij} \mid \text{INN}_{ij} > 0 = a + X_{ij}'\beta_i + \sigma\lambda_i + \nu_{ij} \tag{3.7}$$

式（3.6）、（3.7）为本研究的非约束模型（Unrestricted model）。

似然比统计量 $\lambda = -2[\ln L_T - (\ln L_P + \ln L_{TR})] = 2\,119.936$，$\text{Prob} \geqslant \chi^2 = 0.00$

式中，L_T 为受约束的 Tobit 模型的似然值，L_P 为单独拟合的 Pobit 模型的似然值，L_{TR} 为单独拟合的 Truncate 模型的似然值。由似然比检验可知受约束的 Tobit模型被拒绝。

则本研究的实证模型分别为：

$$PINN_{ij} = \alpha + \beta_1 R\&D_{ij} + \beta_2 PS_{ij} + \beta_3 PD_j + \beta_4 SBS_{ij}$$
$$+ \beta_5 DM_j \times PD_j + \beta_6 DTH_i \times PD_j + \varepsilon_{ij} \qquad (3.8)$$

式中，$\begin{cases} PINN_{ij} = 1 & INN_{ij} > 0 \\ PINN_{ij} = 0 & INN_{ij} = 0 \end{cases}$

$$INN_{ij} = \alpha + \beta_1 R\&D_{ij} + \beta_2 PS_{ij} + \beta_3 PD_j + \beta_4 SBS_{ij}$$
$$+ \beta_5 DM_j \times PD_j + \beta_6 DTH_i \times PD_j + \varepsilon_{ij} \qquad (3.9)$$

式中 $INN_{ij} > 0$。

本研究模型计算采用了 Stata8.2 分析软件，Probit 和 Truncate 模型的极大似然估计结果见表 3-10。

由表 3-10 可知，区域产业的创新投入无论对其创新能力的培育及创新水平的高低均具有显著的正效应。当区域产业的创新投入密度增加 1%，该区域产业创新概率，即 Prob($INN_{ij} = 1$) 的值增加 0.22%，对于已经具有创新能力区域产业而言，其创新投入密度增加 1%，该区域产业的创新水平增加 0.0924%。

模型估计结果表明，区域产业专业化指数 PS，即马歇尔外部性，对区域产业创新能力的培育及创新水平的高低均具有显著的正效应，当特定产业在某一区域集聚时，该产业的创新活动较制造业的一般水平更为活跃。当区域产业的专业化水平增加 1 个标准单位，该区域产业创新概率，即 Prob($INN_{ij} = 1$) 的值增加 0.108%，对于已经具有创新能力区域产业而言，其专业化水平增加 1 个标准单位，该区域产业的创新水平增加 0.0058%。这一结论与奥璀兹（Audretsch, 1999）和凯利（Kelly, 1999）对美国研究的经验性结论相反，同帕契（Pacci, 2001）利用意大利的数据得出的经验性结论一致。与美国不同，一方面，我国大量存在的传统产业集聚区使得马歇尔外部性对于区域产业创新活动的推动作用更为显著；另一方面，在我国的产业集聚地大量存在的中小企业更易于在专业区域的"创新氛围"中获益。

区域产业结构的多样化指数 PD，即雅各布斯外部性，对区域产业创新能力的培育及其创新水平的高低的作用具有不一致性，产业集聚结构的多样化程度对于区域产业创新能力的培育具有显著的推动作用。当区域产业的多样化水平增加 1 个标准单位，该区域产业创新概率，即 Prob（$INN_{ij} = 1$）的值增加 0.182%。而对于已经具有的创新能力的产业而言，其所在区域产业集聚结构的多样化水平对其创新能力增加的作用不再显著。而对于雅各布斯外部性在不同的区域和产业特性下的考察表明，雅各布斯外部性对大都市的高技术产业创新能力的培育和创新水平的提升具有显著的推动作用，且效应显著地大于小城市的中低技术产业。这一结论与格莱泽等（Glaeser et al., 1992）和亨德森等（Henderson et al., 1995）利用美国大都市区的高技术产业进行的类似研究的结论一致。

表3-10　区域产业创新能力影响因素的模型估计结果

估计方法	约束模型 (Restricted model) 随机效应 Tobit 模型 (Random Effect Tobit model)		非约束模型 (Unrestricted model) 随机效应 Probit 模型 (Random Effect Probit model)		Truncate 模型 (极大似然法)	
	系数	DF/DX	系数	DF/DX	系数	DF/DX
创新投入						
R&D	0.5514 ***	0.1086	1.0753 ***	0.2154	0.2181 ***	0.0926
	0.0802		0.1593		0.0198	
集聚结构						
PS	0.2139 ***	0.0421	0.5392 ***	0.108	0.0136 ***	0.0058
	0.0066		0.013		0.0009	
PD	0.2091 ***	0.0412	0.9131 ***	0.1828	− 0.0034	− 0.0015
	0.0452		0.0797		0.0065	
SBS	0.0201 ***	0.0039	0.0158	0.0032	0.0071	0.003
	0.0077		0.0155		0.0111	
区域特性						
PD * DM	0.2062 ***	0.0406	0.3147 ***	0.063	0.0264 ***	0.0112
	0.0424		0.086		0.0074	
产业特性						
PD * DTH	− 0.3331 ***	− 0.0656	− 0.1202	− 0.0241	0.2071 ***	0.0879
	0.0768		0.1665			

续表

估计方法	约束模型 (Restricted model) 随机效应 Tobit 模型 (Random Effect Tobit model)		非约束模型 (Unrestricted model) 随机效应 Probit 模型 (Random Effect Probit model)		Truncate 模型 （极大似然法）	
	系数	DF/DX	系数	DF/DX	系数	DF/DX
常数项	-0.1224***	—	-1.3509***	—	0.0291***	—
	0.0346		0.0139		0.0008	
DM=0 DTH=1	0.4513	—	1.2278	—	0.023	—
DM=1 DTH=0	-0.124	—	0.7929	—	0.2037	—
DM=1 DTH=1	0.0822	—	1.1076	—	0.2301	—
对数似然值（Log Likelihood）	-20 181.863		-22 051.979		2 930.084	
似然比检验（rho=0）P>χ²	0		0		0	
样本容量	62 780		62 780		8 347	

注：*** 显著性水平为 0.01%。

具有共同科学基础的产业集群的专业化程度指数 SBS，对区域产业创新能力的培育及其创新水平提高的正向作用尽管并不显著，但仍在一定程度上说明技术扩散沿产业链条流动的特点使得产业集群技术链条的完整性依然会对区域产业的创新能力具有推动作用。

透过我国制造业区域行业创新活动的描述性分析及其影响因素的模型估计结果，不难得出如下结论：

我国制造业区域行业创新活动的区域集聚性与生产活动的区域集聚性具有一致性，产业集聚的两种效应对区域创新活动均有不同程度的推动作用。

产业集聚的两种结构：专业化和多样化，即马歇尔外部性和雅各布斯外部性，对区域产业创新活动的推动作用并不互相排斥，马歇尔外部性主要在产业区内对技术流动发挥主要作用，而雅各布斯外部性在大都市区对创新活动的促进作用更加突出。

雅各布斯外部性对于区域产业创新活动的促进作用受到区域属性（是否大都市）和产业属性（是否高技术产业）的影响。雅各布斯外部性在处于大都市区的高技术产业的创新能力的培育具有更明显的促进作用。

总之，本研究利用新近数据，对中国区域产业集聚结构如何影响知识溢出的扩散并最终推动产业发展所做的实证分析，是对已有研究的补充。目前已有的研究均未考虑地区产业间可能存在的空间相关性，本研究下一步拟采用空间经济计量技术，考察区域间的相互作用对区域知识创新与扩散的影响。

三、中国产业集聚新企业进入模型及其应用研究

随着产业集聚现象的日益突出，大量关于产业集聚区的经验研究表明产业集聚亦是新企业诞生的催生婆，例如在硅谷每周产生 11 家新企业（Business Week，1997），每 5 分钟就有一个新企业诞生在中关村（张建宁，2005）。产业集聚对新企业进入的积极作用也引起了学者的关注（Port，2000；Todd，2003；Michael，P. Devereux，2004）。

本研究利用我国浙江省 1999 ~ 2002 年县与 3 - SIC 行业交叉[①]的二维度截面数据，探究产业集聚对新企业进入的影响，研究分为三个层次：首先研究产业集聚的绝对规模和相对规模对新企业进入的影响，其次研究产业集聚区企业的平均规模对新企业诞生的影响，最后考察产业集聚区的城市化水平对新企业活动的影响。

---

① 只考虑 1999 年和 2002 年共有的 3 - SIC 行业。

（一）新企业进入影响因素的理论框架

产业集聚地是新企业活动的沃土。由于集中的顾客群降低了设立新企业的投资风险，投资者容易发现市场机会。在产业集聚地，创业者能更容易地发现产品或服务的缺口，受到启发建立新企业。再加上产业集聚区域的进入障碍低于其他地区，所需要的设备、技术、投入品以及员工都能在区域内解决，因而开办新企业要比其他地区容易得多。企业所需要的客户、市场信息，创业者在新企业成立之前就已经具有了（Port，2000）。

除此之外，影响新企业进入的还包括财政税收政策、最优经济规模、行业准入门槛、行业市场状况和劳动力成本等要素。显然，高税率会提高企业的营运成本从而抑制新企业的创业热情，相反政府支出的增加会通过拓展有利于企业运营的公共服务平台和提升公共服务水平来提高企业的营运效率，从而使更多的企业选择该区域建厂。区域人口规模在一定程度上反映了当地的市场规模（Reynolds，1995），同时人口规模也可作为衡量区域城市化水平的标志性指标（McDonald，1997），区域的城市化水平又制约着当地基础设施的质量及内部经济往来的密切程度，而这些都影响企业选择厂址的决策，当地劳动力成本直接影响着企业营运成本，对新企业的诞生产生抑制作用（BJK Associates，2002），企业进入模型说明了行业准入门槛对企业家的创业决策的负面影响（Audretsch，1995）。行业（就业）增长率反映了其市场需求状况，通常创业资金倾向于进入高成长性行业。

（二）数据及分析模型的确定

1. 数据与变量。

本研究利用我国浙江省1999年和2002年的国有及规模以上非国有企业数据库，由于本研究关注的是新增企业情况，所以研究中只考虑1999年和2002年均存在的3 – SIC行业数据。

在新企业进入影响因素的理论框架下，本研究涉及的指标及其描述性统计分析结果如表3 – 11所示。

表3 – 11　　　　　　　　　指标及描述性统计分析结果

指　标	样本个数	均　值	标准差
1999～2002年新增企业个数（家）	1 959	5.57	12.61
1999年县—行业企业个数（家）	1 959	2.78	4.69
1999年县—行业区位商	1 959	3.62	8.06
1999年县—行业税率	1 959	0.07	0.04
1999年县人均财政支出（千元）	1 959	0.78	0.8

57

续表

指　　标	样本个数	均　值	标准差
1999 年县人口数（十万）	1 959	8.26	3.85
1999 年县—行业人均工资（千元）	1 959	9.38	3.87
1999～2002 年行业增长率	1 959	0.04	1.3
1999 年行业准入门槛（百万）	1 959	9.6	18.26
1999 年县—行业企业规模（人）	1 959	272.55	546.13

2. 模型的选择。

因变量新增企业个数为计数数据（Count data），对此类数据通常采用泊松分布和负二项分布进行拟合，泊松分布要求事件发生概率独立且恒定、事件数均值等于方差，负二项分布对"过度分散（over dispersion）"数据（事件数方差大于均值）有更优的拟合度。

从新增企业个数的描述统计结果（见表 3 - 11）可知，其均值为 5.57，标准差为 12.61，显然违背了泊松分布均值等于方差的假定，且依据卡梅伦（Cameron）和特里维迪（Trivedi，1998）提出的检验标准，利用加州大学埃尔德（Elder）提供的 Stata 宏程序 nbvargr，我们可以把新增企业个数的实际分布同时与泊松分布和负二项分布进行比较（见图 3 - 3），新增企业个数的分布更接近于

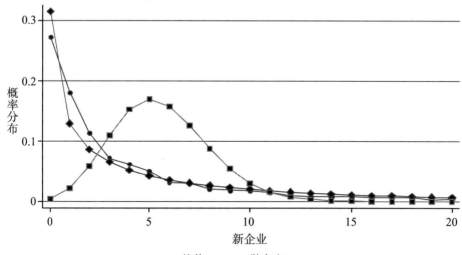

均值=5.569；散布度=2.261

图 3 - 3　新企业个数分布与泊松分布、负二项分布比较

负二项分布，特别在新增企业个数为 0 的时候。且 Stata 宏程序 nbvargr 给出了扩散系数[1]（dispersion parameter）$\alpha = 0$ 的似然比检验结果：$\chi^2 = 1.8 \times 10^4$，p 值 = 0.0000，扩散系数 α 显著不为零，所以较泊松分布而言，负二项分布是新增企业个数变量更适合的分布形式。

进一步考察新增企业个数变量的频率分布（见表 3 – 12），553 个的县—行业的新增企业个数为 0，即 0 发生的频率为 27.31%，说明新增企业个数存在"零堆积（Zero-Inflated）"现象。

表 3 – 12   新增企业个数的频率分布

新增企业	频　数	频　率	累积频率
0	535	27. 31	27. 31
1	356	18. 17	45. 48
2	222	11. 33	56. 81
3	141	7. 2	64. 01
4	121	6. 18	70. 19
5	100	5. 1	75. 29

据 Stata 手册介绍，对于存在"零堆积"和"过度分散"现象的计数数据，除负二项回归模型（NBR）外，零堆积泊松回归模型（ZIP）和零堆积负二项回归模型（ZINB）均是较好的拟合模型。但 AIC 统计量[2]和 Vuong 检验[3]结果表明负二项回归模型为最佳拟合模型。

（三）负二项回归模型分析结果

负二项分布实际上是泊松分布中强度参数 λ 服从 Γ 分布而得到的复合分布，因此负二项回归模型（Negative Binomial Regression Model）（Greene 2003；Long 1997）可视为泊松回归模型的延伸模型。与泊松回归模型类似，负二项回归模型也是对事件发生强度 λ 建模：

$$\log(\lambda_i) = \beta' X_i \tag{3.10}$$

---

[1] 负二项分布假定 $\sigma^2 = \lambda + \alpha \lambda^2$，$\alpha$ 称为扩散系数，当 $\alpha = 0$ 时，负二项分布退化为泊松分布。

[2] 负二项回归模型、零堆积泊松回归模型和零堆积负二项回归模型的赤池信息量分别为：

NBR：AIC = 4.816；ZINB：AIC = 4.969；ZIP：AIC = 8.354。

[3] Vuong 检验通常用来比较负二项回归模型和零堆积负二项回归模型，当统计量 $z < 0$，则选择负二项回归模型，否则反之。本研究 Stata 软件给出的检验结果为：

$z = -4.89$ $\Pr > z = 0.0000$

两者的区别在于，泊松模型中事件数的方差等于 λ，而负二项模型事件数的方差等于 $\lambda(1 + \alpha\lambda)$，$(1 + \alpha\lambda)$ 为方差扩大因子（variance inflation factor）。

1. 产业集聚状况对新企业活动影响模型分析。

本研究利用负二项回归模型（NBREG）来估计浙江省各县（市）制造业行业集聚状况等因素对新企业进入的影响，则模型（3.9）中 β 是回归系数矩阵，X_i 表示 1999 ~ 2002 年县—行业新增企业个数的影响因素矩阵。表 3 - 13 给出了负二项回归模型的最大似然估计结果。

表 3 - 13　　县—行业新增企业个数影响因素的负二项回归结果

新增企业个数	系数	标准差	z 值	p 值	%	dy/dx
县—行业企业个数	0.183	0.01	18.67	0.000	20	0.636
县—行业区位商	0.013	0.004	3.48	0.001	1.3	0.045
县—行业税率	- 3.386	0.795	- 4.26	0.000	- 96.6	- 11.793
县人均财政支出	- 0.049	0.039	- 1.28	0.202	- 4.8	- 0.172
县人口规模	0.044	0.009	5.12	0.000	4.5	0.153
县—行业人均工资	- 0.022	0.008	- 2.59	0.009	- 2.2	- 0.077
行业增长率	0.17	0.022	7.73	0.000	18.5	0.592
行业准入门槛	- 0.01	0.003	- 3.07	0.002	- 1	- 0.036
县—行业企业规模	- 0.00003	0.00007	- 0.48	0.631	0	- 0.0001
截距项	0.9	0.113	7.97	0.000		

注：LR　$\chi^2(9) = 1\,003.20$　$p = 0.000$

样本容量 = 1 959

Log likelihood = - 4 706.3853

$\alpha = 0$ 似然比检验：$\overline{\chi}^2(01) = 9\,840.99$　$p = 0.000$

% 为自变量单位变动引起因变量变动的百分比；

dy/dx 为自变量单位变动引起的因变量变动。

模型结果表明：

产业集聚状况对新企业进入存在显著的正效应。当其他影响因素保持不变，产业集聚区的绝对规模（1999 年县—行业企业个数）的单位变动，使新增企业个数的期望值增加 0.636 家，增幅达到 20%。当其他影响因素保持不变，产业集聚区的相对规模（1999 年县—行业区位商）的单位变动，使新增企业个数的期望值增加 0.045 家，增幅为 1.3%。

除此之外，模型还显示县人口规模及行业增长率对新企业进入存在着显著的正效应，即当地的市场规模对企业进入具有积极影响，创业资金偏好高成长性的行业；县—行业税率、县—行业人均工资和行业准入门槛对新企业存在着显著的负效应，即高税率、高劳动成本和高门槛必将抑制新企业的活动。县人均财政支出和县—行业企业规模指标对新增企业个数的影响不显著。

2. 产业集聚区企业规模对新企业活动影响的模型分析。

产业集聚区内企业规模是其重要特征之一，马歇尔指出产业集聚区内小企业之间的合作更为明显，假定有利于新企业的信息外溢现象多发生于存在广泛交流的产业集聚区内，则新增企业个数应与产业集聚地内企业规模成反比。表 3 – 14 的模型估计结果表明县—行业企业规模指标对新增企业个数存在负效应，但结果并不显著。为了深入剖析产业集聚区企业规模对新企业活动的影响，笔者分别对小型企业和大中型企业[①]进行建模，估计结果见表 3 – 14。

表 3 – 14   分企业规模的产业集聚效应负二项回归结果

新增企业个数	混合模型		小型企业		大中型企业	
	系数	%	系数	%	系数	%
县—行业企业个数	0.1827 ***	20	0.1931 ***	21.3	0.1565 **	16.9
县—行业区位商	0.01294 ***	1.3	0.01297 ***	1.3	0.0125 *	1.3
样本容量	1 959		1 487		472	
Log likelihood	– 4 706.3853		– 3 599.2634		– 1 096.6921	

注：*** 、** 、* 分别代表显著性水平 1% 、5% 、10% 。

表 3 – 14 结果证明了在小企业集聚区，产业集聚状况对新企业的积极影响更为明显，产业集聚绝对规模的单位变动带来的新增企业个数的相对变动由混合模型的 20% 增至 21.3% ，模型系数由 0.1827 增至 0.1931，产业集聚相对规模对新企业活动的影响也有所增强；在大中型企业相对集中的产业集聚区，产业集聚绝对规模和相对规模对新企业活动的积极效应均有所削弱。上述结果表明，新企业更偏好于小企业集聚区。

3. 产业集聚区所在地对新企业活动影响的模型分析。

产业集聚区所在地的城市化水平是产业集聚地的另一个重要特征，通常认为，位于城市的产业集聚地内的企业生产成本会随着城市地区总产出的上升而下降，而且城市具有较高产业差异性的特点往往能使集聚产业获得较快的发展（Jacobs，1969）。然而，城市高昂的人力、土地等营运成本又使新企业倾向于选择非城市区域。本研究将浙江省 1959 个县—行业样本按其所在地的行政级别分别建模，模型估计结果见表 3 – 15。

---

① 本研究对企业规模的划分执行国家统计局 2003 年 5 月制定的《统计上大中小型企业划分办法（暂行）》。

表 3 − 15　　　　　　分所在地的产业集聚效应负二项回归结果

新增企业个数	混合模型		县及县级市		市	
	系数	%	系数	%	系数	%
县—行业企业个数	0.1827 ***	20	0.1828 ***	20.1	0.17996 **	19.7
县—行业区位商	0.01294 ***	1.3	0.01414 ***	1.4	0.00811 *	0.8
样本容量	1 959		1 408		551	
Log likelihood	− 4 706.3853		− 3 330.5509		− 1 364.6391	

注：*** 、** 、* 分别代表显著性水平 1%、5%、10%。

由表 3 − 15 可知：当其他条件保持不变，位于县或县级市的产业集聚地绝对规模的单位变动会使新增企业期望值增加 20.1%，而位于城市的产业集聚地的新增企业期望值仅增加 19.7%；位于县或县级市的产业集聚地相对规模的单位变动会使新企业个数增加 1.4%，而位于城市的产业集聚地的新企业仅增加 0.8%。该结果表明城市为企业营运带来的高成本抵消了其产业多样性对企业的吸引力。

本研究描述性分析显示，浙江省 1999～2002 年新增企业个数为 10 909 家，然而这些新企业活动并非均匀地分布于本研究涉及的 72×150 个县（市）—行业中。新增企业个数的"洛伦茨"曲线（见图 3 − 4）表明，有近 40% 的新企业

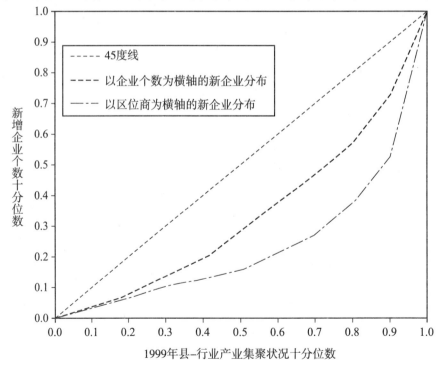

图 3 − 4　新增企业个数的"洛伦茨"曲线

集中出现在产业集聚绝对规模为前 10% 的县—行业中，有 20% 多的新企业出现在产业集聚相对规模为前 10% 的县—行业中。

负二项回归模型估计结果进一步印证了产业集聚区的绝对规模及相对规模均对新企业活动有显著的积极影响的理论及描述性分析结论，即新企业倾向于在企业相对密集的产业集聚地建厂。而且，马歇尔式的小企业集聚地对新企业更富吸引力，相对于城市而言，小城镇由于其人力、土地等成本相对较低为新企业提供了更低的进入门槛。

第四章

中国产业投入产出国际竞争力分析

产业国际竞争力的重要方面主要是产业生产消耗的成本水平、国际贸易和产业关联水平。本部分主要是利用中国 1997 年投入产出表与经济合作与发展组织（OECD）18 个国家相近年份投入产出表数据，在基本统一行业分类基础上进行产业的投入产出国际比较分析，目的是揭示中国产业国际竞争力的投入产出特征和水平（需要说明是投入产出数据一般 5 年发布一次，1997 年数据是比较新的，且变动很小；产业分类由于涉及 OECD 国家，因此与我国 2002 年的国标分类不同，具体国家名单和行业分类请见表 4 - 1）。

表4 - 1   参与比较的 OECD 国家名单及投入产出表行业分类

国家	1. 澳大利亚 2. 美国 3. 加拿大 4. 英国 5. 捷克 6. 德国 7. 丹麦 8. 西班牙 9. 芬兰 10. 法国 11. 希腊 12. 匈牙利 13. 意大利 14. 日本 15. 韩国 16. 荷兰 17. 挪威 18. 波兰
行业	1. 农林畜牧渔业 2. 矿产采选业 3. 食品、饮料和烟草加工业 4. 纺织、服装、皮革和鞋袜制造业 5. 木材加工及家具制造业 6. 纸浆、造纸及印刷出版业 7. 石油加工及炼焦业 8. 化学制造业 9. 医药制造业 10. 橡胶和塑料制品制造业 11. 非金属矿物制品制造业 12. 钢铁冶炼业 13. 有色金属冶炼业 14. 金属压延加工及制品制造业 15. 机械制造业 16. 仪器仪表及办公设备制造业 17. 电气机械设备制造业 18. 家电、电子和通信设备制造业 19. 医疗精密及光学仪器制造业 20. 汽车及运输设备制造业 21. 船舶制造业 22. 航空航天仪器制造业 23. 铁路交通设施制造业 24. 日用百货商品制造业 25. 电煤气和水供应业 26. 建筑业 27. 批发零售及修理业 28. 旅店及餐饮业 29. 运输及物流业 30. 邮电业 31. 金融保险业 32. 房地产业

行业	33. 设备租赁业 34. IT 产业 35. 科学研究事业 36. 其他商业服务（法律会计等）业 37. 行政和国防业 38. 教育事业 39. 医疗卫生事业 40. 其他社会服务业 41. 家庭服务业

一、增加值及构成分析

（一）增加值率

总产出反映了生产单位在一定时期内所生产的全部货物和服务的总价值，包括中间投入和最初投入两部分价值。中间投入是生产过程中投入的价值一次性转移到新产品上的货物和服务，如原材料、燃料、工业性作业等。最初投入又称增加值，是生产单位所拥有的生产要素，如土地、资本、劳动和管理等所创造出的价值，是对中间产品进行加工制造后所追加的价值，它剔除了中间消耗，是生产单位自身生产活动的成果。因此，我们用增加值率，即增加值和总产出的比值，来反映一国各产业内各生产单位在生产过程中自身创造价值能力的大小。

从图4-1中所展示的中国和OECD18国最大、最小和中位数水平增加值率的对比分析图中，我们可以得出有关我国各产业增加值率特点的一些有益结论。从第一和第二产业的增加值率数据可以看出：从国内产业自身比较来看，增加值率比较大的产业为农林畜牧渔业、矿产采选业、电煤气和水的供应业、航空航天仪器制造业、日用百货商品制造业、医药制造业和医疗精密及光学仪器制造业，

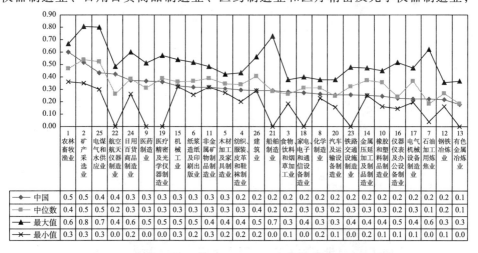

图4-1　我国与OECD国家第一、二产业增加值率比较

增加值率达到 35% 以上，其中农林畜牧渔业和矿产采选业达到了 50% 以上。其他第二产业增加值率则比较平稳地分布在 20% 和 30% 之间。增加值率在 20% 以下的为有色金属冶炼业。国内产业和 OECD 各国中等水平的增加值率相比，我国的大部分第二产业都在中等水平的增加值率以下。其中，和中等水平差距较大的产业为电煤气和水供应业，纸浆、造纸及印刷出版业，建筑业，铁路交通设施制造业，金属压延加工及制品制造业，橡胶和塑料制品制造业和电气机械设备制造业，差距接近 10% 以上。明显高于中等水平的产业只有农林畜牧渔业和航空航天仪器制造业。因此和 OECD 各国的平均水平相比，我们第二产业的增加值率还是比较低的。和世界最先进的增加值率水平相比，我国比世界最高水平平均低了 20%。其中，差距达到 30% 水平的产业为矿产采选业、电煤气和水供应业、建筑业、船舶制造业、仪器仪表及办公设备制造业、石油加工及炼焦业。

从第三产业的增加值率（图 4-2）可以看出：与国内产业自身比较，增加值率比较高的第三产业为房地产业，达到 76% 的水平，金融保险业、邮电业、运输及物流业等则平稳分布在 40% 到 60% 之间，增加值率较低的产业为医疗卫生事业和其他社会服务业，只有 30% 的水平。和各国中等程度相比，我国第三产业的增加值率的水平差距比第二产业更为明显。除了房地产业、金融保险业、运输及物流业和科学研究事业之外，其他第三产业都和中等水平国家拉开了 10% 以上的差距。其中，教育事业、行政和国防业、其他社会服务业和医疗卫生事业，差距高达 20% 以上，医疗卫生事业的增加值率差距竟高达 31%。即使和

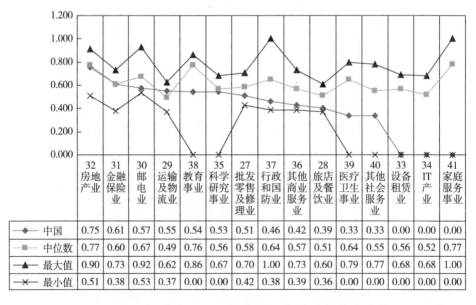

图 4-2　我国与 OECD 国家第三产业增加值率比较

OECD中等发展程度的国家相比，我国在医疗卫生事业、教育事业和行政和国防业方面，增加值水平还是处于较低的层次。和世界先进水平相比，我国的第三产业更是处于相当低的增加值率水平，除房地产业、金融保险业、运输及物流业和科学研究事业与先进水平差距相对较小之外，我国的邮电业、教育事业、行政和国防业、医疗卫生事业和其他社会服务业，与各国最高的数据相比，差距达到了45%以上。

增加值的概念从市场价值的构成角度看，是生产要素按市场价格核算的收入。它主要包括四个部分：劳动者报酬、生产税净额、固定资产消耗和营业盈余。其中，劳动报酬除了工资以外，还包括各种资金、福利、补贴和社会保险金等，是收入初次分配中居民部门的收入来源。生产税净额是生产税和生产补贴的差额，此项是政府部门的主要收入来源。固定资产消耗是生产单位为了补偿生产活动所消耗的固定资产而提取的价值，它的内涵是固定资产在生产过程中损耗和转移的价值。增加值扣除固定资产折旧、劳动者报酬和生产税净额后的余额，称为营业盈余，它的实际含义是除劳动外的土地、资本及管理等生产要素的收入之和，是生产单位在生产环节上所获得的营业利润。在OECD各国和地区投入产出表中，将固定资产折旧和营业盈余合并为一项，记为毛营业盈余。

（二）劳动报酬率

劳动报酬率（劳动报酬比总产出）体现产业活动中劳动报酬占总产出的比率。从第一和第二产业的劳动报酬率（图4-3）可以看出：从国内产业自身比较来看，我国农林畜牧渔业劳动报酬率一枝独秀，高达52%，是各国中劳动报酬

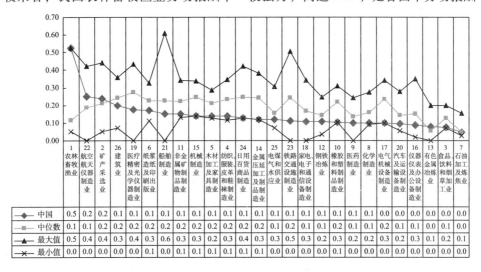

	1 农林畜牧渔业	22 航空航天仪器制造业	2 矿产采选业	26 建筑业	19 医疗精密及光学仪器制造业	6 纸浆造纸及印刷出版业	21 船舶制造业	11 非金属矿物制品制造业	15 机械制造业	5 木材加工及家具制造业	4 纺织脱革皮革及鞋袜制造业	24 日用百货商品制造业	14 金属压延加工及制品制造业	25 电煤气和水供应业	23 铁路交通设施制造业	18 家电电子通信设备制造业	12 钢铁冶炼业	10 橡胶塑料制品制造业	9 医药制造业	8 化学制造业	17 电气机械设备制造业	20 汽车及运输设备制造业	16 仪器仪表及办公设备制造业	13 有色金属冶炼业	3 食品饮料和烟草加工业	7 石油加工及炼焦业
中国	0.5	0.2	0.2	0.1	0.1	0.1	0.1	0.1	0.1	0.1	0.1	0.1	0.1	0.1	0.1	0.1	0.1	0.1	0.1	0.1	0.1	0.0	0.0	0.0	0.0	0.0
中位数	0.1	0.1	0.2	0.2	0.2	0.2	0.2	0.2	0.2	0.2	0.2	0.2	0.1	0.2	0.2	0.2	0.1	0.2	0.1	0.1	0.1	0.1	0.1	0.1	0.0	0.0
最大值	0.5	0.4	0.4	0.3	0.4	0.3	0.6	0.3	0.4	0.3	0.3	0.4	0.3	0.3	0.5	0.3	0.3	0.3	0.4	0.3	0.3	0.3	0.3	0.2	0.2	0.1
最小值	0.0	0.0	0.0	0.0	0.0	0.0	0.0	0.0	0.0	0.0	0.0	0.0	0.0	0.0	0.0	0.0	0.0	0.0	0.0	0.0	0.0	0.0	0.0	0.0	0.0	0.0

图4-3　我国与OECD国家第一、二产业的劳动报酬率比较

率最高的国家，远远高于中等国家的水平。但第二产业的劳动报酬率则大幅度降低，其中只有航空航天仪器制造业和矿产采选业超过 20%，中间大部分产业都在 10% 至 20% 间分布，最低的部分产业如有色金属冶炼业，食品、饮料和烟草加工业和石油加工及炼焦业，劳动报酬率只有 7% 和 4%。国内产业和 OECD 各国中等水平的增加值率相比，我国的大部分第二产业都以较大的差距位于中等水平的劳动报酬率以下，只有航空航天仪器制造业，矿产采选业、有色金属冶炼业、石油加工及炼焦业等产业高于或近似于中等国家水平。在那些差距突出的产业中，差距平均为 7% 到 12% 不等，差距最大为电气机械设备制造业，劳动报酬率降低了 14%。和世界最先进的劳动报酬/总产出率水平相比，只有农林畜牧渔业为世界最高水平，其余第二产业则以较大的数值与最高水平拉开了差距。差距最小的产业集中在建筑业，纸浆、造纸及印刷出版业，木材加工及家具制造业，有色金属冶炼业，食品、饮料和烟草加工业和石油加工及炼焦业，但差距也达到了 10%，差距最大的产业集中在船舶制造业、铁路交通设施制造业、电气机械设备制造业和仪器仪表及办公设备制造业，劳动报酬率相差 25% 至 45% 左右。因此，总体来说，我国第二产业从业人员的劳动报酬率和 OECD18 国相比是相当低的，其中非金属矿物制品制造业，机械制造业，木材加工及家具制造业，纺织、服装、皮革和鞋袜制造业，日用百货商品制造业，金属压延加工及制品制造业，橡胶和塑料制品制造业，化学制造业，电气机械设备制造业，食品、饮料和烟草加工业和石油加工及炼焦业，共 11 个产业，接近全体第二产业的一半左右，其劳动报酬率都是各国最低的。

从第三产业的劳动报酬率数据（图 4-4）可以看出：从国内产业自身比较来看，劳动报酬率普遍高于第二产业，基本上分布于 20% 到 30% 之间。最高的几个产业依次为教育事业、行政和国防业、医疗卫生事业，接近和超过 30%。从国内产业和 OECD 各国中等水平的增加值率相比，绝大部分第三产业的劳动报酬率都以明显的差距低于各国的中等水平。只有房地产业的比率数值超过中等水平，并且处于各国最高水平。运输及物流业、批发零售及修理业接近和略低于中等水平，但其他第三产业都和中等水平拉开了 10 个百分点的差距，最高为邮电业，差距拉大到 22 个百分点。和世界最先进的劳动报酬/总产出率水平相比，我国的劳动报酬率差距进一步扩大。除房地产业外，我国第三产业和最高水平的劳动报酬率平均差距为 30%，其中最高的为金融保险业，中国的劳动报酬率只有 18%，而世界最高水平则达到 65%。因此，我国的第三产业的劳动报酬水平和 OECD18 国相比也是偏低的，其中行政和国防业、运输及物流业、其他商业、金融保险和邮电业报酬水平为各国最低。

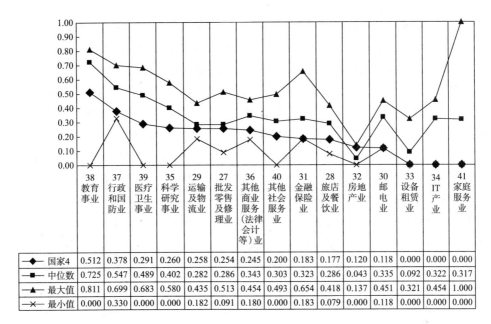

	38 教育事业	37 行政和国防业	39 医疗卫生事业	35 科学研究事业	29 运输及物流业	27 批发零售及修理业	36 其他商业服务（法律会计等）业	40 其他社会服务业	31 金融保险业	28 旅店及餐饮业	32 房地产业	30 邮电业	33 设备租赁业	34 IT产业	41 家庭服务业
国家4	0.512	0.378	0.291	0.260	0.258	0.254	0.245	0.200	0.183	0.177	0.120	0.118	0.000	0.000	0.000
中位数	0.725	0.547	0.489	0.402	0.282	0.286	0.343	0.303	0.323	0.286	0.043	0.335	0.092	0.322	0.317
最大值	0.811	0.699	0.683	0.580	0.435	0.513	0.454	0.493	0.654	0.418	0.137	0.451	0.321	0.454	1.000
最小值	0.000	0.330	0.000	0.000	0.182	0.091	0.180	0.000	0.183	0.079	0.000	0.118	0.000	0.000	0.000

图 4-4 我国与 OECD 国家第三产业的劳动报酬率比较

（三）生产税率

生产税率（生产税净额比总产出）体现生产税在总产出中的比例。从第一和第二产业的生产税率（图 4-5）可以看出：从国内产业自身比较来看，第一、二产业中我国税收率较高的产业依次为食品、饮料和烟草加工业，石油加工及炼

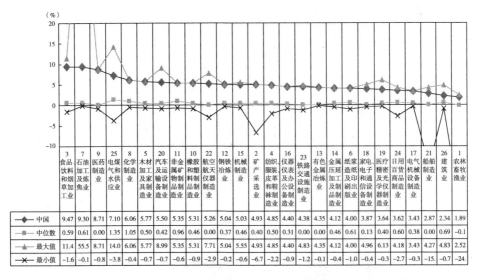

	3 食品饮料和烟草加工业	7 石油加工及炼焦业	9 医药制造业	25 电煤气水和供应业	8 化学制造业	5 木材加工及家具制造业	20 汽车及运输设备制造业	11 非金属矿物制品业	10 橡胶和塑料制品制造业	22 航空航天制造业	12 钢铁冶炼业	15 机械制造业	2 矿产采选业	4 纺织服装皮革和鞋袜制造业	16 仪器仪表及办公设备制造业	23 铁路交通设施制造业	13 有色金属冶炼业	14 金属压延加工业	6 纸浆纸及印刷出版业	18 家电电子及通信设备制造业	19 医疗精密及光学仪器制造业	24 日用百货商品业	17 电气机械设备制造业	21 船舶制造业	26 建筑业	1 农林畜牧渔业
中国	9.47	9.30	8.71	7.10	6.06	5.77	5.50	5.35	5.31	5.26	5.04	5.03	4.93	4.85	4.40	4.38	4.35	4.12	4.00	3.87	3.64	3.62	3.43	2.87	2.34	1.89
中位数	0.59	0.61	0.00	1.35	1.05	0.50	0.42	0.96	0.46	0.00	0.37	0.46	0.40	0.50	0.31	0.00	0.00	0.46	0.61	0.13	0.40	0.60	0.38	0.00	0.69	-0.1
最大值	11.4	55.5	8.71	14.0	6.06	5.77	8.99	5.35	5.31	7.71	5.04	5.55	4.93	4.85	4.40	4.83	4.35	4.12	4.00	4.96	6.13	4.18	3.43	4.27	4.83	2.52
最小值	-1.6	-0.1	-0.8	-3.8	-0.4	-0.7	-0.7	-0.6	-0.9	-2.9	-0.2	-0.6	-6.7	-2.2	-0.9	-1.2	-0.1	-0.4	-1.0	-0.4	-0.3	-2.7	-0.3	-15.	-0.7	-24.

图 4-5 我国与 OECD 国家第一、二产业的生产税率比较

焦业，医药制造业和电煤气和水供应业，税率在7%以上。税率最低的为农林畜牧渔业、建筑业和船舶制造业，税率在3%以下。从国内产业和OECD各国相比，各国中等水平的税率在0到1%之间浮动，我国的生产税率处于比较高的水平，基本上都高出了各产业的中等税率3%到8%不等。除了石油加工及炼焦业，电煤气和水供应业，汽车及运输设备制造业，航空航天仪器制造业，医疗精密及光学仪器制造业和建筑业略低于最高水平之外，其他第二产业的生产税净额率均为OECD18国之首。

从第三产业的生产税率（图4-6）可以看出：从国内产业自身比较来看，我国第三产业生产税率基本上分为三个梯队。金融保险业和批发零售及修理业税率处于第一梯队，税率值分别为23%和11%，第二梯队的产业生产税率为3%到5%，其他则接近0。从国内产业和OECD各国中等税率水平相比，医疗卫生事业、教育事业、行政和国防业基本上和平均水平持平，其他的第三产业都在中等水平的税率以上，其中除了房地产业与最高税率水平有一定差距外，其他第三产业税率都接近或等于最高税率水平，金融保险业、批发零售及修理业、旅店及餐饮业、运输及物流业和科学研究事业的生产税率都位于各国最高水平。

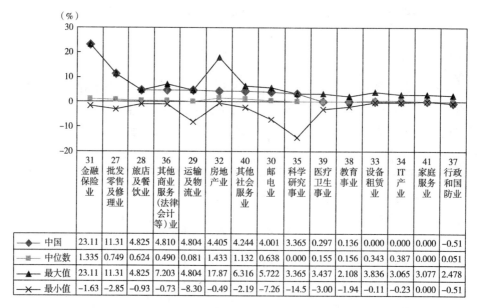

	31 金融保险业	27 批发零售及修理业	28 旅店及餐饮业	36 其他商业服务(法律会计等)业	29 运输及物流业	32 房地产业	40 其他社会服务业	30 邮电业	35 科学研究事业	39 医疗卫生事业	38 教育事业	33 设备租赁业	34 IT产业	41 家庭服务业	37 行政和国防业
中国	23.11	11.31	4.825	4.810	4.804	4.405	4.244	4.001	3.365	0.297	0.136	0.000	0.000	0.000	-0.51
中位数	1.335	0.749	0.624	0.490	0.081	1.433	1.132	0.638	0.000	0.155	0.156	0.343	0.387	0.000	0.051
最大值	23.11	11.31	4.825	7.203	4.804	17.87	6.316	5.722	3.365	3.437	2.108	3.836	3.065	3.077	2.478
最小值	-1.63	-2.85	-0.93	-0.73	-8.30	-0.49	-2.19	-7.26	-14.5	-3.00	-1.94	-0.11	-0.23	0.000	-0.51

图4-6 我国与OECD国家第三产业的生产税率比较

（四）营业盈余率

营业盈余率（毛营业盈余比总产出）反映营业盈余在总产出中的比例。从第一和第二产业的营业盈余率（图4-7）可以看出：从国内产业自身比较来看，我国的毛营业盈余率较高的产业依次为电煤气和水供应业、矿产采选业、日用百货商品制造业和医药制造业，数值在 20% 左右。比率较低的产业为建筑业、钢铁冶炼业、有色金属冶炼业和农林畜牧渔业，在 6% 以下，其余大部分第二产业在 10% 左右波动。国内产业毛营业盈余率和 OECD 各国中等水平相比，只有日用百货商品制造业、航空航天仪器制造业明显高于中等水平，农林畜牧渔业明显低于中等水平，其余大部分第二产业都在中等水平上下浮动。和世界最先进的水平相比，第二产业中我国只有医疗精密及光学仪器制造业，船舶制造业，食品、饮料和烟草加工业，钢铁冶炼业接近最高水平，其他第二产业都与各国的最高水平存在一定的差距。差距较大的产业分别是电煤气和水供应业、矿产采选业、机械制造业、仪器仪表及办公设备制造业、电气机械设备制造业、石油加工及炼焦业、建筑业和农林畜牧渔业，差额在 20% 左右。

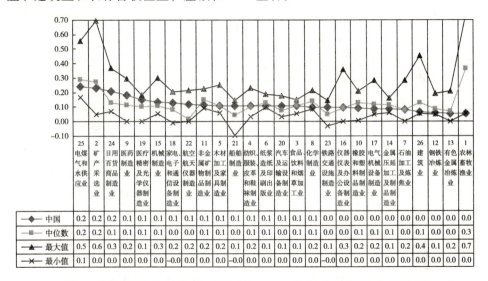

图 4-7　我国与 OECD 国家第一、二产业的营业盈余率比较

从第三产业的营业盈余率（图 4-8）可以看出：从国内产业自身比较来看，超过 20% 的产业为房地产业、邮电业、运输及物流业和科学研究事业。除了医疗卫生事业和教育事业比率较低，在 5% 以下之外，其余各产业都在 10% 上下分布。从国内产业和 OECD 各国相比看，我国的大部分第二产业毛营业盈余率基本上和中等水平持平或略有出入。

从单个产业来看，劳动报酬、生产税净额和毛营业盈余在增加值中不同比例的分配，反映了各产业不同的产业特性和投入产出的特点。我们希望用多元统计分类的方法，将这些产业以按不同的分配比例特点来加以归纳，从而对我国的产业特征有更进一步的了解。

分类结果表明，投入产出表中有数据支持的 38 个产业可以归为六类（表 4-2），其中：

71

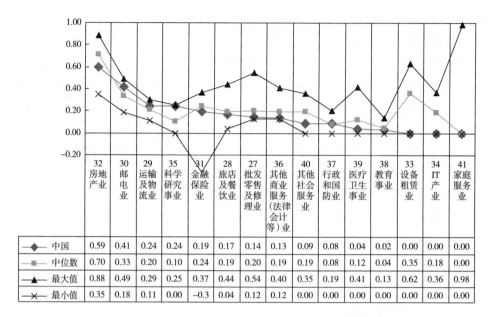

	32 房地产业	30 邮电业	29 运输及物流业	35 科学研究事业	31 金融保险业	28 旅店及餐饮业	27 批发零售及修理业	36 其他商业服务(法律会计等)业	40 其他社会服务业	37 行政和国防业	39 医疗卫生事业	38 教育事业	33 设备租赁业	34 IT产业	41 家庭服务业
中国	0.59	0.41	0.24	0.24	0.19	0.17	0.14	0.13	0.09	0.08	0.04	0.02	0.00	0.00	0.00
中位数	0.70	0.33	0.20	0.10	0.24	0.19	0.20	0.19	0.19	0.08	0.12	0.04	0.35	0.18	0.00
最大值	0.88	0.49	0.29	0.25	0.37	0.44	0.54	0.40	0.35	0.19	0.41	0.13	0.62	0.36	0.98
最小值	0.35	0.18	0.11	0.00	-0.3	0.04	0.12	0.12	0.00	0.00	0.00	0.00	0.00	0.00	0.00

图4-8 我国与OECD国家第三产业的营业盈余率比较

第一类产业，劳动报酬率占了绝对优势的比重，其他两种比率相对较小；第二类产业生产税净额率所占较小份额，劳动报酬和营业盈余率平分秋色；第三和第四类产业劳动报酬率为主体，生产税和营业盈余率各占了不同比重；第五类产业三种比率大致相同；第六类产业营业盈余率比重较大。具体产业分类如下：

第一类：1农林畜牧渔业，38教育事业，39医疗卫生事业，37行政和国防业，26建筑业。

第二类：2矿产采选业，18家电、电子和通信设备制造业，19医疗精密及光学仪器制造业，28旅店及餐饮业，29运输及物流业，35科学研究事业。

第三类：4纺织、服装、皮革和鞋袜制造业，5木材加工及家具制造业，8化学制造业，10橡胶和塑料制品制造业，11非金属矿物制品制造业，14金属压延加工制品制造业，15机械制造业，16仪器仪表及办公设备制造业，17电气机械设备制造业，20汽车及运输设备制造业，23铁路交通设施制造业。

第四类：6纸浆、造纸及印刷出版业，21船舶制造业，22航空航天仪器制造业，36其他商业服务业，40其他社会服务业。

第五类：12钢铁冶炼业，13有色金属冶炼业，27批发零售及修理业，3食品、饮料和烟草加工业，7石油加工及炼焦业，31金融保险业。

第六类：9医药制造业，24日用百货商品制造业，25电煤气和水供应业，30邮电业，32房地产业。

表 4 - 2　　　　　　　　　各产业类增加值比率平均值分布

		劳动报酬/增加值	生产税净额/增加值	营业盈余/增加值
第一类	平均值	0.84	0.02	0.14
第二类	平均值	0.46	0.10	0.44
第三类	平均值	0.43	0.18	0.38
第四类	平均值	0.56	0.12	0.32
第五类	平均值	0.37	0.31	0.32
第六类	平均值	0.25	0.13	0.62

二、进出口分析

(一) 出口率分析

从第一和第二产业的出口率（图 4 - 9）可以看出：从国内产业自身比较来看，各产业的出口率还是有相当的差别，出口率最高，超过 20% 的几类产业分别是仪器仪表及办公设备制造业，医疗精密及光学仪器制造业，船舶制造业，家电、电子和通信设备制造业，纺织服装，皮革和鞋袜制造业，日用百货商品制造业，电气机械设备制造业和航空航天仪器制造业。出口率最小，低于 5% 的产业依次为建筑业，电煤气和水供应业，农林畜牧渔业，纸浆、造纸及印刷出版业，汽车及运输设备制造业和非金属矿物制品制造业。其余产业的出口率分布比较稳定，以 5% 至 10% 为主。从国内产业和 OECD 各国中等水平的出口率相比，我国的第一、二产业的出口率基本上都在中等水平的出口率以下，且存在一定的差距。高于中等出口率的产业只有医疗精密及光学仪器制造业、船舶制造业、制药业和日用百货商品制造业；略低于中等出口率，不超过 8 个百分点的产业为仪器仪表及办公设备制造业，航空航天仪器制造业，橡胶和塑料制品制造业，金属压延加工制品制造业，有色金属冶炼业，食品、饮料和烟草加工业，木材加工及家具制造业；其余第一、二产业的出口率则以 8% 以上差距低于中等水平。和世界最先进的水平相比，我国第一、二产业的出口率更是处在相当低的水平。最高水平的出口率大于 1 的产业为仪器仪表及办公设备制造业，医疗精密及光学仪器制造业，家电、电子和通信设备制造业，纺织、服装、皮革和鞋袜制造业，电气机械设备制造业，化学制造业，钢铁冶炼业和汽车及运输设备制造业，而这些产业中我们除了仪器仪表及办公设备制造业、医疗精密及光学仪器制造业和船舶制造业的出口率接近 5% 之外，其他产业的出口率不足 25%。出口率和最高水平相对而言差距较小的产业为船舶制造业，日用百货商品制造业，金属压延加工及制品制造业，非金属矿物制品制造业，纸浆、造纸及印刷出版业，电煤气和水供应业和建筑业。

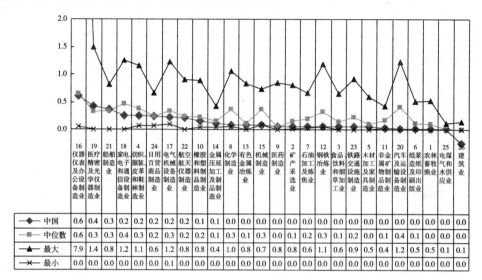

	16 仪表仪表及办公设备制造业	19 医疗精密及光学仪器制造业	21 船舶制造业	18 家电电子和通信设备制造业	4 纺织服装皮革和鞋制造业	24 日用百货商品制造业	17 电气机械设备制造业	22 航空航天仪器制造业	10 橡胶和塑料制品制造业	14 金属压延制造	8 化学制造	13 有色金属制造	15 机械制造业	9 医药制造业	2 矿产采选业	7 石油加工及炼焦业	12 钢铁冶炼	3 食品饮料和烟草制造业	23 铁路交通设施制造业	5 木材加工业	11 非金属矿物制品制造业	20 汽车及运输设备制造业	6 纸浆造纸及印刷出版业	1 农林畜牧渔业	25 电煤气和水供应业	建筑业
中国	0.6	0.4	0.3	0.2	0.2	0.2	0.2	0.2	0.1	0.1	0.0	0.0	0.0	0.0	0.0	0.0	0.0	0.0	0.0	0.0	0.0	0.0	0.0	0.0	0.0	0.0
中位数	0.6	0.3	0.3	0.4	0.3	0.2	0.3	0.2	0.2	0.1	0.3	0.1	0.3	0.1	0.0	0.2	0.3	0.2	0.2	0.1	0.1	0.4	0.1	0.0	0.0	0.0
最大	7.9	1.4	0.8	1.2	1.1	0.6	1.2	0.8	0.8	0.4	1.0	0.8	0.7	0.8	0.4	0.6	1.1	0.6	0.9	0.5	0.4	1.2	0.5	0.5	0.1	0.1
最小	0.0	0.0	0.0	0.0	0.0	0.0	0.1	0.0	0.0	0.0	0.0	0.0	0.0	0.0	0.0	0.0	0.0	0.0	0.0	0.0	0.0	0.0	0.0	0.0	0.0	0.0

图 4 - 9　我国与 OECD 国家第一、二产业的出口率比较

从第三产业的出口率数据（图 4 - 10）可以看出：从国内产业自身比较来看，我国第三产业的出口率呈现两极分化的状态。旅店及餐饮业、批发零售及修理业、运输物流业、其他社会服务业、其他商业服务业和邮电业出口率都高于5%以上。其他产业则不足1%。从国内产业和 OECD 各国中等水平的出口率相比，我国的第三产业大部分处于中等水平的出口率附近。其中只有旅店及餐饮

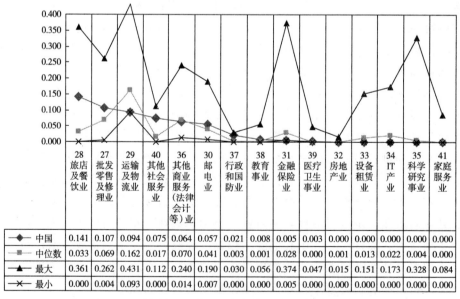

	28 旅店及餐饮业	27 批发零售及修理业	29 运输物流业	40 其他社会服务业	36 其他商业服务业(法律会计等)业	30 邮电业	37 行政和国防业	38 教育事业	31 金融保险业	39 医疗卫生事业	32 房地产业	33 设备租赁业	34 IT产业	35 科学研究事业	41 家庭服务业
中国	0.141	0.107	0.094	0.075	0.064	0.057	0.021	0.008	0.005	0.003	0.000	0.000	0.000	0.000	0.000
中位数	0.033	0.069	0.162	0.017	0.070	0.041	0.003	0.001	0.028	0.000	0.001	0.013	0.022	0.004	0.000
最大	0.361	0.262	0.431	0.112	0.240	0.190	0.030	0.056	0.374	0.047	0.015	0.151	0.173	0.328	0.084
最小	0.000	0.004	0.093	0.000	0.014	0.007	0.000	0.000	0.005	0.000	0.000	0.000	0.000	0.000	0.000

图 4 - 10　我国与 OECD 国家第三产业的出口率比较

业、批发零售及修理业、其他社会服务业、邮电业以较明显的优势高于中等出口水平，而以较大差距低于中等水平的产业为运输及物流业和金融保险业。和世界最先进水平相比，我国的第三产业出口率的差距还是相当大的。其中旅店及餐饮业、运输及物流业、其他商业服务业、金融保险业、科学研究事业等产业，差距尤其明显。

（二）进口率分析

从第一和第二产业的进口率数据（图4-11）可以看出：从国内产业自身比较来看，我国的进口率水平和出口率是大致相当的。航空航天仪器制造业进口率相对来说数值较高，达到了248%。但其他第二产业的进口率都没有超过50%。达到20%以上的产业依次为医疗精密及光学仪器制造业，仪器仪表及办公设备制造业，家电、电子和通信设备制造业和电气机械设备制造业。进口率不超过1%的产业有农林畜牧渔业、制药业、铁路交通设施制造业、非金属矿物制品制造业、建筑业和电煤气和水供应业。国内产业和OECD各国中等进口率水平相比，我国的第二产业除了航空航天仪器制造业远远高于中等水平外，其他第一、二产业都在中等水平的进口率以下。其中和中等进口率相差较大，大于40个百分点的产业有仪器仪表及办公设备制造业，矿产采选业，纺织、服装、皮革和鞋袜制造业，汽车及运输设备制造业。和世界最高的进口率水平相比，达到和超过200%的产业主要集中在航空航天仪器制造业，医疗精密及光学仪器制造业，仪器仪表及办公设备制造业，电气机械设备制造业，矿产采选业，纺织、服装、皮革和鞋袜制造业，汽车及运输设备制造业，制药业和铁路交通设施制造业。

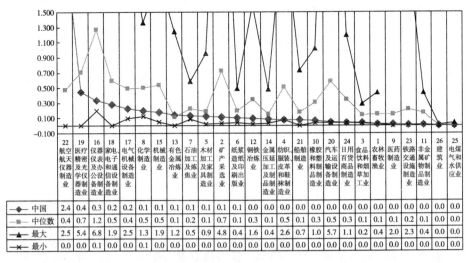

	22 航空航天仪器制造业	19 医疗精密及光学仪器制造业	16 仪器仪表及办公设备制造业	18 家电电子和通信设备制造业	17 电气机械设备制造业	8 化学制造业	15 机械制造业	13 有色金属冶炼业	7 石油加工及炼焦业	5 木材加工及家具制造业	2 矿产采选业	6 纸浆造纸及印刷出版业	12 钢铁压延冶炼业	14 金属加工及金属制品制造业	4 纺织服装皮革和鞋袜制造业	21 船舶制造业	10 橡胶和塑料制品制造业	20 汽车及运输设备制造业	24 日用百货商品制造业	3 食品饮料和烟草加工业	1 农林畜牧渔业	9 医药制造业	23 铁路交通设施制造业	11 非金属矿物制品制造业	26 建筑业	25 电煤气和水供应业
中国	2.4	0.4	0.3	0.2	0.2	0.1	0.1	0.1	0.1	0.1	0.1	0.1	0.0	0.0	0.0	0.0	0.0	0.0	0.0	0.0	0.0	0.0	0.0	0.0	0.0	0.0
中位数	0.4	0.7	1.2	0.5	0.4	0.5	0.5	0.1	0.1	0.7	0.1	0.3	0.1	0.5	0.1	0.3	0.5	0.3	0.1	0.1	0.1	0.2	0.1	0.1	0.0	0.0
最大	2.5	5.4	6.8	1.9	2.5	1.3	1.9	1.2	0.5	0.9	4.8	0.4	1.6	0.4	2.6	0.7	1.0	5.7	1.1	0.2	0.4	2.0	2.3	0.4	0.0	0.0
最小	0.0	0.0	0.1	0.0	0.1	0.0	0.0	0.0	0.0	0.0	0.0	0.0	0.0	0.0	0.0	0.0	0.0	0.0	0.0	0.0	0.0	0.0	0.0	0.0	0.0	0.0

图4-11　我国与OECD国家第一、二产业的进口率比较

从第三产业的进口率数据（图4－12）可以看出：从国内产业自身比较来看，我国的进口率是相当低的，只有旅店及餐饮业和其他社会服务业超过了5％，运输及物流业、邮电业和金融保险业超过了1％，其余第三产业进口率都是接近0的水平。国内产业和OECD各国中等水平的进口率相比，我国的第三产业中，旅店及餐饮业和其他社会服务业处于中等水平的进口率以下，其他产业则低于或相当接近中等水平。和中等水平相差较大，超过5个百分点的产业是运输及物流业和其他商业服务业。和世界最高水平的进口率相比，第三产业的进口率远远低于第一、二产业的最高进口水平，最高进口率的第三产业是科学研究事业，数值也只有55％。相对来说，进口率比较高的第三产业主要集中在旅店及餐饮业、金融保险业、IT产业、科学研究事业、其他商业服务业等领域。

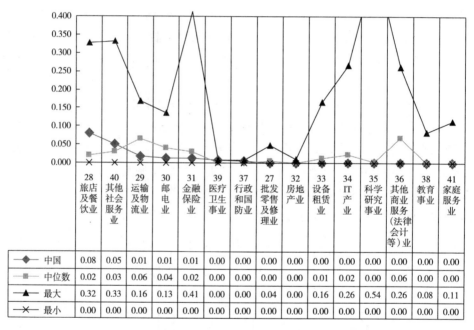

	28 旅店及餐饮业	40 其他社会服务业	29 运输及物流业	30 邮电业	31 金融保险业	39 医疗卫生事业	37 行政和国防业	27 批发零售及修理业	32 房地产业	33 设备租赁业	34 IT产业	35 科学研究事业	36 其他商业服务（法律会计等）业	38 教育事业	41 家庭服务业
中国	0.08	0.05	0.01	0.01	0.01	0.00	0.00	0.00	0.00	0.00	0.00	0.00	0.00	0.00	0.00
中位数	0.02	0.03	0.06	0.04	0.02	0.00	0.00	0.00	0.00	0.01	0.02	0.00	0.06	0.00	0.00
最大	0.32	0.33	0.16	0.13	0.41	0.00	0.00	0.04	0.00	0.16	0.26	0.54	0.26	0.08	0.11
最小	0.00	0.00	0.00	0.00	0.00	0.00	0.00	0.00	0.00	0.00	0.00	0.00	0.00	0.00	0.00

图4－12　我国与OECD国家第三产业的进口率比较

（三）进出口率分析

进出口率是产业内进口率和出口率的加总之和，其所反映的是一国在该产业的外向度的大小。从第一和第二产业的进出口率数据（图4－13）可以看出：从国内产业自身比较来看，我国第一、二产业的外向度还是比较低的，只有航空航天仪器制造业进出口率达到了270％，仪器仪表及办公设备制造业，医疗精密及光学仪器制造业，家电、电子和通信设备制造业位于50％至100％之间，其余的第一、二产业都不足 50%。国内产业和 OECD 各国中等水平进出口率相比，我国第二产业除航空航天仪器制造业外，其他行业都在中等水平的进出口率以下。这些产业中，与中等水平的经济开放度相差超过 50 个百分点的产业有仪器仪表及办公设备制造业，家电、电子和通信设备制造业，化学制造业，机械制造业，矿产采选业，钢铁冶炼业，汽车及运输设备制造业。从世界较高的进出口率来看，大多数的产业的进出口率都超过了 100%，最高达到了 744%。其中，最高进出口率超过 200% 的产业集中在航空航天仪器制造业，仪器仪表及办公设备制造业，医疗精密及光学仪器制造业，家电、电子和通信设备制造业，电气机械设备制造业，纺织、服装、皮革和鞋袜制造业，机械制造业，矿产采选业，钢铁冶炼业，制药业，汽车及运输设备制造业，铁路交通设施制造业等行业。

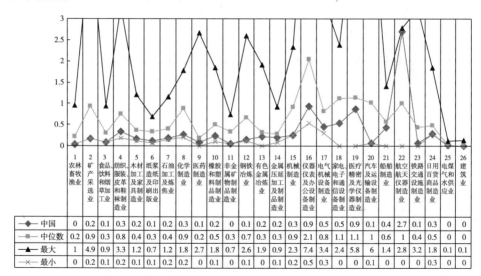

	1 农林畜牧渔业	2 矿产采选业	3 食品、饮料和烟草加工业	4 纺织、服装、皮革和鞋袜制造业	5 木材加工及家具制造业	6 纸浆造纸及印刷出版业	7 石油加工及炼焦业	8 化学制造业	9 医药制造业	10 橡胶和塑料制品业	11 非金属矿物制品业	12 钢铁冶炼业	13 有色金属冶炼业	14 金属压延加工业	15 机械制造业	16 仪器仪表及办公设备制造业	17 电气机械设备制造业	18 家电、电子和通信设备制造业	19 医疗精密及光学仪器制造业	20 汽车及运输设备制造业	21 船舶制造业	22 航空航天仪器制造业	23 铁路交通设施制造业	24 日用百货商品制造业	25 电煤气和水供应业	26 建筑业
中国	0	0.2	0.1	0.3	0.2	0.1	0.2	0.3	0.1	0.2	0	0.1	0.2	0.2	0.3	0.9	0.5	0.5	0.9	0.1	0.4	2.7	0.1	0.3	0	0
中位数	0.2	0.9	0.3	0.8	0.4	0.3	0.4	0.2	0.5	0.3	0.7	0.3	0.3	0.9	2.1	0.8	1.1	1.1	1	0.6	1	0.4	0.5	0		
最大	1	4.9	0.9	3.3	1.2	0.7	1.2	1.8	2.7	1.8	0.7	2.6	1.9	2.3	7.4	3.4	2.4	5.8	6	1.4	2.8	3.2	1.8	0.1	0.1	
最小	0	0.2	0.1	0.2	0.1	0.1			0.1		0.1	0.2			0.5	0.1		0.1			0.1					

图 4 - 13　我国与 OECD 国家第一、二产业的进出口率比较

从第三产业的进出口率数据（图 4 - 14）可以看出：从国内产业自身比较来看，第三产业的进出口率和第一、二产业相比，大都比较低。超过 10% 的产业只有旅店及餐饮业、其他社会服务业、运输及物流业和批发零售及修理业，超过 5% 的产业只有邮电业和其他商业服务业。从国内产业和 OECD 各国中等水平的开放度相比，我国的旅店及餐饮业、其他社会服务业、批发零售及修理业以一定的差距高于中等水平，运输及物流业、其他商业服务业和金融保险业以一定的比例低于中等水平，其他第三产业和平均值较为接近。从产业内各国最高的开放度水平来看，开放度超过 50% 的产业主要集中在旅店及餐饮业、运输及物流业、其他商业服务业、金融保险业和科学研究事业。

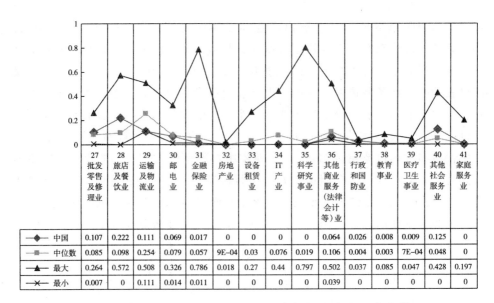

	27 批发零售及修理业	28 旅店及餐饮业	29 运输及物流业	30 邮电业	31 金融保险业	32 房地产业	33 设备租赁业	34 IT产业	35 科学研究事业	36 其他商业服务(法律会计等)业	37 行政和国防业	38 教育事业	39 医疗卫生事业	40 其他社会服务业	41 家庭服务业
中国	0.107	0.222	0.111	0.069	0.017	0	0	0	0	0.064	0.026	0.008	0.009	0.125	0
中位数	0.085	0.098	0.254	0.079	0.057	9E-04	0.03	0.076	0.019	0.106	0.004	0.003	7E-04	0.048	0
最大	0.264	0.572	0.508	0.326	0.786	0.018	0.27	0.44	0.797	0.502	0.037	0.085	0.047	0.428	0.197
最小	0.007	0	0.111	0.014	0.011	0	0	0	0	0.039	0	0	0	0	0

图 4-14 我国与 OECD 国家第三产业的进出口率比较

三、产业间依存关系分析

国民经济各产业部门之间生产消耗的联系构成行业部门之间相互影响的基础。在诸多的经济依存关系中，除了直接的依存关系外，还存在间接的依存关系，要考察完全的依存关系可以用完全消耗系数来反映。它实质上表示 j 部门生产单位最终产出所完全消耗的 i 部门的中间投入的数量。对某部门的最终需求增加一个单位时，需要全社会增加的生产的总产品量，可以用产出系数来进行测度，它反映了该部门最终产品的影响力，即该部门生产对全社会生产的拉动情况。该部门产出系数和全体部门产出系数平均值的比率，称为影响力系数，它也是测度某部门相对影响力的重要指标。

通过投入产出模型计算的完全消耗系数、产出系数和影响力系数，可以研究产业部门相互依存、相互影响的程度。

（一）产出系数研究

从第一和第二产业的产出系数数据（图 4-15）可以看出：从国内产业自身比较来看，我国第一、二产业中，各产业产出系数的差别还是比较大的。最高的产业如仪器仪表及办公设备制造业，产出系数达到了 350%，而最低的农林畜牧渔业，产出系数只有 197%，二者相差近一倍之多。在全体第二产业中，产出系数排名前五位的产业分别是仪器仪表及办公设备制造业，电气机械设备制造业，家电、电子和通信设备制造业，铁路交通设施制造业和汽车及运输设备制造业，产出系数值都在 330% 以上。排名后五位的依次是农林畜牧渔业，矿产采选业，电煤气和水供应业，航空航天仪器制造业和食品、饮料和烟草加工业，产出系数不足 260%。从 OECD 各国产出系数来看，各国中等水平的产出系数基本上都处于 250% 左右，相比之下，除了农林畜牧渔业产出系数值略低于中等水平之外，我国第一、二产业的产出系数基本上都处于中等水平和最高值之间，其中食品、饮料和烟草加工业约等于中等水平，而金属压延加工及制品制造业，建筑业，纺织、服装、皮革和鞋袜制造业，医疗精密及光学仪器制造业，非金属矿物制品制造业和医药制造业则等于或近似于各国的最高水平。

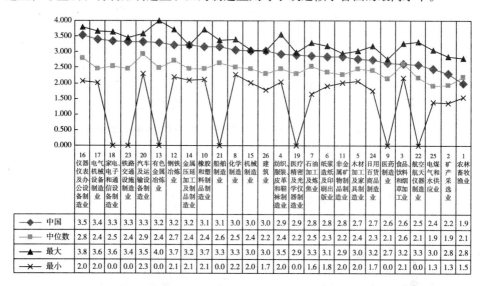

图 4 - 15　我国与 OECD 国家第一、二产业的产出系数比较

从第三产业的产出系数数据（图 4 - 16）可以看出：从国内产业自身比较来看，我国第三产业的产出系数和第一、二产业相似，各产业的产出系数差别也比较大，系数最高的产业和最低的产业数值跨度达到了 130%。产出系数最高的第三产业分别是其他社会服务业、医疗卫生事业和其他商业服务业，产出系数都超过了 250%，最高是其他社会服务业为 290%。最低的是房地产业和金融保险业，产出系数分别是 163% 和 197%。和 OECD 各国的产出系数水平相比，我国一半以上的第三产业处于产出系数的最高水平，如其他社会服务业、医疗卫生事业、其他商业服务业、旅店餐饮业、行政和国防业、邮电业和教育事业。其他第三产业如批发零售及修理业、科学研究事业等，都略低于各国的最高值，但也明显高出中等水平以上。只有运输及物流业、金融保险业和房地产业产出系数值接近于中等水平。

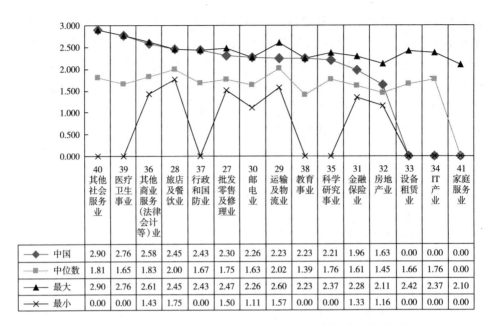

图 4-16 我国与 OECD 国家第三产业的产出系数比较

	40 其他社会服务业	39 医疗卫生事业	36 其他商业服务（法律会计等）业	28 旅店及餐饮业	37 行政和国防业	27 批发零售及修理业	30 邮电业	29 运输及物流业	38 教育事业	35 科学研究事业	31 金融保险业	32 房地产业	33 设备租赁业	34 IT产业	41 家庭服务业
中国	2.90	2.76	2.58	2.45	2.43	2.30	2.26	2.23	2.23	2.21	1.96	1.63	0.00	0.00	0.00
中位数	1.81	1.65	1.83	2.00	1.67	1.75	1.63	2.02	1.39	1.76	1.61	1.45	1.66	1.76	0.00
最大	2.90	2.76	2.61	2.45	2.43	2.47	2.26	2.60	2.23	2.37	2.28	2.11	2.42	2.37	2.10
最小	0.00	0.00	1.43	1.75	0.00	1.50	1.11	1.57	0.00	0.00	1.33	1.16	0.00	0.00	0.00

（二）影响力系数研究

影响力系数和产出系数类似，都是测度某产业对全社会总产出的拉动情况。但影响力系数通过总体平均数对产出系数得以加权，因此，其值更突出反映了国内各产业间的相对影响力情况，而不同国家之间的影响力系数可比性相对而言要弱一些。

从第一和第二产业的影响力系数（图 4-17）来看，我国大部分第二产业影响力系数都大于 1，其中电煤气和水供应业、矿产采选业和农林畜牧渔业三个产业影响力以 96%、89% 和 77% 的数值低于 1。从各产业的产出系数均衡情况来看，影响力得分主要集中在 100%～130% 之间，相对来说比较均衡。与 OECD 各国和地区的产业影响力系数相比，我国的大部分第二产业都在中等水平的影响力系数值即 120% 附近波动，差距较为明显的只有食品、饮料和烟草加工业和农林畜牧渔业，都以 30 个百分点的差距低于中等水平，并成为各国在该产业的影响力系数最低值。

从第三产业影响力系数值（图 4-18）可以看出，我国大部分第三产业的影响力系数是小于 1 的，平均水平在 80%～90%，只有其他社会服务业、医疗卫生事业、其他商业服务业三个行业以 114%、109% 和 102% 的数值略高于 1。影响力系数最小的是金融保险业和房地产业，影响力数值只有 77% 和 64%。与 OECD 各国相比，我国第三产业中的其他社会服务业、医疗卫生事业、教育事业影响力数值都达到了各国的最高水平，其他商业服务业、行政和国防业处于最高水平和中等值之间，批发零售及修理业、科学研究事业则近似于中等水平，旅店及餐饮业、运输及物流业、金融保险业和房地产业则略低于中等水平。

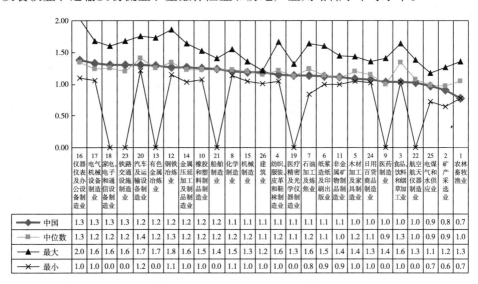

	16 仪器仪表及办公设备制造业	17 电气机械设备制造业	18 电子和通信设备制造业	23 铁路交通设施制造业	20 汽车及运输设备制造业	13 有色金属冶炼业	12 钢铁冶炼业	14 金属压延加工业	10 橡胶和塑料制品制造业	21 船舶制造业	8 化学制品制造业	15 机械制造业	26 建筑业	4 纺织服装皮革和鞋林制造业	19 医疗及光学仪器制造业	7 石油加工及焦业	6 纸浆造纸及纸制出版业	11 非金属矿物制品制造业	5 木材加工及家具制造业	24 日用百货商品制造业	9 医药制造业	3 食品饮料和烟草加工业	22 航空航天仪器制造业	25 电气和水供应业	2 煤矿产采选业	1 农林牧渔业
中国	1.3	1.3	1.3	1.3	1.2	1.2	1.2	1.2	1.2	1.2	1.1	1.1	1.1	1.1	1.1	1.1	1.1	1.1	1.0	1.0	1.0	1.0	1.0	0.9	0.8	0.7
中位数	1.3	1.2	1.2	1.2	1.4	1.2	1.3	1.2	1.2	1.2	1.1	1.1	1.1	1.1	1.1	1.1	1.1	1.1	1.1	1.1	1.1	1.3	1.0	0.9	0.9	1.0
最大	2.0	1.6	1.6	1.6	1.7	1.7	1.8	1.5	1.3	1.4	1.3	1.3	1.3	1.7	1.3	1.3	1.3	1.4	1.3	1.3	1.4	1.6	1.3	1.1	1.1	1.3
最小	1.0	1.0	0.0	0.0	1.2	0.0	1.1	1.0	1.0	0.0	0.0	1.1	1.0	1.0	1.0	0.0	0.8	0.9	0.9	1.0	0.0	1.0	1.0	0.7	0.6	0.7

图 4-17 我国与 OECD 国家第一、二产业的影响力系数比较

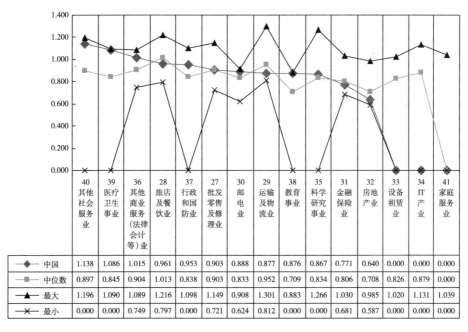

	40 其他社会服务业	39 医疗卫生事业	36 其他商业服务（法律会计等）业	28 旅店及餐饮业	37 行政和国防业	27 批发零售及修理业	30 邮电业	29 运输及物流业	38 教育事业	35 科学研究事业	31 金融保险业	32 房地产业	33 设备租赁业	34 IT产业	41 家庭服务业
中国	1.138	1.086	1.015	0.961	0.953	0.903	0.888	0.877	0.876	0.867	0.771	0.640	0.000	0.000	0.000
中位数	0.897	0.845	0.904	1.013	0.838	0.903	0.833	0.952	0.709	0.834	0.806	0.708	0.826	0.879	0.000
最大	1.196	1.090	1.089	1.216	1.098	1.149	0.908	1.301	0.883	1.266	1.030	0.985	1.020	1.131	1.039
最小	0.000	0.000	0.749	0.797	0.000	0.721	0.624	0.812	0.000	0.000	0.681	0.587	0.000	0.000	0.000

图 4-18 我国与 OECD 国家第三产业的影响力系数比较

（三）主要产业完全消耗系数研究

对于任何一个国家的产业发展，能源消耗、机械化程度和使用效率以及产业的科技水平都是该国该产业发展的重要问题。在能源日益紧缺和能源价格屡创新高的国际环境下，对能源的节约使用和高效利用，无论是对产业的成本控制还是产业的战略性原料储备，都是任何产业在进行可持续发展时必须面临和考虑的问题。而在产业的运行和生产过程中，高效机械的使用程度，则决定了产业的生产效率、生产规模和质量控制程度以及生产成本，一般认为企业的机械化程度越高，则生产效率和生产规模越大，产品的质量控制越高，同时大规模的生产所产生的规模效应也带来了成本的进一步降低。而产业对能源的集约型使用和产业的机械化水平，则直接取决于产业发展中 R&D 的投入水平和研究成果，同时产业工人对新技术和新机器推广过程中的接受程度，则取决于他们受教育的程度和企业对他们的培训水平。

借助 OECD 各国的投入产出表，从投入产出的角度来分析，我们发现通过对若干重要产业完全消耗系数水平的分析，可以帮助我们了解和研究一国产业发展中所涉及的上述问题。通过各产业对矿产采选业的完全消耗系数，各产业对石油加工业的完全消耗系数和各产业对电煤气和水供应业的完全消耗系数的分析，我们可以大致了解各产业的能源消耗情况；通过各产业对机械工业的完全消耗系数和各产业对电气机械工业完全消耗系数的研究，则有助于我们掌握国内各产业的机械化水平；各产业对 R&D 完全消耗系数和各产业对教育事业完全消耗系数则反映了产业内科技研发水平和工人素质的高低。

为了立体地理解我国对上述产业的完全消耗系数的水平，我们将在用图表分析我国完全消耗系数的同时，在一张表内同时展示日本、韩国两个亚洲国家和德国[①]与美国两个欧美强国在相同产业内的完全消耗系数，通过与这些欧美和东亚的经济强国进行对比分析，有助于我们更好地理解我国对能源、机械和科技的完全消耗水平。

从各产业对矿产采选业的完全消耗系数（图 4-19）来看，我国和其他四国相比，除了个别产业和部分国家对矿产的完全消耗率相同外，大部分的产业对矿产资源的消耗水平都为各国之首，并且远远高出其他各国的水平。从国内产业自身比较来看，我国对矿产消耗较大的前五个产业分别是石油加工及炼焦业、有色金属冶炼业、钢铁冶炼业、电煤气和水供应业和非金属矿物制品制造业，完全消耗系数为 68%、43%、30%、29% 和 24%。我国对矿产采选业消耗较小的产业

---

① 德国的投入产出表在 9. 制药业、13. 有色金属冶炼业、22. 航空航天仪器制造业、23. 铁路交通设施制造业和 41. 家庭服务业这五个产业上数据缺失。

分别是金融保险业、房地产业、农林畜牧渔业、旅店及餐饮业和食品、饮料和烟草加工业，我国在这些产业上对矿产资源的消耗系数为3.3%、3.7%、4.3%、4.6%和4.9%（不足5%的产业没有作入图中）。

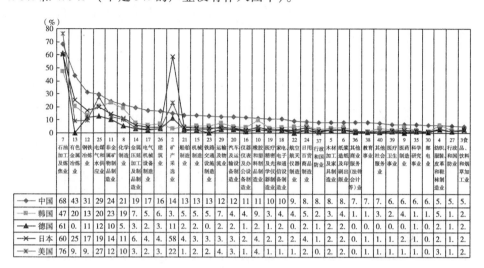

图4－19　我国与美、德、日、韩四国各产业对矿产采选业的完全消耗系数比较

从国内产业自身比较来看，我国对石油加工业消耗系数（图4－20）较大的前五个产业分别是运输物流业、钢铁冶炼业、石油加工及炼焦业、电煤气和水供应业和建筑业，完全消耗系数分别为13%、10%、8.9%、8.3%和7.4%，其他四国这些产业对石油加工业的最高消耗系数分别是19%（韩国）、15%（韩国）、31%（韩国）、17%（韩国）和6.4%（韩国）；最低消耗系数则为3.9%（德国）、1.5%（美国）、10%（美国）、1.6%（美国）和1%（德国）。我国对石油加工业消耗较小的产业分别是房地产业，金融保险业，食品、饮料和烟草加工业，农林畜牧渔业和纺织、服装、皮革和鞋袜制造业，我国在这些产业上对石油加工业的消耗系数为1.4%、1.8%、2.5%、2.5%和2.6%（不足3%的产业未作入图中），其他四国在该产业的最高完全消耗系数为1.6%（韩国）、1.8%（韩国）、5.9%（韩国）、6.1%（韩国）和12%（韩国）。最低完全消耗系数则为0.1%（德国）、0.2%（德国）、1.4%（德国）、1.9%（德国）和1.3%（德国）。从各产业对石油加工业的完全消耗系数来看，我国和其他四国相比，除了石油加工及炼焦业，化学制造业，矿产采选业，纺织、服装、皮革和鞋袜制造业和农林畜牧渔业等部分产业，对石油加工业的消耗水平为各国中下等水平外，总体来说其他大部分产业对石油加工业的完全消耗系数低于韩国而高出其他三国。

从国内产业自身比较来看，我国对机械工业消耗系数（图4－21）较大的前五个产业分别是机械制造业、船舶制造业、铁路交通设施制造业、汽车及运输设

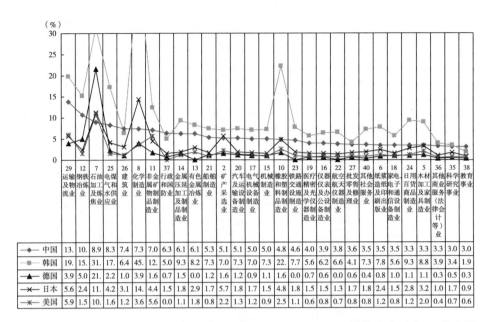

（%）	29运输及物流业	12钢铁冶炼业	7石油加工及炼焦业	25电煤气水供应业	26建筑业	8化学物制造业	11非金属矿物制品制造业	37行政和国防业	14金属压延加工及制品制造业	13有色金属冶炼业	21船舶制造业	2矿产采选	20汽车及运输设备制造业	17电气机械设备制造业	15机械制造业	10橡胶和塑料制品制造业	23铁路交通设施制造业	19仪器仪表及办公设备制造业	16精密光学仪器制造业	22航空航天制造业	27批发零售服务业	40其他社会修理业	6纸浆造纸及印刷出版业	18家用电子通信设备制造业	24日用百货商品及家其制造业	5木材加工及家其制造业	36其他商业服务（法律会计等）业	35科学研究事业	38教育事业
中国	13.	10.	8.9	8.3	7.4	7.3	7.0	6.3	6.1	6.1	5.3	5.1	5.1	5.0	5.0	4.8	4.6	4.0	3.9	3.8	3.6	3.5	3.5	3.5	3.3	3.3	3.3	3.0	3.0
韩国	19.	15.	31.	17.	6.4	45.	12.	5.0	9.3	8.2	7.3	7.0	7.3	7.0	7.3	22.	7.7	5.6	6.2	6.6	4.1	7.3	7.8	5.6	9.3	8.8	3.9	3.4	1.9
德国	3.9	5.0	21.	2.2	1.0	3.9	1.6	0.7	1.5	0.0	1.2	1.6	1.2	0.9	1.1	1.6	0.0	0.7	0.6	0.0	0.6	0.4	0.5	1.0	1.1	1.1	0.3	0.5	0.3
日本	5.6	2.4	11.	4.2	3.1	14.	4.4	1.5	1.8	2.9	1.7	5.7	1.8	1.7	1.5	4.8	1.8	1.5	1.5	1.3	1.7	1.8	2.4	1.5	2.8	3.2	1.0	1.7	0.9
美国	5.9	1.5	16.	1.6	1.2	3.6	5.6	0.0	1.1	1.8	0.8	2.2	1.3	1.2	0.9	2.5	1.1	0.6	0.8	0.7	0.8	0.8	1.2	0.8	1.2	4.0	0.4	0.7	0.6

图 4 - 20　我国与美、德、日、韩四国各产业对石油加工业的完全消耗系数比较

备制造业、航空航天仪器制造业，完全消耗系数都超过 14%，与韩国接近，与日、德差距较大。我国对机械工业消耗较小的产业分别是设备租赁业、IT 产业、家庭服务业，在这些产业上对机械工业的消耗系数都接近于 0，比其他国家低一些。从各产业对机械工业的完全消耗系数来看，我国和其他四国相比，除了个别产业，消耗水平基本都在最高水平。

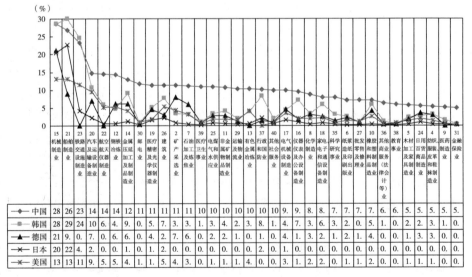

（%）	15机械制造业	21船舶制造业	23铁路交通设施制造业	20汽车及运输设备制造业	22航空航天仪器制造业	14金属压延加工及制品制造业	30邮电业	19医疗精密及光学仪器制造业	26建筑业	2矿产采选业	7石油加工及炼焦业	39电煤气水供应业	11非金属矿物制品制造业	29运输及物流业	13有色金属冶炼业	37行政和国防业	40其他社会服务业	17电气机械设备制造业	16精密光学仪器制造业	8化学加工制造业	18家电和通信设备制造业	35科学研究事业	6纸浆造纸及印刷出版业	27批发零售及修理业	10橡胶和塑料制品制造业	36其他商业服务（法律会计等）业	38教育事业	5木材加工及家其制造业	24日用百货商品及家其制造业	9纺织皮革鞋业	31医药制造业
中国	28	26	23	14	14	12	11	11	11	11	11	10	10	10	10	10	9.	8.	8.	7.	7.	7.	7.	6.	6.	5.	5.	5.	5.	5.	5.
韩国	28	29	24	10	6.	9.	4.	0.	5.	7.	3.	3.	1.	5.	8.	3.	3.	8.	1.	4.	3.	2.	3.	3.	1.	0.					
德国	21	9.	0.	7.	0.	6.	0.			2.	7.	6.	2.	1.	2.	2.	1.	2.		1.	2.	4.	2.	0.							
日本	20	22	4.	0.	0.	5.	4.			0.	0.																				
美国	13	13	11	9.	5.	4.	4.			1.							2.	0.													

图 4 - 21　我国与美、德、日、韩四国各产业对机械工业的完全消耗系数比较

从国内产业自身比较来看，我国对电气机械工业完全消耗系数（图 4 - 22）较大的前五个产业分别是仪器仪表及办公设备制造业，家电、电子和通信设备制造业，电气机械设备制造业，医疗精密及光学仪器制造业和邮电业，完全消耗系数为 60%、54%、32%、25% 和 17%。其他四国在这些产业对电气机械工业的最高消耗系数则分别是 68%（韩国）、58%（韩国）、32%（韩国）、21%（韩国）和 2.4%（韩国），最低消耗系数则为 3.3%（德国）、1.3%（美国）、7%（美国）、1.8%（美国）和 0（日本）。我国对电气机械工业完全消耗系数较小的产业分别是农林畜牧渔业，食品、饮料和烟草加工业，旅店及餐饮业，纺织、服装、皮革和鞋袜制造业和房地产业（不足 4% 的产业未作入图中），我国在这些产业上对电气机械工业的消耗系数为 1.4%、2.1%、2.4%、2.7% 和 2.8%，其他四国在该产业的最高完全消耗系数为 1.1%（德国）、1%（德国）、1.2%（韩国）、1.1%（德国）和 0.7%（韩国）。最低完全消耗系数则为 0.1%（日本）、0.1%（日本）、0.1%（日本）、0.1%（日本）和 0（日本）。从各产业的总体消耗情况来看，我国和其他四国相比，除了个别产业如汽车及运输设备制造业高于美国低于其他三国，以及仪器仪表及办公设备制造业，家电、电子和通信设备制造业，铁路交通设施制造业略低于韩国外，其他大部分的产业对电气机械工业的消耗水平都为各国之首。

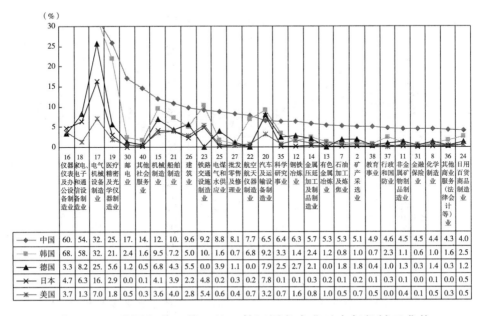

（%）	16 仪器仪表及办公设备制造业	18 家电电子和通信设备制造业	17 电气机械设备制造业	19 医疗精密及光学仪器制造业	30 邮电业	40 其他社会服务业	15 机械制造业	21 船舶制造业	26 建筑业	23 铁路交通设施制造业	25 电煤气和水供应业	27 批发零售及修理业	22 航空航天制造业	20 汽车及运输设备制造业	35 科学研究事业	12 钢铁冶炼业	14 金属压延加工及制品制造业	13 有色金属冶炼业	7 石油加工及炼焦业	2 矿产采选业	38 教育事业	行政和国防	31 非金属矿物制品制造业	金融保险业	36 化学制造业	其他商务服务（法律会计等）业	24 日用百货商品制造业
中国	60.	54.	32.	25.	17.	14.	12.	10.	9.6	9.2	8.8	8.1	7.7	6.5	6.4	6.3	5.7	5.3	5.3	5.1	4.9	4.6	4.5	4.5	4.4	4.3	4.0
韩国	68.	58.	32.	21.	2.4	1.6	9.5	7.2	5.0	10.	1.6	0.7	6.8	9.2	3.3	1.4	2.4	1.0	0.8	1.0	0.7	2.3	1.1	0.6	1.0	1.6	2.5
德国	3.3	8.2	25.	5.6	1.2	0.5	6.8	4.3	5.5	0.0	3.9	1.1	0.0	7.9	2.5	2.7	2.1	1.0	1.8	1.8	0.4	1.0	1.3	0.3	1.4	0.3	1.2
日本	4.7	6.3	16.	2.9	0.0	0.1	4.1	3.9	2.2	4.8	0.2	0.2	0.2	7.8	0.1	0.1	0.1	0.1	0.2	0.2	0.0	0.1	0.0	0.0	0.1	0.0	0.5
美国	3.7	1.3	7.0	1.8	0.5	0.3	3.6	4.0	2.8	5.4	0.6	0.7	0.7	3.2	0.7	1.6	0.1	0.3	0.0	0.2	0.0	0.0	0.1	0.0	0.5	0.3	0.5

图 4 - 22　我国与美、德、日、韩四国各产业对电气机械工业的
完全消耗系数比较

从各产业对电煤气和水供应业的完全消耗系数（图 4 - 23）来看，和其他四

国相比,我国对电煤气和水等资源的消耗水平处于比较高的水平。从国内产业自身比较来看,我国对电煤气和水消耗较大的前五个产业分别是有色金属冶炼业、钢铁冶炼业、化学制造业、金属压延加工及制品制造业和电煤气和水供应业,完全消耗系数为14%、12%、12%、10%和10%。其他四国在这些产业上对电煤气和水供应业的最高完全消耗系数则分别是9.8%(韩国)、9.6%(韩国)、7.9%(日本)、6.3%(韩国)与17%(日本),最低完全消耗系数则为5.7%(美国)、7.1%(美国)、4.7%(德国)、3.8%(美国)和4.6%(德国)。我国对电煤气和水供应业完全消耗较小的产业分别是房地产业,金融保险业,农林畜牧渔业,食品、饮料和烟草加工业和批发零售及修理业,我国在这些产业上的完全消耗系数为2.1%、2.5%、2.9%、3.7%和3.8%,其他四国在该产业的最高完全消耗系数为2.9%(韩国)、1.4%(韩国)、3.6%(德国)、3.9%(德国)和2.17%(韩国),最低完全消耗系数则为0.4%(日本)、0.7%(美国)、1.3%(韩国)、2.5%(韩国)和1.4%(日本)。从总体来看,与其他四国相比,我国只有在电煤气和水供应业,纺织、服装、皮革和鞋袜制造业,旅店及餐饮业,食品、饮料和烟草加工业和农林畜牧渔业等产业上对电煤气和水供应业的完全消耗系数处于各国中等水平,其他产业对电煤气和水供应业的完全消耗系数则都以明显的差距高于各国。

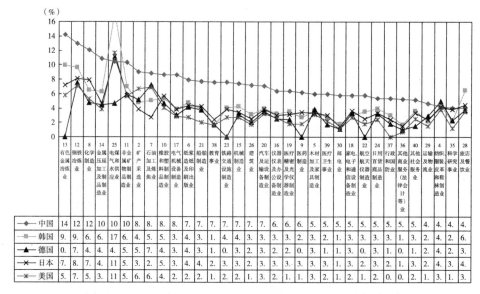

**图4-23 我国与美、德、日、韩四国各产业对电煤气和水
供应业的完全消耗系数比较**

从各产业对运输及物流业的完全消耗系数来看(图4-24),我国和其他四国相比,大部分处于各国的中等水平,其中只有少量产业处于各国最高和最低的

消耗水平，比如行政和国防业，教育事业，电气机械设备制造业，电煤气和水供应业，科学研究事业，其他商业服务业和其他社会服务业等产业，对运输及物流业的完全消耗系数为各国之首，且差距较为明显，而运输及物流业、木材加工及家具制造业等则明显低于各国的消耗水平。从国内产业自身比较来看，我国各产业对运输及物流业完全消耗情况比较平缓，最高完全消耗系数为8%，最低完全消耗系数为2%，大部分产业对运输及物流业的完全消耗系数保持在4%～6%的水平。其中完全消耗系数较大的前五个产业分别是钢铁冶炼业、非金属矿物制品制造业、行政和国防业、运输及物流业和金属压延加工及制品制造业，完全消耗系数分别为8.8%、8.3%、8%、7.9%和7.4%。其他四国在这些产业上对运输及物流业的最高完全消耗系数则分别是9.45%（美国）、10%（美国）、3.8%（韩国）、38%（德国）和6.1%（日本），最低消耗系数则为4.4%（韩国）、7.1%（韩国）、2%（德国）、12%（日本）和4.3%（韩国）。我国对运输及物流业完全消耗系数较小的产业分别是，房地产业，农林畜牧渔业，邮电业，食品、饮料和烟草加工业和纺织、服装、皮革和鞋袜制造业（不足4%的未作入图中），我国在这些产业上对运输及物流业的消耗系数为2.1%、2.9%、3.5%、3.8%和4.0%，其他四国在该产业的最高完全消耗系数为1.1%（美国）、6.3%（美国）、3.9%（美国）、6.9%（美国）和5.7%（美国）。最低完全消耗系数则为0.5%（日本）、2.6%（韩国）、1%（德国）、3.7%（韩国）和3.9%（韩国）。

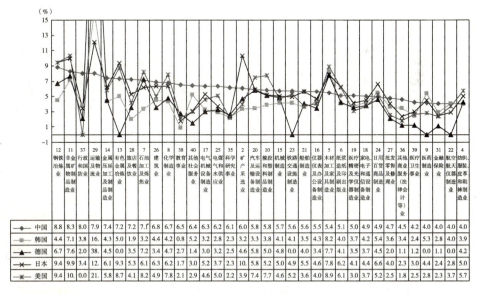

	12 钢铁冶炼业	11 非金属矿物制品制造业	37 行政和国防业	29 运输及物流业	14 金属压延加工及制品制造业	13 有色金属冶炼业	28 旅店及餐饮业	7 石油加工及炼焦业	26 建筑业	8 化学工业	38 教育事业	40 其他社会服务业	17 电气机械设备制造业	25 电煤气和水供应业	35 科学研究事业	2 矿产采选业	20 汽车及运输设备制造业	10 橡胶和塑料制造业	23 机械制造业	21 铁路制造业	16 仪器仪表及办公设备制造业	1 木材加工及家具制造业	6 船舶制造及修理业	19 精密电子光学仪器制造业	18 电信通理制造业	24 日用百货制造业	27 批发零售商品制造业	36 其他商业服务业（法律会计等）业	39 医疗卫生事业	9 医药制造业	31 金融保险业	22 航空航天制造业	4 纺织、服装、皮革和鞋袜制造业
中国	8.8	8.3	8.0	7.9	7.4	7.2	7.2	7.1	6.8	6.7	6.5	6.4	6.3	6.2	6.1	6.0	5.8	5.8	5.7	5.6	5.6	5.4	5.1	5.0	4.9	4.9	4.7	4.5	4.2	4.0	4.0	4.0	4.0
韩国	4.4	7.1	3.8	4.3	5.0	1.9	3.4		4.8	3.8	4.1	3.8	4.1	4.1	3.3	4.6	8.2	4.1	7.8	3.7	4.2	3.6	3.4	2.4	5.3	3.8	3.9						
德国	6.7	7.6	2.0	38.	4.5	0.0	7.2	3.4	4.7	2.7	1.4	3.0	2.8	2.5	4.6	5.5	0.0	4.8	0.0	4.0	3.7	4.5	2.0	1.1								4.2	
日本	9.4	9.9	3.4	12.	6.1	9.3	5.3	6.1	6.3	6.1	2.1	3.0	5.2	3.7	2.3	10.	5.8	5.2	5.0	4.9	5.5	4.4	7.8	6.2	4.1	4.4	6.6	4.0	2.3	0.0	4.4	2.4	5.0
美国	9.4	10.	0.0	21.	5.8	8.7	4.1	8.2	4.9	7.8	2.1	2.9	4.6	5.0	2.2	3.9	7.4	7.7	4.6	5.2	4.0	8.9	6.1	5.7	5.2	2.5	1.8	2.5	2.8	2.3	3.7		5.7

**图4-24 我国与美、德、日、韩四国各产业对运输物流业的
完全消耗系数比较**

从各产业对金融保险业的完全消耗系数来看（图4-25），从总体上说，和其他四国相比，我国各产业对金融保险业的消耗系数都处于比较低的水平，大部分的产业对金融保险业的消耗率都是各国中的最小或倒数第二，而且各产业对金融保险业的完全消耗系数也比较稳定，大部分产业的完全消耗系数都处于3%~4%的水平。从国内产业自身比较来看，我国对金融保险业消耗较大的前五个产业分别是金融保险业，金属压延加工及制品制造业，批发零售及修理业，房地产业和有色金属冶炼业，完全消耗系数为10%、7.2%、6.1%、5.9%和4.9%。其他四国在这些产业对金融保险业的最高完全消耗系数则分别是39%（德国）、6.7%（韩国）、7.4%（日本）、7.6%（韩国）与8.1%（韩国），最低消耗系数则为9.9%（韩国）、3.1%（美国）、3.8%（美国）、5.1%（美国）和3.5%（美国）。我国金融保险业消耗较小的产业分别是农林畜牧渔业，教育事业，食品、饮料和烟草加工业，其他商业服务业和邮电业（不足3%的未作入图中），我国在这些产业上对金融保险业的完全消耗系数分别为1.6%、2.1%、2.3%、2.4%和2.5%，其他四国在该产业的最高完全消耗系数为6.9%（德国）、6.3%（德国）、6.9%（德国）、6.56%（日本）和6%（德国），最低完全消耗系数则为4.35%（韩国）、1.1%（日本）、4%（美国）、2.5%（美国）和2.7%（韩国）。

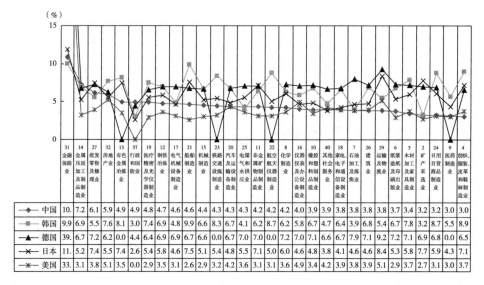

图4-25　我国与美、德、日、韩四国各产业对金融保险业的完全消耗系数比较

从国内产业自身比较来看，我国对R&D的完全消耗水平（图4-26）比较平稳。除了科学研究事业，农林畜牧渔业，其他社会服务三个产业完全消耗系数超过了1.5%之外，其他大部分产业都维持在0.5%~1%之间。国内对R&D完全消耗系数较大的前五个产业分别是：科学研究事业，农林畜牧渔业，其他社会

服务业，建筑业和食品、饮料和烟草加工业，完全消耗系数分别是 3.8%、1.8%、1.5%、1.3% 和 1.1%。其他四国在这些产业对 R&D 的最高完全消耗系数则分别是 4.6%（韩国）、0.8%（日本）、1.6%（美国）、1.2%（日本）和 1.3%（日本），最低消耗系数则为 0.4%（日本）、0.14%（德国）、0.1%（德国）和 0.1%（德国）、0.1%（德国）。我国对 R&D 消耗较小的产业分别是，房地产业，金融保险业，运输及物流业，邮电业和其他商业服务业（不足 0.5% 的产业未作入图中），我国在这些产业上对 R&D 的消耗系数为 0.2%、0.3%、0.3%、0.3% 和 0.4%，其他四国在该产业的最高完全消耗系数为 0.2%（韩国）、0.4%（美国）、0.7%（韩国）、1.9%（日本）和 0.5%（韩国）。

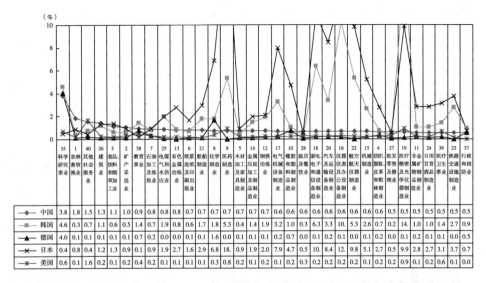

图 4-26　我国与美、德、日、韩四国各产业对 R&D 的完全消耗系数比较

从各产业对 R&D 的完全消耗系数来看，我国和其他四国相比，对 R&D 的利用水平在大部分的产业上和其他四国，特别是日韩两国，有着相当的差距。其中，差距相当明显超过 2 个百分点的产业有有色金属冶炼业（日本 2.7%），船舶制造业（日本 2.9%），化学制造业（日本 6.8%），医药制造业（日本 18%），电气机械设备制造业（日本 7.9%），橡胶和塑料制品制造业（日本 4.7%），家电、电子和通信设备制造业（日本 10%），汽车及运输设备制造业（日本 8.4%），仪器仪表及办公设备制造业（日本 12%），航空航天仪器制造业（日本 9.8%），机械制造业（日本 5.1%），纺织、服装、皮革和鞋袜制造业（日本 2.7%），医疗精密及光学仪器制造业（日本 9.9%），非金属矿物制品制造业（日本 2.8%），日用百货商品制造业（日本 2.7%），医疗卫生事业（日本 3.1%），铁路交通设施制造业（日本 3.7%）。

从国内产业自身比较来看，我国各产业对教育事业的完全消耗系数（图4-27）主要集中在0.2%~0.3%的水平。其中对教育事业完全消耗系数较大的前五个产业分别是行政和国防业、科学研究业、运输及物流业、教育事业、医疗卫生事业，完全消耗系数为0.7%、0.5%、0.4%、0.4%和0.4%。其他四国在这些产业对教育事业的最高消耗系数则分别是0.3%（韩国）、12%（德国）、0.19%（美国）、1%（德国）和0.24%（韩国）。我国对教育事业完全消耗较小的产业分别是房地产业，农林畜牧渔业，食品、饮料和烟草加工业，纺织、服装、皮革和鞋袜制造业和旅店及餐饮业（不足0.2%的产业未作入图中），我国在这些产业上对教育事业的消耗系数为0.1%、0.1%、0.1%、0.1%和0.2%，其他四国在该产业的最高完全消耗系数为0.08%（韩国）、0.14%（美国）、0.18%（韩国）、0.26%（韩国）和0.19%（韩国）。

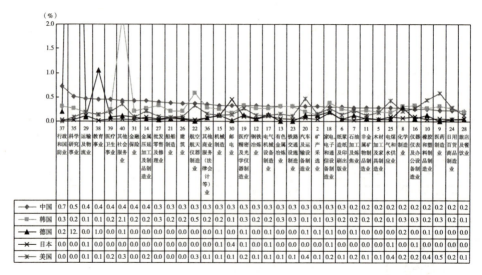

图4-27 我国与美、德、日、韩四国各产业对教育事业的完全消耗系数比较

第五章

中国企业管理软国际竞争力研究

从中国改革开放 30 年历程看，我们偏爱扩张的背后是偏爱参与国际竞争的企业实力，包括资本规模和市场份额的增强，但是却忽视了企业管理的软国际竞争力水平的提升。在以人为本的国际竞争时代，软要素的国际竞争是最为关键、最为基础和最为潜质的企业发展能量。软要素竞争永远是推动企业生存和发展的原动力。管理是企业一种重要的竞争力资源和生产力，是企业兴衰成败的重要一环，对于中国企业更是如此。提高管理水平就意味着企业资源的更有效利用，也就是将资源从低效率使用转向高效率使用的过程。本研究旨在追逐瑞士国际管理发展学院（IMD）《世界竞争力年鉴》的有关企业管理软国际竞争力的思想和评价方法，建立针对中国企业管理软国际竞争力的研究模式，全面深入研究中国企业成长中软国际竞争力，为中国企业发展的全面振兴和提升国际竞争力提供客观依据。

一、中国企业管理软国际竞争力研究模式

在瑞士国际管理发展学院（IMD）《世界竞争力年鉴》中，专门列出企业管理要素来评价各国企业管理国际竞争力水平，是从生产率、劳动成本、公司绩效、管理效率和企业文化五个子要素来具体评价和分析企业管理国际竞争力。生产率子要素主要反映综合要素生产率、劳动生产率以及三大产业生产率等竞争力；劳动成本子要素主要反映劳动报酬、制造业劳动力成本、经理及工程师报酬等竞争力；公司绩效子要素主要反映公司信誉、董事会监管效力等竞争力；管理

效率子要素主要反映高级管理人员、企业创造力、股东价值、工人的动力等竞争力；企业文化子要素主要反映顾客满意度、企业家精神等竞争力。这些子要素的具体指标中，基本上硬指标和软指标各占一半，软指标基本集中在公司绩效、管理效率和企业文化子要素方面，这些也是各国企业国际比较分析中难得的数据资料和较为重视的内容。

本研究主要就 IMD 反映管理结构体系和管理制度的一些软指标进行探讨与分析，在剖析公司绩效、管理效率和公司文化三方面的软竞争力的基础上，理解西方在较为完善的市场经济体制、公平竞争及信息对称的条件下，设计企业管理竞争力中这些软指标的内涵是什么。这些指标反映了国际竞争力发展主流的企业核心竞争领域和重要方面。事实上，《世界竞争力年鉴》中企业管理国际竞争力评价的具体指标每年都有些变动，这深刻反映了发达国家对市场经济的认识逐步加深和适应全球化竞争需要的演化重点。因此，本研究既着眼于中国企业管理国际竞争力的水平分析和中国企业被世界认可的程度，又关注企业管理软国际竞争力的发展变迁和主流发展。从软指标的代表性、可操作性、全面性和连续性等方面考虑，研究从企业治理结构、企业管理制度、企业雇员管理及企业伦理这四要素中，选取如下具体指标进行中国企业管理软国际竞争力的评价和分析。

下面是对这四要素具体指标的解释（均为正指标）：

（一）企业治理结构

企业治理结构又被称为企业法人治理结构。企业治理结构是企业管理的基础，如果没有好的企业治理结构，任何管理技能的提升与科技实力的发展，都不足以让企业维持持久地发展，甚至在国际舞台立足。事实上，企业治理是指股东、出资人、所有者（委托人）对董事会、监事会、经营班子（代理人）的管理，即委托人对代理人的管理。企业治理本身是个动态发展的过程，主要包含两方面的内容，从治理结构（governance structure）讲，包括股权结构、董事会、监事会、经营班子等；从治理机制（governance mechanism）讲，包括用人机制、监督机制和激励机制，比如用人机制又可细分为董事长人选、独立董事人选、CEO 人选等。这两者共同决定了治理效率的高低。因此企业治理结构国际竞争力评价包括如下 5 个具体软竞争力指标的设计。

股东价值，表示管理人员为股东创造价值的有效程度，强调管理人员对股东价值的贡献程度，即董事会所选择的管理人员是否能较好地为其创造效益，以及股东与管理层之间的互动性如何。

公司董事会，表示公司董事会可以保证公司合理经营的程度，强调是否发挥了公司董事会的积极作用。

公司信誉，表示公司经理得到公众信任的程度。2002 年之前是公司信誉，从 2002 年开始改为管理者信誉，这种更改更加强调管理层或经理层人员的重要性，因为公司信誉指标实际上直接涉及到公司产品质量水平，进而创造的品牌效应，体现管理者从整体上对公司产品质量的影响。

高级管理人员可获得性，表示称职的高级管理人员在市场上的可获得性，反映了一个国家和地区公司里面高级管理人员的数量和质量保证，以及公司对高级管理人员的重视程度。

高级管理人员国际经验，表示高级管理人员有丰富的国际业务经验的程度。

（二）企业管理制度

企业管理制度的国际竞争力评价因素，从企业制度的整体和规划考虑，着重体现企业对外界市场变化的反应、对有关市场销售知识的学习的能力，以及对消费对象或潜意识消费对象的服务设计等等，体现企业总体上的综合能力。具体软竞争力指标包括如下 3 个。

适应性，表示公司适应市场变化的快速程度，体现企业的管理结构和管理制度对于市场变化的预知能力、应变能力及预防能力情况。

销售学方法，表示公司掌握销售学方法的有效程度。

顾客满意度，体现顾客导向在一个国家受到重视的程度如何，主要从企业是否从顾客需求出发、是否提供高质量的服务以及建立科学化的客户关系管理体系等方面考虑。

（三）企业雇员管理

企业雇员是企业生存和发展的基层职工，同时也是企业的根基。随着市场经济体系的逐渐完善，企业对雇员资源的重视越来越趋于明显，在此专列为影响企业管理的重要一方面，主要从雇员的本身、雇员工作环境以及雇员与公司利益的一致性等角度去考虑。具体软竞争力指标包括如下 4 个。

健康、安全与环境，表示健康、安全与环境受到管理者重视的程度，也就是在管理过程中对工作的健康、安全与环境投入和实施的范围与力度有多大，事实上代表了对市场经济法治化、规范化的发展趋势与要求。

工人的动力，体现雇员与公司的目标一致程度。

雇员培训，反映公司重视雇员培训的程度。

雇佣关系，反映经理和雇员的关系对公司管理效率促进的程度，恰当地处理并维持好经理和雇员双方的关系，对企业发展起到一种无形的促进作用。

（四）企业伦理

企业伦理的内涵可以说也体现了企业的一种文化，它包含对企业发展有特殊影响的人所具有的特殊力量，这些有特殊影响的人对社会的影响力，以及企业除了制度以外的道德层面等。长期来看，这些对企业竞争力的提升发挥着不可估量的积极作用。这方面的具体软竞争力指标包括如下 3 个。

企业家精神，强调管理者的企业家精神，体现一种向心力。企业家是整合企业资源的主体，是驾驭企业外部环境和企业组织间变化的舵手，他的经营能力、人格魅力和精神会伴随着企业的成长而融入其中，他的变动会影响到公司的兴衰。通过对管理者拥有企业家精神强弱的衡量，来体现企业这种内部支撑力度对企业竞争力的影响。

社会责任感，反映公司领导者与管理者有多大的社会责任感。

道德惯例，表示被公司采用道德惯例的倾向程度。

从发达国家对企业管理国际竞争力评价具体指标的解释中可以看出，西方国家在市场经济相对较为完善的基础上，更注重人的观念，强调人力资本的作用，以管理层为中心呈发散型或者说承上启下与其他人形成互动关系，包括公司董事、雇员和顾客等；另外，企业所形成的理念、伦理，从道德层面激励和约束企业所有工作人员。

二、中国企业管理软国际竞争力的评价分析

本部分主要是就新世纪以来中国企业管理软国际竞争力进行评价与分析，由

此无论在横向上或纵向上，《世界竞争力年鉴》所列出的国家和地区基本都有可比性。主要分析内容包括世界经济发达国家的企业管理软竞争力结构变化、与亚洲国家比较中国的总体发展，以及中国企业管理软国际竞争力的变化趋势和基本原因。另外，虽然参与国际竞争力评价的国家和地区有略微增加，但这并不影响我们的内容分析。

根据 IMD 国际竞争力评价原则和计算方法（具体参考《世界竞争力年鉴》），得出 2001～2005 年世界一些国家和地区企业管理软竞争力要素构成得分值及排名[①]（见表 5－1～表 5－5）。

表 5－1   2001 年企业管理软竞争力要素构成得分值及排名的国际比较

国家和地区	治理结构		管理制度		雇员管理		企业伦理		企业管理软竞争力	
	分值	排名	分值	排名	分值	排名	分值	排名	分值	排名
瑞典	91.49	1	82.72	5	93.55	1	84.20	5	89.26	1
芬兰	90.95	2	64.22	18	91.62	3	92.75	1	87.71	2
荷兰	88.62	3	78.39	7	86.55	7	90.62	2	87.00	3
奥地利	79.07	8	77.10	9	93.37	2	82.65	7	83.64	4
瑞士	75.49	12	70.52	11	89.89	4	81.26	8	80.13	5
新加坡	84.09	5	57.91	21	89.15	5	73.20	13	79.46	6
美国	73.51	16	84.54	3	75.99	12	87.89	3	78.88	7
丹麦	79.86	7	64.16	19	88.89	6	69.52	18	77.98	8
卢森堡	80.89	6	66.94	16	83.60	9	71.71	14	77.70	9
冰岛	73.88	13	86.11	2	74.64	13	81.21	9	77.41	10
加拿大	78.00	10	73.26	10	72.58	14	85.57	4	77.40	11
智利	87.17	4	67.74	14	54.81	23	83.72	6	74.41	12
爱尔兰	76.14	11	66.64	17	72.25	16	75.58	11	73.55	13
澳大利亚	73.53	15	67.72	15	72.33	15	77.29	10	73.16	14
中国香港	78.53	9	77.74	8	48.99	25	75.20	12	69.26	15
中国台湾	64.11	18	81.97	6	67.39	17	71.65	15	69.21	16
德国	73.73	14	38.47	32	80.78	10	64.09	20	68.64	17
新西兰	56.74	22	83.32	4	63.82	18	70.04	17	65.41	18
以色列	68.51	17	48.81	24	57.68	21	70.43	16	63.02	19
巴西	53.96	23	86.94	1	61.50	19	62.98	21	62.76	20
比利时	63.95	19	43.13	27	51.49	24	68.34	19	58.36	21
挪威	41.03	29	33.61	36	77.83	11	56.06	23	53.71	22

[①] 数据来源：2001～2005 年 IMD 数据库。

续表

国家和地区	治理结构		管理制度		雇员管理		企业伦理		企业管理软竞争力	
	分值	排名	分值	排名	分值	排名	分值	排名	分值	排名
英国	58.02	20	38.54	31	57.17	22	46.24	26	52.47	23
爱沙尼亚	35.90	33	69.64	12	46.30	27	54.19	24	47.61	24
菲律宾	57.32	21	42.65	30	43.70	28	34.62	34	46.47	25
日本	14.61	46	50.86	23	84.60	8	30.73	37	43.24	26
西班牙	49.39	24	42.97	28	31.72	32	41.39	29	41.71	27
中国	33.21	37	51.64	22	43.08	29	40.85	30	40.30	28
南非	44.77	27	34.01	35	30.94	33	49.13	25	40.22	29
土耳其	40.76	30	68.50	13	23.37	38	42.85	27	40.20	30
法国	47.70	25	31.80	39	29.62	34	39.81	31	38.57	31
斯洛伐克	15.94	44	42.71	29	58.45	20	39.75	32	37.01	32
哥伦比亚	46.09	26	30.24	40	23.82	37	42.11	28	36.61	33
匈牙利	32.38	39	45.72	25	38.17	30	31.54	36	35.76	34
马来西亚	36.54	31	21.24	43	46.50	26	25.19	38	34.77	35
希腊	43.11	28	24.84	42	23.32	39	35.14	33	33.14	36
墨西哥	36.32	32	35.77	34	32.60	31	17.10	44	31.06	37
韩国	22.61	43	59.25	20	28.83	35	24.20	39	29.96	38
斯洛文尼亚	15.62	45	32.16	38	22.67	40	56.52	22	28.76	39
泰国	28.30	41	32.91	37	28.64	36	19.48	43	27.16	40
意大利	35.03	35	19.76	44	15.44	45	33.21	35	26.86	41
阿根廷	31.03	40	43.43	26	20.54	43	13.62	46	26.08	42
葡萄牙	33.36	36	11.52	46	21.09	41	20.73	41	24.03	43
委内瑞拉	32.59	38	5.28	49	12.30	46	21.12	40	20.44	44
印度尼西亚	24.17	42	29.65	41	18.05	44	10.94	48	20.37	45
印度	35.17	34	6.46	48	10.65	47	12.25	47	19.15	46
波兰	8.74	47	19.68	45	3.68	48	20.41	42	11.36	47
俄罗斯	6.55	48	36.03	33	2.69	49	14.24	45	11.30	48
捷克	1.91	49	9.11	47	20.81	42	5.69	49	9.15	49

表5-2   2002年企业管理软竞争力要素构成得分值及排名的国际比较

国家和地区	治理结构		管理制度		雇员管理		企业伦理		企业管理软竞争力	
	分值	排名	分值	排名	分值	排名	分值	排名	分值	排名
荷兰	92.26	2	88.10	2	87.31	7	88.79	3	89.41	1
芬兰	90.57	3	82.94	7	92.93	3	77.01	6	86.96	2

国家和地区	治理结构		管理制度		雇员管理		企业伦理		企业管理软竞争力	
	分值	排名	分值	排名	分值	排名	分值	排名	分值	排名
美国	84.49	6	97.31	1	79.46	9	89.53	2	86.72	3
瑞典	89.03	5	85.64	5	90.07	6	75.16	9	85.85	4
新加坡	89.68	4	78.79	12	92.01	4	68.29	14	83.84	5
丹麦	79.47	11	85.65	4	93.04	2	70.20	12	82.47	6
奥地利	74.33	12	86.50	3	93.05	1	74.84	10	81.86	7
加拿大	81.16	9	82.91	8	73.72	14	89.54	1	81.20	8
智利	94.28	1	76.61	14	57.37	21	74.50	11	76.95	9
瑞士	63.73	18	79.35	11	91.59	5	75.32	8	76.60	10
卢森堡	81.41	8	66.98	18	82.61	8	65.28	17	75.62	11
爱尔兰	80.54	10	75.13	15	73.24	16	69.36	13	75.28	12
冰岛	68.56	13	73.19	16	76.90	11	77.44	5	73.48	13
澳大利亚	65.50	15	81.61	9	73.37	15	76.37	7	72.99	14
中国香港	82.01	7	83.75	6	55.32	22	62.84	19	71.41	15
中国台湾	64.04	16	79.38	10	63.84	19	64.02	18	67.05	16
马来西亚	63.99	17	58.38	21	72.72	17	62.33	20	64.86	17
新西兰	43.96	26	72.64	17	70.05	18	79.57	4	63.77	18
巴西	61.75	20	77.52	13	50.17	24	57.84	23	61.03	19
德国	58.45	22	40.35	31	73.88	13	59.23	22	59.10	20
比利时	66.13	14	46.61	25	60.22	20	55.88	24	58.60	21
挪威	48.14	25	40.10	32	77.92	10	66.59	15	58.16	22
以色列	61.34	21	59.62	20	47.07	27	65.76	16	58.07	23
英国	54.88	23	60.66	19	52.09	23	61.00	21	56.52	24
菲律宾	62.78	19	48.29	24	32.03	34	49.94	27	49.12	25
爱沙尼亚	41.71	29	46.01	26	47.65	26	41.83	30	44.18	26
韩国	24.90	40	52.77	22	49.40	25	48.70	28	41.77	27
南非	42.52	28	39.43	34	31.67	35	55.54	25	41.61	28
哥伦比亚	53.49	24	37.69	35	27.35	37	39.18	33	40.50	29
匈牙利	35.45	31	45.51	28	45.77	28	31.77	37	39.48	30
泰国	30.93	34	49.36	23	40.78	30	37.95	34	38.65	31
斯洛文尼亚	26.09	39	39.89	33	40.72	31	53.96	26	38.33	32
法国	40.76	30	33.39	37	34.20	33	42.38	29	37.86	33
日本	11.88	46	40.55	30	74.75	12	25.70	39	37.14	34
西班牙	43.73	27	40.95	29	30.34	36	24.05	40	35.67	35
土耳其	33.90	33	45.87	27	16.86	42	41.18	31	33.21	36
意大利	24.64	41	35.82	36	20.83	40	39.94	32	28.92	37

续表

国家和地区	治理结构		管理制度		雇员管理		企业伦理		企业管理软竞争力	
	分值	排名	分值	排名	分值	排名	分值	排名	分值	排名
墨西哥	34.10	32	23.00	40	35.25	32	17.21	46	28.81	38
希腊	29.63	35	27.59	38	15.80	43	36.68	35	26.94	39
捷克	10.21	47	23.84	39	42.18	29	32.72	36	25.96	40
印度	28.41	36	12.76	44	12.81	44	26.83	38	20.81	41
葡萄牙	26.99	38	14.49	43	17.10	41	17.84	45	20.02	42
委内瑞拉	22.08	42	16.07	41	10.66	46	22.00	44	17.81	43
中国	13.61	44	9.09	46	21.48	39	23.62	42	16.81	44
斯洛伐克	12.23	45	8.00	47	22.53	38	22.03	43	16.09	45
俄罗斯	15.83	43	11.08	45	10.83	45	23.86	41	15.15	46
阿根廷	27.36	37	14.67	42	4.89	48	3.28	48	14.01	47
印度尼西亚	6.07	49	4.85	48	4.16	49	12.03	47	6.51	48
波兰	8.54	48	1.83	49	5.75	47	2.71	49	5.29	49

表 5-3   2003 年企业管理软竞争力要素构成得分值及排名的国际比较

国家和地区	治理结构		管理制度		雇员管理		企业伦理		企业管理软竞争力	
	分值	排名	分值	排名	分值	排名	分值	排名	分值	排名
芬兰	95.07	1	89.62	4	94.80	1	88.53	1	92.60	1
奥地利	81.94	9	83.15	11	94.01	2	88.30	2	86.67	2
新加坡	91.99	3	84.23	10	88.48	5	67.82	19	84.67	3
冰岛	78.54	11	87.53	5	84.43	8	87.86	3	83.77	4
丹麦	77.68	13	86.91	7	92.35	4	78.68	9	83.64	5
中国香港	91.88	4	92.58	1	68.92	19	72.98	14	82.12	6
澳大利亚	72.48	16	91.23	3	85.91	7	83.56	6	82.03	7
瑞典	85.19	7	81.15	13	82.92	11	74.94	12	81.73	8
马来西亚	85.58	6	75.98	15	82.89	12	79.34	8	81.70	9
卢森堡	88.97	5	69.74	21	81.88	13	80.91	7	81.62	10
加拿大	77.23	14	87.36	6	78.86	16	86.50	4	81.55	11
荷兰	81.17	10	72.15	18	83.39	10	78.40	10	79.41	12
爱尔兰	81.95	8	73.02	17	79.93	14	68.57	17	76.95	13
瑞士	62.91	20	71.50	20	93.71	3	75.91	11	75.44	14
智利	92.67	2	75.94	16	52.96	25	68.08	18	73.82	15
新西兰	56.53	23	81.74	12	79.67	15	84.40	5	73.32	16
中国台湾	65.38	18	85.86	8	72.75	17	74.64	13	73.29	17

续表

国家和地区	治理结构		管理制度		雇员管理		企业伦理		企业管理软竞争力	
	分值	排名	分值	排名	分值	排名	分值	排名	分值	排名
巴西圣保罗州	78.37	12	85.21	9	53.21	24	60.74	23	69.50	18
比利时	74.60	15	60.23	22	68.41	20	61.96	22	67.55	19
美国	51.12	28	92.15	2	68.36	21	68.85	16	67.47	20
挪威	57.28	22	45.24	34	86.64	6	71.03	15	65.45	21
德国	56.01	24	46.94	32	71.06	18	65.52	20	60.11	22
以色列	63.43	19	52.34	24	54.89	23	64.48	21	59.15	23
泰国	59.32	21	71.56	19	52.96	26	53.16	28	58.84	24
哥伦比亚	71.37	17	54.69	23	42.56	32	58.59	25	57.79	25
巴西	51.31	27	77.32	14	49.27	29	52.80	29	56.27	26
南非	52.05	26	47.29	31	40.67	34	55.39	27	48.73	27
法国法兰西岛大区	42.60	33	49.53	27	42.19	33	56.98	26	46.75	28
英国	41.81	35	39.24	39	56.99	22	44.11	33	45.81	29
爱沙尼亚	39.97	38	51.76	25	44.05	30	42.64	34	43.95	30
法国罗讷－阿尔卑斯大区	53.95	25	36.42	40	32.06	40	48.12	31	43.44	31
法国	43.10	32	40.81	37	37.78	36	52.20	30	43.04	32
日本	16.73	52	41.05	36	83.68	9	34.34	42	42.97	33
菲律宾	49.58	29	51.23	26	32.60	39	33.81	43	42.23	34
意大利伦巴第大区	39.19	40	48.42	28	36.56	37	47.96	32	42.09	35
斯洛文尼亚	23.84	48	42.64	35	50.13	28	58.97	24	41.64	36
西班牙加泰隆尼亚自治区	46.47	31	46.24	33	27.80	44	35.89	40	39.33	37
德国巴伐利亚州	39.78	39	25.23	47	50.97	27	31.62	46	38.22	38
匈牙利	40.05	37	22.54	48	39.48	35	40.35	36	36.45	39
印度马哈拉施特拉邦	48.93	30	35.57	41	27.75	45	27.42	49	36.31	40
土耳其	35.54	43	48.26	29	25.27	48	38.32	37	35.90	41
西班牙	32.80	44	47.52	30	26.54	47	35.39	41	34.59	42
希腊	36.51	42	33.43	42	22.10	52	42.46	35	33.24	43

续表

国家和地区	治理结构		管理制度		雇员管理		企业伦理		企业管理软竞争力	
	分值	排名	分值	排名	分值	排名	分值	排名	分值	排名
意大利	29.85	46	40.18	38	23.77	50	33.23	44	30.97	44
委内瑞拉	42.00	34	26.46	45	13.77	54	22.73	51	27.51	45
约旦	32.73	45	14.91	54	29.68	42	28.26	47	27.46	46
印度	41.10	36	25.76	46	15.80	53	21.19	52	27.30	47
中国浙江省	20.58	51	21.30	50	30.66	41	36.78	38	26.65	48
墨西哥	38.10	41	20.78	51	22.29	51	18.73	53	26.54	49
韩国	24.84	47	29.39	43	24.04	49	24.06	50	25.38	50
捷克	15.22	55	26.70	44	43.27	31	16.19	55	25.19	51
中国	15.61	54	16.76	53	32.91	38	36.31	39	24.60	52
罗马尼亚	13.53	56	19.09	52	27.01	46	32.18	45	21.97	53
斯洛伐克	21.87	50	14.55	55	28.09	43	16.47	54	20.99	54
阿根廷	22.77	49	22.37	49	4.44	58	5.92	57	14.43	55
俄罗斯	6.98	58	3.14	58	12.76	55	27.65	48	11.89	56
葡萄牙	16.57	53	5.15	56	11.91	56	10.76	56	11.88	57
波兰	8.25	57	3.00	59	5.46	57	5.81	58	5.97	58
印度尼西亚	5.78	59	5.09	57	4.40	59	2.67	59	4.65	59

表 5－4   2004 年企业管理软竞争力要素构成得分值及排名的国际比较

国家和地区	治理结构		管理制度		雇员管理		企业伦理		企业管理软竞争力	
	分值	排名	分值	排名	分值	排名	分值	排名	分值	排名
丹麦	88.74	1	86.44	10	94.73	1	78.62	9	87.85	1
奥地利	84.21	8	88.16	7	92.00	2	85.47	3	87.33	2
加拿大	85.67	6	88.20	6	77.58	14	88.50	2	84.59	3
澳大利亚	80.76	11	90.50	5	79.50	11	84.48	4	83.12	4
马来西亚	84.21	7	81.07	12	82.83	9	82.43	6	82.86	5
芬兰	87.84	5	73.58	15	91.76	3	71.81	15	82.82	6
新加坡	88.20	4	75.16	14	87.37	7	72.68	13	82.27	7
冰岛	73.39	15	92.91	3	87.68	6	79.07	8	82.24	8
中国浙江省	53.98	27	93.96	1	90.88	4	94.24	1	79.87	9
中国香港	88.48	2	92.07	4	62.17	23	72.30	14	78.94	10
中国台湾	74.07	14	87.78	8	77.36	15	79.66	7	78.81	11
瑞典	67.31	18	86.53	9	85.75	8	70.23	19	76.66	12
智利	88.47	3	77.31	13	60.01	25	75.81	11	76.12	13

续表

国家和地区	治理结构		管理制度		雇员管理		企业伦理		企业管理软竞争力	
	分值	排名	分值	排名	分值	排名	分值	排名	分值	排名
爱尔兰	83.48	9	64.59	21	74.25	17	68.20	20	74.18	14
美国	63.23	22	93.32	2	69.71	19	76.67	10	73.67	15
卢森堡	80.84	10	59.62	23	78.30	13	67.68	21	73.29	16
荷兰	72.92	16	66.35	20	78.72	12	70.68	18	72.70	17
比利时	79.21	12	58.26	25	66.35	21	66.00	22	68.95	18
瑞士	68.18	17	47.58	33	90.66	5	58.76	27	68.17	19
哥伦比亚	74.39	13	68.67	18	54.20	29	74.18	12	67.82	20
德国巴伐利亚州	63.69	20	55.92	27	73.73	18	71.64	16	66.40	21
新西兰	51.03	31	67.18	19	68.66	20	83.71	5	65.50	22
巴西圣保罗州	60.50	23	82.81	11	54.39	28	71.25	17	65.48	23
泰国	56.33	26	71.35	16	56.81	26	60.24	26	60.24	24
巴西	64.64	19	71.05	17	44.32	35	53.79	29	58.33	25
挪威	47.69	34	33.88	40	81.44	10	63.39	24	57.07	26
西班牙加泰隆尼亚自治区	56.86	25	57.45	26	46.38	32	53.82	28	53.58	27
印度	63.51	21	51.98	30	39.69	37	48.59	33	51.87	28
德国	51.38	30	31.72	42	64.35	22	48.48	34	50.32	29
南非	46.61	35	54.30	28	35.86	39	64.15	23	48.79	30
英国	44.57	37	49.51	31	54.56	27	44.96	36	48.30	31
法国罗讷-阿尔卑斯大区	49.46	33	34.82	39	50.14	30	49.01	32	46.62	32
日本	20.96	54	53.85	29	75.42	16	38.19	41	45.51	33
法国	53.23	28	32.45	41	33.73	41	60.28	25	45.28	34
英国苏格兰	44.91	36	25.85	44	61.05	24	39.77	39	44.37	35
印度马哈拉施特拉邦	58.11	24	47.30	34	28.87	44	38.32	40	44.19	36
爱沙尼亚	38.30	40	42.98	36	49.92	31	42.99	38	43.27	37
以色列	50.37	32	49.47	32	23.39	48	50.10	30	42.94	38
韩国	31.09	43	61.71	22	34.39	40	48.27	35	41.53	39
法国法兰西岛大区	44.21	38	37.57	38	32.71	42	49.05	31	40.78	40

续表

国家和地区	治理结构		管理制度		雇员管理		企业伦理		企业管理软竞争力	
	分值	排名	分值	排名	分值	排名	分值	排名	分值	排名
菲律宾	51.67	29	37.63	37	22.57	49	36.59	42	38.09	41
土耳其	30.05	44	58.90	24	23.74	47	30.64	46	34.26	42
斯洛文尼亚	25.67	48	23.17	48	44.41	34	43.48	37	33.73	43
西班牙	27.65	45	45.61	35	28.72	45	27.93	48	31.58	44
希腊	40.56	39	23.93	47	18.43	52	34.51	43	30.12	45
中国	21.32	53	25.12	45	36.96	38	32.08	45	28.40	46
匈牙利	26.31	46	19.56	50	46.33	33	11.31	53	27.30	47
约旦	34.99	41	12.91	54	31.56	43	19.06	51	26.47	48
意大利伦巴第大区	21.97	52	28.27	43	20.38	51	27.70	49	23.95	49
俄罗斯	25.86	47	16.94	52	15.42	55	33.17	44	22.76	50
斯洛伐克	24.41	50	12.86	55	25.46	46	20.39	50	21.58	51
捷克	13.87	57	19.19	51	40.80	36	9.03	58	21.15	52
罗马尼亚	14.85	56	15.34	53	21.00	50	29.22	47	19.46	53
委内瑞拉	32.58	42	22.43	49	5.64	59	10.31	55	18.92	54
葡萄牙	24.78	49	9.67	57	16.75	54	14.69	52	17.60	55
墨西哥	22.79	51	5.88	60	14.58	56	9.93	57	14.65	56
阿根廷	17.51	55	24.59	46	3.62	60	6.32	60	12.98	57
意大利	7.03	60	12.46	56	16.79	53	10.23	56	11.36	58
印度尼西亚	9.04	58	7.36	58	9.33	57	7.29	59	8.43	59
波兰	7.46	59	6.57	59	7.77	58	10.97	54	8.07	60

表5－5　　2005年企业管理软竞争力要素构成得分值及排名的国际比较

国家和地区	治理结构		管理制度		雇员管理		企业伦理		企业管理软竞争力	
	分值	排名	分值	排名	分值	排名	分值	排名	分值	排名
丹麦	89.63	2	86.76	8	94.56	1	83.73	6	89.19	1
冰岛	85.94	5	89.73	5	87.62	6	86.80	1	87.32	2
中国香港	89.37	3	95.12	1	71.61	18	79.91	8	83.89	3
奥地利	80.49	9	84.17	9	90.85	3	79.39	10	83.77	4
芬兰	86.32	4	68.37	19	90.73	4	82.73	7	83.19	5
澳大利亚	78.88	11	88.17	6	82.80	9	84.77	5	82.96	6
智利	93.52	1	91.22	4	65.72	21	77.75	12	82.49	7
瑞士	81.01	7	69.80	17	93.65	2	78.14	11	81.56	8

续表

国家和地区	治理结构		管理制度		雇员管理		企业伦理		企业管理软竞争力	
	分值	排名	分值	排名	分值	排名	分值	排名	分值	排名
加拿大	80.30	10	80.25	11	78.68	13	85.08	4	80.81	9
瑞典	80.80	8	81.08	10	79.36	11	74.42	14	79.19	10
美国	74.50	14	93.53	2	73.06	17	79.60	9	78.94	11
中国台湾	67.77	18	87.26	7	75.65	15	76.10	13	75.44	12
新加坡	78.40	12	72.58	16	83.15	7	54.25	30	73.67	13
德国巴伐利亚州	72.82	15	59.46	23	87.66	5	68.83	16	73.31	14
荷兰	82.15	6	54.82	28	79.29	12	67.40	17	72.97	15
爱尔兰	77.92	13	54.98	27	77.93	14	71.56	15	72.06	16
中国浙江省	49.27	35	91.24	3	64.82	22	85.94	2	69.14	17
新西兰	51.72	32	69.46	18	75.48	16	85.88	3	68.44	18
巴西圣保罗州	69.44	17	78.75	13	54.20	29	65.56	19	66.46	19
巴西	66.22	20	79.30	12	57.93	27	62.61	23	65.90	20
比利时	66.57	19	53.76	29	59.22	25	66.60	18	62.05	21
卢森堡	72.24	16	39.87	39	64.12	23	56.51	26	60.45	22
挪威	50.68	33	41.34	38	82.80	8	63.54	21	59.95	23
以色列	63.32	21	55.26	25	52.11	30	64.60	20	58.97	24
马来西亚	63.25	22	53.23	30	60.57	24	53.88	32	58.66	25
泰国	55.95	26	67.47	21	46.55	32	59.37	24	56.43	26
土耳其	53.44	29	76.80	14	43.00	35	58.51	25	56.34	27
韩国	52.20	30	73.44	15	40.04	39	53.20	33	53.41	28
德国	43.81	39	36.29	41	71.14	19	55.42	28	51.92	29
法国罗讷－阿尔卑斯大区	51.86	31	42.88	35	49.51	31	63.35	22	51.74	30
菲律宾	61.33	24	62.05	22	32.06	43	49.63	35	51.33	31
哥伦比亚	61.75	23	42.71	36	43.00	36	51.96	34	50.98	32
日本	25.90	45	58.02	24	81.33	10	42.67	37	50.46	33
匈牙利	61.27	25	51.62	31	46.54	33	34.25	45	50.01	34
英国苏格兰	46.66	37	31.52	45	66.79	20	41.69	38	48.00	35
南非	49.63	34	45.79	34	41.96	37	55.20	29	47.93	36
法国	54.09	28	35.19	42	41.13	38	55.96	27	47.23	37
印度	54.95	27	55.15	26	36.44	41	34.32	44	45.93	38
英国	41.66	40	33.43	43	58.73	26	40.05	39	44.24	39

国家和地区	治理结构		管理制度		雇员管理		企业伦理		企业管理软竞争力	
	分值	排名	分值	排名	分值	排名	分值	排名	分值	排名
捷克	24.91	47	67.61	20	56.77	28	34.80	43	43.93	40
法国法兰西岛大区	39.10	42	45.93	33	36.06	42	54.04	31	42.64	41
爱沙尼亚	31.13	43	47.09	32	43.48	34	37.96	41	38.98	42
印度马哈拉施特拉邦	47.21	36	32.92	44	31.17	44	37.30	42	38.09	43
西班牙加泰隆尼亚自治区	40.43	41	39.70	40	28.32	46	38.71	40	36.71	44
约旦	45.73	38	23.31	48	25.65	48	25.06	48	31.76	45
斯洛伐克	22.29	52	42.38	37	37.16	40	29.24	47	31.66	46
斯洛文尼亚	25.23	46	21.06	49	26.79	47	46.98	36	29.16	47
意大利伦巴第大区	23.44	50	24.30	46	28.64	45	30.10	46	26.33	48
希腊	27.80	44	20.56	50	18.68	51	21.62	49	22.68	49
西班牙	23.87	48	23.50	47	20.02	50	19.67	50	21.93	50
墨西哥	23.53	49	13.81	55	17.31	52	12.85	55	17.79	51
中国	4.32	60	17.56	53	25.38	49	17.64	51	15.25	52
俄罗斯	23.31	51	6.86	58	10.66	56	15.54	53	15.09	53
罗马尼亚	19.82	53	12.31	56	11.59	55	6.82	58	13.52	54
意大利	9.02	57	18.84	51	12.86	54	14.55	54	13.11	55
委内瑞拉	13.09	56	14.72	54	6.92	58	17.04	52	12.56	56
葡萄牙	13.94	54	7.51	57	13.63	53	11.29	56	12.04	57
阿根廷	13.21	55	17.58	52	2.48	60	5.90	59	9.76	58
印度尼西亚	8.64	58	3.85	59	8.50	57	5.55	60	7.03	59
波兰	7.50	59	3.41	60	3.68	59	9.71	57	6.10	60

首先，由表 5 - 1 ~ 表 5 - 5 可以看出，国家和地区企业管理软竞争力综合排名位于前 10 名的，2001 年除新加坡和美国之外，其他都是欧洲国家和地区，2002 年除新加坡、美国、加拿大、智利之外，其他是欧洲国家和地区，2003 年除新加坡、中国香港、马来西亚、澳大利亚之外，其他是欧洲国家和地区，2004 年除加拿大、澳大利亚、马来西亚、新加坡、中国浙江省、中国香港之外，其他是欧洲国家和地区，2005 年除中国香港、澳大利亚、智利、加拿大之外，其他

是欧洲国家和地区，并且这几年排在前一、二名的国家和地区也属于欧洲。由此得出，在国际上，欧洲企业管理软竞争力水平处于强势，亚洲经济发达的一些国家和地区，以及其他发达国家和地区都在逐步进入前列，不断地提升自身的企业管理方面的竞争力水平，并取得了一定的成绩。

依据企业管理软竞争力综合排名位于前 10 的国家和地区，得出前 10 名国家和地区在各要素及综合竞争力的平均水平（见图 5 - 1）。整体来看，这几年四大要素竞争力水平是朝集中趋势的方向发展，企业管理软竞争力的总体水平略有上升，得分值一直处于 70 ~ 90 分之间，相对于其他要素而言，企业伦理竞争力水平一直处于弱势。从每年的四大要素竞争力强弱来看，2001、2002和 2003 年企业雇员管理竞争力较优越于其他要素竞争力，2004 年明显是企业管理制度竞争力较为占上风，2005 年是企业治理结构竞争力略微强些，看来随着市场经济体制的完善，经济发达的国家和地区对企业管理的认识也在不断深化，逐步理解哪方面是企业管理更为重要和核心的内容。另外，从以上描述可知，各要素之间存在一定的相关性，这一点由表 5 - 6 ~ 表 5 - 10 也可以证实。表 5 - 6 ~ 表 5 - 10 分别表示 2001 ~ 2005 年企业管理软竞争力要素之间的皮尔森相关系数及检验，各要素之间的皮尔森相关系数较大，基本都在 0.7 ~ 0.9 之间，并且在置信水平为 1% 的条件下是显著的，说明了要素之间存在相互影响、互相补充的一种关联性，企业对这些方面重视较为均衡对企业的发展会更为有利。

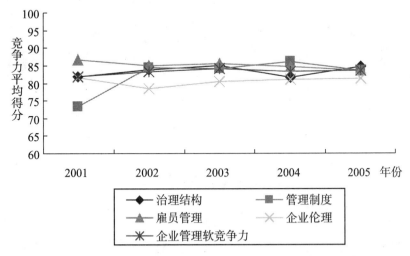

**图 5 - 1　企业管理软竞争力前 10 名国家和地区要素综合
竞争力平均水平变化**

表 5 - 6   2001 年企业管理软竞争力要素之间的相关系数及检验

要素构成	治理结构	管理制度	雇员管理	企业伦理
治理结构	1	0.6767	0.7689	0.8840
管理制度		1	0.7169	0.7995
雇员管理			1	0.8242
企业伦理				1

注：相关系数在 1% 置信水平双尾检验下有意义，下同。

表 5 - 7   2002 年企业管理软竞争力要素之间的相关系数及检验

要素构成	治理结构	管理制度	雇员管理	企业伦理
治理结构	1	0.8873	0.7841	0.8576
管理制度		1	0.8566	0.9166
雇员管理			1	0.8506
企业伦理				1

表 5 - 8   2003 年企业管理软竞争力要素之间的相关系数及检验

要素构成	治理结构	管理制度	雇员管理	企业伦理
治理结构	1	0.8713	0.7722	0.8533
管理制度		1	0.8235	0.8929
雇员管理			1	0.8957
企业伦理				1

表 5 - 9   2004 年企业管理软竞争力要素之间的相关系数及检验

要素构成	治理结构	管理制度	雇员管理	企业伦理
治理结构	1	0.8289	0.7773	0.8728
管理制度		1	0.7675	0.8957
雇员管理			1	0.8395
企业伦理				1

表 5 - 10   2005 年企业管理软竞争力要素之间的相关系数及检验

要素构成	治理结构	管理制度	雇员管理	企业伦理
治理结构	1	0.8239	0.8239	0.8822
管理制度		1	0.7901	0.8793
雇员管理			1	0.8784
企业伦理				1

其次，作为引领全世界发展中国家崛起的亚洲，正在融入世界经济一体化，

此时亚洲经济已步入一个新时期，中国作为亚洲的一名成员也不可忽视，由此本研究对中国与亚洲一些主要国家和地区进行简单的比较分析。新世纪以来，亚洲参与国际竞争力评价的国家和地区在逐渐增加，从2001年的13个增至2005年的16个国家和地区。2005年列入《世界竞争力年鉴》的亚洲国家和地区包括：新加坡、中国、中国香港、中国台湾、中国浙江省、印度、印度马哈拉施特拉邦、印度尼西亚、韩国、日本、菲律宾、泰国、马来西亚、土耳其、约旦、以色列（表5-1~表5-5中灰色代表亚洲国家和地区）。中国与亚洲其他国家和地区相比较而言，除2001年企业管理软竞争力综合排名处于中等水平外，2002~2005年间都几乎处于底端，与正在引领亚洲崛起的国家之一——印度也差些水平，与新加坡、中国香港、中国台湾、中国浙江省、马来西亚地区更是相距甚远。像新加坡、中国香港、中国台湾、中国浙江省、马来西亚这些国家和地区的企业管理软竞争力处于较为优势地位，在国际上排名基本上位于前20名。总体上，这些国家和地区的得分值与排名有上升的趋势，这是中国企业在企业管理方面学习的一个目标。企业管理是一项复杂而系统的工程，并不是拍拍脑袋或者是积累经验指挥指挥就行了，中国企业在现实社会与国际企业合作竞争中，对国外企业在人力资本、市场技术等多方面的科学化管理与要求有所惊叹，对企业形成的特殊文化或理念有所羡慕，这正是中国企业目前极为欠缺而又相当需要的，重视管理是企业今后的努力方向之一。

最后，着眼于描述中国企业管理软国际竞争力的变化趋势及其要素结构变化。从表5-1到表5-5中可知，2001~2005年中国企业管理软国际竞争力的国际综合排名依次位于第28、44、52、46、52位，其中2002、2003以及2005年中国都排在后十名。可以说，总体上中国企业管理软国际竞争力这几年一直徘徊不前，是处于落后的状态，没什么优势可言。事实上，有关中国企业管理软国际竞争力四大要素近几年的变化，图5-2更直观地表现出来，要素和综合竞争力水平都没有达到60分，近几年都在30分左右摇摆，它们之间的差距并不太大，也显现出了一定的关系。企业治理结构要素，对于中国企业管理是最为根本的一方面，相对于其他要素，基本上是处于最弱势，除2002年企业治理结构要素得分值和排名略高于企业管理制度要素外，其他年份排名最低。而中国企业雇员管理要素的得分值和排名相对高些，除2001年企业管理制度要素得分值和排名较高于企业雇员管理要素外，一定程度上体现了中国企业在雇员管理方面比其他方面较为重视，对待雇员相对较好。不可否认，整体上我国企业管理水平一直处于低下的状态，长期以来，企业也未予重视，这是我国企业竞争力走向国际而面临的缺陷之一。

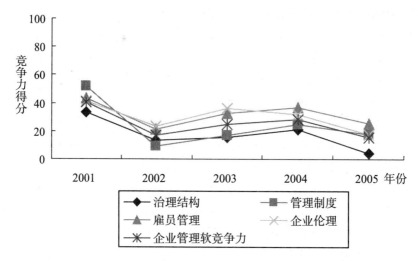

图 5 - 2　　中国企业管理软国际竞争力要素综合竞争力水平变化

三、中国企业管理软国际竞争力的要素竞争力分析

中国自 1994 年开始正式参加世界经济论坛和瑞士洛桑国际管理学院的国际竞争力评价。本部分利用我们的国际竞争力数据库，对企业管理软国际竞争力四大要素的具体指标进行描述分析，看看中国企业管理软国际竞争力各方面的软指标近几年的变化态势、发展水平，及其变化的基本原因。

由图 5 - 3 可以看出，在企业治理结构要素竞争力方面，这几年股东价值、公司董事会以及公司信誉总体水平高于高级管理人员可获得性和高级管理人员国际经验，体现了中国企业对管理人才的忽视，对企业管理层人力资本作用的发挥还认识远远不够。从单个指标的变化情况来看，股东价值指标值从 1997 到 2004 年间，中国总体水平是下降了，处于中偏下水平，尤其是 2001 年入世之后，下降幅度较大。公司董事会指标值在加入 WTO 之前处于中等偏上水平，加入 WTO 之后就呈现下降趋势，2005 年达到最低点，说明公司董事会在确保企业合理经营方面并没有发挥实际有效的作用。公司信誉指标值，中国总体上体现一种明显下降的趋势，中间也是"一波三折，大起大落"，每次下降的幅度都较大，尤其在加入 WTO 之后，公司信誉指标得分跌入低谷，落入后几名，可见随着开放程度的加大，面临外国公司的竞争，中国管理者信誉显得不堪一击，更加体现了中国公司产品质量与国外公司比，还是有相当的差距。高级管理人员可获得性指标值从 1996～2005 年波动较大，忽升忽降，但一直处于最低水平，近几年得分值在 3 分左右，反映了中国管理人员的稀缺以及对人力资本的长期忽视。高级管理人员的国际经验指标值更是如此，从 1996～2005 年变化不大，基本在 3 分附近摇摆，总体上中国高级管理人员具有国际经验的丰富程度处于最低层。

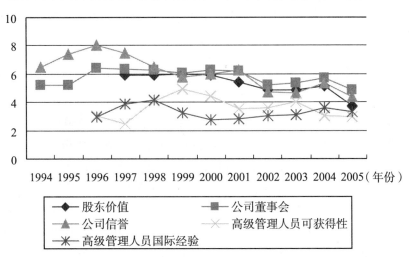

图 5－3　1994～2005 年中国企业治理结构要素竞争力水平变化

由图 5－4 可以看出，在企业管理制度要素竞争力方面，顾客满意度、销售学方法总体水平一直高于适应性，说明中国企业管理结构和制度整体上对市场变化的适应性更为不佳，对企业的发展影响更大。但从单个指标的变化情况来看，销售学方法指标值与其他国家和地区相比，基本处于最低水平，看来各国（地区）对这方面的认识普遍较高，因为销售对一企业是至关重要的，企业产品无法销售等于没有生产，没有任何经济意义，因此今后中国企业对于掌握与运用销

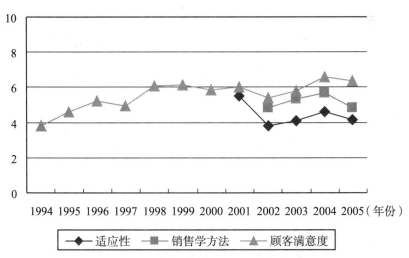

图 5－4　1994～2005 年中国企业管理制度要素竞争力水平变化

售学方法还要更加重视。适应性指标值极为低，处于下降态势，基本上是最低水平，看来中国企业对于市场变化的预知能力、应变能力及预防能力是相当的弱，这也正揭示了企业管理制度的一些问题。顾客满意度指标值在逐渐升高，处于中等水平。

由图 5-5 可以看出，在企业雇员管理要素竞争力方面，这四项指标水平比较相当，并且这几年变化趋势较为类似（除雇佣关系指标外），总体呈现下降态势，体现了这些指标有较高的相关性。从单个指标的变化情况来看，健康、安全与环境指标是 2000 年新增的，2001、2002 年下降幅度较大，2004、2005 年保持较为平稳的状态，体现我国企业管理者对员工人性化管理的认识不够以及实施情况较为恶化。工人的动力指标值在加入 WTO 之前一直处于较高水平，但加入WTO 之后急剧下降，在市场经济不断完善、开放逐渐全方位的影响下，中国企业在培养和重视雇员目标上出现一些问题也是不可避免的，关键是要从根本上认识到这个问题并逐步解决。IMD《世界竞争力年鉴》1999 年增加雇员培训这项指标，中国企业一直处于中低下水平，2001、2002 年大幅下降，2003、2004 年有所回升之后，2005 年又处于回落状态，加强企业的雇员培训是企业发展的根基，也是维持企业长远发展的目标，中国企业需要把眼光放远一点，今天增加的投入是为明天更多的回报。雇佣关系指标是 2001 年增加的，中国企业整体水平上有所上升，但各国的指标值变化不大，并趋于集中态势。

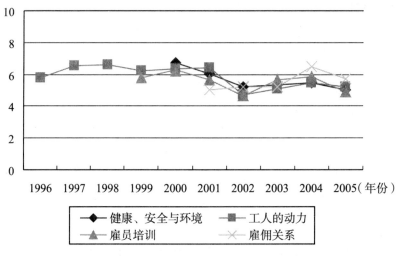

图 5-5 1996~2005 年中国企业雇员管理要素竞争力水平变化

由图 5-6 可以看出，在企业伦理要素竞争力方面，这三项指标水平比较相当，尤其这几年指标值更为接近，变化趋势也较为类似。从单个指标的变化情况来看，企业家精神这项指标 20 世纪 90 年代初期得分值相当低，但 90 年代期间呈现出急剧上升的趋势，体现了中国企业对管理者应具备企业家精神的认识深化，加入 WTO 是一个相当大的转折点，得分值又开始大幅下降，这项指标值 2002～2005 年一直处于偏下水平。社会责任感指标值处于中等水平，90 年代初期高于企业家精神水平，近些年中国公司领导或管理者对社会的责任感程度在逐渐减弱，尤其是 2001 年之后，那么这是不是就是西方发达国家所指的社会责任感的意义呢？是不是在与国际公司接轨时增加了对这项指标内涵的理解？这在一定程度上反映了前些年中国企业对社会的责任感或许是出于政府或社会的压力，并不是企业在真正有了经济实力之后，发自内心地为社会做出些贡献，看来从企业内部进行道德和社会责任感的引导还是必要的。道德惯例指标是 2000 年增添的，中国企业这几年处于下滑态势，同时也一直处于中下水平，体现了中国企业一直以来忽视道德约束对企业或员工的积极作用，没有重视有关道德或民族的这种无形力量，对于企业、管理者或员工等等来说，缺少一些凝聚力或者是精神上的一种动力也是一项大的损失。

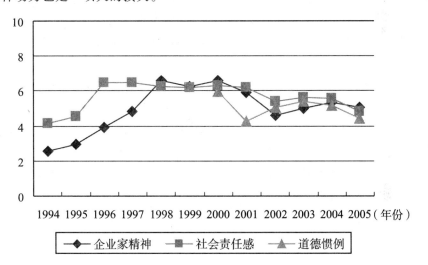

图 5 - 6　1994～2005 年中国企业伦理要素竞争力水平变化

四、中国企业管理软国际竞争力的基本结论

本研究主要围绕企业治理结构、管理制度、雇员管理及企业伦理四要素，通过对中国企业管理软国际竞争力进行国际评价分析，以及对四要素竞争力指标几年的变化态势、发展水平等方面的描述，对世界发达国家和中国企业管理软国际竞争力水平及发展趋势有一定的认识，主要得出以下一些基本结论。

1. 从国际总体水平来看，欧洲企业管理软竞争力水平处于强势，亚洲经济发达的一些国家和地区（如新加坡、中国香港），以及其他发达国家和地区（如美国、加拿大、澳大利亚）处于中等偏上水平。另外，经济发达国家和地区这些年企业管理软竞争力水平呈上升趋势，企业治理结构、管理制度、雇员管理及企业伦理竞争力发展水平趋于集中，同时对市场经济条件下企业管理软竞争力结构的认识也在不断地发生变化，已由企业雇员管理竞争力转变为企业治理结构竞争力。

2. 与西方经济发达的国家和地区和亚洲部分国家和地区相比，中国企业管理软国际竞争力基本处于低层次，尤其与国际上排名前 20 名的国家和地区（如瑞士、丹麦、澳大利亚、冰岛、美国、加拿大、新加坡、中国香港、中国台湾、中国浙江省、马来西亚等）相距甚远，体现了中国企业在人力资本、市场技术以及企业所形成的特殊文化或理念等方面的欠缺，在国际上还比较落后。

3. 中国企业管理软国际竞争力的总体水平 2001~2005 年也无大的改善，由要素及具体指标的发展变化过程可以看出，中国在加入 WTO 之后，确实对企业产生了较大的影响，尤其是在市场逐步全方位开放的条件下，与国际公司合作竞争的基础上，中国企业逐步深化对企业管理竞争力内涵和意义的认识。从企业治理结构、管理制度、雇员管理及企业伦理竞争力构成来看，中国企业治理结构竞争力最弱，暴露了企业管理方面的根本性问题，即落后的企业管理结构体系和管理制度，成为阻碍我国企业管理水平提升的主要原因之一。

4. 无论从经济发达国家和地区还是从中国现实情况看，企业管理软竞争力要素及具体指标之间的相关性较大，如果中国企业在治理结构、管理制度、员工管理以及企业伦理等方面不厚此薄彼，会更有利于企业的生存与发展，进而提升企业管理国际竞争力水平。

第二部分

中国制造业
产业国际竞争力
研究

第六章

中国制造业产业国际竞争力评价与分析

我国经济总量和制造业增加值总量已进入世界最前列，但从产出、效率、市场、制度、创新等全方位衡量我国制造业的产业国际竞争力却为我们展示了另一番景象，它们有助于客观理解我国制造业国际竞争地位，全面分析我国制造业国际竞争水平和发展方向。

一、制造业产业国际竞争力评价体系

制造业产业国际竞争力研究以瑞士洛桑国际管理发展学院（IMD）的《世界竞争力年鉴 2005》指标和数据为基础，选取与制造业国际竞争密切相关的 50个具体指标构成评价体系，以 41 个世界主要经济体为评价和研究对象，就我国和主要国家（地区）的制造业产业国际竞争力进行评价和分析。

首先选取 7 个与制造业产业竞争密切相关的评价要素，分别是：生产效率、劳动成本、产品市场、员工动力、企业制度、自主创新和创新网络，而后将相关指标分别归类，进入评价要素，在此基础上计算制造业产业国际竞争力和要素国际竞争力，从指标、要素、综合三个层次展示和分析我国制造业产业国际竞争力水平。

生产效率含 5 个指标（表 6-1），以第二产业增加值反映制造业规模，以综合生产率、劳动生产率、工业生产率和服务业生产率等效率指标反映生产效率，评价以制造业为主的工业和综合生产效率，同时考察支持制造业的服务业生产率。劳动成本 5 个指标，含制造业工人、经理的报酬，以及高级主管和工程师的报酬，以及制造业部门单位劳动成本年增长率，评价制造业不同层次劳动力的报酬水平和成本竞争。产品市场 9 个指标，从最终消费、工业进出口等方面考察制造业产品的国内和国际消费市场，进口额作为逆指标测度外国工业产品对本国市场的占有和影响，顾客满意度则是市场的重要航标。员工动力 5 个指标，从工人的动力、培训、雇佣关系等软评价方面研究生产者的工作动力和对竞争力的促进。企业制度 7 个指标，从公司董事会、会计和审计制度、企业家精神等方面评价决策层的运转效率和竞争力。自主创新 11 个指标，从企业创新的资金、人员投入、高技术产品产出、专利产出等的总量和人均水平来衡量制造业的自主创新能力。创新网络 8 个指标，从企业技术人员的获得、技术合作、技术标准、法律环境等方面评价产业发展在创新交流和网络组织方面的竞争力。

计算方法上，首先对所有指标通过标准化取得可比数据，再通过正态分布函数值的计算获得变化范围在 0 至 100 的竞争力标准得分数据，在此基础上对要素内指标等权平均获得要素竞争力标准得分，7 个要素标准得分的等权平均得到制造业产业国际竞争力的综合得分。两级等权平均体现了对各个指标所反映竞争力信息的同等对待和对竞争力结构的强调，即在没有充分理由和证明下，不盲目确定指标间权重的倍数关系。

表 6 - 1　　　　　　　制造业产业国际竞争力评价指标体系

要素	编码	指标名称	数据年份	特征
生产效率	1.1	第二产业增加值（10 亿美元）	2004	
	1.2	工业生产率，每个工业雇员创造的相应 GDP（购买力平价，美元）	2004	
	1.3	综合生产率，每个就业者人均 GDP（美元）	2004	
	1.4	劳动生产率，每个雇员每小时的 GDP（购买力平价，美元）	2004	
	1.5	服务业生产率，每个服务业雇员创造的相应 GDP（购买力平价，美元）	2004	
劳动成本	2.1	制造业工人每小时全部报酬（美元）	2004	N
	2.2	制造业部门单位劳动成本年增长率（%）	2004	N
	2.3	高级主管年总收入（美元）	2004	N
	2.4	工程师年总收入（美元）	2004	N
	2.5	制造部经理年总收入（美元）	2004	N
产品市场	3.1	居民最终消费支出（10 亿美元）	2004	
	3.2	居民最终消费支出实际增长（%）	2004	
	3.3	政府最终消费支出（10 亿美元）	2004	
	3.4	政府最终消费支出增长率（%）	2004	
	3.5	工业品出口额（10 亿美元）	2004	
	3.6	工业品进口额（10 亿美元）	2004	N

续表

要素	编码	指标名称	数据年份	特征
产品市场	3.7	贸易收支差额（10亿美元）	2004	
	3.8	货物出口额（10亿美元）	2004	
	3.9	顾客满意度是否受到重视	2005	S
员工动力	4.1	员工的动力与公司目标是否一致	2005	S
	4.2	雇员培训是否受到公司重视	2005	S
	4.3	雇员的健康、安全与环境是否受到管理者重视	2005	S
	4.4	雇佣关系是否有效率	2005	S
	4.5	公司价值是否充分考虑雇员利益	2005	S
企业制度	5.1	大型企业对照国际标准是否有效率	2005	S
	5.2	中小型企业对照国际标准是否有效率	2005	S
	5.3	公司董事会能否保证公司合理经营	2005	S
	5.4	会计和审计制度是否得到充分执行	2005	S
	5.5	管理者是否有企业家精神创新意识	2005	S
	5.6	管理者是否重视对社会的责任	2005	S
	5.7	道德惯例是否被公司采取	2005	S
自主创新	6.1	企业研究与开发支出额（百万美元）	2003	
	6.2	人均企业研究与开发支出额（美元）	2003	
	6.3	企业研究与开发人数（千人全日约当单位）	2003	
	6.4	人均企业研究与开发人数（每千人中全日约当单位）	2003	
	6.5	高技术产品出口额（百万美元）	2003	
	6.6	劳动力人均高技术产品出口额（美元）	2003	
	6.7	高技术产品出口占制造业出口的比例（%）	2003	
	6.8	批准授予国民专利件数（年平均数）	2002	
	6.9	人均国民专利数（件/百万人）	2002	
	6.10	国民在国外获取专利件数	2002	
	6.11	商业专利授予数（千件）	2002	
创新网络	7.1	合格工程师在市场上是否充足	2005	S
	7.2	合格的信息技术雇员在市场上是否容易获得	2005	S
	7.3	企业技术合作是否普遍	2005	S
	7.4	院校与企业间合作研究是否充分	2005	S
	7.5	技术的开发和应用是否有法律环境的支持	2005	S
	7.6	技术标准支持还是限制企业发展	2005	S
	7.7	法律环境是否支持科学研究	2005	S
	7.8	知识产权是否得到很好的保护	2005	S

注：特征列标注逆指标（N）和调查指标（S）。

117

二、制造业产业国际竞争力评价与分析

(一) 制造业产业国际竞争力评价

我们的研究以 IMD2005 年报告的数据为基础，对 41 个国家和地区的制造业产业国际竞争力水平进行了评价。从产业国际竞争力综合评价结果来看（图 6 - 1），我国产业国际竞争力得分 38 分，排名 30 位，比第 1 名芬兰少 32 分，除西班牙、意大利、葡萄牙外，落后于其他发达国家和地区，也落后于智利（21 位）、马来西亚（22 位）、巴西（25 位）、印度（26 位）、泰国（28 位）和菲律宾（29 位）等发展中国家和地区。中国台湾在美国、芬兰、冰岛、丹麦、加拿大、新加坡和瑞典之后，排名第 8 位。从得分的分布来看，德国之前的 16 个国家和地区处于同一个竞争平台，虽有差别，但制造业产业综合国际竞争力都比较强；其次是新西兰（17 位）至英国（24 位）的 8 个国家，竞争力得分接近，水平一般；而后是巴西（25 位）之后的国家，竞争力得分逐级递减，水平较差。

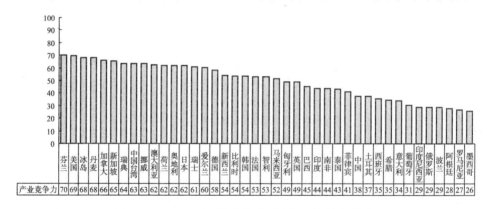

图 6 - 1 2005 年制造业产业国际竞争力排名

生产效率竞争力（图 6 - 2），美国以 94 分的绝对优势排名第 1 位。我国仅得分 23 分，与美国有 71 分之多的差距，各个生产率指标都很落后，排名在第 39 ~ 40 位。从得分分布的特点来看，国家和地区分布上，发达国家和地区与发展中国家和地区得分界限分明，发达国家和地区普遍得分较高，大部分在 60 分以上，个别不足 60 分，但也明显优于发展中国家和地区；而发展中国家和地区得分多在 25 分以下，排名 30 位以后。得分分布上，美国之后，效率最高的竞争群体从爱尔兰的 84 分缓慢递减到西班牙的 60 分（19 位），差距较小；而后是新加坡的 55 分（20 位）快速递减到我国的 23 分（31 位），从优势过渡到劣势；土耳其之后都是发展中国家，生产效率国际竞争力处于劣势地位。

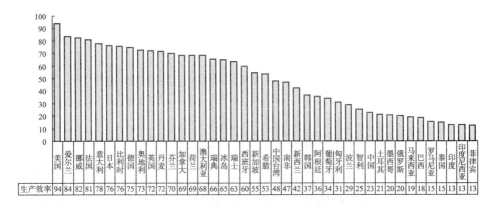

图 6 - 2　2005 年制造业生产效率国际竞争力排名

　　劳动成本竞争力（图 6 - 3），马来西亚综合成本最低，得分 91 分；瑞士则以 14 分成为最高劳动成本国家。我国以 75 分排名第 8 位，具体指标的特点是，制造业工人报酬从低到高排名第 5 位，但增长率最快，管理层和工程师成本则是最低的。得分分布的特点是发达国家和地区高成本，发展中国家和地区低成本，其结果是生产工厂向东亚、南亚和东南亚国家和地区转移。其中综合国际竞争力较高而成本较低的国家和地区有：韩国、中国台湾、冰岛、新加坡和加拿大；墨西哥、俄罗斯、阿根廷、罗马尼亚则是综合国际竞争力很差而成本较高的国家。

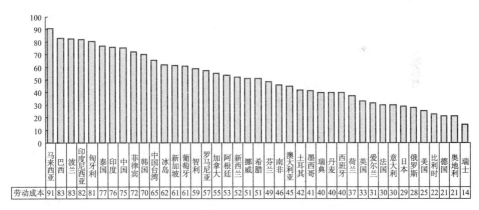

图 6 - 3　2005 年制造业劳动成本国际竞争力排名

　　产品市场竞争力（图 6 - 4）是得分差距最小的竞争要素，前 3 位优势明显，后 4 位劣势明显。美国无疑是最大的市场，但其高额进口减弱了产品市场竞争力，排名为第 2 位；日本作为第二大市场，由于顾客满意度的更高得分，产品市场竞争力排在了美国前面。我国以 63 分居第 3 位，呈现大市场、高增长、高进口的特点，但对顾客满意度的重视还不足。其他排在前 10 位的国家还有德国、

119

俄罗斯、马来西亚、韩国、泰国、法国、加拿大，它们或是幅员辽阔，或是发展迅速，或是人口众多。匈牙利、希腊、波兰、葡萄牙则不具备大市场的任一特点，产品市场竞争力劣势明显。

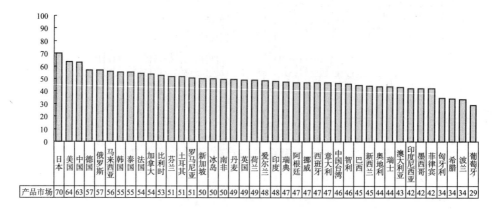

图 6-4　2005 年制造业产品市场国际竞争力排名

员工动力竞争力（图 6-5），我国以 26 分排名 31 位，相对属于员工动力不足的竞争群体。该要素的国家和地区得分分布可分为 4 个群体：丹麦等 5 国是得分最高的群体，员工动力竞争力优势明显，和谐发展动力充足；澳大利亚至智利（18 位）得分在 66~82 分之间，员工动力具有竞争优势，可以支撑制造业的和谐发展；比利时至菲律宾（30 位）得分在 35~59 分之间，员工动力相对不足；我国至阿根廷则是缺乏员工动力的国家，制造业产业发展、促进经济发展和劳动力发展的和谐问题有待强调和提升。

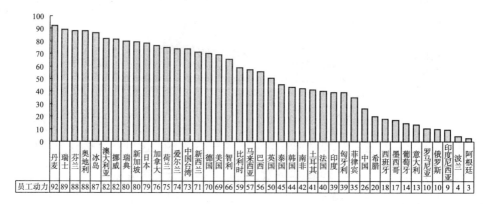

图 6-5　2005 年制造业员工动力国际竞争力排名

企业制度竞争力（图 6-6），我国得分仅 12 分，排名 38 位，是 7 个竞争要素中排名最差的要素。在指标层次上，企业家精神和社会责任感排名 30 位，是 7 个指标中相对排名最好的，其他指标都在 35 位以后，其中大型企业效率和财务制度执行排名 40 位。从其他国家和地区来看，整体上仍是发达国家和地区在前，发展中国家和地区落后，但仍有特殊现象，如智利排名第 6，巴西和马来西亚分别排名 18 位和 21 位，而美国排名 11 位，日本排名 30 位。

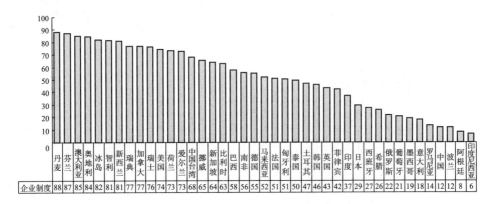

	丹麦	芬兰	澳大利亚	奥地利	冰岛	智利	新西兰	瑞典	加拿大	瑞士	美国	荷兰	爱尔兰	中国台湾	挪威	新加坡	比利时	巴西	南非	德国	马来西亚	法国	匈牙利	泰国	土耳其	韩国	英国	菲律宾	印度	西班牙	希腊	俄罗斯	葡萄牙	意大利	罗马尼亚	墨西哥	中国	波兰	阿根廷	印度尼西亚
企业制度	88	87	85	84	82	81	81	77	77	76	74	73	73	68	65	64	63	58	56	55	52	51	51	50	47	46	43	42	37	29	27	26	22	21	19	18	14	12	12	8	6

图 6 - 6 2005 年制造业企业制度国际竞争力排名

自主创新竞争力（图 6 - 7），日本得分 89，具有绝对优势，美国、德国、中国台湾、韩国和法国的竞争优势也十分突出。我国得分 47 分，排名 16 位，在自主创新的投入指标和产出指标上都有很高的总量，但按照产值和劳动力的平均则非常不足；高技术产品出口的比例虽排名第 10 位，但对比排在前面的菲律宾、马来西亚、泰国等发展中国家，创新投入和产出，高技术产品出口仍有不足。我国在发展中国家和地区排名最高，但对比综合国力和投入，自主创新效率还有待提高。

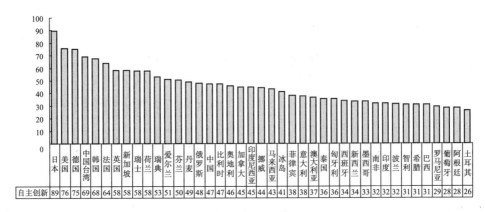

	日本	美国	德国	中国台湾	韩国	法国	英国	新加坡	瑞士	荷兰	瑞典	爱尔兰	芬兰	丹麦	俄罗斯	中国	比利时	奥地利	加拿大	印度尼西亚	挪威	马来西亚	冰岛	菲律宾	意大利	澳大利亚	泰国	西班牙	新西兰	墨西哥	南非	印度	波兰	智利	希腊	巴西	罗马尼亚	阿根廷	土耳其
自主创新	89	76	75	69	68	64	60	58	58	58	53	51	50	49	48	47	47	46	46	45	44	43	41	38	38	37	36	34	34	33	32	32	31	31	31	29	28	28	26

图 6 - 7 2005 年制造业自主创新国际竞争力排名

创新网络竞争力（图 6 - 8）是得分差距最大的竞争要素，各个国家（地区）间都有不同程度的差距，芬兰得分最高，为 95 分，比得分最低的印度尼西亚（3 分）高出 92 分。72 分以上的 14 个发达国家和地区具有较为完善的创新

121

网络，竞争优势明显；印度（15位）和法国（23位）之间的国家得分在52～62
分之间，创新网络竞争力处于中等水平；菲律宾（24位）之后的国家得分都不
足50分，且递减很快，创新网络竞争力不足。我国处于缺乏竞争力的群体，与
印度、智利、菲律宾等发展中国家相比，在创新网络构建上有很多工作要做。

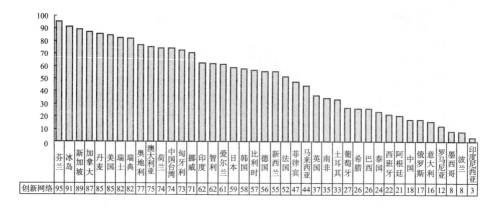

图6-8　2005年制造业创新网络国际竞争力排名

（二）我国制造业产业国际竞争力的优势与劣势

从要素分析的结果来看，（图6-2～图6-8），我国的优势要素主要有劳
动成本、产品市场，排名都在前10位，自主创新竞争力也具有一定的优势。
其中，劳动成本较低，要素排名第8位；产品市场广阔，要素排名第3位；研
发整体投入和高技术产品出口较多，自主创新要素排名第16位。其他要素排
名都在30位以后，其中生产效率排名第31位，仅第二产业增加值总量较高，
其他4个效率指标都排在最后3位；员工动力排名31位，几个评价指标都在
30位上下；创新网络排在35位，除技术标准和法律环境排名24位外，其他
指标都接近最末位；企业制度排在38位，在企业标准和公司董事会等指标排
名接近最末位。

从指标排名来看（表6-2），我国的优势指标主要集中在不同层次劳动力的
工资较低上，此外还有工业品出口总量、企业研发支出总量、专利总量等总量指
标上，人均和效率指标的优势不足。关键的劣势指标主要有：生产率很低，无论
是购买力还是现价，都与发达国家有很大差距；人均研发水平和人均专利不足，
数量较低；对员工培训不够重视，合格工程师不足；大型企业效率较差，院校与
企业合作不足等等。

表6-2　　　　我国制造业产业国际竞争力优势和劣势指标比较

优势指标				劣势指标			
编码	指标名称	数值	排名	最优数值	编码	指标名称	数值	排名	最优数值
2.1	制造业工人报酬（美元）	0.75	5	印度尼西亚 0.33	1.2	工业生产率（PPP，美元）	20 929	39	挪威 126 509
2.3	高级主管年收入（美元）	71 418	1	中国	1.3	综合生产率（美元）	2 187	40	挪威 110 942
2.4	工程师年收入（美元）	32 553	1	中国	4.2	雇员培训	4.91	31	丹麦 7.75
2.5	制造部经理年收入（美元）	54 409	1	中国	5.1	大型企业	3.81	40	智利 8.64
3.5	工业品出口额（10亿美元）	550	3	德国 866	6.4	人均企业研发人数	0.51	30	芬兰 5.82
6.1	企业研发支出额（百万美元）	656	1	中国	6.9	人均国民专利数（件/百万人）	4.55	32	中国台湾 1 188
6.8	授予国民专利件数	5 913	10	日本 110 053	7.1	合格工程师是否充足	4.00	40	印度 8.64
					7.4	院校与企业间合作	3.60	36	芬兰 7.31

三、我国制造业产业国际竞争力特点

从以上制造业产业国际竞争力的综合水平、要素竞争水平和指标表现的分析来看，我国制造业产业国际竞争力呈现如下特点：

1. 制造业总量水平突出，效率不高，综合竞争力不足。我国制造业在产出的总量水平、高技术产品的产出水平、劳动力的投入、国际贸易量，以及研发资金和人员的投入、专利数量等指标的总量上都有很好的表现，总量指标排名也多进入世界前5位。但在制造业的效率指标和人均水平上，我国不仅与发达国家和地区差距很大，与部分发展中国家和地区也存在一定差距，如工业生产率按购买力平价计算（约相当于现价的4倍）仅排39位，综合生产率、劳动生产率都在39~40位的最末水平。研发资金和人员投入的人均水平，以及人均专利水平的排名都在30位以后。综合来看，由于效率和人均水平的不足，以及在制度、创新等方面的不足，我国制造业综合国际竞争力在41个国家和地区中仅排名30位，处于竞争力不足的劣势群体。

2. 劳动力低成本优势依然存在，但成本增长较快。劳动力低成本是我国发展制造业的重要优势，在过去20年的发展中发挥了重要作用。低成本有利于吸引生产资源，有利于增加值的创造，但从世界制造业竞争来看，劳动力的低成本仅是生产加工环节的优势之一，在制造业竞争过程中，制度、创新所带来的竞争力更加重要。目前来看，我国劳动力成本低水平和高增长的特点，有利于国家和企业寻求制造业竞争的新优势点和增长点，有利于工人福利的增加和社会福利的改进，对我国制造业国际竞争力发展有积极推动作用。

3. 国内市场广阔，是产业发展的重要阵地。在我们集中精力发展外向经济和出口贸易的同时，全世界的目光都盯住了我国国内广阔的消费市场。国内消费的满足、消费层次的提高、消费者选择权的扩大和满意度的提高是产业国际竞争力提升的重要体现。国内企业对国内市场的高水平满足和占领已成为其国际竞争力的重要体现。在国际贸易繁荣、外汇充足、资源有限的今天，对国内市场的重视将是一个长期的调整过程，虽然缓慢，但是有利于提高产业国际竞争力、有利于提高国民福利，是可持续的发展。

4. 员工动力不足，和谐发展需要进一步强调。由于我国仍处于改革和转型时期，劳动力的流动、组织和权益保障存在诸多矛盾，企业发展的规范性、长期性较差，在企业员工福利与培训、劳资关系等方面还存在很多矛盾，参与国际竞争的制造业员工动力不足，对制造业国际竞争力提升，对经济社会和谐发展提出挑战。

5. 企业制度落后，不能满足制造业国际竞争的需要。我国能够以国际标准融入国际竞争的高水平企业还不多，企业的治理结构、长期经营、社会责任等方面都需要改进和提高。

6. 自主创新投入很高，但产出效率不足，创新网络有待构建。我国国家和企业对创新的资金和人员投入总量都是一流的，但在人均水平、创新的产出效率、专利对生产的实际促进作用等方面都还很落后。自主创新虽排名中等水平，但对比综合国力和创新投入，以及其他发展中国家的表现，自主创新能力和创新投入的产出效率有待提高。

当全世界为我国的制造业发展感到震惊时，我们仍然需要讨论如何提高我国的制造业产业国际竞争力水平，讨论发展"制造业工厂"还是建设"制造业中心"，以及如何进一步提高产出效率，促进更多能够参与国际竞争力的大企业的出现，让制造业国际竞争力的提升不仅能够促进经济发展，而且能够提高全民福利，促进科技进步和社会进步。

第七章

中国制造业产业环境国际竞争力评价与分析

一、制造业环境国际竞争力评价体系

制造业环境国际竞争力研究以瑞士洛桑国际管理发展学院（IMD）的《世界竞争力年鉴 2005》指标和数据为基础，选取与制造业国际竞争密切相关的 30 个具体指标构成评价体系，以 41 个世界主要经济体为评价和研究对象，就我国和主要国家（地区）的制造业环境竞争力进行评价和分析。

评价体系选取 5 个与制造业产业竞争密切相关的环境竞争力要素，分别是：公共服务、税收、金融市场、资本流动、国际贸易，而后将相关指标分别归类，进入评价要素，在此基础上计算制造业环境国际竞争力和要素国际竞争力，从指标、要素、综合三个层次展示和分析我国制造业产业国际竞争力水平。

公共服务要素含 6 个指标（见表 7–1），从补贴、价格控制、官僚主义和腐败、竞争立法等方面评价在制造业发展中政府作为公共服务角色的竞争力。税收要素含 5 个指标，从政府税收角度考察企业在发展和参与竞争过程中税费负担的大小。金融市场要素含 7 个指标，评价金融机构效率、支持产业发展的信贷难易程度、股票市场筹资状况。资本流动要素含 6 个指标，考察资本流入与流出的强度，其中流入和流出都做正指标设置，认为资本流入和流出分别从被动和主动方面有利于本国企业参与国际竞争。国际贸易要素含 6 个指标，考察经常项目、贸易收支，以及货物出口情况，评价制造业发展的国内外市场环境。

计算方法上，首先对所有指标通过标准化取得可比数据，再通过正态分布函数值的计算获得变化范围在 0 至 100 的竞争力标准得分数据，在此基础上对要素内指标等权平均获得要素竞争力标准得分，5 个要素标准得分的等权平均得到制造业环境国际竞争力的综合得分。两级等权平均体现了对各个指标所反映竞争力信息的同等对待和对竞争力结构的强调，即在没有充分理由和证明下，不盲目确定指标间权重的倍数关系。

表 7 - 1　　　　制造业产业环境国际竞争力评价指标体系

要素	编码	指标名称	数据年份	特征
公共服务	1.1	公共服务是否受政治干预	2005	S
	1.2	官僚主义是否阻碍企业发展	2005	S
	1.3	不适当行为（如受贿或腐败）在公共领域是否盛行	2005	S
	1.4	政府是否控制大多数工业领域产品价格	2005	S
	1.5	政府补贴（对私人和公共企业）占 GDP 比重（%）	2003	N
	1.6	竞争法是否阻止不公平竞争	2005	S
税收	2.1	对利润征收的平均公司税率占税前利润百分比（%）	2005	N
	2.2	企业利润、收入、资本收益上的税收占 GDP 比重（%）	2003	N
	2.3	实际公司税是否鼓励企业家行为	2005	S
	2.4	商品和服务税税收占 GDP 比重（%）	2003	N
	2.5	关税管理是否阻碍货物的有效转口	2005	S
金融市场	3.1	资本成本是否阻碍竞争性企业的发展	2005	S
	3.2	信贷是否能够容易地从银行向企业流动	2005	S
	3.3	金融机构是否提供其活动的充分信息	2005	S
	3.4	股票市场（包括二级市场）是否能够为企业提供充足资金	2005	S
	3.5	股票市场筹资额（10 亿美元）	2003	
	3.6	股票市场交易额（人均美元）	2003	
	3.7	股票市场筹资额占 GDP 比重（%）	2003	
资本流动	4.1	对外直接投资流量（10 亿美元）	2004	
	4.2	对外直接投资存量（10 亿美元）	2003	
	4.3	吸引外国直接投资流量（10 亿美元）	2004	
	4.4	吸引外国直接投资存量（10 亿美元）	2003	
	4.5	向国外直接投资占 GDP 比重（%）	2004	
	4.6	吸引外国直接投资占 GDP 比重（%）	2004	
国际贸易	5.1	经常项目差额（10 亿美元）	2004	
	5.2	经常项目差额占 GDP 百分比（%）	2004	
	5.3	贸易收支差额（10 亿美元）	2004	
	5.4	贸易收支差额占 GDP 百分比（%）	2004	
	5.5	货物出口额（10 亿美元）	2004	
	5.6	货物出口额占 GDP 百分比（%）	2004	

注：特征列标注逆指标（N）和调查指标（S）。

二、制造业环境国际竞争力评价与分析

(一) 制造业环境国际竞争力评价

我们的研究以 IMD2005 年报告的数据为基础，对 41 个国家和地区的制造业环境国际竞争力水平进行了评价。从制造业的环境竞争力综合评价结果来看（图 7 - 1），我国制造业环境竞争力排名 26 位，比最高分新加坡少 32 分，排在了葡萄牙、意大利等发达国家前面，但不如马来西亚（17 位）、智利（19 位）、泰国（25 位）等发展中国家。中国台湾在新加坡、瑞士、荷兰、美国之后排名第 5 位，具有制造业竞争的环境优势。

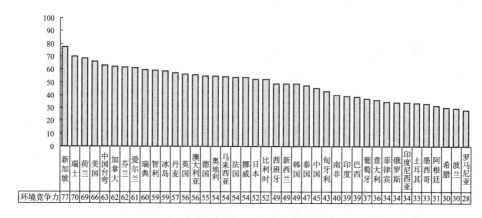

环境竞争力	77	70	69	66	63	62	62	61	60	59	57	56	56	55	54	54	54	52	52	49	49	49	47	45	43	40	39	39	37	36	34	34	34	33	33	31	30	30	28

图 7 - 1　2005 年制造业产业环境国际竞争力排名

从要素竞争力来看，我国公共服务竞争力（图 7 - 2）排名 32 位，比最高分新西兰少 57 分，处于竞争力较差的群体，从指标层来看除政府补贴较少而排名第 6 位外，其他指标多在 30 位以后。税收竞争力（图 7 - 3）我国排名 15 位，属于企业税较低的国家，在关税竞争力上有待加强。金融市场竞争力（图 7 - 4）我国排名 35 位，比最高分美国少 69 分，与发达国家的差距还很大。资本流动竞争力（图 7 - 5）我国排名第 10 位，吸引外国投资支持制造业发展的资本比较充足，资本流出量比较小。国际贸易竞争力（图 7 - 6）我国排名第 8 位，制造业发展的贸易环境较有竞争力，但与德国、新加坡、马来西亚等国还有一定差距。

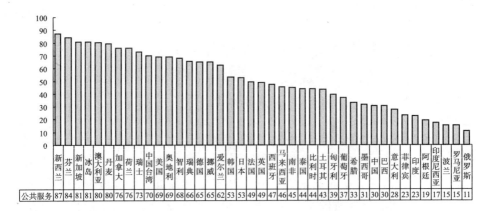

图 7-2　2005 年制造业公共服务环境国际竞争力排名

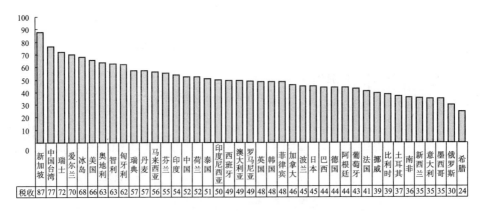

图 7-3　2005 年制造业税收环境国际竞争力排名

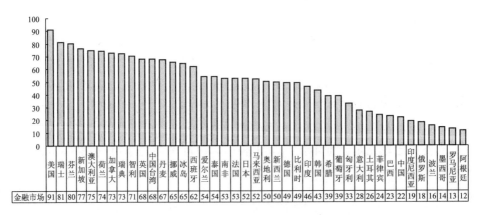

图 7-4　2005 年制造业金融市场环境国际竞争力排名

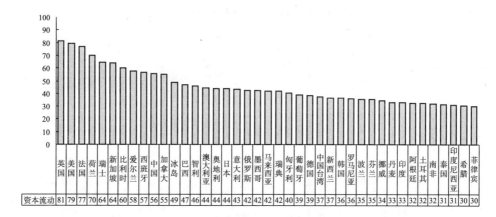

图 7 – 5　2005 年制造业资本流动环境国际竞争力排名

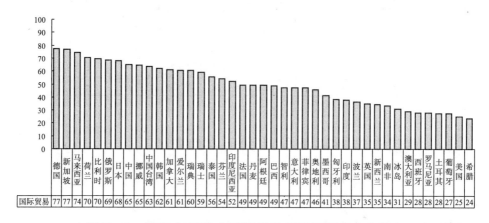

图 7 – 6　2005 年制造业国际贸易环境国际竞争力排名

（二）我国制造业环境国际竞争力的优势与劣势

从要素竞争力来看（图 7 – 2 ~ 图 7 – 6），我国的企业税税率和间接税收入比例相对较低，税收排名 15 位；吸引外国投资较多，资本流动排名第 10 位；国际贸易总量和顺差较大，该要素排名第 8 位。但公共服务和金融市场要素分别排名 32 和 35 位，竞争力不足。

从指标层次来看（见表 7 – 2），优势指标有：政府补贴占经济总量较低，排名第 6 位；公司税和间接税较低；股票市场筹资额排名第 9 位；吸引外国直接投资流量排名第 2 位，存量排名第 5 位，比例排名第 7 位；货物出口排名第 3 位，经常项目和贸易收支顺差都在前 10 位。劣势方面：官僚主义和腐败行为有待改善，价格控制方面还较强，政府有待加强公平竞争环境；金融机构的透明度和信贷流通方面较差，对外直接投资流量微小。

表 7 - 2　　　我国制造业环境国际竞争力优势和劣势指标比较

优势指标					劣势指标			
编码	指标名称	数值	排名	最优数值	编码	指标名称	数值	排名	最优数值
1.5	政府补贴占 GDP 比重（%）	0.19	6	新加坡 0	1.2	官僚主义是否阻碍企业收费	1.94	31	新加坡 6.71
2.1	对利润征收的税率占税前利润百分比（%）	2.49	11	德国 1.28	1.3	受贿或腐败是否盛行	1.45	35	芬兰 9.41
2.3	公司税是否鼓励企业家行为	6.19	8	冰岛 7.93	2.5	关税管理是否阻碍货物转口	5.04	30	新加坡 8.52
3.5	股票市场筹资额（10 亿美元）	681.2	9	美国 14 266	3.2	信贷是否容易从银行流向企业	3.23	39	芬兰 8.82
4.3	吸引外国直接投资流量（10 亿美元）	62	2	美国 121	3.4	股票市场能否为企业提供充足资金	4.17	37	美国 8.14
5.5	货物出口额（10 亿美元）	593.4	3	德国 915	4.1	对外直接投资流量（10 亿美元）	- 0.15	40	美国 203

三、我国制造业环境国际竞争力的特点

从以上制造业环境国际竞争力的综合水平、要素竞争水平和指标表现的分析来看，我国制造业环境竞争力呈现如下特点：整体竞争实力处于中等水平，有改善和提高的余地。公共服务有待加强，特别是官僚主义和腐败方面需要改善；金融市场有待改革和完善，以便在风险控制下为企业提供便捷的资金支持；资本流入稳定，有效支持了制造业竞争力提升，但还没有形成向国际投资的规模资本流出，本国企业还难以在国际市场参与竞争；国际贸易环境良好，关税管理有待提高。

第八章

中国制造业产业基础国际竞争力评价与分析

一、制造业基础国际竞争力评价体系

制造业基础国际竞争力以瑞士洛桑国际管理发展学院（IMD）的《世界竞争力年鉴2005》指标和数据为基础，选取与制造业国际竞争密切相关的23个具体指标构成评价体系，以41个世界主要经济体为评价和研究对象，就我国和主要国家（地区）的制造业基础竞争力进行评价和分析。

评价体系选取4个与制造业产业竞争密切相关的基础竞争力要素，分别是：交通设施、信息通讯、能源环境、劳动力素质，而后将相关指标分别归类，进入评价要素，在此基础上计算制造业基础国际竞争力和要素国际竞争力，从指标、要素、综合三个层次展示和分析我国制造业产业国际竞争力水平。

交通设施要素含6个指标（见表8-1），评价陆海空不同运输方式的交通网密度或效率，研究交通基础设施对制造业参与竞争的支持能力。信息通讯要素含6个指标，评价电信投资、人均电话、计算机、网络等信息设备的拥有量，研究信息化时代对制造业的支持。能源环境作为可持续发展的基础和制造业发展的基础条件之一，从能源强度与效率、污染排放与治理等方面的6个指标进行评价。劳动力素质则是制造业发展的基础能动因素，从劳动力比率、就业、技术人才等方面的5个指标进行评价。

计算方法上，首先对所有指标通过标准化取得可比数据，再通过正态分布函

131

数值的计算获得变化范围在 0 至 100 的竞争力标准得分数据，在此基础上对要素内指标等权平均获得要素竞争力标准得分，4 个要素标准得分的等权平均得到制造业基础国际竞争力的综合得分。两级等权平均体现了对各个指标所反映竞争力信息的同等对待和对竞争力结构的强调，即在没有充分理由和证明下，不盲目确定指标间权重的倍数关系。

表 8 – 1　　　　　　　　制造业产业基础国际竞争力评价指标体系

要素	编码	指标名称	数据年份	特征
交通设施	1.1	公路网密度（公里/平方公里）	2002	
	1.2	铁路网密度（公里/平方公里）	2003	
	1.3	空运运载乘客数（千人）	2003	
	1.4	水运基础设施是否满足企业需要	2005	S
	1.5	基础设施的维护和发展是否得到充分的计划和融资	2005	S
	1.6	用于货物和服务分配的基础设施是否有效率	2005	S
信息通讯	2.1	对电信的投资占 GDP 的百分比	2003	
	2.2	每千人拥有的计算机数	2004	
	2.3	每千人中的联网户主数	2004	
	2.4	每千户中的蜂窝式移动电话用户数	2003	
	2.5	每千人中宽带用户数量	2003	
	2.6	每千户中的固定电话数	2003	
能源环境	3.1	能源强度，单位美元 GDP 消费的商业能源量（千焦耳）	2001	N
	3.2	国内能源总产量占总需求量的百分比（%）	2002	
	3.3	能源基础设施是否充足有效	2005	S
	3.4	百万美元 GDP 的工业二氧化碳排放量（吨）	2002	N
	3.5	接受废水处理服务的人口比重（%）	2002	
	3.6	环境法案是否妨碍商业发展	2005	S
劳动力素质	4.1	劳动力占人口比例（%）	2004	
	4.2	熟练劳动力是否容易获得	2005	S
	4.3	总就业人口（百万）	2004	
	4.4	国外高技术劳动力是否被本国商业经济环境所吸引	2005	S
	4.5	已获得高等学历的人口比例	2002	

注：特征列标注逆指标（N）和调查指标（S）。

二、制造业基础国际竞争力评价与分析

（一）制造业基础国际竞争力评价

我们的研究以 IMD2005 年报告的数据为基础，对 41 个国家和地区的制造业基础国际竞争力水平进行了评价。从制造业的基础竞争力综合评价结果来看（图8-1），我国制造业基础竞争力排名30位，比最高分瑞士少43分，不仅落后于发达国家和地区，而且落后于马来西亚（24位）、智利（26位）、泰国（29位）等发展中国家。中国台湾在西方主要发达国家之后排名16位。从得分分布来看，瑞士、新加坡、丹麦、荷兰的制造业基础竞争力优势明显，美国至比利时（19位）也属于竞争优势国家（地区），且内部差距很小；爱尔兰至印度（33位）是竞争力得分下降较快的部分；波兰之后的8国处于劣势地位，内部差距不大。

从要素竞争力来看，交通设施竞争力（图8-2），我国排名34位，比最高分新加坡少59分，差距较大；从指标来看，运输总量很大，但交通网密度较低，运行效率不高。信息通讯竞争力（图8-3），我国排名30位，比最高分瑞典少55分，差距较大；从指标来看，对电信的投资很高，但人均设施拥有量很低，排名大都在30位以后。能源环境竞争力（图8-4），我国排名39位，仅比印度和罗马尼亚得分略高，比最高分挪威少52分，差距较大；从指标来看，除能源

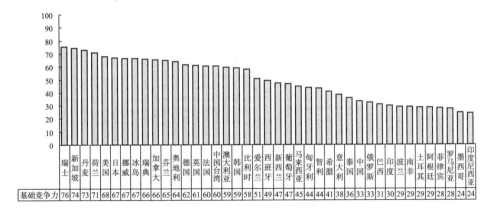

图8-1　2005年制造业产业基础国际竞争力排名

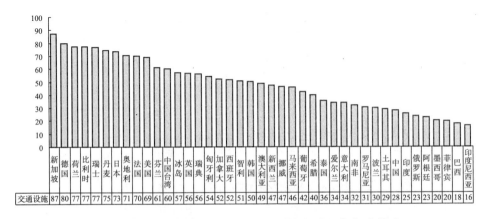

图8-2　2005年制造业交通设施基础国际竞争力排名

自给比例较高外，其他指标排名大都在 30 位以后。劳动力素质竞争力
（图 8-5），我国排名 22 位，比最高分美国少 33 分；从指标来看，劳动力总量
和就业充足，但熟练劳动力和高学历比例很落后。

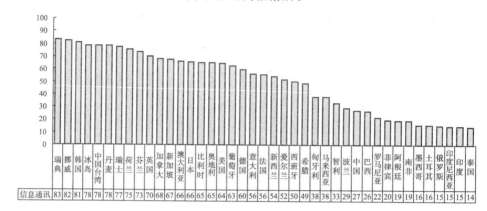

图 8-3　2005 年制造业信息通讯基础国际竞争力排名

	瑞典	挪威	韩国	冰岛	中国台湾	丹麦	瑞士	荷兰	芬兰	英国	新加坡	澳大利亚	日本	奥地利	美国	葡萄牙	德国	意大利	法国	新西兰	爱尔兰	西班牙	希腊	匈牙利	马来西亚	智利	波兰	中国	巴西	罗马尼亚	菲律宾	阿根廷	南非	墨西哥	土耳其	俄罗斯	印度尼西亚	印度	泰国
信息通讯	83	82	81	78	78	78	77	75	73	70	68	67	66	65	65	64	63	60	56	56	54	52	50	49	38	38	33	29	27	26	22	20	19	19	16	15	15	15	14

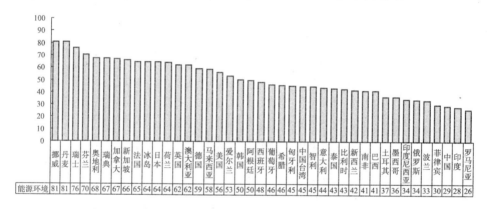

图 8-4　2005 年制造业能源环境基础国际竞争力排名

	挪威	丹麦	瑞士	芬兰	奥地利	瑞典	加拿大	新加坡	法国	冰岛	日本	荷兰	英国	德国	澳大利亚	马来西亚	美国	爱尔兰	韩国	阿根廷	西班牙	葡萄牙	希腊	匈牙利	智利	中国台湾	意大利	泰国	比利时	新西兰	南非	巴西	土耳其	墨西哥	印度尼西亚	俄罗斯	波兰	菲律宾	中国	印度	罗马尼亚
能源环境	81	81	76	70	68	68	67	66	65	64	64	64	62	62	59	58	58	53	50	50	48	46	46	45	45	45	44	43	43	42	41	41	37	37	36	34	33	33	30	29	28	26

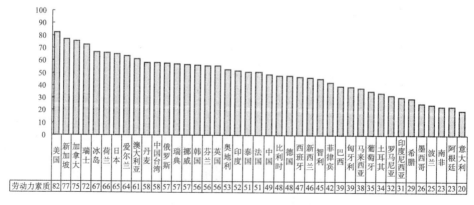

图 8-5　2005 年制造业劳动力素质基础国际竞争力排名

	美国	新加坡	加拿大	瑞士	冰岛	荷兰	日本	爱尔兰	澳大利亚	丹麦	中国台湾	俄罗斯	瑞典	挪威	韩国	芬兰	英国	奥地利	美地利	泰国	法国	比利时	德国	西班牙	智利	新西兰	菲律宾	巴西	马来西亚	葡萄牙	罗马尼亚	印度尼西亚	希腊	墨西哥	波兰	南非	阿根廷	意大利
劳动力素质	82	77	75	72	67	66	65	64	61	58	58	57	57	57	56	56	56	53	52	51	51	49	48	48	47	46	45	42	39	39	38	35	34	32	31	29	26	25	23	23	20

（二）我国制造业基础国际竞争力的优势与劣势

从要素竞争力来看（图 8-2 ~ 图 8-5），除劳动力素质排名 22 位，处于中等水平外，其他要素都在 30 位以后，处于竞争劣势群体。

从指标层来看（表 8-2），23 个指标中，排在 20 位以前的有 5 个，分别是劳动力人数和就业人数最多，对电信投资比例最高，空运乘客排第 3 位，国内能源产量满足需求比例较高，排名 12 位。处于劣势的指标较多，排名 35 位以后的就有 7 个，主要劣势是交通网密度不足，基础设施效率较低，人均拥有量较低，能源消耗强度较大，排放较多，高技术人才比例和吸引力不足等问题。

表 8-2　　　　我国制造业基础国际竞争力优势和劣势指标比较

优势指标				劣势指标			
编码	指标名称	数值	排名	最优数值	编码	指标名称	数值	排名	最优数值
1.3	空运乘客数（千人）	87 590	3	美国 588 997	1.1	公路网密度（公里/平方公里）	0.18	35	比利时 4.9
2.1	电信投资占 GDP 比例（％）	1.89	1	中国	2.3	千人互联网户主数	78.53	38	冰岛 708.5
3.2	能源产量占需求量比例（％）	99.4	12	挪威 875.8	3.1	单位美元 GDP 消费能源量（千焦耳）	27 435	37	瑞士 4 245
4.1	劳动力占人口比例（％）	60.56	1	中国	3.4	百万美元 GDP 的工业二氧化碳排放量（吨）	3 077.7	40	瑞士 154.6
4.3	总就业人口（百万）	754.12	1	中国	4.2	熟练劳动力是否容易获得	4.3	38	菲律宾 7.85
					4.5	已获高等学历人口比例（％）	5	40	加拿大 51

三、我国制造业基础国际竞争力的特点

从以上制造业基础国际竞争力的综合水平、要素竞争水平和指标表现的分析来看，我国制造业基础竞争力呈现如下特点：整体竞争实力与发达国家相比还有很大差距；交通和信息网络建设仍需要大幅提高，基础设施的运营效率需要根本改善和提高；能源消耗和浪费仍然很严重，能源节约和环境治理的投入需要加强；基础劳动力比较充足，但劳动力的素质有待提高。

第九章

中国工业产业对外贸易发展和
贸易国际竞争力

随着对外开放的不断扩大，我国经济保持着快速的增长，年均 GDP 增长率接近 10%，在经济快速增长的同时，我国的对外贸易无论从规模上还是结构上，都取得了长足的进步。特别是加入 WTO 以后，全球经济结构的调整和国际产业转移的机遇，使我国 2002～2004 年对外贸易的增长速度迅速提高，连续三年保持 20% 以上的高速增长，出口额在世界出口总额中的位次也由 2002 年的第 5 位上升到 2004 年的第 3 位。但不可否认的是，与发达国家相比我国对外贸易的总体水平不高，贸易结构仍比较落后。因此，系统把握我国对外贸易，特别是占有较大比例的工业产业对外贸易的比较优势现状，了解我国工业产业对外贸易的竞争力状况，对于制定对外贸易发展战略和政策、提高对外贸易的国际竞争力具有重要的意义。

本章主要对我国国民经济行业标准分类中采矿业、制造业所含的 22 个大类行业（见表 9－1）的贸易国际竞争力进行评价和分析。首先描述了我国工业产业对外贸易的特点和演变趋势，接着运用贸易国际竞争力指数和显性比较优势指数对我国工业产业的外贸竞争力进行测度和分析。

表 9－1   部分工业行业的代码和名称

代码	行业名称	代码	行业名称	代码	行业名称
B07	石油和天然气开采业	B10	非金属矿采选业	C13	农副食品加工业

代码	行业名称	代码	行业名称	代码	行业名称
C14	食品制造业	C15	饮料制造业	C16	烟草制品业
C17	纺织业	C18	纺织服装、鞋、帽制造业	C19	皮革、毛皮、羽毛（绒）及其制品业
C20	木材加工及木、竹、藤、棕、草制品业	C22	造纸及纸制品业	C26	化学原料及化学制品制造业
C27	医药制造业	C28	化学纤维制造业	C29	橡胶制品业
C30	塑料制品业	C31	非金属矿物制品业	C34	金属制品业
C37	交通运输设备制造业	C40	通信设备、计算机及其他电子设备制造业	C41	仪器仪表及文化、办公用机械制造业
C42	工艺品及其他制造业				

一、中国工业产业对外贸易特点及演变趋势

（一）工业产品对外贸易总量持续增长

1999～2004 年，在国内外经济环境较为有利的背景下，我国工业产品对外贸易总量持续增长，年均增长率为 26.8%（见图 9-1）[1]。特别是 2002 年加入 WTO 以后，中国工业产品外贸进出口总值更是节节攀升。其中出口额由 1999 年的 1 783.92 亿美元增加到 2004 年的 5 624.3 亿美元，年均增长率为 25.8%，进口额的年均增长率为 27.9%，两者的增长变化趋势基本相同（见图 9-2）。而同期工业增加值的增长速度为 21%，工业产品的外贸出口增速与同期工业增加值增长速度基本持平，说明这一时期快速的工业增长是促进外贸出口的主要力量。另外，世界经济的复苏，出口退税政策的落实，外贸体制的改革，以及人民币汇率的稳定在一定程度上扩大了我国对外贸易发展的市场空间，从而促进了工业产业对外贸易的发展。

---

[1] 本章未特别注明的数据均来源于 2000～2005 年的《中国统计年鉴》。

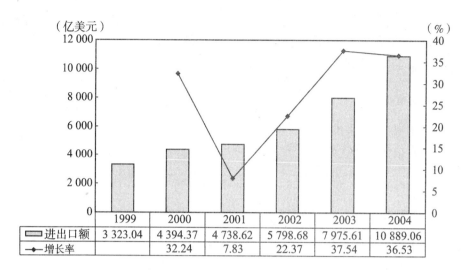

图 9 - 1　1999 ~ 2004 年我国工业产品进出口总额及其增长情况

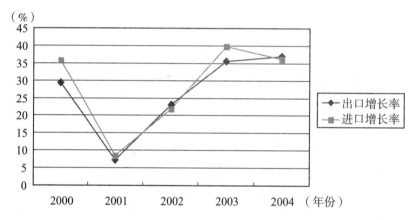

图 9 - 2　2000 ~ 2004 年我国工业产品进口额及出口额的增长情况

（二）工业产品的对外贸易总体呈顺差状态，出口依存度不断提高

随着我国经济开放程度的增强，工业产品对外贸易规模不断扩大，从
1999 ~ 2004 年，连续六年实现了贸易顺差，并且顺差额在逐步扩大（表 9 - 2）。
2004 年，我国工业产品的贸易顺差为 359.5 亿美元，比 1999 年增加了 46.8%。
其中，实现贸易顺差最大的行业是纺织业，纺织服装、鞋、帽制造业，通信设
备、计算机及其他电子设备制造业，分别为 440.8 亿美元、356.1 亿美元和
138.7 亿美元。而非金属矿采选业、塑料制品业和金属制品业则处于逆差状态。

2004 年，我国工业产品出口额占工业总产值的比重较 1999 年有了明显的提
高（图 9 - 3），达到 24.9 个百分点，增长了 22%，但其占工业总产值的比重不

是趋势增长，而是有升有降，说明在这期间，由于我国的体制改革以及世界格局的变化，使得出口额增减不定。其中，2002 年出口依存度最高的前 5 个行业分别是通信设备、计算机及其他电子设备制造业，纺织服装、鞋、帽制造业，金属制品业，交通运输设备制造业和仪器仪表及文化、办公用机械制造业；最低的五个行业分别是农副食品加工业、烟草制品业、饮料制造业、医药制造业和橡胶制品业（图 9-4）。可见，我国主要在纺织服装、通信产品等与日常生活相关的耐用或非耐用消费品的优势领域，形成以出口导向为特征的产业结构。

表 9-2　　　　　　**1999～2004 年工业产品进出口贸易顺差情况**　　　单位：亿美元

年份	1999	2000	2001	2002	2003	2004
出口	1 783.92	2 302.85	2 467.85	3 032.03	4 107.83	5 624.28
进口	1 539.12	2 091.52	2 270.77	2 766.64	3 867.78	5 264.78
顺差	244.80	211.33	197.08	265.39	240.05	359.50

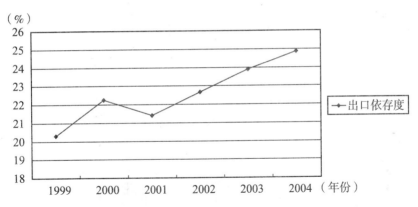

图 9-3　1999～2004 年工业产品出口依存度的增长情况

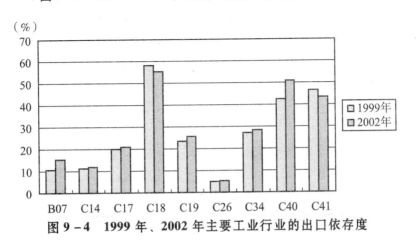

图 9-4　1999 年、2002 年主要工业行业的出口依存度

（三）出口贸易结构发生根本性变化

从主要工业行业的出口额占中国出口总额比重的基本情况（见表9－3）来看，工业产品的出口经历了从轻工纺织品到高新技术产品为主要支撑和新增长点的阶段，成功地驾驭了出口产品结构逐步升级的过程，高新技术产品将成为未来几年中国出口的主打产品。20世纪80年代中期，工业产品的出口以纺织、服装业为主导，占了出口总额的24%；90年代，通信设备、计算机及其他电子设备制造业的出口额由第3位提高到第2位；到2004年，以信息技术为代表的高新技术产品越来越显示出活跃的生命力，成为推动我国出口高速增长的新亮点，占到总出口额的一半。

表9－3　　　　出口额占出口总额比重位居前5位的行业

年份	位次	1	2	3	4	5
1986	代码	C17	C18	B07	C28	C26
	行业	纺织业	纺织服装、鞋、帽制造业	石油和天然气开采业	化学纤维制造业	化学原料及化学制品制造业
	比重（%）	13.64	10.48	10.42	3.75	2.55
1990	代码	C18	C17	C40	B07	C26
	行业	纺织服装、鞋、帽制造业	纺织业	通信设备、计算机及其他电子设备制造业	石油和天然气开采业	化学原料及化学制品制造业
	比重（%）	13.6	11.3	8.6	8.4	6.0
1995	代码	C18	C40	C34	C19	B07
	行业	纺织服装、鞋、帽制造业	通信设备、计算机及其他电子设备制造业	金属制品业	皮革、毛皮、羽毛（绒）及其制品业	石油及天然气开采业
	比重（%）	18.86	18.6	8.12	3.8	3.6
2000	代码	C40	C18	C17	C34	C37
	行业	通信设备、计算机及其他电子设备制造业	纺织服装、鞋、帽制造业	纺织业	金属制品业	交通运输设备制造业
	比重（%）	29.2	11.8	9.0	6.7	3.75
2004	代码	C40	C18	C34	C17	C37
	行业	通信设备、计算机及其他电子设备制造业	纺织服装、鞋、帽制造业	金属制品业	纺织业	交通运输设备制造业
	比重（%）	41.8	7.6	7.4	7.2	3.5

资料来源：1987～2005年的《中国统计年鉴》。

中国工业各行业的出口额均有所增加，其中增加最明显的是通信设备、计算机及其他电子设备制造业，其出口额占出口总额的比重明显提高，从 1990 年的 8.6% 提高到 2004 年的 41.8%；纺织制品的出口额虽有所增加，但其出口额占总出口额的比重明显下降。从横向来看，随着时间的推移，位居前 5 位行业的比重差距越来越大。1990 年，位居第 1 位的纺织业与第 5 位的化学原料及化学制品制造业相比，两者的比重差 7 个百分点；2004 年，位居第 1 位的通信设备、计算机及其他电子设备制造业与第 5 位的仪器仪表及文化、办公用机械制造业相比，两者的比重差 37 个百分点。这就意味着在新一轮高增长周期中，形成了一批主导产品，主导产品的群聚效应明显，不像以往主导产品相对分散的情况。

从主要行业的进口额占进口总额的情况来看（见表 9-4），随着时间的推移，进口产品的类型基本不变，大部分属于技术密集型产业，主要有通信设备、计算机及其他电子设备制造业，专用设备制造业，金属制造业以及化学原料和化学制品制造业。其中，进口额占进口总额的比例增长最快的是通信设备、计算机及其他电子设备制造业，由 2000 年的 37.6% 增长到 2004 年的 41.7%；降低最快的行业是纺织业，纺织服装、鞋、帽制造业，分别由 2000 年的 2.5%、0.47% 降低到 2004 年的 1.3%、0.23%。目前，国内经济增长相当程度靠投资推动，社会固定资产投资的增长拉动了重化工产品以及制造设备进口的大量增加，提高了该产品进口额占进口总额的比例。

表 9-4　　　　　　进口额占进口总额比重位居前 5 位的行业

年份	位次	1	2	3	4	5
1986	代码	C35	C34	C37	C26	C40
	行业	金属制品业	专用设备制造业	交通运输设备制造业	化学原料及化学制品制造业	通信设备、计算机及其他电子设备制造业
	比重（%）	18.86	16.89	8.84	10.74	4.54
1990	代码	C34	C26	C40	C35	C37
	行业	专用设备制造业	化学原料及化学制品制造业	通信设备、计算机及其他电子设备制造业	金属制品业	交通运输设备制造业
	比重（%）	9.4	8.3	7.3	6.4	5.5

续表

年份	位次	1	2	3	4	5
1995	代码	C40	C34	C30	C28	C37
	行业	通信设备、计算机及其他电子设备制造业	金属制品业	塑料制品业	化学纤维制造业	交通运输设备制造业
	比重（%）	34.5	9.2	6.1	5.0	4.1
2000	代码	C40	B07	C34	C30	C26
	行业	通信设备、计算机及其他电子设备制造业	石油和天然气开采业	金属制品业	塑料制品业	化学原料及化学制品制造业
	比重（%）	37.6	9.2	9.2	6.4	5.3
2004	代码	C40	C34	B07	C41	C26
	行业	通信设备、计算机及其他电子设备制造业	金属制品业	石油和天然气开采业	仪器仪表及文化、办公用机械制造业	化学原料及化学制品制造业
	比重（%）	41.7	8.7	8.6	7.4	5.3

资料来源：1987～2005 年的《中国统计年鉴》。

二、中国工业产业贸易国际竞争力指数

一国的产业国际竞争力关注的不是该国国际竞争力的一般水平，而是该国某一具体产业或行业在国际竞争中与其他国家相同产业或行业相比较的相对竞争力。从总体上看，影响一国工业产业竞争力的因素是多种多样的，主要有内部因素和外部因素。内部因素包括区位因素、技术进步因素、规模效益和经营管理水平；外部因素包括竞争对手的状况、市场需求状况、产业结构状况以及政府行为。本章仅从对外贸易的角度，运用单项指标来评价我国工业产业的贸易国际竞争力。目前，国际上常用以下显示性指标来反映产业国际竞争力的相对水平和变化动态：贸易专业化指数（TSC）、显示比较优势指数（RCA）、出口绩效相对指数（IREP）、净出口指数和要素密集度指数（辅助指标）、劳动密集度指数（LCI）。其中，TSC、RCA 和 IREP 是建立在国际贸易理论基础上的，作为衡量一国某类产业出口商品的比较优势及国际竞争力的强弱。本章利用贸易国际竞争力指数（TC）和显示性比较优势指数（RCA）对我国 22 个工业行业的贸易国际

竞争力状况进行分析。

贸易国际竞争力指数（TC）也称为贸易专业化指数（TSC），用一国进出口贸易差额占进出口贸易总额的比重来表示，其基本公式为：

TC 指数 =（出口额 – 进口额）/（出口额 + 进口额）

主要用来反映净进口或净出口的相对规模以及一国某一产业或产品在国际市场上的竞争力状况，其值介于 –1 ~ 1 之间。如果贸易竞争指数为正，表示该国 I 类产品的生产效率高于国际水平，具有较强的出口竞争力；贸易竞争指数为负，则表明该国 I 类产品的生产效率低于国际水平，出口竞争力较弱。如果贸易竞争指数为零，则说明该国 I 类产品的生产效率与国际水平相当，其进出口纯属与国际间进行品种交换。另外，为了深入分析我国各细分产业对外贸易国际竞争力的变动情况，本章将竞争力指数大于或等于 0.8 的产品列为具有很高比较优势或很强竞争力的产品；将竞争力指数介于 0.5 ~ 0.8 之间的产品列为具有较高比较优势或较强竞争力的产品；介于 0 ~ 0.5 之间的产品列为强竞争力产品；等于 0 的产品列为一般竞争力的产品。同样地，竞争力指数分别位于 –1 ~ –0.8 之间、–0.8 ~ –0.5 之间、–0.5 ~ 0 之间的产品可认为是很低竞争力、较低竞争力和低竞争力的产品。虽然现实中普遍存在的鼓励出口或限制进口的政策，使得竞争力指数并不能准确反映产品竞争力的实际优劣状况，但是，作为一种比较静态分析，它可以考察特定时间、特定保护程度下的竞争力或比较优势。表 9 – 5 为 1999 年到 2004 年 22 个工业行业的贸易国际竞争力指数的分析结果。可以看出，我国工业行业的贸易国际竞争力状况基本表现出如下特点。

第一，传统的劳动密集型出口产品具有较强竞争力，而技术或资金密集型产品的出口竞争力还比较弱。

一直有比较优势的为食品制造业、纺织业、皮革业、饮料业、非金属矿物制品业和工艺品及其他制造业，其产品的贸易国际竞争力指数都在 0.4 以上。其中，食品制造业的贸易国际竞争力指数较高，维持在 0.8 左右。具有不变的很高比较优势的行业只有纺织服装、鞋、帽制造业，其产品的贸易国际竞争力指数一直保持在 0.9 以上，而且有逐渐变大的倾向，处于贸易国际竞争力不断增强之趋势。我国上述 7 类产品的生产效率高于国际水平，是该种类产品的净输出国。

总体上，我国技术或资金密集型产品的出口竞争力还比较弱。2004 年，以通信设备、计算机及其他电子设备制造业为代表的技术密集型产品的竞争力水平有所提高。而农副食品加工业、非金属矿采选业、造纸及纸制品业、金属制品业一直处于稳定的低比较劣势。总体上，TC 指数显示我国工业产业的贸易国际竞争力在行业结构上仍然表现为低层次性，劳动密集型产品仍是我国最具有比较优势的产业，出口的大多数制成品仍是附加值低、加工度浅、技术含量少的初级加工品和半加工品。

第二，大部分行业的出口竞争力有所提高，只有少部分行业有所下降。

与 1999 年相比，我国贸易国际竞争力状况有所改善的行业有：通信设备、计算机及其他电子设备制造业，工艺品及其他制造业，化学纤维制造业，木材加工及木、竹、藤、棕、草制品业。其中，资本技术密集行业如化学纤维和通信设备制造业的 TC 指数上升最快，分别增加了 0.38 和 0.12 个百分点。而仪器仪表及文化、办公用机械制造业呈下降趋势，由 1999 年的 0.0766 下降到 2004 年的 -0.3682，处于由强到弱的转变过程。

表 9 - 5   1999 ~ 2004 年主要工业行业的贸易国际竞争力指数分析

代码	行业	1999 年	2000 年	2001 年	2002 年	2003 年	2004 年
B07	石油和天然气开采业	-0.3143	-0.4494	-0.3517	-0.3922	-0.4493	-0.5367
		低	低	低	低	低	较低
B10	非金属矿采选业	-0.1171	-0.2348	-0.2151	-0.2088	-0.3539	-0.5364
		低	低	低	低	低	较低
C13	农副食品加工业	-0.8120	-0.7760	-0.7360	-0.8720	-0.9164	-0.9275
		很低	较低	较低	很低	很低	很低
C14	食品制造业	0.8234	0.8420	0.7573	0.7903	0.8276	0.8177
		很强	很强	较强	较强	很强	很强
C15	饮料制造业	0.5759	0.5076	0.5939	0.6027	0.5387	0.4800
		较强	较强	较强	较强	较强	强
C16	烟草制品业	0.5887	0.1937	0.1804	0.2811	0.2325	0.2750
		较强	强	强	强	强	强
C17	纺织业	0.6121	0.5980	0.5940	0.6345	0.6887	0.7086
		较强	较强	较强	较强	较强	较强
C18	纺织服装、鞋、帽制造业	0.9197	0.9290	0.9301	0.9358	0.9419	0.9452
		很强	很强	很强	很强	很强	很强
C19	皮革、毛皮、羽毛（绒）及其制品业	0.4031	0.4041	0.4187	0.4502	0.4747	0.4549
		强	强	强	强	强	强
C20	木材加工及木、竹、藤、棕、草制品业	-0.1493	-0.1651	-0.0921	-0.0780	-0.0341	0.0733
		低	低	低	低	低	强
C22	造纸及纸制品业	-0.6422	-0.5798	-0.5467	-0.5184	-0.4803	-0.4615
		较低	较低	较低	较低	低	低
C26	化学原料及化学制品制造业	-0.2859	-0.3302	-0.3082	-0.3377	-0.3376	-0.3799
		低	低	低	低	低	低

续表

代码	行业	1999 年	2000 年	2001 年	2002 年	2003 年	2004 年
C27	医药制造业	− 0.0040	− 0.0878	− 0.1445	− 0.1771	− 0.2052	− 0.1764
		低	低	低	低	低	低
C28	化学纤维制造业	− 0.2902	− 0.2501	− 0.1876	− 0.1222	− 0.0243	0.0929
		低	低	低	低	低	强
C29	橡胶制品业	− 0.1104	− 0.0995	− 0.1210	− 0.1070	− 0.1852	− 0.1100
		低	低	低	低	低	低
C30	塑料制品业	− 0.3876	− 0.3871	− 0.3900	− 0.3676	− 0.3564	− 0.3632
		低	低	低	低	低	低
C31	**非金属矿物制品业**	0.4465	0.3891	0.3824	0.4480	0.4503	0.4838
		强	强	强	强	强	强
C34	金属制品业	− 0.0909	− 0.1075	− 0.1529	− 0.1632	− 0.2211	− 0.0521
		低	低	低	低	低	低
C40	通信设备、计算机及其他电子设备制造业	− 0.0954	− 0.0778	− 0.0637	− 0.0392	− 0.0088	0.0288
		低	低	低	低	低	强
C37	交通运输设备制造业	0.0453	0.1883	− 0.0327	− 0.0440	− 0.0579	0.0377
		强	强	低	低	低	强
C41	仪器仪表及文化、办公用机械制造业	0.0766	0.0206	− 0.1144	− 0.2046	− 0.3327	− 0.3682
		强	强	低	低	低	低
C42	**工艺品及其他制造业**	0.4408	0.4350	0.4844	0.5370	0.5787	0.6032
		强	强	强	较强	较强	较强

资料来源：2000～2005 年的《中国统计年鉴》。

说明：行业名称为黑体字的是一直保持强竞争力的行业，斜体字的是一直保持低竞争力的行业。

三、中国工业产业贸易相对出口绩效指数

显示性比较优势指数（RCA）又称作相对出口绩效指数（REP），指一国某产品或产业的出口在全世界该产品出口中的份额与该国所有产品的出口在世界总出口中份额的比率，用来确定该国该种产品的比较优势状况。显示性比较优势指数的基本公式为：

$$RCA_{ij} = \left(X_{ij} / \sum X_{ij} \right) / \left(\sum X_i / \sum \sum X_i \right)$$

式中，X_{ij} 表示国家 i 在商品 j 上的出口额；$\sum X_{ij}$ 是国家 i 在商品 j 上的总出口；$\sum X_i$ 为该国所有产品的出口额；$\sum \sum X_i$ 表示世界总出口份额。参照日本贸易

振兴会（JERTO）制定的标准，若 RCA 指数大于 2.5，表明该国产品具有极强
的国际竞争力；小于 2.5 而大于 1.25，表明该国产品具有较强的国际竞争力；
若大于 0.8 而小于 1.25，则表明该国产品的国际竞争力一般；若小于 0.8，则表
明该国产品国际竞争力较弱。该指数用贸易结构和贸易依存关系来解释贸易国际
竞争力的实现状况，符合比较优势关于国际竞争力来源的学说，在要素成本优势
起决定作用的那些行业，这个指标仍然是有意义的，在要素成本优势不很重要的
行业中，这个指标仍有参考价值。本章利用联合国统计网站公布的数据[①]，以及
2002～2004 年《中国统计年鉴》的数据，计算出 22 个行业的出口产品总体以及
分行业的显示性比较优势指数（见表 9－6、表 9－7），并对我国工业各行业的
贸易国际竞争力状况进行分析。表 9－7 是按照 2004 年工业行业的国际竞争力状
况由强到弱进行排列。

表 9－6　　　　　2002～2004 年工业产品的显示性比较优势指数分析

年份	工业产品		
	$X_{ij}/\sum X_i$	$\sum X_{ij}/\sum\sum X_i$	RCA_{ij}
2002	0.8574	0.8581	0.9992
	一般		
2003	0.8701	0.8528	1.0203
	一般		
2004	0.8861	0.8623	1.0277
	一般		

资料来源：http：//unstats. un. org。

表 9－7　　　　　　　分行业出口产品的显性比较优势指数分析

代码	行业名称	2002 年			2003 年			2004 年		
		$\dfrac{X_{ij}}{\sum X_i}$	$\dfrac{\sum X_{ij}}{\sum\sum X_i}$	RCA_{ij}	$\dfrac{X_{ij}}{\sum X_i}$	$\dfrac{\sum X_{ij}}{\sum\sum X_i}$	RCA_{ij}	$\dfrac{X_{ij}}{\sum X_i}$	$\dfrac{\sum X_{ij}}{\sum\sum X_i}$	RCA_{ij}
C18	纺织服装、鞋、帽制造业	0.0996	0.0236	4.2212	0.0889	0.0239	3.7156	0.0765	0.0216	3.5428
		极强			极强			极强		
C19	皮革、毛皮、羽毛（绒）及其制品业	0.0287	0.0081	3.5181	0.0264	0.0081	3.2418	0.0230	0.0076	3.0198
		极强			极强			极强		

---

①　该数据是根据《商品名称的编码和协调制度》分类的，简称 HS2002 分类。《中国统计年鉴》上
的海关进出口商品分类金额表的分类标准与其相同，数据存在可比性。

代码	行业名称	2002 年			2003 年			2004 年		
		$\dfrac{X_{ij}}{\sum X_i}$	$\dfrac{\sum X_{ij}}{\sum\sum X_i}$	RCA_{ij}	$\dfrac{X_{ij}}{\sum X_i}$	$\dfrac{\sum X_{ij}}{\sum\sum X_i}$	RCA_{ij}	$\dfrac{X_{ij}}{\sum X_i}$	$\dfrac{\sum X_{ij}}{\sum\sum X_i}$	RCA_{ij}
C17	纺织业	0.0820	0.0246	3.3289	0.0784	0.0258	3.0382	0.0724	0.0243	2.9801
		极强			极强			极强		
C42	工艺品及其他制造业	0.0071	0.0027	2.6181	0.0065	0.0028	2.2971	0.0060	0.0026	2.3546
		极强			较强			较强		
C28	化学纤维制造业	0.0152	0.0074	2.0500	0.0149	0.0073	2.0420	0.0147	0.0073	2.0020
		较强			较强			较强		
C31	非金属矿物制品业	0.0168	0.0117	1.4336	0.0158	0.0116	1.3603	0.0157	0.0113	1.3909
		较强			较强			较强		
C40	通信设备、计算机及其他电子设备制造业	0.3149	0.2927	1.0759	0.3264	0.2878	1.1341	0.3345	0.2957	1.4124
		一般			一般			较强		
C34	金属制品业	0.0581	0.0533	1.0897	0.0573	0.0555	1.0330	0.0737	0.0654	1.1271
		一般			一般			一般		
C14	食品制造业	0.0146	0.0114	1.2865	0.0127	0.0120	1.0563	0.0118	0.0112	1.0496
		较强			一般			一般		
C20	木材加工及木、竹、藤、棕、草制品业	0.0110	0.0111	0.9832	0.0099	0.0108	0.9232	0.0102	0.0109	0.9404
		一般			一般			一般		
C41	仪器仪表及文化、办公用机械制造业	0.0292	0.0366	0.7993	0.0299	0.0364	0.8212	0.0322	0.0374	0.8610
		弱			一般			一般		
C30	塑料制品业	0.0247	0.0327	0.7539	0.0228	0.0330	0.6910	0.0221	0.0344	0.6414
		弱			弱			弱		
C29	橡胶制品业	0.0061	0.0091	0.6705	0.0058	0.0099	0.5890	0.0064	0.0100	0.6398
		弱			弱			弱		
C26	化学原料及化学制品制造业	0.0240	0.0423	0.5677	0.0233	0.0429	0.5434	0.0223	0.0426	0.5245
		弱			弱			弱		
B10	非金属矿采选业	0.0130	0.0234	0.5585	0.0112	0.0254	0.4413	0.0110	0.0262	0.4222
		弱			弱			弱		

续表

代码	行业名称	2002 年			2003 年			2004 年		
		$\dfrac{X_{ij}}{\sum X_i}$	$\dfrac{\sum X_{ij}}{\sum\sum X_i}$	RCA_{ij}	$\dfrac{X_{ij}}{\sum X_i}$	$\dfrac{\sum X_{ij}}{\sum\sum X_i}$	RCA_{ij}	$\dfrac{X_{ij}}{\sum X_i}$	$\dfrac{\sum X_{ij}}{\sum\sum X_i}$	RCA_{ij}
C22	造纸及纸制品业	0.0072	0.0204	0.3517	0.0069	0.0197	0.3513	0.0064	0.0182	0.3525
		弱			弱			弱		
B07	石油和天然气开采业	0.0259	0.0709	0.3653	0.0254	0.0686	0.3696	0.0244	0.0721	0.3387
		弱			弱			弱		
C16	烟草制品业	0.0013	0.0033	0.4032	0.0011	0.0030	0.3771	0.0009	0.0026	0.3281
		弱			弱			弱		
C37	交通运输设备制造业	0.0324	0.1367	0.2371	0.0356	0.1307	0.2721	0.0354	0.1242	0.2849
		弱			弱			弱		
C15	饮料制造业	0.0018	0.0070	0.2636	0.0014	0.0070	0.2030	0.0013	0.0065	0.1933
		弱			弱			弱		
C13	农副食品加工业	0.0003	0.0035	0.0935	0.0003	0.0038	0.0756	0.0003	0.0036	0.0732
		弱			弱			弱		
C27	医药制造业	0.0024	0.0256	0.0950	0.0021	0.0265	0.0789	0.0019	0.0266	0.0697
		弱			弱			弱		

资料来源：http：//unstats. un. org。

从总体上看，2002～2004 年，我国工业产品的显示性比较优势指数呈上升趋势，都在 1 左右波动，说明我国工业产品的贸易国际竞争力虽有所提高，但水平一般。

表 9-7 验证了前述我国工业产业贸易国际竞争力指数的分析结果，两种指数的分析结果基本一致。RCA 指数显示具有极强国际竞争力的行业是纺织服装、鞋、帽制造业，皮革、毛皮、羽毛（绒）及其制品业和纺织业。贸易国际竞争力水平较弱的行业是农副食品加工业、医药制造业、石油和天然气开采业、非金属矿采选业、造纸及纸制品业。当然，由于一国的出口往往受到贸易政策的影响，并不是完全意义上的自由贸易，特别是在大量进口原料、零部件的情况下，进口的情况也会影响到出口，仅仅通过出口来进行贸易比较优势的分析仍存在着一定的局限性。表 9-7 中饮料制品业和烟草制造业就是有力佐证，两种指数计算的结果有点区别。

四、中国主要工业行业的贸易国际竞争力分析

根据贸易国际竞争力指数以及显示性比较优势指数的计算结果，对我国主要

工业行业的贸易国际竞争力状况进行对比分析。

（一） 劳动密集型行业

劳动密集型行业主要包括：纺织服装、鞋、帽制造业，皮革、毛皮、羽毛（绒）及其制品业和纺织业，是我国目前最具国际竞争力的出口行业。我国是一个人口大国，劳动力资源占世界总量的 26.3%，再加上经济发展水平较低，这种现状决定了我国发展劳动密集型产业具有比较优势和竞争优势。与贸易国际竞争力指数的分析结果不同的是，这三个行业的显示性比较优势指数呈下降趋势，2004 年比 2002 年分别下降了 16%、14% 和 10%。说明我国传统出口产品的贸易顺差占出口总额的比例虽有所增加，但仍低于世界的发展水平，面临着国际竞争的各种挑战。这与我国传统产业的发展特点有关。我国传统产业的优势主要集中于技术含量不高且劳动密集的部门，对资金、技术要求较高的部门则是薄弱环节，直接影响了传统产业的发展后劲，降低了该产业的国际竞争水平。

（二） 资本、技术密集型行业

资本、技术密集型行业主要有通信设备、计算机及其他电子设备制造业，化学原料及化学制品制造业和金属制品业等。TC 指数和 RCA 指数的计算结果显示：2004 年，资本、技术密集型行业的出口产品出现了一定程度的分化。通信设备、计算机及其他电子设备制造业的贸易国际竞争力水平处于上升趋势，RCA 指数由 2002 年的 1.076 上升到 2004 年的 1.13，上升了 5%；TC 指数基本翻了一番。化学原料及化学制品制造业和金属制品业一直处于较低比较优势的状态。目前，我国的电子信息产业已成为制造业中发展速度最快、规模最大、出口最多的第一大产业，主要产品产量的快速增长，用户市场的不断扩大，技术水平的明显提高，以及产品出口的大幅增长在一定程度上提高了该产业的国际竞争水平。

（三） 生产原材料、燃料等初级产品的行业

生产原材料、燃料等初级产品的行业主要包括农副食品加工业和石油、天然气开采业。2004 年，农副食品加工业的 RCA 指数和 TC 指数分别为：0.0732 和 -0.9275。天然气开采业的 RCA 指数和 TC 指数分别为：0.3387 和 -0.5367，两者的贸易国际竞争力水平均较低。随着我国经济的快速发展，我国的能源供应已经越来越难以满足国内的需求，逐渐成为原材料、燃料的纯进口国，在国际市场上丧失了比较优势。随着我国工业化进程的展开，能源、资源等初级产品将成为中国经济发展的制约因素，对外依赖的程度将不断加深。

五、基本结论

第一，我国工业产业的进出口总量持续快速增长，出口产品的结构不断优化，贸易国际竞争力逐步提高。一方面是由于经济持续高速增长以及政府的积极推动，给进出口贸易提供了良好的宏观经济环境；另一方面是由于外商直接投资的增加极大地影响了我国的进出口规模，成为进出口高速增长的主要动力。

第二，根据贸易国际竞争力指数和显示性比较优势指数的分析结果，基本可将 22 个工业产业分成以下四类：以纺织业，服装、鞋、帽制造业为代表的稳定比较优势的产业；以仪器仪表及文化、办公用机械为代表的处于由比较优势向比较劣势递减转换的产业；以通信设备、计算机及其他电子设备制造业为代表的由比较劣势向比较优势转换的产业；以化学原料及化学制品制造业为代表的长期处于比较劣势的产业。

第三，劳动密集型产业仍是我国对外贸易的主导产业，资金、技术密集型产业的贸易国际竞争力稳步上升。

我国产业的贸易国际竞争力总体上反映了我国的要素禀赋，是符合比较优势规律的，这从纺织业和服装业的贸易国际竞争力水平得到有力的证明。同时，资本技术密集型产业的贸易国际竞争力正处于逐步上升的态势，其贸易国际竞争力提升的模式主要是外国直接投资推动型模式。尽管劳动力资源丰富、劳动力成本低廉是我国现阶段的比较优势，但随着经济的快速发展，劳动力成本将呈现上升的趋势，因此，在今后的相当长一段时间内，应重点发展资本密集型和技术密集型行业。另外，在经济全球化背景下，随着国际工业产业进一步在全球范围的调整和重组，工业产业的国际分工越来越深入和细化，要提升我国工业产业的国际分工地位，也必须尽快在资本、技术密集型环节上提升国际竞争力。

第十章

中国工业行业间产业竞争力与行业选择

本章对我国行业标准分类中采矿业、制造业、电力、燃气及水的生产和供应业等 39 个大类行业的产业竞争和发展方向进行评价和分析，包含三个层次：首先，按照我国制造业产业竞争力评价指标体系和计算方法对工业各行业间的竞争力进行评价；其次，观察各行业在提供就业、创造增加值等支持经济社会发展的基本特征；再其次，讨论行业发展的能源消耗与环境保护问题。在三个层次讨论的基础上，讨论我国产业发展的行业选择问题。

一、2006 年我国工业行业间产业竞争力评价

本章首先引用我国区域制造业产业竞争力评价指标体系和计算方法，以工业产业下 39 个国标大类行业为评价对象，研究它们的竞争力发展状况。虽然这些行业在行业特征、规模上差异很大，但在竞争力评价下，它们又各有优劣，可以从不同角度展示行业竞争的丰富信息。计算所引用的数据为 2005 年我国国有和非国有规模以上工业企业调查数据，含 26.9 万余家工业企业。

综合竞争力（图 10 - 1），除前 5 个行业得分优势明显以外，其他行业得分比较接近。其中第 1 位的通信设备、计算机及其他电子设备制造业在创新和市场竞争力上得分最高，但成长竞争力一般（29 位）；石油和天然气开采业在竞争力实力、成本、投资和管理竞争力上都是第 1 位，但在市场和创新上表现一般，显示其能源行业的特点；黑色金属冶炼及压延加工业在各个要素上的排名最接近，除成长竞争力排名 14 位外，其他要素全在前 10 位之内。

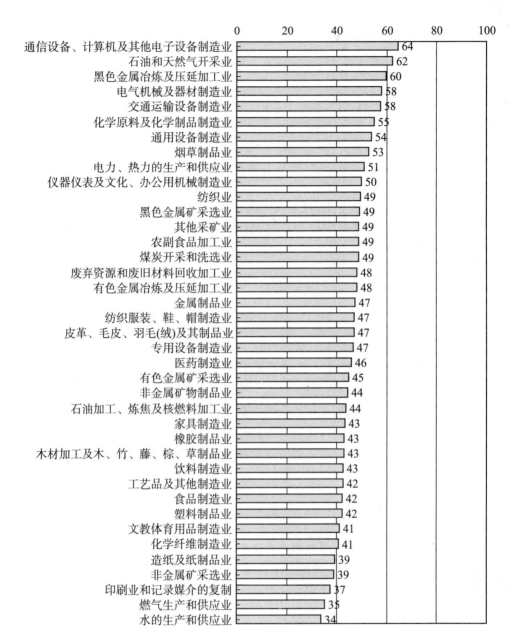

图 10 - 1　我国工业行业间综合竞争力排名

　　竞争力实力（图 10 - 2），纺织业以前的 12 个行业优势明显。能源行业在实力上的竞争优势表现十分明显，在 7 个指标的前 3 位绝对优势的 21 个测度点的表现中，能源行业占据了 43%。黑色金属冶炼及压延加工业是增加值最高的行业；石油和天然气开采业是利润额最高的行业，增加值率和资本利润率也是最高；电力、热力的生产和供应业是资本额最高的行业；纺织业是劳动力人数最高的行业；烟草制品业则是劳动力资本额最高的行业。

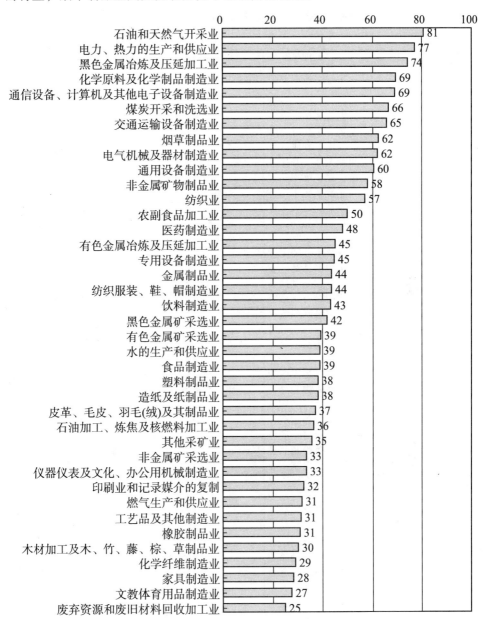

图10－2　我国工业行业间竞争力实力排名

成长竞争力（图10－3），其他采矿业所有指标都在前5位内，黑色金属矿采选业所有指标都在前7位内，表现最为均衡。电力、热力的生产和供应业在资本额、利润额、劳动力资本额上的表现都十分突出。电力、燃气及水的生产和供应业的3个行业资本额和劳动力资本额增长远高于其他行业。废弃资源和废旧材料回收加工业作为一个新兴行业，在适应节约环保的持续发展战略中表现出了很强的成长力。相对来说，医药、石油加工、化学纤维、交通运输设备制造等行业的成长竞争力不足。

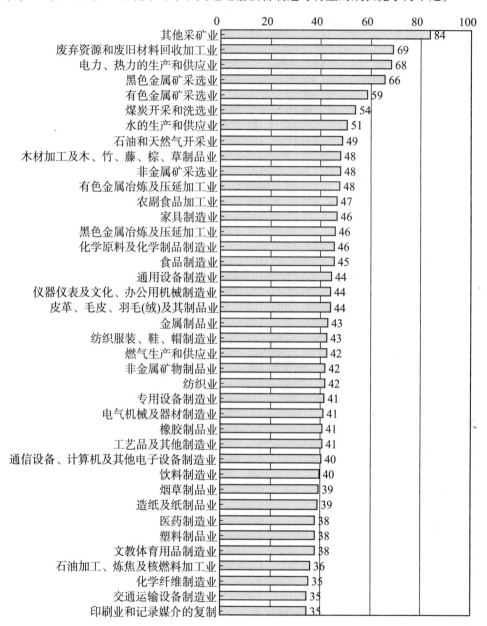

图 10－3　我国工业行业间成长竞争力排名

市场竞争力（图 10-4），在市场占有量（总量和比率指标）上表现最好的依次是通信设备、计算机及其他电子设备制造业，电气机械及器材制造业和纺织业，它们有关市场占有量的 4 个指标的排名都在前 10 位。市场成长（增长率指标）上表现最好的行业依次是，黑色金属矿采选业、废弃资源和废旧材料回收加工业、其他采矿业和家具制造业，它们有关市场增长的 3 个指标都排在前 10位。出口产品比率接近和超过 50% 的行业依次有，文教体育用品制造业，通信设备、计算机及其他电子设备制造业，仪器仪表及文化、办公用机械制造业，家具制造业，皮革、毛皮、羽毛（绒）及其制品业，工艺品及其他制造业，纺织服装、鞋、帽制造业等 7 个行业，它们的产品出口比例远高于其他行业。

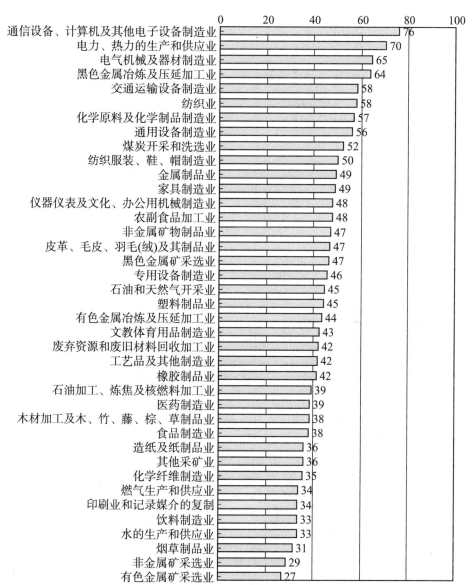

图 10 - 4 我国工业行业间市场竞争力排名

成本竞争力（图 10 - 5），没有一致优势的行业，但石油和天然气开采业、烟草制品业、废弃资源和废旧材料回收加工业的成本优势较为明显。石油和天然气开采业成本竞争力最强，大部分指标排在较低成本的前 8 位，但其劳动力成本是高成本的第 2 位；烟草制品业劳动力成本最高，增长较快，除销售费用较高外，其他成本都较低；废弃资源和废旧材料回收加工业销售成本则是高成本的第 3 位，其他成本较低。

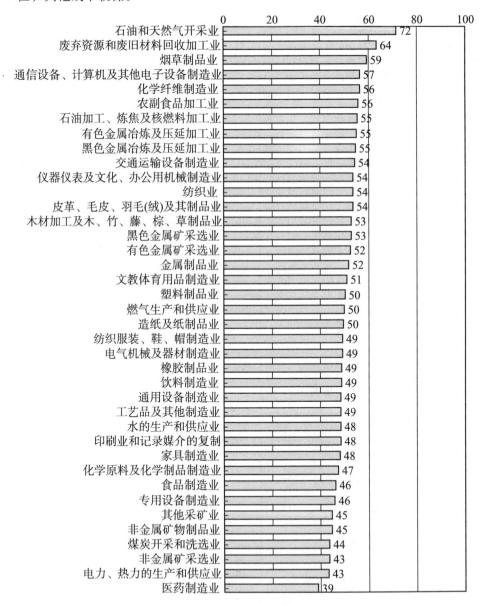

图 10 - 5　我国工业行业间成本竞争力排名

创新竞争力（图 10 - 6），优势行业优势明显，且行业间差距较大，前 10 位的行业具有明显的竞争优势，尤其以前 3 位行业为强。通信设备、计算机及其他电子设备制造业具有绝对优势，所有指标都在前 3 位，得分接近满分；电气机械及器材制造业所有指标都在前 10 位；交通运输设备制造业，仪器仪表及文化、办公用机械制造业，通用设备制造业除单位出口交货值排在 15 位左右外，其他指标都在前 10 位。

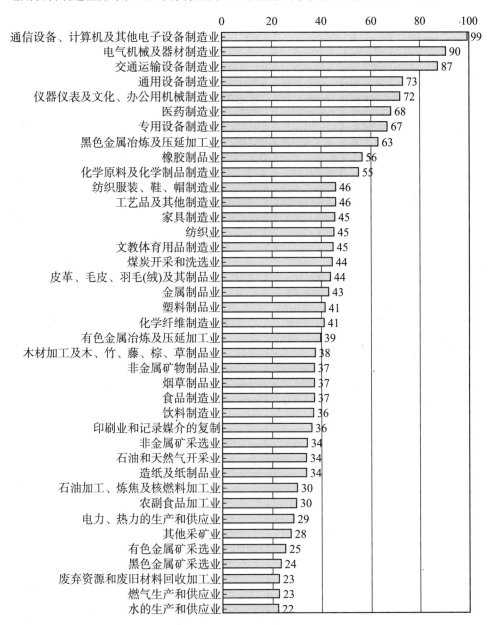

图 10 - 6　我国工业行业间创新竞争力排名

投资竞争力（图 10-7），石油和天然气开采业优势明显，其他行业前后差异不大，电力、燃气及水的生产和供应业的三个行业排在最后，作为公共行业在投资竞争力上劣势明显。从 6 个表现投资回报的指标来看，石油和天然气开采业占据 3 个第 1 位；烟草制品业占据 3 个第 2 位；黑色金属矿采选业占据 4 个前 3 位；有色金属矿采选业占据 3 个前 3 位；废弃资源和废旧材料回收加工业占据 1 个第 1 位和 4 个前 10 位。它们都是投资回报很高的行业。

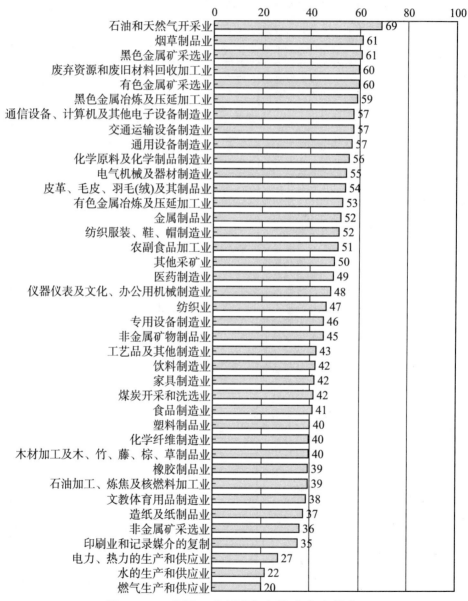

图 10-7　我国工业行业间投资竞争力排名

管理竞争力（图10-8），前4个行业优势明显，水的生产和供应业劣势明显。石油和天然气开采业除应收账款净额增长较快，排名靠后外，其他指标都排在前10位；烟草制品业则除流动资产周转最慢外，其他指标都排前10位，其应收账款净额增长最快。废弃资源和废旧材料回收加工业在多数指标的表现上较好，为其成长提供了支持。

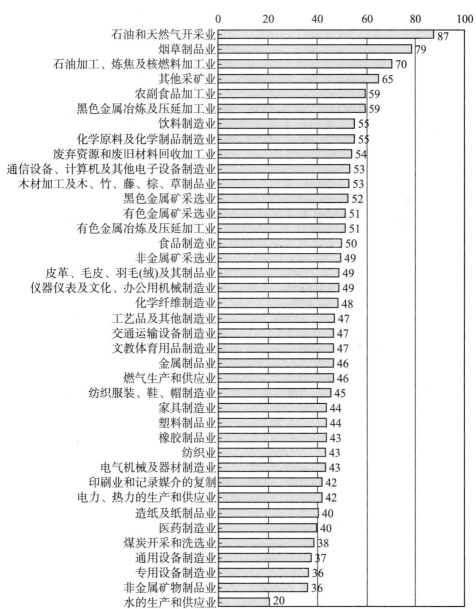

图10-8 我国工业行业间管理竞争力排名

二、行业支持发展的基本特征

我国现阶段,制定产业政策和协调产业发展需要观察不同行业对宏观目标的支持力,本节从两个层次选择了不同的指标展示各个行业对宏观目标的支持力,以及它们参与产业竞争的关键指标表现。

(一) 宏观目标特征

对宏观目标的支持作为产业选择和发展的基本特征,可以从 4 个方面描述,分别是创造价值、提供就业、支持创新、保障出口,它们又可以概况为从总量上描述的 4 个具体指标:

1. 创造价值——增加值。

增加值的创造是企业在经济循环过程中的基本作用,39 个行业的差距很大。黑色金属冶炼及压延加工业,通信设备、计算机及其他电子设备制造业,电力、热力的生产和供应业是创造增加值最高的三个行业,增加值都在 5 500 亿元以上,占所有行业增加值的 24%;增加值在 3 000 亿元以上的有 8 个行业,不足 500 亿元的有 11 个行业,其中不足 100 亿元的有 2 个行业 (见图 10 – 9)。

2. 提供就业——劳动力人数。

由于我国人口众多,就业压力大,行业发展在提升技术水平和创新的同时,对劳动力的吸纳是重要的宏观目标之一。劳动力人数在 100 万以上的有 22 个行业,其中 300 万以上的有 9 个行业,纺织业接近 600 万人,是劳动力最多的行业。劳动力人数不足 20 万人的有 5 个行业 (见图 10 – 10)。

3. 支持创新——新产品产值。

创新是产业发展的核心,对创新型产业的选择,以及现有产业内部在生产、研发、管理上的不断创新是我国产业提高竞争力的关键,也是未来产业发展的方向。新产品产值在 100 亿元以上的有 24 个行业,其中 1 000 亿元以上的有 5 个行业,通信设备、计算机及其他电子设备制造业,交通运输设备制造业都超过了 5 000 亿元。新产品产值不足 100 亿元的有 15 个行业,其中 6 个行业不足 10 亿元 (见图 10 – 11)。

4. 保障出口——出口交货值。

作为发展中的制造业大国,我国在世界贸易体系中发挥特殊的作用,增加出口是现阶段经济发展的重要支撑之一,提高出口产品科技含量和降低出口产品资源含量是未来发展的方向。出口交货值在 500 亿元以上的有 20 个行业,其中 1 000 亿元以上的有 13 个行业,通信设备、计算机及其他电子设备制造业远高于其他行业,达到 1.6 万亿元。出口交货值不足 100 亿元的有 9 个行业 (见图 10 – 12)。

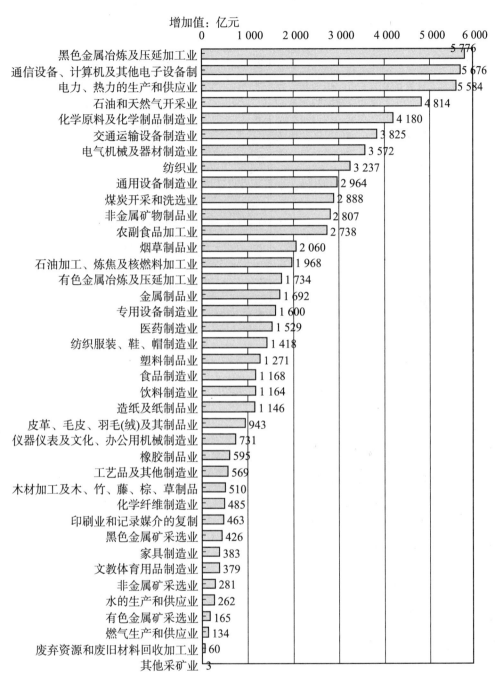

增加值：亿元

图 10 - 9　我国工业行业间增加值比较

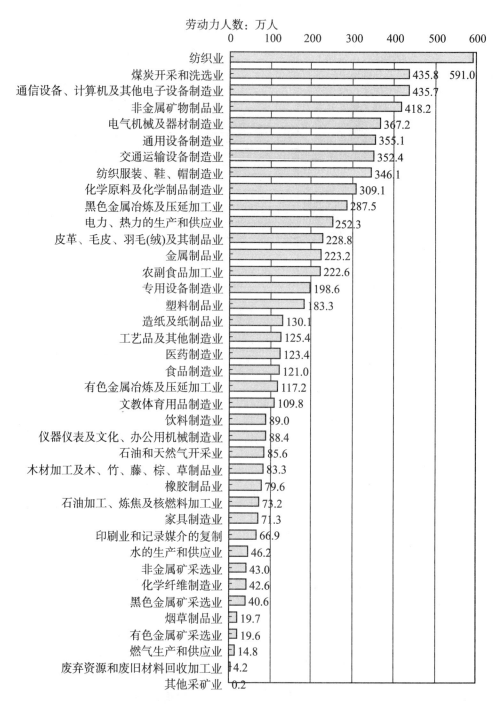

图 10-10 我国工业行业间劳动力人数比较

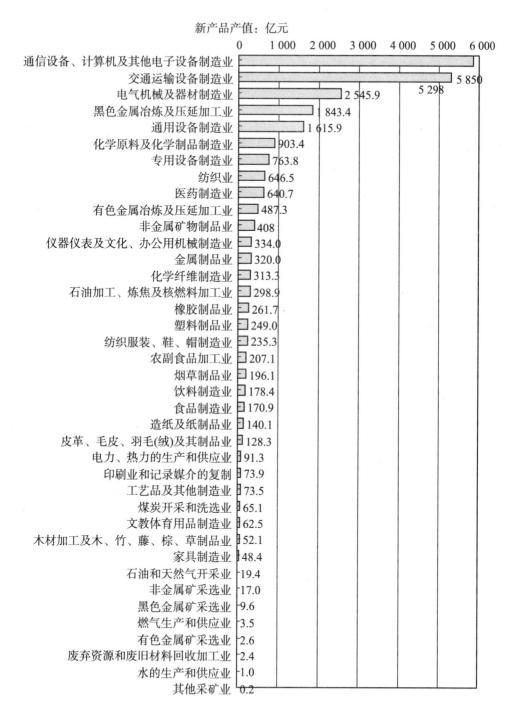

新产品产值：亿元

通信设备、计算机及其他电子设备制造业	5 850
交通运输设备制造业	5 298
电气机械及器材制造业	2 545.9
黑色金属冶炼及压延加工业	1 843.4
通用设备制造业	1 615.9
化学原料及化学制品制造业	903.4
专用设备制造业	763.8
纺织业	646.5
医药制造业	640.7
有色金属冶炼及压延加工业	487.3
非金属矿物制品业	408
仪器仪表及文化、办公用机械制造业	334.0
金属制品业	320.0
化学纤维制造业	313.3
石油加工、炼焦及核燃料加工业	298.9
橡胶制品业	261.7
塑料制品业	249.0
纺织服装、鞋、帽制造业	235.3
农副食品加工业	207.1
烟草制品业	196.1
饮料制造业	178.4
食品制造业	170.9
造纸及纸制品业	140.1
皮革、毛皮、羽毛(绒)及其制品业	128.3
电力、热力的生产和供应业	91.3
印刷业和记录媒介的复制	73.9
工艺品及其他制造业	73.5
煤炭开采和洗选业	65.1
文教体育用品制造业	62.5
木材加工及木、竹、藤、棕、草制品业	52.1
家具制造业	48.4
石油和天然气开采业	19.4
非金属矿采选业	17.0
黑色金属矿采选业	9.6
燃气生产和供应业	3.5
有色金属矿采选业	2.6
废弃资源和废旧材料回收加工业	2.4
水的生产和供应业	1.0
其他采矿业	0.2

图 10 - 11　我国工业行业间新产品产值比较

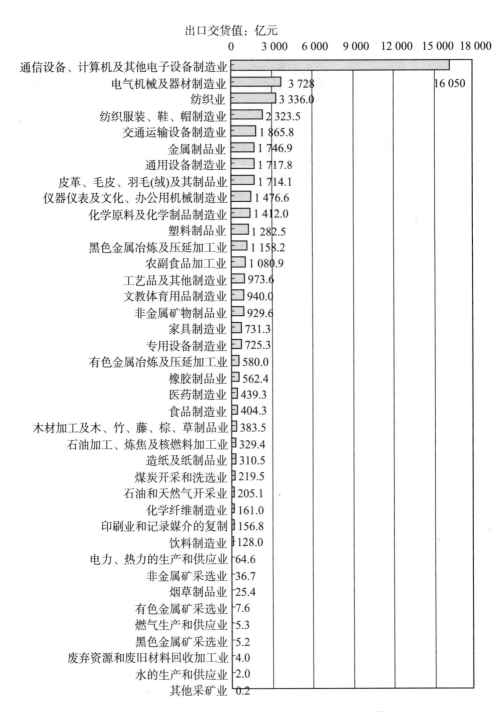

出口交货值：亿元

行业	出口交货值
通信设备、计算机及其他电子设备制造业	16 050
电气机械及器材制造业	3 728
纺织业	3 336.0
纺织服装、鞋、帽制造业	2 323.5
交通运输设备制造业	1 865.8
金属制品业	1 746.9
通用设备制造业	1 717.8
皮革、毛皮、羽毛(绒)及其制品业	1 714.1
仪器仪表及文化、办公用机械制造业	1 476.6
化学原料及化学制品制造业	1 412.0
塑料制品业	1 282.5
黑色金属冶炼及压延加工业	1 158.2
农副食品加工业	1 080.9
工艺品及其他制造业	973.6
文教体育用品制造业	940.0
非金属矿物制品业	929.6
家具制造业	731.3
专用设备制造业	725.3
有色金属冶炼及压延加工业	580.0
橡胶制品业	562.4
医药制造业	439.3
食品制造业	404.3
木材加工及木、竹、藤、棕、草制品业	383.5
石油加工、炼焦及核燃料加工业	329.4
造纸及纸制品业	310.5
煤炭开采和洗选业	219.5
石油和天然气开采业	205.1
化学纤维制造业	161.0
印刷业和记录媒介的复制	156.8
饮料制造业	128.0
电力、热力的生产和供应业	64.6
非金属矿采选业	36.7
烟草制品业	25.4
有色金属矿采选业	7.6
燃气生产和供应业	5.3
黑色金属矿采选业	5.2
废弃资源和废旧材料回收加工业	4.0
水的生产和供应业	2.0
其他采矿业	0.2

图 10-12 我国工业行业间出口交货值比较

（二）产业竞争特征

除了上面分析的 4 个关键特征指标，产业竞争中还有以下指标值得关注，它们是：资本额、利润额、劳动生产率、研究开发费、单位研发经费、出口产品比率、产品销售利润、资本利润率、市场占有率、研发回报率、总资产贡献率等 11 个体现总量、创新、市场、效率的竞争性指标。这里对这些指标的前 10 位产业和最后 1 位产业进行列举说明。

1. 资本额：39 个行业中资本额大于 1 000 亿元的有 33 个行业，大于 1 万亿元的有 6 个行业，电力、热力的生产和供应业的资本额高达 3.7 万亿元。资本额不足 100 亿元的只有其他采矿业 1 个行业（见图 10 – 13）。

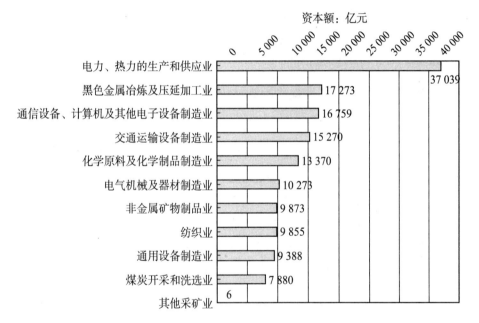

图 10 – 13　我国工业行业间资本额前 10 位和最后 1 位行业比较

2. 利润额：利润额在 100 亿元以上的有 26 个行业，其中 1 000 亿元以上的有 3 个行业，石油和天然气开采业高达近 3 000 亿元。利润额不足 50 亿元的有 5 个行业，其中水的生产和供应业，石油加工、炼焦及核燃料加工业为负值（见图 10 – 14）。

3. 劳动生产率：劳动生产率（从业人员年均创造增加值）在 10 万元以上的有 16 个行业，20 万以上的有 5 个行业，其中烟草制品业超过 100 万元，石油和天然气开采业也高达 56 万元。劳动生产率不足 5 万元的有 4 个行业（见图 10 – 15）。

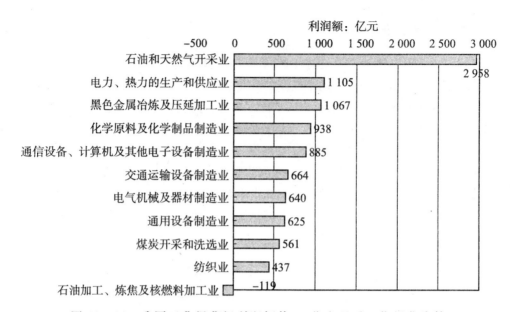

图 10 - 14   我国工业行业间利润额前 10 位和最后 1 位行业比较

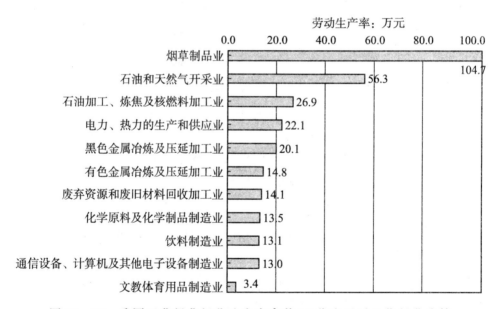

图 10 - 15   我国工业行业间劳动生产率前 10 位和最后 1 位行业比较

4. 研究开发费：研究开发费在 10 亿元以上的有 16 个行业，其中 50 亿元以上的有 5 个行业，通信设备、计算机及其他电子设备制造业超过 200 亿元。研究开发费不足 1 亿元的有 6 个行业（见图 10 - 16）。

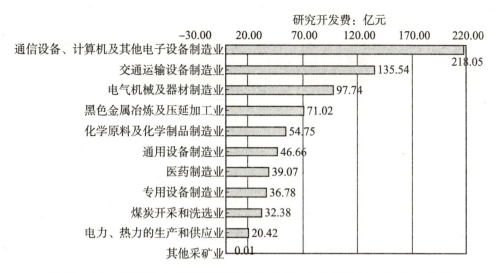

研究开发费：亿元

图 10－16　我国工业行业间研究开发费前 10 位和最后 1 位行业比较

5. 单位研究开发费：每万元销售收入投入的单位研究开发费在 20 元以上的有 16 个行业，其中 50 元以上的有 7 个行业。单位研究开发费不足 10 元的有 8 个行业（见图 10－17）。

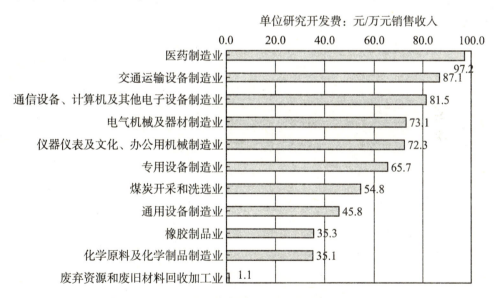

单位研究开发费：元/万元销售收入

图 10－17　我国工业行业间单位研究开发费前 10 位和最后 1 位行业比较

6. 出口产品比率：出口产品比率在 20% 以上的有 13 个行业，其中 50% 以上的有 5 个行业。出口产品比率不足 5% 的有 13 个行业，其中不足 1% 的有 4 个行业（见图 10－18）。

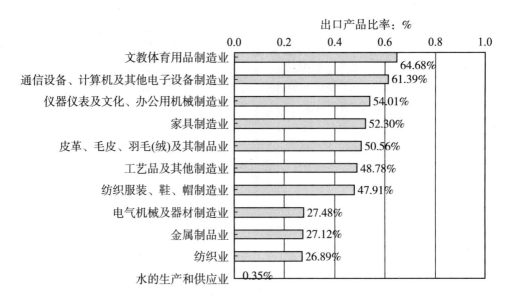

图 10 – 18   我国工业行业间出口产品比率前 10 位和最后 1 位行业比较

7. 产品销售利润：产品销售利润在 500 亿元以上的有 17 个行业，其中 1 500 亿元以上的有 6 个行业，能源行业占有 3 席。产品销售利润不足 100 亿元的有 4 个行业（见图 10 – 19）。

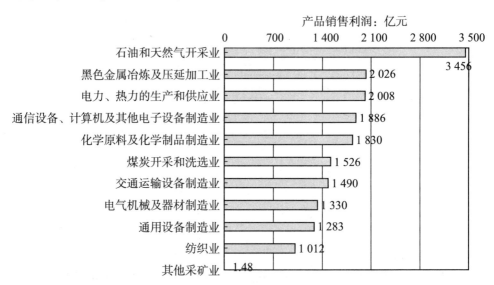

图 10 – 19   我国工业行业间产品销售利润前 10 位和最后 1 位行业比较

8. 资本利润率：资本利润率在 5% 以上的有 30 个行业，其中 10% 以上的有 5 个行业。资本利润率不足 3% 的有 5 个行业，其中为负值的有 2 个行业（见图 10 – 20）。

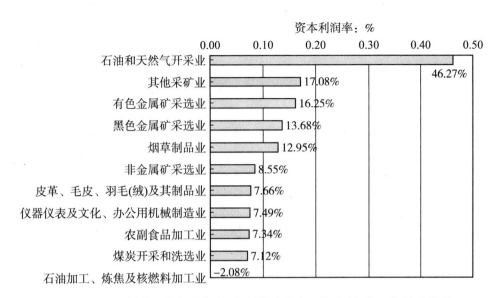

图 10 - 20　我国工业行业间资本利润率前 10 位和最后 1 位行业比较

9. 市场占有率：市场占有率在 5% 以上的有 10 个行业，其中 10% 以上的有 3 个行业。市场占有率不足 1% 的有 11 个行业（见图 10 - 21）。

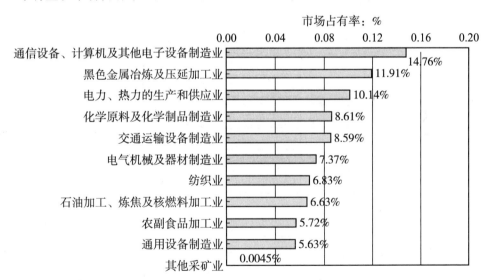

图 10 - 21　我国工业行业间市场占有率前 10 位和最后 1 位行业比较

10. 研发回报率：研发回报率指单位研究发展经费所带来新产品产值的比率，该比率在 30 倍以上的有 16 个行业，其中 50 倍以上的有 3 个行业，废弃资源和废旧材料回收加工业高达 83.3 倍。研发回报率不足 1 的仅有 1 个行业（见图 10 - 22）。

图 10 - 22　我国工业行业间研发回报率前 10 位和最后 1 位行业比较

11. 总资产贡献率：总资产贡献率反映企业全部资产的获利能力，该比率在 10% 以上的有 34 个行业，其中 15% 以上的有 10 个行业，超过 50% 的有 2 个行业。总资产贡献率不足 5% 的有 2 个行业（见图 10 - 23）。

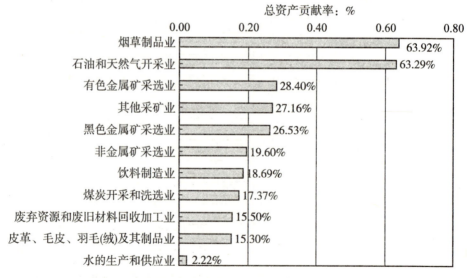

图 10 - 23　我国工业行业间总资产贡献率前 10 位和最后 1 位行业比较

三、行业发展的能源消耗与环境保护

可持续发展要求产业向低能耗、低污染方向发展。本章选取 10 个描述行业能耗和环保的指标（表 10-1），针对 39 个行业的工业总产值分别计算单位产值的指标值，在此基础上，单一指标在 39 个行业下分别求标准化数值并返回正态得分，而后分别简单平均得到能耗指数和环保指数。

表 10-1　　　　　　　　能耗和环境指数的指标构成

能耗指数	单位产值能源消耗量，吨标准煤/万元 *
	单位产值电力消费量，千瓦时/万元 *
环保指数	单位产值废水排放量，吨/万元 *
	单位产值废气排放量，立方米/万元 *
	单位产值工业二氧化硫排放量，吨/亿元 *
	单位产值烟尘排放量，吨/亿元 *
	单位产值粉尘排放量，吨/亿元 *
	单位产值工业固体废物产生量，吨/万元 *
	单位产值工业固体废物排放量，吨/万元 *

注：标有 * 的是逆指标，即数值越大得分越低。

（一）行业能源消耗

从 39 个行业的能源消耗来看（见图 10-24），通信设备、计算机及其他电子设备制造业单位产值耗能最少，有 7 个行业在 80 分以上，11 个行业在 70~80 分，3 个行业在 60~70 分，前 21 位的行业在能源消耗上差别不大，之后的 18 个行业能耗迅速增加。

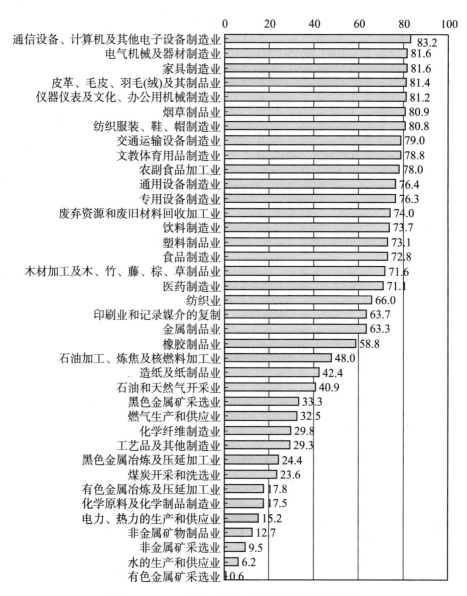

图 10 - 24 我国工业行业间能耗指数比较

（二）行业环境影响

从 39 个行业单位产值污染物排放来看（见图 10 - 25），得分 63 分以上的 18 个行业，差距不大，即在单位产值污染物的排放上各有优劣，差别不是很大，其他 21 个行业在污染物排放上差别较大。

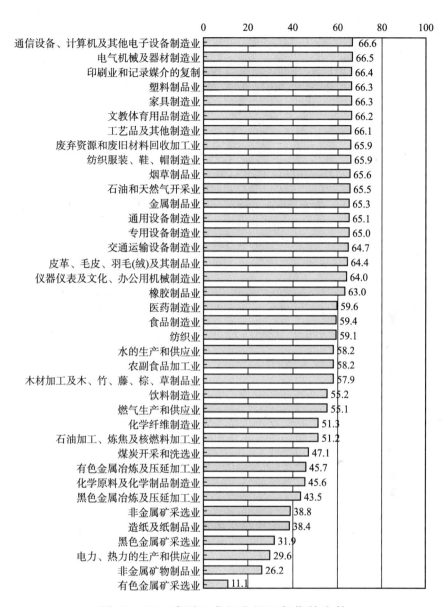

图 10-25　我国工业行业间环保指数比较

四、产业发展的行业选择与战略性产业

不同国家在不同发展阶段会选择不同的产业为其战略性产业，对此类产业予以保护和重点扶持，如美国目前紧盯能源产业问题。我国由于历史发展阶段和国情的特点，在战略性产业的选择上需要同时考虑多个因素和目标，具体可以概括

173

为以下几点：

1. 在产出规模和效率上有强势表现，可以或有希望参与国际竞争；
2. 有利于财富创造和增加就业等宏观目标的实现；
3. 环境代价小，有利于可持续发展。

我们认为可以以我国产业国际竞争力提升为基本考虑因素，综合考虑行业间的产业竞争力、宏观目标和能源环保问题，选取产业综合竞争力和要素竞争力强、有利于宏观目标实现、低能耗低污染的产业为我国未来产业发展重点扶持方向，以此提高我国产业整体的国际竞争力。

（一）选择目标的量化方法

分别以8个竞争力得分（综合竞争力和7个要素竞争力）、4个宏观目标指标、2个能源环保指数为选择要素，描述39个行业的优先选择问题。方法是将39个行业在上述14个选择要素上的得分分别排序，对于单个选择要素给排名1~10、11~20、21~30、31~39的行业分别赋分值5、4、2、1。可以观察哪些行业在不同选择要素上获得高分，也可以观察39个行业在14个选择要素上的总得分情况。

（二）行业选择信息展示

依照上述方法，39个行业的选择要素得分见表10-2，总得分见表10-2和图10-26。从表10-2来看，总得分前6位的行业在要素得分上获得的5分非常集中，它们依次是通信设备、计算机及其他电子设备制造业，交通运输设备制造业（含汽车、传播、航空航天器等），黑色金属冶炼及压延加工业（钢铁工业），通用设备制造业（机械设备制造业），电气机械及器材制造业，化学原料及化学制品制造业，前10位的行业还有纺织业，纺织服装、鞋、帽制造业，仪器仪表及文化、办公用机械制造业，农副食品加工业。图10-26则按照选择要素总得分降序的顺序排列了39个行业。

表10-2　　　　　　　产业发展的行业选择得分表

代码	行业	产业竞争								产业特征				可持续发展		总得分
		综合竞争力	竞争力实力	成长竞争力	市场竞争力	成本竞争力	创新竞争力	投资竞争力	管理竞争力	创造价值	提供就业	支持创新	保障出口	能耗指数	环保指数	
06	煤炭开采和洗选业	4	5	5	5	1	4	2	1	5	2	2	5	1	2	44
07	石油和天然气开采业	5	5	5	4	2	5	1	5	5	2	1	2	2	4	52

代码	行业	产业竞争								产业特征				可持续发展		总得分
		综合竞争力	竞争力实力	成长竞争力	市场竞争力	成本竞争力	创新竞争力	投资竞争力	管理竞争力	创造价值	提供就业	支持创新	保障出口	能耗指数	环保指数	
08	黑色金属矿采选业	4	4	5	4	4	1	5	4	1	1	1	1	2	1	38
09	有色金属矿采选业	2	2	5	1	4	1	5	4	1	1	1	1	1	1	30
10	非金属矿采选业	1	2	5	1	1	2	1	4	1	1	1	1	1	1	23
11	其他采矿业	4	2	5	1	1	1	4	5	1	1	1	1	1	1	29
13	农副食品加工业	4	4	4	4	5	1	4	5	4	4	4	4	5	2	54
14	食品制造业	1	2	4	2	1	2	2	4	2	4	2	4	2	2	36
15	饮料制造业	2	4	2	1	2	2	2	5	2	4	2	4	2	2	34
16	烟草制品业	5	5	1	1	5	2	5	5	4	1	4	1	5	5	49
17	纺织业	4	4	2	5	4	4	4	2	5	5	5	5	4	2	55
18	纺织服装、鞋、帽制造业	4	4	2	5	2	4	4	2	4	5	4	5	5	5	55
19	皮革、毛皮、羽毛（绒）及其制品业	4	2	4		4	4	4	4	2	4	2	5	5	4	52
20	木材加工及木、竹、藤、棕、草制品业	2	1	5	2	2	2	2	4	2	2	2	2	4	2	36
21	家具制造业	2	1	4	2	2	4	2	2	1	2	1	2	5	5	39
22	造纸及纸制品业	1	2	1	2	2	2	1	1	2	2	2	2	2	2	25
23	印刷业和记录媒介的复制	1	1	1	2	2	1	1	2	2	2	2	2	4	5	27
24	文教体育用品制造业	1	1	4	2	4	2	1	2	2	2	2	2	5	5	35
25	石油加工、炼焦及核燃料加工业	2	2	1	2	5	1	1	5	4	2	4	2	2	2	35
26	化学原料及化学制品制造业	5	5	4	5	1	5	5	5	5	5	5	5	1	1	57
27	医药制造业	2	4	1	2	1	5	4	1	4	4	5	2	4	4	43

续表

代码	行业	产业竞争								产业特征				可持续发展		总得分
		综合竞争力	竞争力实力	成长竞争力	市场竞争力	成本竞争力	创新竞争力	投资竞争力	管理竞争力	创造价值	提供就业	支持创新	保障出口	能耗指数	环保指数	
28	化学纤维制造业	1	1	1	1	5	4	2	4	2	1	4	2	2	2	32
29	橡胶制品业	2	1	2	2	2	5	1	2	2	2	4	4	2	4	35
30	塑料制品业	1	2	1	4	4	4	2	2	4	4	4	4	4	5	45
31	非金属矿物制品业	2	4	2	4	1	2	2	1	4	5	4	4	1	1	37
32	黑色金属冶炼及压延加工业	5	5	4	5	5	5	5	5	5	5	5	4	2	1	61
33	有色金属冶炼及压延加工业	4	4	4	4	5	2	4	4	4	4	4	4	2	2	47
34	金属制品业	4	4	4	4	4	4	4	2	4	4	4	5	2	4	53
35	通用设备制造业	5	5	4	5	2	5	5	1	5	5	5	5	4	4	60
36	专用设备制造业	2	4	2	4	1	5	2	1	4	4	5	4	4	4	46
37	交通运输设备制造业	5	5	1	5	5	5	5	2	5	5	5	5	5	4	62
39	电气机械及器材制造业	5	5	2	5	2	5	4	2	5	5	5	5	5	5	60
40	通信设备、计算机及其他电子设备制造业	5	5	2	5	5	5	5	5	5	5	5	5	5	5	67
41	仪器仪表及文化、办公用机械制造业	5	2	4	4	4	5	4	4	2	2	4	4	5	4	54
42	工艺品及其他制造业	2	1	2	2	2	4	2	4	2	4	2	4	2	5	38
43	废弃资源和废旧材料回收加工业	4	1	5	2	5	1	5	5	1	1	1	1	4	5	41
44	电力、热力的生产和供应业	5	5	5	5	1	1	1	1	5	4	2	1	1	1	38
45	燃气生产和供应业	1	1	2	1	4	1	1	2	1	1	1	1	2	2	21
46	水的生产和供应业	1	2	5	1	2	1	1	1	1	1	1	1	1	2	21

注：灰色部分为前 10 名的行业

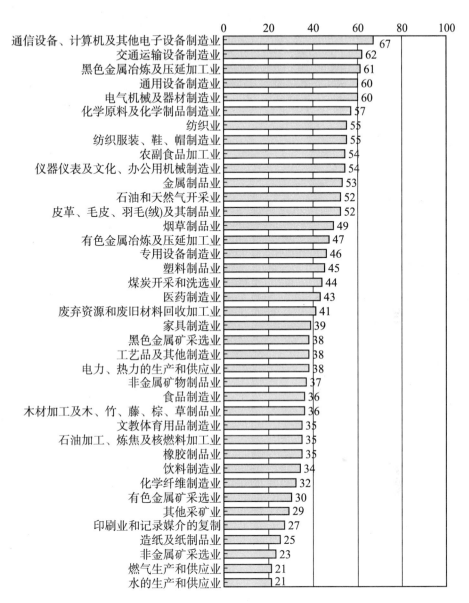

图 10 - 26　我国工业行业选择要素总得分比较

第三部分

中国产业
竞争力专题研究

第十一章

中国服务业产业竞争力研究

一、服务业竞争力研究的背景和服务业发展现状

（一）研究背景

未来中国国际竞争力的强弱很大程度上取决于服务业的发展水平。根据经济合作组织（OECD）在 1999 年 9 月召开的工商政策论坛的定义，"服务业是经济活动中一个门类分布广泛的群体行业，它包括高技术、知识密集型分支门类和劳动密集、低技能行业领域。服务业是专以劳务、咨询、管理技能、休闲娱乐、培训和中介等形式进行的经济增值活动"。本研究所指的服务业是广义的第三产业，包括交通运输、邮电通信业、批发和零售贸易、餐饮业、房地产业等多个行业。

现如今，全球经济结构正发生着深刻的变化，经济重心正在重新定位。服务业在经济活动中逐渐占据主导地位，全球竞争焦点有向服务业转移的趋势。近年来，全球服务业产出在整个经济中的比重已经达到 60% 以上，其中 34 个低收入水平国家为 36%，48 个中等收入国家为 50%，22 个高收入国家为 65%。而澳大利亚、加拿大、法国、德国、英国和美国的服务业产出比重已经上升到接近或达到 70%。服务业的就业份额也在持续稳步上升，在一些发达国家甚至有近 3/4 的人从事服务业。全球服务贸易蓬勃发展，增长速度远远超过货物贸易的增长，服务业也开始成为国际直接投资的重点，国际直接投资中服务业投资总额明显高于制造业投资总额。服务业国际竞争力的强弱不仅关系到服务业自身的生存和发

展，还直接影响着其他产业的竞争能力和一国整体的经济发展，提升服务业的国际竞争力至关重要。

鉴于服务业在经济增长、社会就业、国际贸易等方面重要性不断增加，关于服务业的理论研究也在逐渐加强。服务业竞争力对产业的发展关系重大，事实证明，服务业国际竞争力在一定程度上也反映了一个国家或地区的竞争力水平，因此服务业竞争力问题也成为服务经济研究的重要方面。

（二）中国服务业的现状

中国改革开放以来，服务业发展很快，一些新兴服务业从无到有，较为完整的服务业体系基本形成。如表 11 - 1 所示，2004 年中国服务业的增加值为 43 384 亿元，是 1978 年的 50 倍。服务业在国民经济中的地位与作用日益提高，服务业产出在整个经济中的比重基本呈上升趋势，1990 年以后服务业增加值占国内生产总值（GDP）的比重达到 30% 以上。

表 11 -1 　　　　　　　　　　中国服务业对 GDP 的贡献率

年份	服务业增加值（亿元）	服务业占 GDP 比例（%）
1978	60.5	23.7
1985	2 556.2	28.5
1990	5 813.5	31.3
1995	17 947.2	30.7
2000	29 904.6	33.4
2004	43 384	31.8

资料来源：2000 年以前数据来自国家统计局；2004 年数据来自《中华人民共和国 2004 年国民经济和社会发展统计公报》。

中国服务业的对外开放程度并不高，这可以从服务贸易开放度与服务业对外资的开放度显示出来。改革开放以来，我国服务贸易获得了长足的发展，服务贸易总额逐年上升，1985 年服务贸易进出口额为 51.9 亿美元，到 2004 年已超过 1 300 亿美元，是 1985 年的 26 倍。我国已进入世界主要服务贸易国行列，2004 年服务出口位居世界第 9 位，进口位居世界第 8 位。但是，如表 11 -2 所示，我国服务贸易的开放度并不高，尽管服务贸易开放度呈现逐渐上升的趋势，但 2004 年服务贸易开放度只有 8.2%，大大低于同年货物贸易 68.4% 的开放度，也低于西方国家近年来超过 10% 的水平。与服务贸易开放度相比，我国服务业对外资的开放度更低一些。2000 年与 2004 年我国服务业对外资的开放度分别为 0.82% 与 0.85%，还有个别行业尚未对外资开放。

表 11 – 2　　　中国服务贸易开放度与货物贸易开放度的比较　　　单位：%

年份	服务贸易开放度	货物贸易开放度
1985	1.7	21.2
1990	2.6	24.5
1995	6.1	33.5
2000	6.2	42.9
2004	8.2	68.4

资料来源：2000 年以前的服务贸易与货物贸易开放度根据国家统计局《中国统计年鉴》相关年份数据计算；2004 年的开放度根据国家统计局《中华人民共和国 2004 年国民经济和社会发展统计公报》与国家外汇管理局 2004 年国际收支平衡表中的相关数据计算。

对我国而言，服务业对于整个经济的发展具有更为重要的意义，我国的经济结构调整、产业结构升级、缓解就业压力都要求服务业得到大力发展。但是，相比起世界服务业快速发展的大趋势，我国的服务业还比较落后（仅占 GDP 的 1/3），服务贸易竞争力水平比较低。中国"入世"以后，按照"入世"承诺，逐步对服务业实行广泛的开放，服务业在市场准入、国民待遇、透明度等方面正进行着根本性变革。以 2005 年作为临界点，我国服务业开始进入深度开放的"入世"后过渡期，一些敏感领域将结束保护，外资进入的地域限制、数量限制、股权限制将逐步取消，市场开放力度和范围将明显超过"入世"前三年，并将在三年内全部达到过渡期终点。国内服务市场将引入更为激烈的国际竞争，国内服务企业面临着国际上大型跨国公司竞争的更大压力，当前提升我国服务业的国际竞争力成为刻不容缓的任务。在这种背景下，对我国服务业国际竞争力的现状与提升对策进行研究极为必要。服务业竞争力是一个涵盖服务业本身以及有关要素、关系和行为多个方面的综合系统，迄今为止，理论界对于什么是服务业产业竞争力？如何测度服务业产业竞争力的现状与发展趋势？怎么来提高服务业产业竞争力？等等问题，远没有像其他经济问题的研究那样深入。本研究将本着借鉴国际经验，并根据中国国情的实际情况进行分析的思路，来研究服务业产业竞争力的理论基础和方法体系，并在此基础上，探寻一条符合经济发展内在规律的中国服务业发展之路。

二、服务业国际竞争力国内外研究综述

进入 20 世纪 90 年代后，伴随世界经济一体化和贸易全球化的发展，服务业产业竞争力的研究随之成为理论界关注的焦点，研究的视角也不仅仅局限于各国服务业本身，并且与各国服务业发展战略联系起来。约翰逊（Johansson，J.，

1990）研究了日本的信息服务、广告、银行、保险、商业和咨询业等重要服务业部门，采用针对具体企业研究，再分析行业优劣势的方法，评估日本服务业的国际竞争力。约翰斯顿（Johnston，R.，1988）分析了服务业对于英国经济的重要性，并将英国服务业与日本服务业对比，提出从以下四个方面提升英国服务业竞争力：服务业质量、价格、可获得性和服务范围。在国内，关于服务业产业竞争力问题的研究才刚刚起步，除了中国人民大学竞争力研究中心发表的《中国31省市自治区服务业竞争力评价报告》侧重国内省级服务业竞争力的评价之外，其他服务业竞争力综合评价的研究较少。吴玉鸣的《我国31个省市自治区第三产业综合发展水平的最新评估》，其评价指标主要是从城市的发展水平来设计的，没有涉及到服务业内部情况，其软指标也较多，可操作性不强。俞梅珍的《中外服务产业国际竞争力比较分析》，采用国际对比方法分析了我国服务性产业的竞争力现状与基本定位，探讨了服务竞争力的决定要素，但未就如何提升我国服务性产业的国际竞争力提出操作性建议与对策措施，其国际比较的方法对本研究有很大的启示。

通过对上述服务业国际竞争力文献的研究和分析，可以为我们研究服务业国际竞争力提供所需的相关经验，开创了研究服务业竞争力的新领域。在服务业竞争力要素，尤其是关键性要素的理论和实证研究方面，许多问题的应用研究和相关的理论研究以及分析模型方法有待深入开发。什么是服务业产业的核心竞争力、基础竞争力、环境竞争力？影响或决定服务业产业竞争力的因素有哪些？理论界还没有一个清晰的认识，在研究中也没有形成一个完整的、系统的理论分析框架。

三、服务业国际竞争力设计的理论和方法

（一）研究思路

服务业的国际化不断加深，国家与国家之间服务业的竞争不断加剧，服务业的国际竞争力评价已成为十分迫切的问题。在分析服务业国际竞争力的评价体系之前，先来确定什么是服务产业国际竞争力。诺贝尔经济学奖获得者、竞争理论大师乔治·斯蒂格勒在《新帕尔格雷夫经济学大辞典》中把"竞争"一词定义为："竞争系个人（或集团或国家）间的角逐：凡两方或多方力图取得并非各方均能获得的某些东西时，就产生竞争。"竞争力就是上述行为主体竞争某种相同资源的能力，它从根本上决定了资源的配置和效率。一般认为，在竞争性市场下，一资源配置给最有竞争力的主体可以实现帕累托最优。

竞争力最初是以国际竞争力的形式进入学术研究领域的。国际竞争力研究最

初是定位于国家竞争力的，1980 年洛桑国际管理发展学院（IMD）率先对其进行了研究。IMD 认为国家竞争力是创造增加价值，从而增加国民财富的能力，并由此出发，从企业管理、国内经济实力、国际化程度、政府作用、金融环境、基础设施、科学技术和国民素质 8 个方面加以评价。而美国哈佛大学教授波特认为国际竞争力的研究应着重于产业竞争力。波特把产业国际竞争力定义为：一国在某一产业的国际竞争力，为一个国家能否创造一个良好的商业环境，使该国企业获得竞争优势的能力。国与国在某一产业的竞争，应是国与国之间在商业环境方面的竞争。所以服务业的国际竞争力是指一个国家能够创造良好的服务业发展环境，使该国的服务业企业获得竞争优势的能力。波特认为国家竞争优势是产业的竞争优势问题，产业的竞争力，即是一个国家的经济、社会、政治法律环境如何影响该产业的问题，而影响最大、最直接的因素是：生产要素、需求因素、相关与支持产业以及企业战略和组织结构、政府和机遇，即"五力"模型。

在多年的研究基础之上，我们试图利用 IMD 的国际竞争力指标数据基础来研究产业国际竞争力，提出了三位一体的国际竞争力体系。竞争力体系即为：核心竞争力、基础竞争力和环境竞争力。竞争力实际是一个综合评价体系，选用三位一体体系思路源于我们的国际竞争力评价的出发点即为着眼中国的实际国情，寻找与国际上发展较好的强国之间的差距。中国自改革开放以来，无论政治、经济，还是科教文卫都取得了长足的发展，但是，我们的人口多、底子薄、资源相对稀缺，中国的发展需要立足中国的国情，走可持续的科学发展道路。这种对国情的认识，即是对基础竞争力的评价与分析。科学发展与否的判断，就是依据环境竞争力的评价与审视。至于核心竞争力，是用竞争的观点看问题，并不是要照着当前最强的国家去努力复制，而是要在基础和环境允许的条件下，发展自己的特点，加强不可替代性，创造自己的核心竞争力。

具体在服务业竞争力的研究中，我们这样理解核心、基础、环境竞争力的内涵：核心竞争力是指各国服务业已经实现的竞争优势。这种优势不仅体现在服务业发展的规模、结构、成长性方面，更是决定于产业中的服务企业个体的战略能力。此外，服务业国际竞争力的评价还需要评判各国的服务业在国际舞台中的竞争态势，具体表现为对国际市场的占有能力。基础竞争力是指服务业发展的依托，包括基础设施，信息技术基础设施支撑服务业发展的因素，资源禀赋能力决定服务业发展的投入特点，以及因目前服务业具有知识密集度越来越高的特点，创新能力也支撑着服务业的发展。环境竞争力反映一个国家的宏观经济水平对服务业的影响情况。产业的发展也是在宏观经济环境下才能正常发展，经济链条的每一个部分都会直接或者间接影响到产业的发展水平，尤其是服务业这种覆盖面广的产业，所以我们选择经济水平、经济效率、城市化水平、开放度四个因素（见图 11 - 1）。

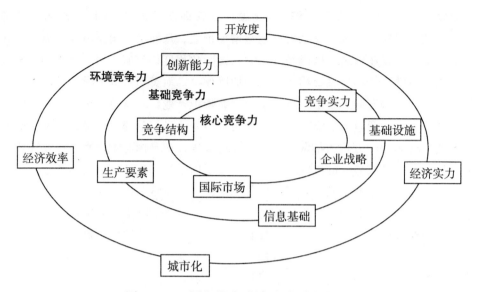

图 11-1　国际服务业竞争力分析框架

（二）中国服务业产业竞争力评价指标体系设计

1. 设计原则。

服务业竞争力是一个复杂的系统，构建一个简明综合的地区服务业竞价指标体系应遵循以下几项主要原则：

（1）科学性原则。指标体系一定要建立在科学基础之上，指标的选择、指标权重的确定、数据的选取、计算与合成必须以公认的科学理论（如统计理论、经济理论等）为依据，以较少的综合性指标，规范、准确地反映服务业竞争力的基本内涵和要求。

（2）系统性原则。指标设置要尽可能全面反映服务业竞争力的特征，防止片面性，各指标之间要相互联系、相互配合，各有侧重，形成有机整体，从不同角度反映一个地区服务业发展的实际状况。

（3）动态性。提高服务业竞争力既是目标又是过程，因此，指标体系既要充分考虑服务业竞争力系统的动态化特点，又能综合反映服务业竞争力的现状和发展趋势，便于预测和管理；同时，又要在一定时期内保持指标体系的相对稳定性，不宜频繁变动。

（4）可操作性原则。指标体系应是一个可操作性强的方案，要尽可能利用现有统计数据，指标的经济含义要明确，口径要一致，核算和综合方法要统一，以达到动态可比，保证指标比较结果的合理性、客观性和公正性。

2. 数据选择。

所采用的指标数据来自瑞士洛桑国际管理发展学院（IMD）出版的《世界竞争力年鉴》，并且分为硬指标和软指标。有单位的为硬指标，来源于国际组织和各国的背景数据；没单位的为软指标，是 IMD 对所有参加评价的国家和地区的问卷调查所得数据。指标后的括号内注明数据的年份、单位等内容。我们尽可能选用相对指标，以期在国与国之间的比较过程中，更加合理，同时相对量指标能有效剔除其中人口、土地面积等因素的干扰，比用绝对量更为客观地度量一个地区的服务业发展现状。根据以上几条原则，以及前面的理论框架，具体设计中国服务业产业竞争力评价指标。

（三）中国服务业产业竞争力评价指标解释

1. 核心竞争力。

表 11 - 3　　　　　　　　　　服务业核心国际竞争力指标

要素设计	IMD 编码	指标名称
竞争力实力	1.5.01	服务业产出占 GDP 比重（%）
	1.5.03	服务业产出增长率（计算）
	6.1.10	服务业生产率（购买力平价） 每个服务业雇员创造的相应 GDP（以购买力平价计）（美元）
结构竞争力	2.2.08	旅游收入 来自国外的旅游收入占 GDP 比重（%）
	4.3.02	股票市场交易额 （人均美元）
	7.3.61	高技术产品出口额（百万美元）
国际市场竞争力	2.1.06	服务收支差额占 GDP 百分比（%）
	2.2.04	商业服务出口额 （10 亿美元）
	2.2.06	商业服务出口增长率 以美元计的变化百分比（%）
企业战略能力	6.4.63	销售学方法 本国企业 有效掌握销售学方法（↑） 没有有效掌握销售学方法（↓）
	6.5.01	顾客满意度 在贵国受到重视（↑） 在贵国不受重视（↓）
	6.5.03	企业家精神 管理者有较强的企业家精神（↑） 管理者缺乏企业家精神和创新意识（↓）

核心竞争力具体指标（见表 11 - 3）解释：

竞争力实力：服务业竞争力首先表现在服务业创造增加值的能力上，而增加值则是通过服务业产出这个总量指标来加以反映的，为了更加客观地比较各个国家这方面的实力，本研究拟用服务业增加值相对量代表服务业发展水平。竞争力也是一个动态的概念，产出的增长速度则衡量了这种发展态势。此外，发展服务业不仅要求数量上的增长，更要求质量上的提高，这种质量的提高主要体现在服务业的生产率这个指标上。

结构竞争力：服务业的发展不仅表现在规模的扩张上，也表现在产业结构的高级化和合理化上，直接体现为第三产业内部各行业之间的关系。第三产业涵盖广泛、行业众多。一般认为，商业饮食业、运输、邮电和仓储业是传统第三产业；金融业、旅游业和科学技术是新兴第三产业。后者代表未来第三产业的发展方向，其比重大小决定了第三产业可持续发展的能力。鉴于 IMD 数据的可得性，我们选择旅游收入占 GDP 的比重、股票市场人均交易额、高技术产品出口额这三个指标来刻画服务业的结构竞争力。这三个指标在一定程度上反映了金融、旅游业、高新技术产业的发展现状，作为现代服务业中的典型行业，代表了服务业的发展方向。

国际市场竞争力：这个因素用来评测各国服务业在国际市场上的竞争结果，我们用服务收支差额占 GDP 的百分比、商品服务出口额、商品服务出口增长率来表示。

企业战略能力：波特认为，服务企业的组织和管理模式，以及国内竞争程度与服务业的竞争力密切相关。企业的组织管理模式、竞争战略很大程度上影响着企业乃至整个行业的竞争力。服务作为一种无形的商品，其质量是很难量化的，我们选择企业家精神间接测度提供服务商品的质量好坏，而销售学方法和顾客满意度则是用来衡量服务产品到达消费者的效率和消费者对服务的评判。

2. 基础竞争力。

基础竞争力具体指标（见表 11 - 4）解释：

创新能力：高科技的发展将为服务业提供信息、技术支持，并加速主导其创新与升级，建立和巩固主导产业的竞争优势。对科技创新、研究开发的投入为服务业发展提供智力支持和长足的发展动力，预示着服务业发展的潜力。这里我们用研究和开发支出总额、人均研究与开发支出额、研究与开发支出占 GDP 的比例指标反映各国的创新能力。

基础设施与信息技术基础设施：对于服务行业，基础设施起着十分重要的作用。如道路交通的发展决定了物流业的发展，交通同时直接影响服务可覆盖的范围。而信息技术基础设施则决定着服务业的服务规模和经营能力。现代数字数据信息工程可用现代化的通信网络体现，具体可根据相应服务业的特点选择。我们选择公路、铁路网密度、空运乘客数、对电信的投资比率、人均计算机数、互联网线路来反映这个因素。

表 11 - 4　　　　　　　　　　服务业基础国际竞争力指标

要素设计	IMD 编码	指标名称
创新能力	7.1.01	研究与开发总支出额
	7.1.02	人均研究与开发支出额 以现行价格和汇率计算的人均额（美元）
	7.1.03	研究与开发支出占 GDP 的百分比（%）
基础设施	5.1.03	公路：公路网密度（公里/平方公里）
	5.1.04	铁路：铁路网密度（公里/平方公里）
	5.1.05	空运：主要公司运载的乘客数（千人）
信息技术 基础设施	5.2.01	对电信的投资：年平均占 GDP 的百分比
	5.2.03	人均计算机：每千人拥有的计算机数
	5.2.06	互联网络线路：每千人中的联网主数
生产要素 竞争力	8.2.01	劳动力：就业及注册失业的劳动力人口（百万）
	8.3.0403	服务业就业：占总就业人口比例（%）
	8.5.03	已获得高等学历的比例（%）

生产要素竞争力：人力资源作为服务业的重要生产要素，对服务业的竞争能力起到决定作用。人力资源不仅包括劳动力数量，还需要测度劳动力的质量。这里，我们用劳动力人口、服务业就业比例、获得高等学历的比例三个指标来刻画这一因子。

3. 环境竞争力。

服务业环境竞争力具体指标（见表 11 - 5）解释：

表 11 - 5　　　　　　　　　　服务业环境国际竞争力指标

要素设计	IMD 编码	指标名称
经济实力	1.1.03	国内生产总值
	1.4.61	人均个人最终消费支出（美元）
	1.4.62	人均政府最终消费支出（美元）
经济效率	6.1.01	综合生产率（购买力平价）
	6.1.03	综合生产率增长率
	6.1.04	劳动生产率（购买力平价）
城市化水平	8.6.01	城市人口占总人口比例
	5.1.09	城市化：城市支持国家发展（↑）城市浪费国家资源（↓）
开放度	2.4.03	贵国汇率政策：支持公司的竞争力（↑）阻碍公司的竞争力（↓）
	2.6.05	吸引外国直接投资存量（10 亿美元）
	2.8.03	外贸依存度

经济实力：根据库兹涅茨（S. Kuznets）的研究结论，经济发达的国家和地区，服务业通常也发达。分别用国内生产总值、人均个人最终消费支出、人均政府最终消费支出来表示。国内生产总值是衡量经济发展水平的主要指标，而经济发展水平又是决定服务需求的最主要因素。人均个人最终消费支出表明居民生活质量。一般认为，居民的生活质量越高，则服务需求量越大。人均政府最终支出则表示政府的富足程度，反映在国民经济中政府的稳定作用。

经济效率：服务业的竞争能力还体现为对客户的快速反应能力。这种能力与整个经济的效率密不可分。这里选用综合生产率、综合生产率增长率、劳动生产率来评价。

城市化水平：该指标也可间接反映服务需求量。需求的规模是一个国家产业竞争力不断提升的动力源泉。评价需求条件可以从两个方面来进行考虑。首先看其需求规模。一般我们认为，服务业在城市化程度高的地区，发展水平较高。这里，选择城市人口比率和城市化影响作为衡量指标。

开放度：吸收外国直接投资存量用来衡量一地的对外开放程度。通常结论是，地区越开放，服务业发展水平越高。一国的汇率政策对于公司竞争力的影响则刻画了开放环境的好坏。外贸依存度体现了经济体对于国际贸易的依赖程度，也反映了该国经济的外向程度。

四、中国服务业国际竞争力评价和比较分析

（一）服务业竞争力总体排名比较分析

服务业综合竞争力是综合了产业核心竞争力、基础竞争力和国家竞争力"三位一体"的利用等权方法得到的总体国际竞争力指标。部分国家和地区的服务业综合国际竞争力的排名和得分如图 11-2 所示。排名前 5 位的分别是美国、中国香港、卢森堡、法国法兰西岛大区、英国，得分分别为 72.8 分、68.3 分、68.0 分、66.7 分、66 分。而中国的得分为 42.9 分，排名第 37 位，在全部 60 个样本中，还是比较靠后的。因为样本的个数比较多，为了更加清楚地看到中国与服务业国际竞争力优势比较明显的国家和地区之间的较为具体的差距，我们用统计聚类的方法，对 60 个样本进行聚类分析。

聚类分析是多元统计分析方法的一种。我们选择服务产业核心竞争力、基础竞争力、环境竞争力作为聚类指标，通过统计软件 SPSS13.0 的运算，把 50 个国家和地区分为如表 11-6 所示的几类。

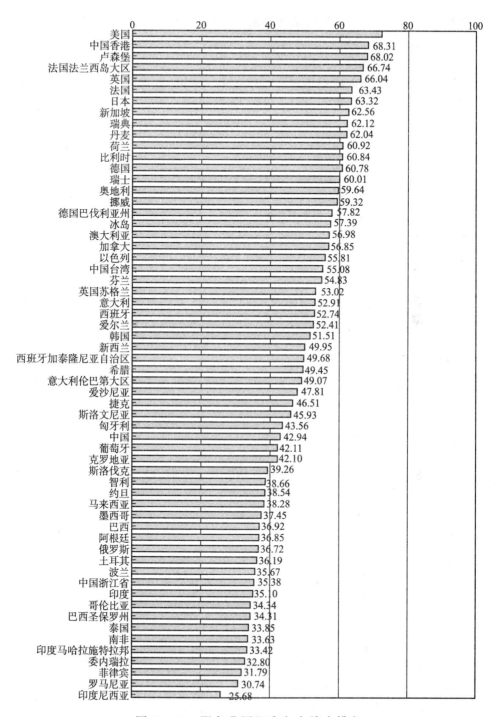

图 11-2 服务业国际竞争力综合排名

表11－6 国家（地区）分组情况

类别	特点	国家和地区
第一类	明星组	美国、中国香港、卢森堡、法国法兰西岛大区
第二类	实力组	澳大利亚、奥地利、德国巴伐利亚州、比利时、加拿大、丹麦、法国、德国、冰岛、日本、荷兰、挪威、新加坡、瑞典、瑞士、英国、芬兰、以色列、韩国、英国苏格兰、中国台湾
第三类	水平一般	西班牙加泰隆尼亚自治区、捷克、爱沙尼亚、希腊、匈牙利、爱尔兰、意大利、意大利伦巴第大区、新西兰、斯洛文尼亚、西班牙
第四类	水平还相对较低	中国、阿根廷、巴西、智利、哥伦比亚、克罗地亚、印度、约旦、印度马哈拉施特拉邦、马来西亚、墨西哥、波兰、葡萄牙、俄罗斯、斯洛伐克、南非、泰国、土耳其、中国浙江省
第五类	水平还需要大幅度提高	印度尼西亚、菲律宾、罗马尼亚、巴西圣保罗州、委内瑞拉

竞争力分析也是"对标"分析的一中。对标（benchmarking），也叫"标杆追寻"或"标杆管理"，其基本思想是通过规范且连续的比较分析，帮助寻找、确认、跟踪、学习并超越自己的竞争目标。简单地说，标杆就是榜样，对标的关键，在于选择和确定被学习和借鉴的对象和标准。我们应用竞争力来分析的目的，就是为了在对比中找寻中国服务业竞争力的优势和劣势所在，更多地去"对标"。找到合适的追赶目标和竞争伙伴，才是后续对比分析的前提。

在挑选国家（地区）中，我们不仅要看这些国家（地区）现在的发展现状，也应该考虑到不同国家（地区）不同的发展路径，选择有代表意义的国家（地区）来进行更加细致的比较。在查阅各国服务业发展的历史后可以发现，服务业的发展模式基本有三种：第一种可以称为"美国模式"。其典型特点是首先大力发展工业（所需的必要资源）。工业生产能力的扩大和产品数量的增加，要求国内市场同步扩张，同时国际市场也将成为企业产品扩张流向的目的地。其次是国家（地区）基础设施建设改善。随着工业的快速发展和基础设施的改善，人民生活水平得到了改善。最后，较发达的工业和较高的生活水平提升了人民对服务的需求。简言之，这是一步一个脚印的"产业升级模式"。具体见图11－3。第二种模式是所谓的"捷径模式"（见图11－4），这种模式以欧洲的西班牙为代表。这些国家（地区）的经济发展过程与美国、英国有很大的差异，从16、17世纪，即发展服务业，但并没有经历传统意义上的工业发展道路。第三种是"孤岛"模式，以卢森堡为代表。卢森堡是一个典型的大国包围的小国，没有工农业，从某种意义上说，它只是一个城市。卢森堡的发展依靠的就是服务业。但这种小国模式正是世界经济所不可或缺的。

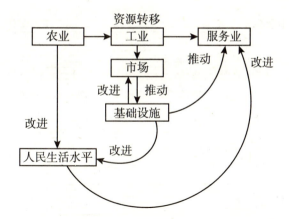

图 11 - 3　"产业升级"模式

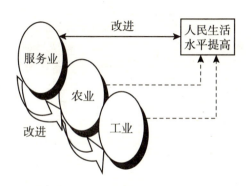

图 11 - 4　"捷径"道路模式

鉴于不同国家（地区）的模式分析，再根据 60 个国家（地区）的分类情况，我们选择前三类具有代表性的典型国家（地区），并在第四类中，选择印度——在经济发展模式、发展条件上和中国有相似之处的国家（地区）来进行对比。这里，我们选择第一类竞争力强国（地区）中的美国、卢森堡两个国家，第二类国家（地区）中的日本、英国，第三类国家（地区）中的西班牙作为对比的参照国。

（二）中国服务产业核心、基础、环境国际竞争力评价与分析

1. 核心竞争力。

由图 11 - 5 可以看出，在服务业核心国际竞争力的比较中，中国得分为50.55 分，位居第 33 名，属于中等水平。在这项竞争力对比中，拔得头筹的是中国香港，得分为 78.95 分，美国、卢森堡、英国、希腊以 71.67 分、71.07 分、64.79 分、64.74 分，紧随其后。我们进一步研究核心竞争力分要素的得分情况。具体得分数据见表 11 - 7。

193

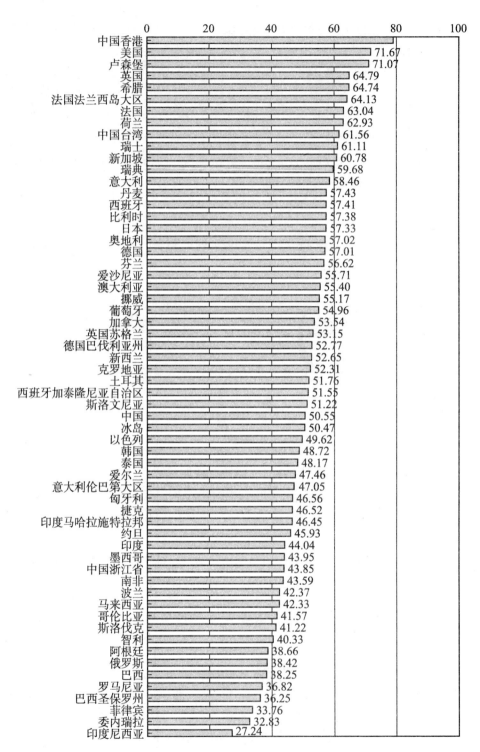

	国家/地区	得分

中国香港
美国　71.67
卢森堡　71.07
英国　64.79
希腊　64.74
法国法兰西岛大区　64.13
法国　63.04
荷兰　62.93
中国台湾　61.56
瑞士　61.11
新加坡　60.78
瑞典　59.68
意大利　58.46
丹麦　57.43
西班牙　57.41
比利时　57.38
日本　57.33
奥地利　57.02
德国　57.01
芬兰　56.62
爱沙尼亚　55.71
澳大利亚　55.40
挪威　55.17
葡萄牙　54.96
加拿大　53.54
英国苏格兰　53.15
德国巴伐利亚州　52.77
新西兰　52.65
克罗地亚　52.31
土耳其　51.76
西班牙加泰隆尼亚自治区　51.55
斯洛文尼亚　51.22
中国　50.55
冰岛　50.47
以色列　49.62
韩国　48.72
泰国　48.17
爱尔兰　47.46
意大利伦巴第大区　47.05
匈牙利　46.56
捷克　46.52
印度马哈拉施特拉邦　46.45
约旦　45.93
印度　44.04
墨西哥　43.95
中国浙江省　43.85
南非　43.59
波兰　42.37
马来西亚　42.33
哥伦比亚　41.57
斯洛伐克　41.22
智利　40.33
阿根廷　38.66
俄罗斯　38.42
巴西　38.25
罗马尼亚　36.82
巴西圣保罗州　36.25
菲律宾　33.76
委内瑞拉　32.83
印度尼西亚　27.24

图 11-5　服务业核心国际竞争力得分情况

从表 11-7 中，我们可以看出，竞争力实力这一要素的排名中，卢森堡取得了 96.42 的绝对高分。美国、法国的得分分别是 79.77 分和 78.69 分。而中国的得分仅为 32.37 分，在这个要素上得分比较低。因为我们的分要素指标得分也是采用等权平均得分的情况下得到的，卢森堡这一指标的显著高分似乎与实际有些出入，但从图 11-6 服务业产出占 GDP 比重和服务业生产率这两个具体指标的列示中，我们可以看出卢森堡在这两个指标上，确实占很大的优势。就服务业占 GDP 的比重这一指标，卢森堡为 79%，位居第一。美国和法国分别为 77% 和 76%。从服务业生产率这一指标来看，卢森堡的具体数据为 107 518 美元，美国为 82 068 美元，法国为 63 009 美元，中国仅为 13 556 美元，比印度的 17 179 美元还要低 3 600 美元以上。在服务业生产率这个指标上，中国的排名为 57 位，位居倒数第四。可见，中国的服务业效率比较低下，从而影响了中国服务业竞争力实力，令人担忧。

表 11-7   **对照国核心国际竞争力因素得分情况**

国 别	竞争力实力	结构竞争力	国际市场竞争力	企业战略能力
美国	79.77	73.34	57.23	76.33
卢森堡	96.42	50.55	78.13	59.20
英国	67.48	69.15	66.27	56.27
法国	78.69	59.59	56.20	57.70
日本	49.23	62.18	63.55	54.37
西班牙	59.24	57.27	57.68	55.43
中国	32.37	50.75	64.90	54.17
印度	39.29	25.20	64.90	46.80

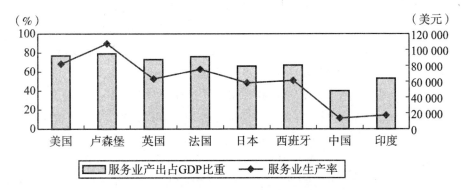

图 11-6   服务业产出占 GDP 比重和服务业生产率

在结构竞争力方面，中国得分为 57.27 分，比美国的 73.34 分约低 16 分。差距尚属可以接受。英国和日本分别为 69.15 分和 62.18 分。印度在这一指标上的得分相对比较低，仅为 25.20 分。在结构竞争力这个因素的测度中，我们选择了现代服务业的典型产业：金融、高新技术产业、旅游产业的发展水平来测度。具体指标，我们尽可能选择人均值和 GDP 占比这类国家之间的可比指标来测度。从表 11-8 可以看出，在旅游收入的 GDP 占比中，卢森堡占有绝对优势，让人不可小视。但旅游产业的发展跟国家的地理位置、自然资源等有密切联系，与旅游业的兴旺相对照的是，股票市场交易额、高技术产品出口额这两个指标相对较低，代表卢森堡的金融业和高新技术产业的发展还是相对不足的。而美国、英国、日本在金融、高新技术产业的显著优势，向我们证实了其服务业的结构是比较合理的，现代服务业作为代表先进发展方向的产业，所占的比重较大。

表 11-8　　　　　　　　参照国结构竞争力具体指标原始值

国　别	旅游收入来自国外的旅游收入占 GDP 比重（%）	股票市场交易额（人均美元）	高技术产品出口额（百万美元）
美国	0.63	65 910	216 016
卢森堡	10.27	811	1 060
英国	1.28	61 962	64 295
法国	1.99	21 738	64 871
日本	0.24	26 866	124 045
西班牙	4.34	27 656	9 932
中国	1.33	576	161 603
印度	0.75	348	2 840

在国际市场竞争力方面，中国的得分为 64.9 分，在参照国家中，比中国分数高的分别为卢森堡，得分 78.13 分，英国，得分 66.27 分。具体到指标分析中，我们看到，卢森堡的高分数是有一定原因的，在服务收支差额占 GDP 的比重这一指标的比较中，在日本、中国、印度为负值的情况下，卢森堡的数值为 33.79，可见其在国际贸易中，服务产品的出口对其自身经济发展的支撑作用（表 11-9）。虽然，我们单从这一指标来看，这样的显著差异会对最后的评价体系的客观性有一定的影响，但我们的标准化处理和等权指标共同评价的作用，一定程度上保证了评价的公平性。在商业服务出口额和出口增长率这两个指标上，卢森堡的表现并不好。在商业服务出口额这个指标的表现上，美国的出口额为 3 183 亿美元，英国为 1 718 亿美元，中国仅为 620.6 亿美元。但在增长趋势上，印度的增长幅度最大，超过了 70%，中国的增长率为 33.81%，美国和英国分别为 10.64% 和 17.86%（图 11-7）。

表 11 - 9　　　　　　　参照国服务收支差额占 GDP 百分比

国 别	美国	卢森堡	英国	法国	日本	西班牙	中国	印度
服务收支差额占 GDP 百分比（%）	0.5	33.79	1.68	0.64	-0.85	2.96	-0.49	-0.21

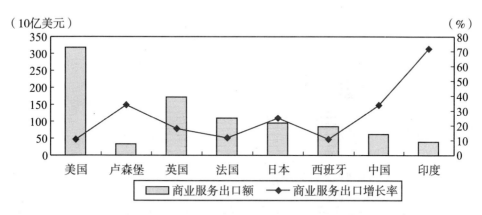

图 11 - 7　参照国服务商品出口额和增长率比较

在企业战略能力方面，中国的得分为 54.17 分，只有美国相对于中国有显著优势，得分为 76.33 分。在具体指标的得分上，除美国具有显著优势外，其他国家基本不分伯仲，中国在顾客满意度受重视方面，分值相对较高，超过了 6 分。印度则三个指标的得分均不高。在企业战略层次上，还有需要改进的地方（图 11 - 8）。

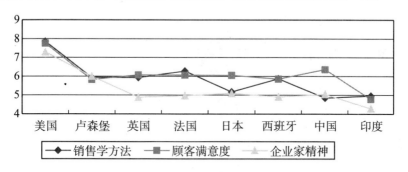

图 11 - 8　企业战略能力具体指标

2. 基础竞争力。

在 60 个样本国家（地区）的服务业基础竞争力国际比较中（图 11 - 9），排名前 5 位的分别为：日本、美国、新加坡、法国法兰西岛大区和英国。得分分别为：74.74 分、72.23 分、67.75 分、67.26 分、66.36 分。中国的得分为 40.28 分，排名第 33 位，处于中等竞争力国家的位置。具体的分要素得分见表 11 - 10。

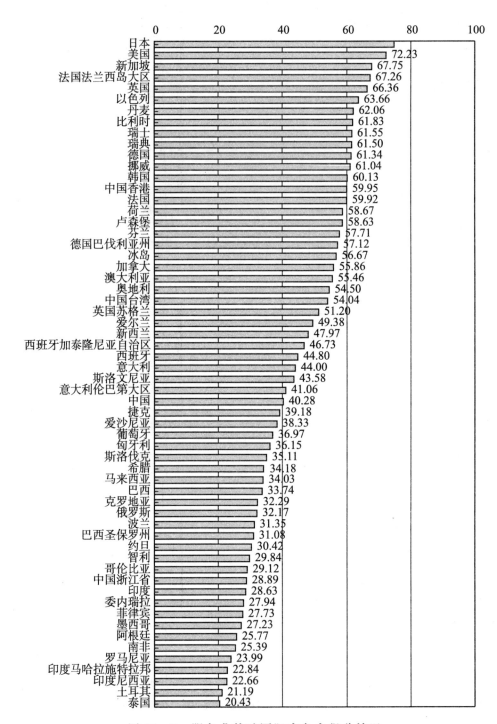

图 11-9　服务业基础国际竞争力得分情况

表 11 - 10　　　　　参照国服务业基础国际竞争力因素得分情况

国 别	创新能力	基础设施	信息技术基础设施	生产要素竞争力
美国	94.26	45.38	63.30	85.99
卢森堡	64.67	54.65	64.00	51.19
英国	66.93	60.90	69.42	68.19
法国	77.01	45.73	48.05	68.89
日本	96.85	63.22	63.65	75.23
西班牙	37.70	39.67	39.86	61.97
中国	38.94	32.88	38.52	50.80
印度	28.00	33.33	16.38	36.82

在创新能力的比较中，日本和美国的得分分别为 96.85 分和 94.26 分，遥遥领先。中国的得分仅为 38.94 分，与美国、日本这类科技大国的差距还是显而易见的。在研究与开发总支出额与人均值两个指标的比较中，美国和日本也同样具有显著的优势。其总支出额分别为 31 253.5 亿美元和 13 531.8 亿美元，人均值为 1 064.3 美元和 1 060.3 美元。卢森堡的人均值比较高，但绝对值只有 48.1 亿美元。中国这两个值分别为 1 375.7 亿美元和 18.2 美元（见图 11 - 10、11 - 11）。我国 R&D 人力资源在绝对数值的比较上，居于世界前列，与一般发达国家的数量相当；但在相对量的比较上，与发达国家相差甚远。

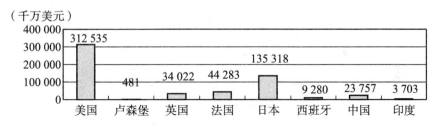

图 11 - 10　参照国研究与开发支出总额

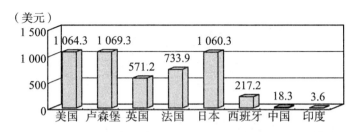

图 11 - 11　参照国研究与开发支出人均额（以现行价格和汇率计算）

在基础设施方面，日本、英国的得分比较高，分别为 63.22 分和 60.90 分，中国则仅为 32.88 分，是参照国中最低的。从具体指标的差异（见图 11 - 12）

我们可以看出，在公路密度指标上，表现最好的是日本，其值为 3.12 公里/平方公里，中国为 0.19 公里/平方公里，差别甚巨。空运的发展在一定程度上反映了整个国家交通的实力和经济实力。在这一指标上，美国具有显著的优势，其值为58 899.7 万人，而中国仅为 8 759 万人，在中国人口基数很大的前提下，说明中国的空运发展还有很长的路要走。

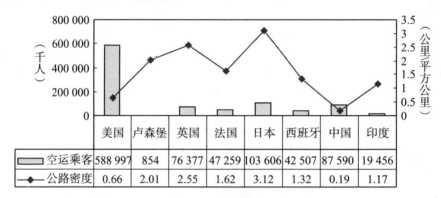

	美国	卢森堡	英国	法国	日本	西班牙	中国	印度
空运乘客	588 997	854	76 377	47 259	103 606	42 507	87 590	19 456
公路密度	0.66	2.01	2.55	1.62	3.12	1.32	0.19	1.17

图 11-12　参照国公路和空运发展情况

在信息技术基础设置这一因素的比较中，中国的得分为 38.52 分，被在这一因素上占据优势的英国、日本、美国远远地抛在了后面。从具体的指标分析中（见图 11-13），我们可以看出，美国、英国、法国、日本在这一指标上无论是千人计算机拥有量还是千人中互联网主数都具有显著优势。美国的千人计算机拥有量达到了 778 台，而中国仅为 48 台。日本的千人互联网主数为 676.62 人，中国仅为 84.44 人。

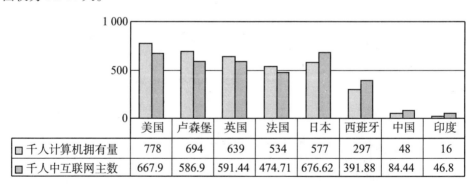

	美国	卢森堡	英国	法国	日本	西班牙	中国	印度
千人计算机拥有量	778	694	639	534	577	297	48	16
千人中互联网主数	667.9	586.9	591.44	474.71	676.62	391.88	84.44	46.8

图 11-13　参照国信息技术基础设施发展情况

在生产要素竞争力的比较中，美国、日本的得分比较高，分别为 85.99 分和75.23 分，中国为 50.8 分。在这个要素的比较中，我们的具体指标选择的是服务业生产资料的最主要部分——人力资源的相关评价指标，按道理，中国人口众多，应该更具优势才对，但结果却差强人意，我们来看一下具体的指标比较，从表

11-11 可以看出，劳动力人口数中国占有了绝大的优势，共有 7.6823 亿劳动力。但服务业就业人口比例却只有 30.6%，获得高学历比例则为对照样本中最低的，仅为 7%。在服务业就业人口比例这个指标上，美国、英国、法国都大于 70%，分别为 78.4%、76.4% 和 72.5%。而高学历比例这个指标表现最好的是日本和美国，分别达到 52% 和 39%。

表 11-11　　　　　参照国生产要素指标情况

国　别	劳动力：就业及注册失业的劳动力人口（百万）	服务业就业占总就业人口比例（%）	已获得高等学历的比例（%）
美国	150.58	78.4	39
卢森堡	0.32	77	19
英国	29.6	76.4	33
法国	27.64	72.5	37
日本	66.37	67.5	52
西班牙	20.89	64.1	38
中国	768.23	30.6	7
印度	465.36	25.7	9.5

3. 环境竞争力。

在服务业环境国际竞争力的比较中（图 11-14），排名前 5 位的分别是：卢森堡、美国、法国法兰西岛大区、奥地利和法国，得分分别为：74.36 分、72.82 分、68.82 分、67.38 分、67.32 分。我们所选的其他参照国英国、日本、西班牙则分别居于第 6、21、24 位，中国居于第 37 位。与核心竞争力和基础竞争力均排名第 47 位相对照，我们可以理解为什么综合服务业国际竞争力仅排在第 37 名了。我们从细分的因素得分来具体分析服务业环境竞争力相对劣势的原因（见表 11-12）。

表 11-12　　　参照国服务业环境国际竞争力因素得分

国　别	经济实力	经济效率	城市化水平	开放度
美国	90.68	74.33	67.14	59.15
卢森堡	75.96	70.46	69.39	81.61
英国	81.39	59.66	70.85	56.00
法国	78.03	67.38	67.30	56.57
日本	83.13	61.41	44.16	42.80
西班牙	57.11	68.54	52.05	46.39
中国	42.29	37.74	20.59	51.29
印度	39.54	32.53	21.81	36.59

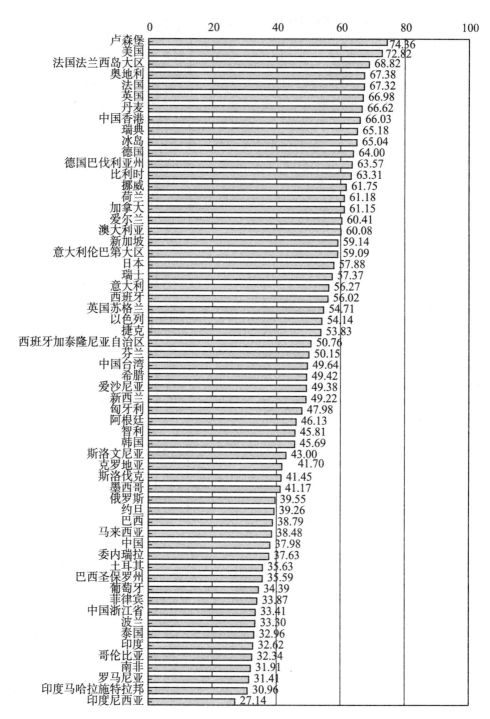

图 11－14　服务业环境国际竞争力得分情况

从表 11－12 我们可以看出，在经济实力这个选项上，中国的得分仅为

42.29 分，而经济强国美国、日本、英国、法国则分别得分为 90.68 分、83.13 分、81.39 分、78.03 分。如此悬殊的差距来自哪里？从图 11 – 15 中可以看出，在国内生产总值这个指标上，除了美国具有绝对优势外，中国也是具有相对优势的，比参照国英国、法国、日本、西班牙都高。但在人均个人消费支出这个反映各国国民富裕程度，从而影响服务业需求这一指标上，作为发展中国家的中国和印度，虽然经过这么多年的赶超，GDP 的值涨上去了，但因人口众多等原因，人均消费还是停留在低水平阶段，从而制约了服务业的发展。

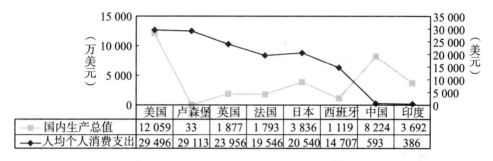

	美国	卢森堡	英国	法国	日本	西班牙	中国	印度
国内生产总值	12 059	33	1 877	1 793	3 836	1 119	8 224	3 692
人均个人消费支出	29 496	29 113	23 956	19 546	20 540	14 707	593	386

图 11 – 15　参照国国内生产总值和人均消费支出比较

在经济效率这个因素的比较中，中国的得分为 37.74 分。与美国、卢森堡、法国、日本等国存在较大的差距。其中，美国的得分为 74.33 分，两倍于中国的得分。我们仅用最具代表性的综合生产率来分析，从图 11 – 16 可以看出，以每个就业者所创造的人均 GDP 来比较，中国的综合生产率为人均 10 846 美元，而卢森堡、美国、法国则达到 103 058、85 083、71 937 美元，分别为中国的 10 倍、8 倍和 7 倍。

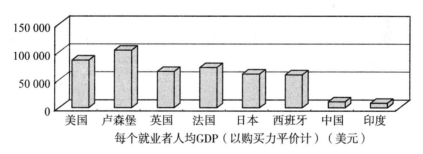

每个就业者人均GDP（以购买力平价计）（美元）

图 11 – 16　参照国综合生产率

城市化水平代表一个国家的富裕程度，反映了国家的空间布局状况，直接影响服务业的市场分布。在城市化水平这个因素的比较中，中国仅得到了 20.59 分的分数，相比较英国的 70.85 分、美国的 67.14 分，确实还有很大的差距。中国 13 亿人口中 8 亿农民的现状，决定了城市化发展任重而道远。

从开放度来说，中国的得分为 51.29 分，与美国、英国、法国差距并不大。从决定量来看，2005 年，中国成为世界上 FDI 流入量第二的国家。应该说，中国改革开放以及加入 WTO 所带来的机遇和挑战，使得中国在世界贸易舞台上的"戏份"越来越大。从图 11-17 来看，外贸依存度的计算采用进、出口总额比上 GDP 的 2 倍来计算。从结果来看，中国的外贸依存度已经达到了 33.35。甚至超过了美国、英国和法国。2004 年以来，在国际和国内经济增长强劲、国内货物贸易高速增长和外商对华直接投资稳步上升的推动下，我国对外服务贸易继续保持良好的发展势头。国际服务贸易收支总规模达到 1 346 亿美元，增长 32%，分别占同期中国 GDP 和对外贸易（含货物和服务）的 8% 和 10%。据世界贸易组织的报告，2004 年全球服务贸易出口额为 211 万亿美元，比上年增长了 16%，中国服务贸易在世界中的排序与 2003 年相同，出口居第 9 位，进口居第 8 位。

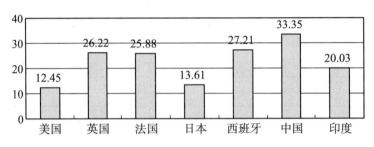

图 11-17　参照国外贸依存度情况

（三）因素优势分析

这里，我们定义在各个因素上排名前 15 位的为优势因素，在共计 16 个因素上，综合实力前 10 的国家（地区）中优势个数最多的是英国，共有 10 个优势因素，美国、中国香港、卢森堡、法国紧随其后，均有 9 个优势因素（见表 11-13）。

表 11-13　　中国与排名前 10 的优势国家和地区的对比分析

总排名	国家和地区	优势个数	核心竞争力		基础竞争力		环境竞争力	
			排名	优势个数	排名	优势个数	排名	优势个数
1	美国	9	2	4	2	2	2	3
2	中国香港	9	1	3	14	3	8	3
3	卢森堡	9	3	2	17	3	1	4
4	法国法兰西岛大区	6	6	1	4	2	3	3
5	英国	10	4	3	5	4	5	3
6	法国	9	7	3	15	3	5	3
7	日本	6	17	2	1	3	21	1
8	新加坡	5	11	1	3	2	19	2
9	瑞典	7	12	1	10	3	9	3
10	丹麦	7	14	4	7	2	7	1
37	中国	1	33	1	33	0	46	0

五、提升中国服务业竞争力的战略选择

1. 加快经济发展，提高社会收入水平，加快城市化进程，为服务业的发展创造良好的竞争硬环境。

经济发展水平和社会收入水平是现代服务业发展的基础环境，提高社会收入水平，扩大城乡居民的服务消费，改善服务消费环境，从而在需求层面促进服务业的发展。另外，加快城市化进程，拓展现代服务业发展空间。在城镇化的同时推动城市现代化，加快城市基础设施建设，注重最佳投资和创业环境的营造，为服务业的发展打下坚实的基础。

2. 优化服务业产业结构。

大力发展知识密集型、技术密集型服务。为了培育新兴服务业的竞争优势，发展如设计、咨询、技术专利、金融、通信等高层次服务行业，而这些产业的竞争优势主要体现在信誉、知名度、管理水平等方面，对其他服务业影响较大，能够充分发挥对服务业整体的关联和集聚效用。对于"十一五"时期服务业中若干新兴主导产业的选择，社科院相关课题组按照增长能力、吸纳就业能力、产业带动能力和可持续发展等标准，综合衡量和测度服务业的若干行业后，认为其中的房地产业、物流服务业、社会服务业和旅游业等部门具备了上述特征，有可能成为服务业中的新兴支柱产业。除此之外，我国开放服务市场的关键对策是，进一步加快发展我国的服务业，大力培育新兴服务业。在我国自己研制、开发新兴服务产品的同时，也要有计划、有步骤地引进新兴服务产品，以带动我国服务业总体水平的提高；积极发展新兴服务业，形成新的经济增长点；改组改造传统服务业，运用现代经营方式和服务技术，提高技术水平和经营效率。

3. 加快服务业人才培养。

服务业是以"人"为本的行业，竞争力的核心是人才，只有拥有大批高水平和高素质的专门人才，才能使我国现代服务业在竞争中立于不败之地。利用高校和科研院所培养现代服务业专门人才，同时积极鼓励与国外高水平的大学进行多种形式的合作办学，拓宽培养途径，以加快现代服务业方面紧缺人才的培养。通过专业机构加强服务业现有人员的短期培训，并结合所做工作加以实践，提升从业人员素质。加强岗位职业培训，全面推进职业资格证书制度，建立服务业职业资格标准体系，有序扩大实施范围和领域。加快现代服务业高素质人才引进，加快制定和切实推进海内外高级服务人才引进计划，大力引进国外现代服务业方面有经验的高级管理人才。

4. 依靠科技进步，提高服务业的科技含量。

当前现代服务业正呈现出技术化、国际化、标准化的趋势，传统服务业之间的界限正逐渐消失。因此，加大科技在现代服务业中的含量和渗透，在发展现代服务业的结构上，要优先发展技术含量高、关联性大的现代服务行业，积极运用现代经营方式、服务技术和管理手段改造提高传统服务业，全面提升企业素质、管理水平和经济效益。

5. 实施"引进来，走出去"的战略，提升我国现代服务业国际竞争力。

随着对外开放的进一步扩大，国外的资金、资源、技术和人才会流入到服务业，这必将有利于促进现代服务业的发展。另外，扩大对外开放，就要求建立一种与国际接轨的投资环境，包括方便快捷的交通和方便舒适的居住、旅游环境等，这同样对现代服务业是个推动。借鉴国外知名机构、人才、管理经验和管理方法，提升本土现代服务业整体能力。引入国际先进的管理经验与模式，采取措施营造现代服务业发展的良好环境，加强咨询、金融、中介等支撑体系建设，加快产业培育与整体实力提升。在"引进来"的同时要实施"走出去"的战略，努力开拓国外的现代服务业市场。服务企业要尽快建立适应于跨国竞争的企业战略，并进行相应的企业结构调整。建设和依托国际化服务平台，拓宽本国企业进入国际市场的渠道，提高本土企业的国际竞争力。加大对外直接投资的力度，发挥服务业比较优势，抢占国际服务市场份额。

第十二章

中国旅游产业竞争力研究

一、中国旅游产业竞争力研究的背景和意义

当今时代，旅游已经成为大多数人的一种休闲活动，是人们提升生活质量、追求精神享受的最重要方式之一。在社会物质生产达到相当发达的程度时，人们可自由支配的收入和闲暇时间越来越多，人作为"社会人"的特征将更加明显，旅游活动对人们的影响将越来越大。针对大规模、多类型和多层次的旅游需求，需要跨行业的多个部门的参与才能得到满足，于是产生了旅游业及其相关产业。旅游业也因此被誉为最有前景的现代产业。

旅游业涵盖极其广泛，是一国或一地区国民经济中具有很强关联性和综合性的产业。从关联性而言，国民经济的发展和人们生活水平的提高，奠定了旅游的外部环境基础，创造了多样的旅游需求，从而推动旅游业的不断发展。同时，旅游业自身的特点决定了其对相关产业的巨大拉动作用；从综合性来看，旅游业是"食、住、行、游、购、娱"等多个方面的融合，而且它对其他产业的拉动作用也是全方面的。

就全球旅游业发展而言，旅游业也仅仅在 20 世纪 60 年代才形成规模。然而，近 40 年的发展，旅游业已经快速发展成为世界上最大的产业。据世界旅游组织（WTO）的估算，迄今为止，全球旅游业规模已经占到全世界 GDP 总值的 10% 以上，大约 3.5 万亿美元，已经大大超过汽车产业和信息产业的规模，成为

207

世界排名第一的产业①。其所造成的旅游者流动和创造的旅游收入均得到了高速而稳定的发展，即使在全球经济疲软和衰退时期，仍然能得到持续健康的发展。据世界旅游组织预测，到 2020 年，国际旅游者将达到 16 亿人次，他们每年的花费将超过 2 万亿美元，平均每天的旅游花费为 50 亿美元。21 世纪前 20 年，旅游业还将以每年 4% 的速度快速增长。

中国自 1978 年改革开放以来，旅游业经历了起步、发展和日趋成熟几个阶段，尤其是 20 世纪 90 年代以后，中国旅游业的快速增长，使旅游经济产业化进程加快，旅游对整个社会的促进作用和关联作用日益突出，旅游业已经成为全国经济新的增长点之一。21 世纪之初，中国旅游业的综合实力已位居世界第 5 位，据世界旅游组织的预测，到 2020 年中国将成为世界第一旅游接待国和第四大旅游出境国。在我国经济高速发展的起步期，旅游业在推动其他产业发展、吸纳就业、平衡和改善经济结构方面起着积极的作用。一种产业的国际竞争力，归根结底是指这一产业创造增加值的持续能力。当今，旅游目的地的发展是置于激烈的国际旅游市场竞争之中的，应时刻关注环境的变化，以环境为动力，其发展过程具有长远性、竞争性、系统性、对抗性、反作用力等鲜明特征，必须在与其他旅游目的地竞争和动态博弈中求发展，这是一国发展国际旅游业的根本前提，应将国际旅游竞争力作为旅游目的地国际旅游发展战略的核心，从旅游资源优势向竞争优势的转变，将是我国国际旅游业发展战略的根本转变②。那么，中国在国际旅游市场上的竞争力有多大？中国能否称为世界旅游强国？我国国际旅游业在激烈的国际市场竞争中如何获得持续、长久的发展。这些问题都要求用数据来做出比较翔实的、能让人信服的回答。基于这些要求，首先，我们从旅游产业的核心竞争力、基础竞争力、环境竞争力出发，结合瑞士洛桑国际管理发展学院（IMD）国际竞争力理论，建立一个多层次全方位的立体评价指标体系，并通过该指标体系对世界各国的旅游竞争力状况进行综合评价，为把握我国旅游业发展的实际水平，提高旅游业竞争力水平和制定发展战略及相关政策提供客观的科学依据。其次，我们结合国内旅游市场和旅游管理等要求，联系旅游产业竞争力理论，设计了全国 31 个省、直辖市、自治区的旅游产业竞争力评价和分析体系，以便对省市自治区的旅游产业竞争力做出分析研究。再其次，我们抓住旅游重点城市这个龙头，对我国 25 个旅游城市的旅游产业竞争力进行了评价和分析研究。我们做这些方面的评价和分析研究，目的是对我国旅游产业竞争力实施多角度、多层面的系统研究，以便深刻系统全面认识中国旅

---

① 凌强：《日本实施观光立国战略对我国旅游业的启示》，载《哈尔滨商业大学学报》2005 年第 1 期，第 109~111 页。

② 黎洁、赵西萍：《论国际旅游竞争力》，载《商业经济与管理》1999 年第 4 期，第 63~68 页。

游产业的竞争力，为全面推进旅游强国战略找到具体科学的解决方案，提供客观和科学的依据。

二、中国旅游产业国际竞争力理论和评价体系研究

（一）中国旅游产业国际竞争力设计的基本理论和方法

尽管旅游产业国际竞争成为近年来的研究热点，但是，仅就世界旅游组织的旅游国际竞争力研究看，也还是一个正在发展完善之中的研究。旅游国际竞争力研究，一项非常重要的也是非常关键的基础就是旅游业统计。如果旅游业统计不能全面系统客观刻画实际旅游活动的方方面面，那么旅游业国际竞争力特别是旅游业国际竞争力评价就难以实施。从世界旅游组织的旅游业国际竞争力研究看，主要目的还是要揭示世界旅游强国的特征、竞争优势和主要决定条件。本项研究的基本理论是，基于世界旅游强国的目标，追求全面、系统、深刻和可操作的中国旅游业发展的研究体系，为我国成为旅游强国的发展战略和政策研究服务。

旅游业国际竞争力将旅游地为国际旅游者提供吃、住、行、游、购、娱各项服务的企业看作一个整体，考察其开拓、占据国际旅游市场并获取利润的能力。美国哈佛大学教授，竞争战略专家波特的产业国际竞争力国家钻石模型为产业国际竞争力的研究提供了一个经济分析的范式（见图12-1），即一国的特定产业是否具有国际竞争力取决于该国国内的六个因素的组合与动态作用过程，即生产要素状况、需求状况、相关及辅助产业状况、企业的经营战略结构与竞争方式、机遇与政府行为。其中前四个因素是产业国际竞争力的决定因素，后两个因素对产业国际竞争力产生重要影响。该六因素决定了产业国际竞争力的来源、实力和持久性等。波特有关产业竞争力的理论有着广泛影响和得到普遍接受[1]。根据上述的旅游强国的定义，结合波特的竞争力理论，一国的旅游国际竞争力分析可以具体地分为核心竞争力、基础竞争力和环境竞争力三大块（见图12-2），这三块环环相扣、相互关联、相互支持、相互促进而又相互约束。

核心竞争力：顾名思义，是指与国际旅游水平直接挂钩的指标，也就是直接反映一国能够创造的旅游产品和回收旅游收入的能力，在这里具体地分为"国际旅游"和"国内和出境旅游"两个子要素，全方位地从旅游的投入、效率、产出和潜在能力等方面反映一国的旅游业核心竞争力。其中"国内和出境旅游"

---

[1]　黎洁、赵西萍：《论国际旅游竞争力》，载《商业经济与管理》1999年第4期，第63~68页。

主要反映了国内的旅游需求以及出境旅游的发展潜力。波特认为，国内需求的重要性是国外需求所取代不了的。一个产业尽管参与国际竞争，但其竞争力的来源还是根植于本国，国内需求对竞争优势的影响是通过国内买主的结构和买主的性质实现的。国内需求状况、国内市场大小不但影响生产规模，更重要的是影响本国企业对产品和服务更新改造的速度和范围。而出境旅游的发展将有力地提升中国在世界旅游业中的形象，从某种意义上讲，中国只有在国际旅游市场成为有影响的客源地国家，才能真正称得上是世界旅游强国。中国公民的出境游有利于让西方社会了解改革开放后中国经济所取得的成就，提升中国的国际形象。中国蕴藏着巨大的客源市场潜力是我们建设世界旅游强国和建立国际旅游市场新秩序的重要支柱。

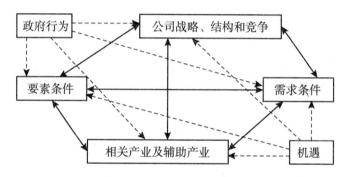

图 12 -1　波特的产业国际竞争力国家钻石模型

基础竞争力：作为核心竞争力的有力支持，基础竞争力主要反映与旅游直接相关的行业或产业的发展状况，换句话说，就是从旅游的投入或效率方面入手，着重分析一国的资源、基础设施和服务有多大的能力来支持一国的旅游业发展。这里的旅游相关及辅助产业主要指为旅游业提供原材料、零部件等的上游产业、辅助产业，也包括与旅游业共享某些技术、共享某些营销渠道或服务而联系在一起的产业或具有互补性的产业。在这里具体地将其分为"旅游资源"、"旅游基础设施"、"金融服务"和"人力资源"四个子要素。

环境竞争力：反映的是一个国家的大环境对旅游业的支持情况以及旅游关联带动性，旅游业对宏观经济社会的带动作用。在这里具体地分为"开放性"、"社会稳定安全"和"产业发展"三个子要素。

如果从评价旅游业国际竞争力角度看，世界旅游强国是一个较全面的、综合性的概念。评价指标体系应该是一个多属性、多维度立体关联成系统的体系，除总量性、规模性指标外，也应有效益性、结构性指标；除旅游行业、旅游企业指标外，也应有反映旅游目的地吸引力、旅游客源地消费能力的相关评价指标；除旅游接待设施等硬件指标外，也应有政府公共治理、法律规制、职业教育等软件指标；既要有静态指标，还应有动态的发展、增长型指标。总之，世界旅游强国应该是一个既具有很强且可持续的旅游吸引力、核心竞争能力的旅游目的地国家，又是一个至少在某一大的区域内成为主要客源主体的且极具增长潜力的客源地国家。此外，建设世界旅游强国是与一个国家整体的社会经济发展水平高度相关的。世界旅游强国的两个基本前提是："旅游强国"必须是："旅游大国"；旅游强国必须有国际旅游影响力。

图 12-2 展示了我们关于中国旅游产业国际竞争力研究设计的结构图，体现了上述有关基本理论的思想，将国家旅游业竞争力的影响因素分层次展开，呈从中心向四周发散式的系统关系。

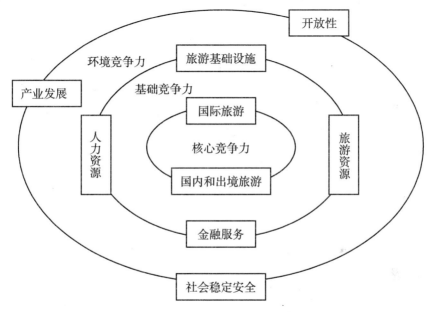

图 12-2　国际旅游竞争力分析框架

（二）中国旅游产业竞争力评价指标体系设计

旅游业竞争力是一个复杂系统，构建一个简明综合的地区旅游业竞争力评价指标体系，应遵循科学性、系统性、动态性和可操作性原则（具体内容见第十一章相关论述）。

根据旅游业竞争力评价指标体系设计的原则，运用前面的基本框架和理论，具体设计中国旅游产业国际竞争力评价指标体系。指标体系内容见表 12-1、表 12-2、表 12-3。

1. **核心竞争力。**

表 12 - 1   **旅游产业核心国际竞争力指标**

要素设计	二级子要素	IMD 编码	指标名称
1. 国际旅游竞争力	（1）国际旅游收入	1.1.01 1.2.20	国际旅游收入
		1.2.20	来自国外的旅游收入占 GDP 比重（％）
		1.1.01 1.2.20 1.5.02	可比国际旅游收入
	（2）商务旅游	1.1.01 1.2.20 1.3.05	国际旅游收入与利用外资总额比例
		1.1.01 1.2.20 1.2.18	国际旅游收入与国际贸易总额（进口 + 出口）比例
	（3）生产效率	1.1.01 1.2.20 1.1.02 1.1.1103 1.4.0403	每个服务业雇员创造的国际旅游收入
2. 国内旅游和出境旅游竞争力	（1）居民收入水平	1.1.19	人均国内生产总值按现行价格、汇率计算（2001 年，美元）
		1.1.20	人均国内生产总值按现行价格、购买力平价计算（美元）
	（2）居民消费水平	1.1.21	个人人均最终消费支出（美元）
		1.1.22	政府人均最终消费支出（美元）
	（3）居民旅游倾向	3.5.04	人民对新的挑战有充分的灵活性和适应性（↑）对新的挑战缺乏充分的灵活性和适应性（↓）

指标选取的解释：

（1）国际旅游收入——是一个计算出来的绝对数的指标，旨在反映一国的国际旅游市场的吸引力以及为本国经济带来的效益，应该说是最核心的指标。

（2）来自国外的旅游收入占 GDP 比重（％）——是一个相对性的指标，用于反映一国旅游业对国家经济的贡献比重。

（3）可比国际旅游收入——为了剔除价格影响而设计的指标，方便更加确切地比较各国的国际旅游收入。

（4）国际旅游收入与利用外资总额比例——利用外资越多，表示与外商交流合作的机会也越多，这样的机会可以带动国际旅游，也即因为商务活动带动的旅游而带来的收益，可以通过这个相对性指标得到反映，这一指标也同时反映了对国际收支的影响力。

（5）国际旅游收入与国际贸易总额（进口＋出口）比例——国际贸易也是带动商务旅游的极其重要的因素，引入此指标，旨在反映旅游服务贸易的发展。

（6）每个服务业雇员创造的国际旅游收入——是一个通过几个指标相结合的比较复杂的公式计算出来的指标，目的是为了反映与旅游业比较直接相关的人群所创造的人均旅游收入，但由于数据质量的关系，很多国家这个指标算不出来。

（7）人均国内生产总值按现行价格、汇率计算（2001年，美元）。

（8）人均国内生产总值按现行价格、购买力平价计算（美元）。

（9）个人人均最终消费支出（美元）——反映居民个人的消费支出水平，用于替代反映入境游客的人均消费。

（8）、（9）两个指标只是不同折算方法计算的指标，用来粗略反映居民的收入水平。因为收入是消费的直接前提，在 IMD 没有直接地反映国内旅游水平的情况下，只能用居民的收入和消费水平来估计可能的国内旅游规模，基本的假定是：居民收入和消费的水平越高，国内旅游收入越大。

（10）政府人均最终消费支出（美元）——反映政府的消费支出水平。

（11）灵活性和适应性。人民对新的挑战有充分的灵活性和适应性（↑）对新的挑战缺乏充分的灵活性和适应性（↓）——这个软指标用于反映国内居民出国旅游或在国内旅游的倾向性大小，灵活性与适应性越大，居民出游的可能性也就越大。

2. 基础竞争力。

表 12－2　　　　旅游产业基础国际竞争力指标

要素设计	二级子要素	IMD 编码	指标名称
1. 资源状况	（1）自然资源	4.1.01	陆地面积（千平方公里）
		4.4.13	生态印记（人均生物生产面积，公顷）
	（2）环境保护	4.4.14	可持续发展
		4.4.15	环境污染问题
		4.4.12	二氧化碳排放　GDP 的每百万美元中由工业过程排放出的二氧化碳（吨）
		4.4.11	废水处理厂　接受废水处理工厂服务的人口占总人口的比重（%）

要素设计	二级子要素	IMD 编码	指标名称
2. 旅游基础设施	（1）交通基础设施	4.1.08	公路网密度（公里/平方公里）
		4.1.09	铁路网密度（公里/平方公里）
		4.1.10	空运 主要公司运载的乘客数（千人）
		4.1.12	物流设施效率 普遍有效率（↑）普遍无效率（↓）
	（2）信息技术基础设施	4.2.10	互联网使用成本（每月 20 小时上网成本）
		4.2.12	宽带费用 100K/秒流量的每月费用（美元）
		4.2.02	固定电话每千户中的主要干线数
		4.2.03	国际电话费用高峰期通往美国的每 3 分钟费用（对美国指通往欧洲，美元）
	（3）健康与生活服务设施	4.4.06	保健基础设施 能满足社会需要（↑）不能满足社会需要（↓）
		4.4.17	生活质量 2002 生活质量高（↑）生活质量低（↓）
3. 金融服务	（1）金融服务	3.3.04	信用卡发行量 人均信用卡拥有量
		3.3.05	信用卡交易量 人均 10 亿美元
		3.3.08	银行和金融服务有效支持经济的活力（↑）没有有效支持经济的活力（↓）
4. 人力资源	（1）教育	4.5.03	学生教师比（中等教育） 每名教师对应的学生人数
		4.5.01	公共教育支出占 GDP 比重
		4.5.05	已获得高等学历的比例（%）
	（2）劳动力素质	4.5.12	外语水平满足企业需要（↑）不满足企业需要（↓）
		4.5.09	成人（15 岁以上）文盲占总人口比例（%）

指标选取的解释：

（1）陆地面积（千平方公里）——用于从侧面反映一国的旅游资源，原则上认为一国的陆地面积越大，旅游资源相对就越多，虽然不是每个国家都遵循这样的规则，但从一般意义上讲，这个规则还是成立的。

（2）生态印记（人均生物生产面积，公顷）——反映一国相对旅游资源多少的指标。

（3）可持续发展——这是一个反映一国可持续发展好坏的指标，从一定意义上说，一国可持续发展状况良好，吸引的国际游客也会相应增加。

（4）环境污染问题——这是一个反向反映的指标，环境污染问题越严重，旅游竞争力也就相对较弱。

（5）二氧化碳排放 GDP 的每百万美元中由工业过程排放出的二氧化碳（吨）——这是一个从空气质量角度反映环境质量的指标。

（6）废水处理工厂　接受废水处理工厂服务的人口占总人口的比重（％）——这是一个从水质量角度反映环境质量的指标。

（7）公路网密度（公里/平方公里）——反映交通基础设施中公路运输的能力。旅游离不开交通，因此运输能力与旅游业的发展紧密相关。

（8）铁路网密度（公里/平方公里）——反映交通基础设施中铁路运输的能力。

（9）空运　主要公司运载的乘客数（千人）——反映交通基础设施中航空运输的能力。

（10）物流设施效率　普遍有效率（↑）普遍无效率（↓）——这个软指标从一定程度上反映了交通运输设施的效率。

（11）互联网使用成本（每月20小时上网成本）——反映网络技术的成熟度以及效率的指标。成本高，表明该国的网络技术仍处于不成熟阶段，该国与外界的交流沟通也就相对较少。

（12）宽带费用　100K/秒流量的每月费用（美元）——也是一个侧面反映网络技术的成熟度以及效率的指标。

（13）固定电话每千户中的主要干线数——反映通信基础设施中固定电话的普及情况，通信业也是旅游业的强有力支柱，其发展情况也影响着旅游业。

（14）国际电话费用高峰期通往美国的每3分钟费用（对美国指通往欧洲，美元）——反映通信基础设施中国际电话的成本，与外国的交流越多，表明该国居民出国旅游的倾向性越大。

（15）保健基础设施　能满足社会需要（↑）不能满足社会需要（↓）——这个指标旨在反映健康服务设施的能力，健康服务好的国家或地区会使游客更安全、更放心，从而吸引更多的游人。

（16）生活质量　2002生活质量高（↑）生活质量低（↓）——生活质量的高低反映了一国居民的生活水平，同时也间接反映了各项生活设施的质量和效率。

（17）信用卡发行量　人均信用卡拥有量——这是一个用来间接反映金融服务效率的指标。外国或外地游客来旅游大部分的消费都要通过信用卡，金融服务的质量直接影响到旅游业。

（18）信用卡交易量人均10亿美元——这是一个用于反映金融服务规模的指标。

（19）银行和金融服务有效支持经济的活力（↑）没有有效支持经济的活力（↓）——这是一个直接反映金融服务对国民经济作用的指标。

（20）学生教师比（中等教育）　每名教师对应的学生人数——这是一个反映该国的教育普及程度的指标。这个指标的数值越低，表示该国居民受到更好的教育，国民素质和劳动力素质越高，能够提供更好的服务。

（21）公共教育支出占GDP比重——反映一国教育投入的大小，从一个侧面反映劳动力素质。

（22）已获得高等学历的比例（％）——反映一国高等教育的普及率。

（23）外语水平满足企业需要（↑）不满足企业需要（↓）——这是一个很重要的劳动力素质的指标。外语水平高低直接关系到与外国人交流的多少，从而也就决定着外国人对该国的了解，与国际旅游业的发达与否也有很大的关联。

（24）成人（15岁以上）文盲占总人口比例（％）——这是一个反向反映劳动力素质的指标。

3. 环境竞争力。

表 12-3 旅游产业环境国际竞争力指标

要素设计	二级子要素	IMD 编码	指标名称
1. 开放性	（1）文化开放性	3.5.01	对全球化的态度 在贵国消极（↓）在贵国积极（↑）
		3.5.03	民族文化对外国文化开放（↑）对外国文化封闭（↓）
	（2）经济开放性	2.4.04	与外国合作者处理国际事务可以充分交流（↑）不能充分交流（↓）
		1.2.18	外贸依存度 （出口＋进口）/（GDP×2）
2. 社会稳定安全	（1）社会稳定	2.5.03	政治不稳定的风险很低（↑）很高（↓）
		2.5.11	骚乱和暴力不是工作岗位严重不稳定的原因（↑）是工作岗位严重不稳定的原因（↓）
	（2）社会安全	4.4.09	健康问题，艾滋病、酗酒、吸毒在工作岗位没有成为严重问题（↑）在工作岗位成为严重问题（↓）
		2.5.02	人们对人身、财产安全受到保护充满信心（↑）人们对人身、财产安全受到保护没有信心（↓）
3. 产业发展环境	（1）产业环境	2.4.14	企业经营环境，商业规则没有阻碍企业竞争能力（↑）阻碍企业竞争能力（↓）
		2.3.06	汇率政策支持公司的竞争力（↑）阻碍公司的竞争力（↓）
	（2）企业效率	3.1.08	大型企业对照国际标准是有效的（↑）没有效率（↓）
		3.1.09	中小型企业对照国际标准是有效的（↑）没有效率（↓）

指标选取的解释：

（1）对全球化的态度 在贵国消极（↓）在贵国积极（↑）——对全球化的态度积极与否直接表明该国是否欢迎与接受外来事务和游客，也反映了一国国际旅游的海外形象。

（2）民族文化对外国文化开放（↑）对外国文化封闭（↓）——这是一个

反映文化开放度的指标，文化的开放度也决定了旅游的开放度，同时也反映了一国国际旅游的文化吸引力。

（3）与外国合作者处理国际事务可以充分交流（↑）不能充分交流（↓）——这是一个反映经济开放度的指标，经济开放度与旅游开放度也呈正相关关系。

（4）外贸依存度（出口＋进口)/(GDP×2)——这是一个反映一国与外国经济贸易往来的指标，经济往来越频密，越会带动旅游市场。

（5）政治不稳定的风险很低（↑）很高（↓）——这是一个反映社会政治环境稳定的指标，社会稳定才能营造良好的旅游环境。

（6）骚乱和暴力不是工作岗位严重不稳定的原因（↑）是工作岗位严重不稳定的原因（↓）——这个指标反映的是社会工作环境的稳定程度。

（7）健康问题，艾滋病、酗酒、吸毒在工作岗位没有成为严重问题（↑）在工作岗位成为严重问题（↓）——这是一个反映社会安全的指标，社会少了不稳定因素，才能健康发展，游人才会有安全感。

（8）人们对人身、财产安全受到保护充满信心（↑）人们对人身、财产安全受到保护没有信心（↓）——这是一个人们的安全感受的指标。

（9）企业经营环境，商业规则没有阻碍企业竞争能力（↑）阻碍企业竞争能力（↓）——这个指标用来展示一国的产业环境，也是旅游大环境的一个重要因素。

（10）汇率政策支持公司的竞争力（↑）阻碍公司的竞争力（↓）——这个指标反映一国政府制定的政策有没有促进该国经济的发展。

（11）大型企业对照国际标准是有效的（↑）没有效率（↓）。

（12）中小型企业对照国际标准是有效的（↑）没有效率（↓）。

（11）、（12）两个指标是反映企业效率的指标，企业效率间接地和旅游业产生关联，一般认为企业效率越高，产业的发展环境就会越好，这两个指标也在一定层面上反映了旅游专业机构的水平、数量和管理效率。

三、中国旅游产业国际竞争力评价和比较分析研究

中国旅游产业国际竞争力评价，我们使用的国际竞争力数据主要来自瑞士洛桑国际管理发展学院（IMD）国际竞争力数据库，评价方法采用我们提出的对称性设计理论，首先将各个指标数据分别标准化，然后按照评价体系逐级等权综合子要素和整体的竞争力指数。

（一）中国旅游产业核心国际竞争力的分析

1. 国际旅游收入竞争性分析。

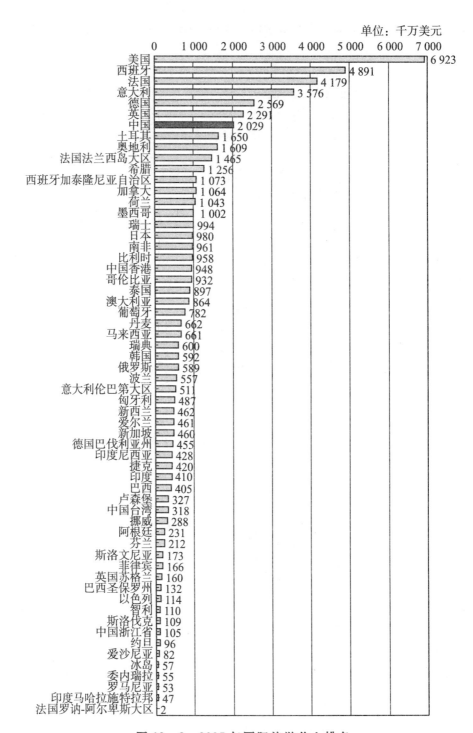

图 12 - 3　2005 年国际旅游收入排名

国际旅游收入是反映一国（地区）的国际旅游市场吸引力以及为本国（地区）经济带来的效益的最核心指标，因此将其独立进行单指标分析。由图 12 – 3 可以

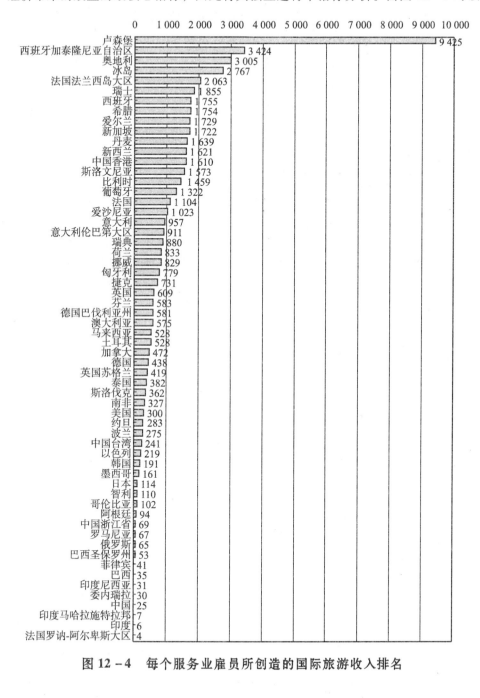

图 12 – 4　每个服务业雇员所创造的国际旅游收入排名

看出，在国际旅游收入总量的排名中，中国排在第 7 位。处于一个比较领先的位次，从这一点上看，中国可以被列入旅游强国的行列。实际上，在我国，旅游业已经成为促进地方经济结构调整、区域开发开放、社会稳定发展的重要因子，并成为增进地方经济发展和创造就业岗位的最活跃力量。越来越多的地方政府了解到旅游业是创造外汇收入、回笼货币、扩大税收和增加地方财政的重要手段，各地区开发旅游业热情高涨，旅游业的竞争也越来越激烈。中国"入世"后旅游业更是逐步开放，大量的海外资本进入中国后，加剧了我国旅游业的激烈竞争态势，中国可以在这种激烈的竞争中获得排名第 7 位的国际旅游收入，应该说，在旅游业的核心竞争力上面有一定的优势。

2. 每个服务业雇员所创造的国际旅游收入竞争性分析。

旅游业的生产率水平是决定旅游业发展的重要因素，可以利用每个服务业雇员所创造的国际旅游收入指标作出旅游业产业效率水平的国际竞争性分析指标。从图 12－4 可以看出，中国由于人口众多的关系，服务业雇员人数相对较多，排名急速下滑，排在第 57 位。而卢森堡作为一个小国，却因为人口很少，而其相对旅游收入很高，这样的国家也应该归入旅游强国的行列。因为国际旅游收入只是反映总量，而人均水平尤其是服务业人均水平则反映了一种产业的水平，反映了剔除规模因素之后，一国旅游收入的相对规模，或者说服务业雇员的生产效率，也是一项重要指标。从这个角度而言，中国是国际旅游大国而非强国。

（二）中国旅游产业要素国际竞争力评价和分析

表 12－4 展示了各国（地区）在核心竞争力、基础竞争力和环境竞争力方面各子要素的排名状况，按照优势个数从多到少，劣势个数从少到多排列，展示了各国旅游竞争力的优劣势分布。

表 12－4　　2006 年部分国家或地区旅游产业要素国际竞争力评价结果

国家或地区	国际旅游竞争力	国（地区）内及出境旅游竞争力	资源状况	旅游基础设施	金融服务	人力资源	开放性	社会稳定安全	产业发展	优势要素个数	劣势要素个数
丹麦	17	3	1	14	10	5	15	3	2	8	0
荷兰	37	11	15	6	15	11	4	15	19	7	0
冰岛	13	1	23	27	1	7	5	2	12	7	0
挪威	44	6	8	25	2	6	31	9	13	6	0
瑞典	33	13	3	26	5	2	22	14	9	6	0
澳大利亚	31	8	6	19	20	12	13	11	5	6	0

续表

国家或地区	国际旅游竞争力	国（地区）内及出境旅游竞争力	资源状况	旅游基础设施	金融服务	人力资源	开放性	社会稳定安全	产业发展	优势要素个数	劣势要素个数
瑞士	19	**10**	4	7	16	**10**	30	**6**	**10**	6	0
美国	18	**2**	**12**	**10**	9	**13**	36	32	**8**	6	0
卢森堡	**12**	**5**	**13**	**13**	6	16	21	**13**	23	6	0
芬兰	51	**9**	**2**	30	**8**	**3**	17	**1**	**4**	6	1
加拿大	34	**12**	**7**	**12**	17	**1**	18	**12**	18	5	0
新加坡	29	28	16	**2**	19	**14**	**2**	**10**	**7**	5	0
中国香港	20	20	36	**4**	**11**	26	**1**	**8**	**1**	5	0
奥地利	**5**	**14**	9	18	25	36	24	**4**	**6**	5	0
爱尔兰	36	**4**	**14**	37	21	30	**3**	27	**14**	4	0
中国台湾	52	30	37	16	**14**	**15**	9	39	**11**	4	1
德国巴伐利亚州	32	22	**5**	**1**	22	27	23	**5**	25	3	0
德国	25	24	**10**	**3**	30	31	39	**7**	29	3	0
新西兰	**15**	23	**11**	24	24	**9**	16	17	22	3	0
法国法兰西岛大区	**9**	**7**	21	**5**	26	21	55	23	45	3	1
比利时	27	17	29	**8**	18	**8**	20	19	38	2	0
葡萄牙	**14**	34	44	38	**7**	42	32	38	32	2	0
西班牙加泰隆尼亚自治区	**3**	29	25	21	**12**	40	35	21	27	2	0
西班牙	**1**	31	34	20	**13**	45	44	35	40	2	0
以色列	53	27	24	31	33	**4**	**10**	36	17	2	1
英国	24	**15**	19	17	**3**	24	40	44	50	2	1
智利	55	42	42	46	31	43	**6**	16	**3**	2	2
捷克	30	38	28	23	46	50	**12**	26	**15**	2	2
法国	**10**	21	18	9	23	19	54	22	47	2	2
泰国	**8**	47	49	44	43	51	**11**	34	26	2	3
日本	45	18	22	**15**	51	35	43	24	41	1	1
英国苏格兰	43	25	20	32	**4**	34	48	45	34	1	1
匈牙利	23	37	47	33	41	29	**14**	30	33	1	1
爱沙尼亚	21	39	27	36	29	18	**7**	46	20	1	1
希腊	**2**	32	31	43	34	39	45	20	53	1	1
法国罗讷-阿尔卑斯大区	60	26	17	**11**	27	20	53	33	35	1	2

221

续表

国家或地区	国际旅游竞争力	国（地区）内及出境旅游竞争力	资源状况	旅游基础设施	金融服务	人力资源	开放性	社会稳定安全	产业发展	优势要素个数	劣势要素个数
斯洛伐克	46	44	40	39	38	**49**	**8**	28	16	1	2
斯洛文尼亚	**11**	35	53	34	28	25	57	41	54	1	3
土耳其	**4**	41	46	50	32	53	25	29	36	1	3
意大利	**7**	19	43	28	47	55	49	37	55	1	4
南非	**6**	49	39	52	36	28	47	52	51	1	5
马来西亚	22	45	26	35	42	38	19	42	24	0	0
韩国	50	33	30	22	35	23	34	40	49	0	2
意大利伦巴第大区	41	16	35	29	45	52	29	25	46	0	2
约旦	16	56	41	48	44	22	26	18	30	0	2
中国浙江省	57	40	51	40	48	59	27	31	21	0	4
印度马哈拉施特拉邦	56	53	57	42	37	46	41	43	39	0	4
巴西圣保罗州	54	36	33	57	39	56	33	47	31	0	4
巴西	49	43	32	58	50	57	38	50	37	0	5
印度	48	48	50	41	40	47	37	48	28	0	5
菲律宾	42	46	59	54	49	17	28	53	43	0	5
哥伦比亚	26	51	45	56	53	54	42	51	44	0	5
波兰	35	55	56	45	56	44	58	57	57	0	6
俄罗斯	47	52	38	51	60	33	51	60	58	0	7
阿根廷	40	50	48	47	58	41	59	58	52	0	7
中国	28	59	52	49	52	58	46	49	42	0	7
罗马尼亚	59	58	60	53	59	37	50	56	59	0	8
委内瑞拉	58	57	54	55	54	32	60	59	60	0	8
墨西哥	39	54	58	60	57	48	52	55	48	0	8
印度尼西亚	38	60	55	59	55	60	56	54	56	0	8

注：粗体数字表示该要素排名处于前15位，属于强势要素；浅灰色为该项要素排名处于倒数15位，属于弱势要素。

从表12-4可以看到，国际旅游方面，中国排在第28位，属于世界中上水平。在这个综合国际竞争力比较中，中国较多的国际旅游收入发挥了比较大的强国作用，但也包含着竞争力的效率和基本结构影响。一国（地区）的开放程度对该国旅游业国际竞争力有很大的作用，有些国家本国国内旅游相当发达，而在国际上开放程度不高，会直接影响其国际竞争力水平。西方发达国家在国际旅游诸方面表现出很强的竞争力。

国（地区）内和出境旅游竞争力方面，可以看到，中国排在第 59 位，相当低，所以说，中国的国内游和出国游的潜力相当大。作为发展中国家，国内旅游一般处于发育阶段，需求简单，难以在产品种类、质量、服务等方面对本国旅游企业产生创新压力，无法起到刺激和提升本国旅游企业竞争力的作用。这也说明了国内旅游和国际旅游业都比较发达的地区（如冰岛、卢森堡、奥地利）更易获得国际旅游竞争力，这一点在后面国际旅游竞争力的综合排名中得以体现。但中国的旅游业正处于渐趋成熟的发育阶段，国内需求逐步全面释放，假日经济的兴起推动了国内旅游的较快发展。随着"黄金周"旅游的制度化和规范化，形成了热点地区扩张，旅游旺季前推后延等新特点，出境游也在稳步增长。

资源状况排名，中国比较落后，排在第 52 位。在发展旅游经济中，旅游资源占有重要的地位，是旅游业赖以发展的前提和物质基础。一个地区旅游资源的丰富程度，决定着一个地区旅游业发展的规模和速度。对于一个旅游者来说，选择哪个地方作为旅游目的地，在很大程度上取决于那个地区的旅游资源是否具有诱发力，是否引人入胜。中国的古代建筑万里长城和秦始皇陵兵马俑，美国加利福尼亚州人工建造的迪斯尼乐园等，对广大游客都具有强烈的吸引力，从而使这些地区成为游览胜地。中国旅游资源丰富、景点众多、历史文化丰富，旅游资源多样化，这些方面都拥有绝对优势。但这里的资源状况指的并不是旅游资源，而是以自然资源的陆地、生态和环境保护为主，这是吸引旅游者的最根本的资源，中国恰恰在这方面表现较弱，如何改善环境，使人与自然协调发展，成为中国旅游发展的最大问题之一。

旅游基础设施排名，中国在旅游基础设施方面比较差，只排在第 49 位。这与中国的经济和文化发展紧密联系。国家发改委 2005 年披露，5 年来，中国累计投入 67.2 亿元人民币国债资金，先后安排 600 余个旅游基础设施建设项目，遍布中国 250 多个重点旅游景区，累计可修建景区旅游公路约 11 000 公里。旅游景区基础设施的改善有力地支持了中国旅游业的发展。中国的经济正处于腾飞阶段，各项设施的跟进有一个滞后期，相信旅游基础设施会随着经济的发展而有比较大的改善。

金融服务排名，可以看到，中国的金融服务比较差，排到第 52 位。在密切关联的市场经济发展中，各个产业实际是相互联系的，在没有完善的金融或者是服务贸易的情况下，不可能有非常发达或者进步的服务业和旅游产业的发展，产业间必须是协调发展的。因此，中国应该趁着金融业进一步开放的机会，规范金融市场和金融服务秩序，进一步提高金融服务的质量，从而也提高旅游业在服务这个点上的竞争力。

人力资源排名，中国的人力资源状况也不容乐观，排在第 58 位。可以看出，

223

这一点和中国的教育水平处于比较落后的状态不无关系。旅游服务的质量以及旅游产品的品质都与服务人员的素质和服务水平密切相关。中国在这方面也应该借鉴外国培养人才和服务人员的经验,从根本上提高服务质量。可以看到,中国的邻邦印度排在第1位,印度与中国的发展各方面都比较相似,人口也都比较多,中国可以借鉴印度发展教育和吸引人才的经验。

开放性排名,中国的开放性排在第46位,虽然处于中下水平,但不可否认的是中国的开放程度在逐步提高,相信随着传媒和网络技术的发展,世界人民会更加了解中国,中国也会走向世界,开放性会逐步改善。可以看到,中国香港由于外贸和国际贸易的发达,开放程度相当高,实际上,改革开放以来的中国东南沿海已经有了很大程度的开放,中西部内陆地区也会逐步开放。

社会稳定安全排名,中国的社会稳定安全排在第49位,比较靠后。由于贫富差距的存在,社会的种种不稳定因素还是无法消除,中国的治安状况的确亟待改善。社会治安问题是社会各种矛盾的综合反映,必须动用和组织全社会的力量,运用政治的、法律的、行政的、经济的、文化的、教育的等多种手段进行综合治理,从根本上预防和减少违法犯罪,维护社会秩序,保障社会稳定,并作为全社会的共同任务,长期坚持下去,才能有稳定的社会环境,以吸引八方游客。毕竟,多数游客会把旅游目的地的安全视为最重要的因素之一。

产业发展排名,中国的产业发展排在第42位,应该说这个状况可能与中国的企业效率有关。就目前状况而言,中国的各个产业发展正处于重要阶段,产业发展环境也有着进一步改善的空间。与旅游相关的以及为旅游提供服务的产业,比如说,旅馆及类似机构、餐馆及类似机构、铁路客运服务、公路客运服务、水路客运服务、空中客运服务、旅客运输设备出租服务、旅行社及类似机构、文化服务、运动及其他休闲服务等产业,近几年在中国有了较大的发展,但与国际先进水平相比较而言还是存在一定差距。

(三) 中国旅游产业核心、基础、环境国际竞争力评价和分析

本部分主要是在前面各个要素竞争力评价和分析基础上,进一步综合评价,即对旅游产业核心国际竞争力、基础国际竞争力和环境国际竞争力做出评价和分析。

1. 核心国际竞争力评价。

中国旅游业核心国际竞争力2005年排在第51位(图12-5),还是属于比较低的水平。中国虽然拥有较多的国际旅游收入,但是在竞争的结构比例关系上,中国的国际竞争力表现出弱势,效率也比较差,因此中国旅游业核心国际竞争力的整体水平受到了比较大的影响。西方发达国家旅游业表现出很强的核心国

际竞争力，根本的还是进入一个竞争力结构优化、竞争力要素互动协调和效率水平比较高的发展阶段。

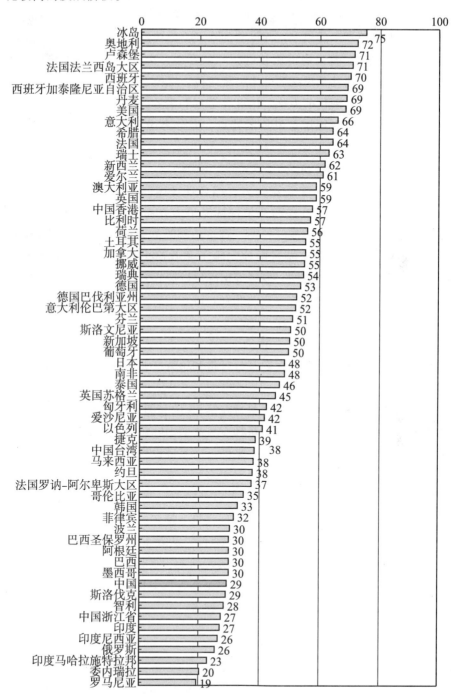

图 12 – 5　部分国家和地区旅游产业核心竞争力综合排名

2. 基础国际竞争力评价。

从图 12 - 6 可以看到，中国旅游产业基础国际竞争力的水平也是处于比较低的水平，综合排名在第 56 位。这反映出中国旅游业的一个发展约束，即中国在基础设施各方面还是未能跟上世界一流的水平。比较发达的北欧国家、美国、新加坡等国家（地区）都发展得比较好，可以看出，这是与一国的经济发展紧密相关的。中国的各项基础设施还处于初级阶段，规模、水平、效率都有一定的差距，有一些也跟不上现代的需求，因此，考察和借鉴先进国家（地区）的经验，从中国实际出发，针对旅游业发展的特点，充分考虑基础设施的关联发展很有必要。

3. 环境国际竞争力评价。

中国在旅游环境上也缺乏竞争力，综合环境国际竞争力排名第 50 位（图 12 - 7）。经验表明，政府在旅游环境国际竞争力方面应该发挥首要的作用。政府通过在资本市场、生产标准、补贴、竞争条例等方面的政策直接影响到企业、产业的国际竞争。大多数旅游目的地实施了"政府主导型"旅游业发展战略，西班牙、法国、新加坡、英国、泰国等国际旅游业较发达的地区，政府在旅游目的地整体促销、发展规划、人力资源开发、市场调研、旅游基础设施等方面都做了大量的工作。

4. 旅游产业国际竞争力综合评价。

将三大要素的所有指标综合起来，可得到旅游产业国际竞争力的综合评价结果，具体总排名如下：

中国旅游业国际竞争力综合评价排在第 53 位（图 12 - 8）。这是对中国旅游总体竞争力的一个综合评价，中国虽拥有较高的国际旅游收入，但是，这些收入是由于中国本身丰富的旅游资源吸引来的，在基础设施和环境方面，中国做的远远达不到世界一流的水平，不足以吸引更多的游客。

表 12 - 5 将各国（地区）总竞争力以及核心、基础、环境三个方面的竞争力进行展示，其中黑体数字的表示处于该竞争力排名的前 15 名，占据优势地位，浅灰色的表示处于最后 15 名，处在劣势地位。从表 12 - 5 可以看出，中国在这 4 个竞争力的排名上均处于劣势，而像澳大利亚、奥地利、丹麦、芬兰、冰岛、卢森堡、荷兰、挪威、新加坡、瑞典、瑞士和美国等国家，均有 3 ~ 4 方面的优势，可见这些国家的旅游竞争力总体上比较强。

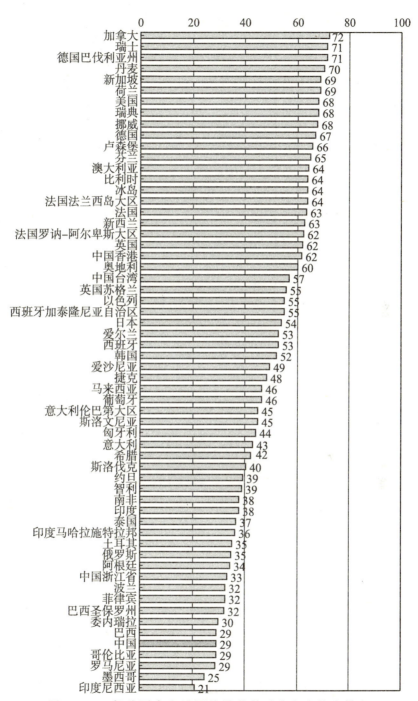

图 12-6　部分国家和地区旅游业基础竞争力综合排名

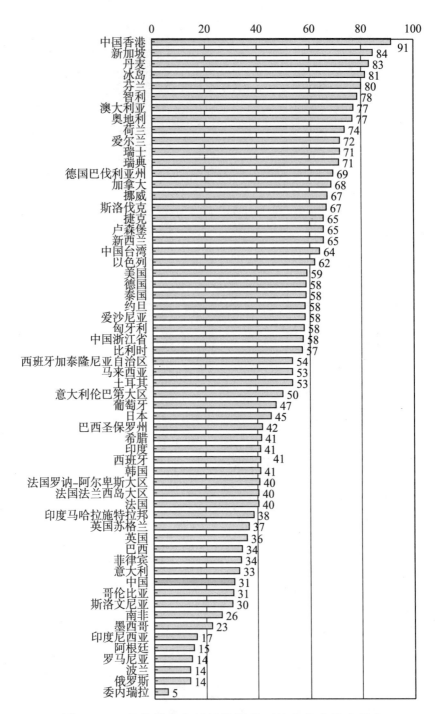

图 12 - 7　部分国家和地区旅游业环境竞争力综合排名

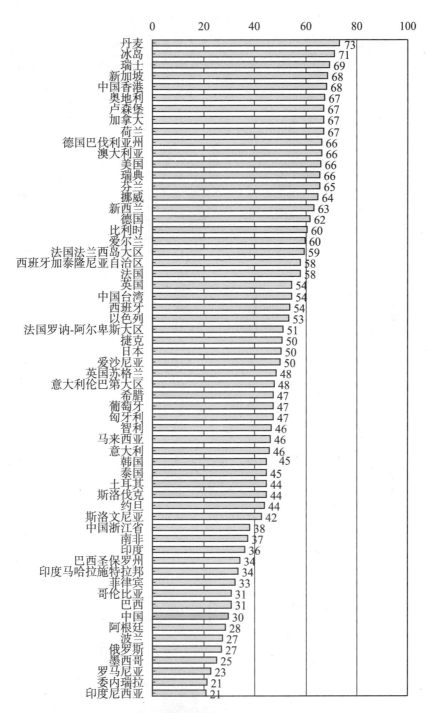

图 12 - 8　部分国家和地区旅游业国际竞争力总排名

表 12 –5　　　　　　　　旅游业国际竞争力综合评价排名表

国家或地区	总竞争力	核心竞争力	基础竞争力	环境竞争力
阿根廷	54	48	49	56
澳大利亚	**11**	**15**	**13**	**7**
奥地利	**6**	**2**	22	**8**
德国巴伐利亚州	10	25	**3**	**13**
比利时	18	18	**14**	29
巴西	52	49	55	47
加拿大	**8**	21	**1**	**14**
西班牙加泰隆尼亚自治区	21	**6**	26	30
智利	36	53	42	**6**
中国	53	51	56	50
哥伦比亚	51	43	57	51
捷克	28	38	32	17
丹麦	**1**	**7**	**4**	**3**
爱沙尼亚	30	36	31	26
芬兰	**14**	27	**12**	**5**
法国	22	**11**	17	43
德国	17	24	**10**	23
希腊	33	**10**	39	37
中国香港	**5**	17	21	**1**
匈牙利	35	35	37	27
冰岛	**2**	**1**	15	**4**
法国法兰西岛大区	20	**4**	16	42
印度	47	55	44	38
印度尼西亚	60	56	60	55
爱尔兰	19	**14**	28	**10**
以色列	26	37	25	21
意大利	38	**9**	38	49
日本	29	31	27	35
约旦	43	41	41	25
韩国	39	44	30	40
意大利伦巴第大区	32	26	35	33
卢森堡	**7**	**3**	**11**	18
印度马哈拉施特拉邦	49	58	46	44
马来西亚	37	40	33	31
墨西哥	57	50	59	54
荷兰	**9**	19	**6**	**9**
新西兰	16	**13**	18	19

国家或地区	总竞争力	核心竞争力	基础竞争力	环境竞争力
挪威	**15**	22	**9**	15
菲律宾	50	45	52	48
波兰	55	46	51	58
葡萄牙	34	30	34	34
法国罗讷－阿尔卑斯大区	27	42	19	41
罗马尼亚	58	60	58	57
俄罗斯	56	57	48	59
巴西圣保罗州	48	47	53	36
英国苏格兰	31	34	24	45
新加坡	**4**	29	**5**	**2**
斯洛伐克	42	52	40	16
斯洛文尼亚	44	28	36	52
南非	46	32	43	53
西班牙	25	**5**	29	39
瑞典	**13**	23	**8**	**12**
瑞士	**3**	**12**	**2**	**11**
中国台湾	24	39	23	20
泰国	40	33	45	24
土耳其	41	20	47	32
英国	23	16	20	46
美国	**12**	**8**	7	22
委内瑞拉	59	59	54	60
中国浙江省	45	54	50	28

（四）国际旅游竞争力模型分析

1. 聚类分析，选择强国（地区）样本。

世界旅游强国（地区）应该是一个既具有很强且可持续的旅游吸引力、核心竞争能力的旅游目的地国家（地区），又是一个至少在某一大的区域内成为主要客源主体的、且极具增长潜力的客源地国家（地区）。此外，建设世界旅游强国（地区）是与一个国家（地区）整体的社会经济发展水平高度相关的。世界旅游强国（地区）的两个基本前提是："旅游强国（地区）"必须是"旅游大国（地区）"；旅游强国（地区）必须有国际旅游影响力。作为世界旅游强国（地区），在国际旅游收入总量上和在国际旅游的比重与效率上必须有所体现。所以，在所有指标中选取与旅游竞争力关系最密切的四个指标，即核心竞争力中国际旅游收入的四个指标：国际旅游收入、来自国（境）外的旅游收入占 GDP 比重（%）、每个服务业雇员所创造的国际旅游收入和可比国际旅游收入，我们依据这四个旅游竞争力的核心指标来进行聚类分析。

（1）从规模角度聚类。

运用多元统计的聚类方法，我们选择国际旅游收入和可比国际旅游收入两个指标作为聚类指标，将60个国家和地区聚类成五类，表12-6说明五类的四个核心指标的平均水平（Mean）、归入各类的国家或地区数（N）和组成各类国家、地区间水平分布的标准差（Std. Deviation）。

表 12 - 6   规模角度聚类结果

各类型统计指标		来自国（境）外的旅游收入占GDP比重（%）	国际旅游收入（10亿美元）	服务业就业人均国际旅游收入（美元/人）	可比国际旅游收入（10亿美元）
1	Mean	2.9059	5.4340	1 958.0874	6.6462
	N	53	53	53	53
	Std. Deviation	2.37949	4.27795	2 451.07454	5.01756
2	Mean	1.0867	22.9614	760.6133	26.3233
	N	3	3	3	3
	Std. Deviation	0.14012	2.70205	646.80784	4.47554
3	Mean	2.1000	38.7748	2 594.1550	43.2250
	N	2	2	2	2
	Std. Deviation	0.04243	4.26880	190.33193	7.67211
4	Mean	4.9300	48.9105	4 429.3400	60.7600
	N	1	1	1	1
	Std. Deviation	.	.	.	.
5	Mean	0.5900	69.2277	640.6500	90.4200
	N	1	1	1	1
	Std. Deviation	.	.	.	.
总体	Mean	2.7832	9.2096	1 938.6462	11.1475
	N	60	60	60	60
	Std. Deviation	2.30786	12.51024	2 351.37121	15.39112

第一类国家（地区）占大多数，它们的国际旅游收入规模比较小，旅游收入占GDP比重和服务业人员效率水平处于中等水平，这是大多数国家（地区）的状况，即有53个国家和地区落入这一类。

第二类国家是中国、德国和英国，这三个国家（地区）的共同特点是国际旅游收入占GDP的比重不高，国际旅游收入水平相对较高，服务业雇员人均创造的国际旅游收入较少。这样的国家旅游业虽然效率上不占优势，但规模优势明显，应当作为国际旅游强国中的一个类型，而且今后的发展道路可以从提高效率方面入手。

第三类国家是法国和意大利，这两个国家的共同特点是国际旅游收入占GDP的比重较高，国际旅游收入水平相当高，服务业雇员人均创造的国际旅游收入也很多。这样的国家堪称"旅游强国"，规模和效率两方面均衡发展。

第四类国家是西班牙，它在规模和效率上比第三类国家又有了进一步的提高，尤其是其旅游业效率是最高的，实际上，西班牙的旅游业发展已经形成一种"西班牙发展模式"。西班牙模式是旅游发达国家的模式。这些国家（地区）的地理位置比较优越，与主要旅游客源国相毗邻；旅游资源丰富而独特，或是度假胜地，或是历史遗迹与风土人情旅游地；国民经济比较发达，人均国民生产总值一般在 1 000 美元以上；服务业占其国内生产总值的比重也在 50% 以上。西班牙模式的特点主要是以下方面：①把旅游业作为国民经济的支柱产业。其依托地理位置与旅游资源的优势，旅游业已成为国民经济的支柱产业，一般国际旅游收入占其商品出口收入的 10% 以上，旅游业的收入相当于国内生产总值的 5% ~ 10%。②旅游发展速度快。这些国家（地区）中，虽然有的国家（地区）早就是驰名世界的旅游目的地，但大多数国家（地区）都是 20 世纪 70 年代以来旅游业持续高速发展，无论在国际旅游者接待人次数上还是国际旅游收入上，其发展速度都高于世界旅游平均增长速度，也高于美国模式国家（地区）的平均速度。③以大众市场为目标。由于旅游资源集中，特点突出，而且又多靠近主要客源国（地区），有便利的交通条件，因此，其旅游业以邻国的大众旅游市场为主要目标，特别是邻国与本区域内的驾车旅游、周末旅游或短期度假旅游等。

第五类国家就是美国，美国的显著特点就是国际旅游收入最高，而效率方面表现一般。这也是世界旅游业发展中的"美国模式"特点。美国模式是经济发达国家旅游发展的模式。美国模式的主要特点有以下几点：①旅游事业开展比较早，国内与国际旅游都比较发达。旅游业是随着本国经济发展而发展起来的，经历了由国内旅游到邻国旅游、国际旅游的常规发展过程，国内旅游与国际旅游都发展到成熟阶段，国内旅游是整个旅游业的基础。②发展旅游业是以扩大就业、稳定经济为主要目标。虽然旅游业成为重要的经济活动，但追求外汇收入、平衡国际收支并非是它们发展旅游的主要目标，而是把发展旅游业作为促进经济稳定、改善国家形象、扩大就业机会、促进友谊与了解的手段。③旅游管理体制以半官方旅游机构为主，而管理职能主要是推销与协调。由于旅游开展的历史比较长，旅游业比较成熟，各方面法规比较健全，因此相比之下旅游行政管理比较松散，不直接从事或干预旅游企业的经营。④旅游经营体制以公司为主导，小企业为基础，行业组织发挥着重要作用。在这些国家（地区）中，由于多年的竞争，在旅游业中形成了一些大的旅游公司、跨国公司，在旅游业经营中起主导作用，由于旅游业的发展比较均衡，旅游业又是由为数众多的小企业组成，有着灵活的经营方式。

（2）从效率水平角度聚类。

运用多元统计的聚类方法，我们从发展效率和水平角度聚类，即按来自国（境）外的旅游收入占 GDP 比重（%）、每个服务业雇员所创造的国际旅游收入两个核心指标聚类成五类，结果如表 12 - 7 所示。

表 12 - 7 　　　　　　　　　　效率水平角度聚类结果

各类型统计指标		来自国（境）外的旅游收入占 GDP 比重（%）	国际旅游收入（10 亿美元）	服务业就业人均国际旅游收入（美元/人）	可比国际旅游收入（10 亿美元）
1	Mean	1.9120	7.5229	769.7227	9.4937
	N	41	41	41	41
	Std. Deviation	1.83254	11.59203	649.55256	14.78168
2	Mean	6.1450	13.4076	7 230.9000	15.2850
	N	2	2	2	2
	Std. Deviation	0.89803	3.79238	277.21414	2.97692
3	Mean	3.9742	11.4469	3 155.1367	12.7575
	N	12	12	12	12
	Std. Deviation	1.72413	13.16192	481.89626	14.74671
4	Mean	4.5875	19.1735	4 574.6950	23.0200
	N	4	4	4	4
	Std. Deviation	1.48316	20.77235	309.16136	26.08402
5	Mean	10.2700	3.2659	14 137.9200	3.8700
	N	1	1	1	1
	Std. Deviation	.	.	.	.
总体	Mean	2.7832	9.2096	1 938.6462	11.1475
	N	60	60	60	60
	Std. Deviation	2.30786	12.51024	2 351.37121	15.39112

分成为五类：

第一类国家（地区）是大多数，它们的旅游收入占 GDP 比重较低和服务业人员效率水平处于较低水平，规模方面处于中等水平，这一类包括 41 个国家和地区。

第二类国家（地区）是：奥地利和西班牙加泰隆尼亚自治区，这一类特点是旅游收入占 GDP 的比重很高，服务业人员的效率也很高，但规模较小。

第三类国家（地区）多达 12 个，有比利时、丹麦、爱沙尼亚、法国、中国香港、爱尔兰、意大利、新西兰、葡萄牙、新加坡、斯洛文尼亚和瑞士，这类国家（地区）的特点是旅游收入占 GDP 的比重相对较高，服务业人员的效率也相对比较高，总体规模较小。

第四类国家（地区）是：希腊、冰岛、法国法兰西岛大区和西班牙，这类国家和地区发展很均衡，无论规模还是水平，发展程度都比较高。

第五类国家是卢森堡，这是一个特殊的国家，国际旅游收入占了其 GDP 的 10%，服务业就业人均国际旅游收入高达每人 14 138 美元，效率第一。该国把旅游业作为国民经济的支柱产业，发展相对专业化。

鉴于以上两个聚类分析选出来的国家和地区在各自的旅游发展上具有自己的特点，同时具有规模或水平上占优的共同特点，将其列为世界旅游强国（地区）群。下面先针对所有国家（地区）进行因子分析，提取主要信息，减少变量，然后再对以上世界旅游强国（地区）群进行模型分析。

2. 因子分析。

（1）针对四个旅游核心指标提取因子。

由表 12 - 8 可以看到，变量的共同度相当高，因子分析相当成功，保留了原指标的大部分信息。

表 12 - 8   核心指标因子分析变量共同度

指　　标	初始变量共同度（Initial）	提取因子后变量共同度（Extraction）
来自国（境）外的旅游收入占 GDP 比重（%）	1.000	0.862
国际旅游收入	1.000	0.996
服务业就业人均国际旅游收入（10 亿美元/千人）	1.000	0.860
可比国际旅游收入	1.000	0.995

注：因子提取方法：主成分分析法。

提取两因子，解释了原来四个变量变差的 92%（表 12 - 9）。

表 12 - 9   核心指标因子分析总方差解释

成分（Component）	初始特征值（Initial Eigenvalues）			提取原有变量总方差（Extraction Sums of Squared Loadings）		
	特征根值（Total）	方差贡献率（% of Variance）	累计方差贡献率（Cumulative %）	特征根值（Total）	方差贡献率（% of Variance）	累计方差贡献率（Cumulative %）
1	2.012	50.301	50.301	2.012	50.301	50.301
2	1.701	42.522	92.823	1.701	42.522	92.823
3	0.280	7.005	99.828			
4	0.007	0.172	100.000			

注：提取因子方法：主成分分析。

由因子载荷阵可以看到（表 12 - 10），第一个因子主要解释了国际旅游收入和可比国际旅游收入，可以命名为国际旅游收入因子；第二个因子主要解释了来自国（境）外的旅游收入占 GDP 比重（％）和服务业就业人均国际旅游收入（美元／人），可以命名为国际旅游效率因子。

表 12 - 10　　　　　核心指标因子分析载荷阵

指　　标	成分（Component）	
	1	2
来自国（境）外的旅游收入占 GDP 比重（％）	0.125	0.920
国际旅游收入	0.984	− 0.170
服务业就业人均国际旅游收入（美元／人）	0.260	0.890
可比国际旅游收入	0.980	− 0.183

注：因子提取方法：主成分分析法，提取两个因子。

（2）针对其他支撑性解释性指标提取因子。

针对剩余的对旅游竞争力起到因素作用的指标提取因子，计算结果表明各个变量的共同度都比较高，最低的也有 72％ 以上的指标信息被解释。

按照特征根值大于 1 的法则提取六因子，解释了原来所有变量总变差的 82％，因子分析效果还算不错（表 12 - 11）。

表 12 - 11　　　　解释性指标因子分析旋转中的正交矩阵

成分（Component）	1	2	3	4	5	6
1	0.912	0.307	0.238	− 0.010	0.127	0.040
2	− 0.189	0.888	− 0.230	− 0.014	− 0.316	− 0.152
3	0.113	− 0.059	− 0.317	0.913	0.060	− 0.215
4	0.103	0.040	− 0.688	− 0.106	0.233	0.670
5	− 0.175	0.137	0.517	0.388	− 0.234	0.692
6	0.281	− 0.306	− 0.224	− 0.066	− 0.878	0.039

注：因子提取方法：主成分分析法；旋转方法：方差最大法。

根据旋转后的因子载荷阵来为因子取名（表 12 - 12）：

表 12 - 12　　　　　　　　解释性指标因子分析得分矩阵

指　　标	Component					
	1	2	3	4	5	6
国际旅游收入与利用外资总额比例	0.028	- 0.045	0.049	0.496	- 0.184	0.069
国际旅游收入与国际贸易总额比例	- 0.033	0.043	- 0.033	0.487	0.232	- 0.042
人均国内生产总值按现行价格、汇率计算（2001 年，美元）	0.122	- 0.088	- 0.091	- 0.084	0.051	0.030
人均国内生产总值按现行价格、购买力平价计算（美元）	0.079	- 0.042	- 0.038	- 0.078	0.135	0.052
个人人均最终消费支出（美元）	0.106	- 0.068	- 0.083	- 0.058	0.083	0.100
灵活性和适应性　人民对新的挑战有充分的灵活性和适应性（↑）对新的挑战缺乏充分的灵活性和适应性（↓）	- 0.112	0.291	- 0.023	- 0.019	0.207	0.124
生态印记（人均生物生产面积，公顷）	0.033	0.024	- 0.072	- 0.012	0.253	0.203
可持续发展　不被认为是优势（↓）被认为是优势（↑）	0.113	0.019	- 0.021	0.014	- 0.312	- 0.034
污染问题与基础设施　受到严重的污染问题影响（↓）没有受到严重的污染问题影响（↑）	0.126	- 0.032	- 0.132	0.054	0.003	- 0.096
公路网密度（公里/平方公里）	- 0.069	0.019	0.425	- 0.059	- 0.010	- 0.051
铁路网密度（公里/平方公里）	- 0.051	- 0.017	0.373	- 0.093	0.057	- 0.182
空运　主要公司运载的乘客数（千人）	- 0.008	0.033	- 0.022	- 0.003	- 0.076	0.615
用于货物和服务分配的基础设施　普遍有效率（↑）普遍无效率（↓）	0.095	- 0.030	0.086	0.013	- 0.184	0.000
宽带费用　100K/秒流量的每月费用（美元）	0.148	- 0.076	- 0.489	- 0.235	- 0.010	- 0.364
固定电话　每千户中的主要干线数	0.068	- 0.023	- 0.023	- 0.073	0.157	0.056
保健基础设施　能满足社会需要（↑）不能满足社会需要（↓）	0.104	- 0.058	0.082	- 0.004	- 0.174	- 0.038
生活质量　2002 年生活质量高（↑）　生活质量低（↓）	0.130	- 0.041	- 0.066	0.017	- 0.089	0.023
银行和金融服务　有效支持经济的活力（↑）没有有效支持经济的活力（↓）	0.038	0.123	0.010	0.062	- 0.107	0.106
学生教师比（中等教育）每名教师对应的学生人数	0.054	- 0.055	- 0.054	- 0.056	- 0.536	0.093
对全球化的态度　消极（↓）积极（↑）	- 0.039	0.210	0.057	- 0.065	- 0.091	0.078
民族文化　对外国文化开放（↑）对外国文化封闭（↓）	- 0.115	0.294	0.042	- 0.008	0.240	- 0.029
国际事务　与外国合作者处理国际事务可以充分交流（↑）不能充分交流（↓）	0.017	0.099	0.061	0.008	0.132	- 0.187

指　标	Component					
	1	2	3	4	5	6
政治不稳定的风险　很低（↑）很高（↓）	0.149	−0.039	−0.120	0.033	−0.177	−0.039
骚乱和暴力　不是工作岗位严重不稳定的原因（↑）是工作岗位严重不稳定的原因（↓）	0.049	0.069	0.006	0.071	0.091	−0.160
安全　人们对人身、财产安全受到保护充满信心（↑）人们对人身、财产安全受到保护没有信心（↓）	0.080	0.025	0.057	0.065	−0.139	0.004
商业规则没有阻碍企业竞争能力（↑）阻碍企业竞争能力（↓）	0.001	0.180	−0.036	0.020	0.039	−0.021

注：因子提取方法：主成分分析法；旋转方法：方差最大法。

第一个因子主要解释了：人均国内生产总值按现行价格、汇率计算（2001年，美元）、个人人均最终消费支出（美元）、政府人均最终消费支出（美元）、生态印记、可持续发展、污染问题、用于货物和服务分配的基础设施、保健基础设施、生活质量、国际事务充分交流（↑）不能充分交流（↓）、政治不稳定的风险、骚乱和暴力、安全等方面的指标，可以理解为解释了社会发展、自然环境和社会环境的状况，综合称之为"社会环境因子"。

第二个因子主要解释了：灵活性和适应性、银行和金融服务、对全球化的态度、民族文化对外国文化开放（↑）对外国文化封闭（↓）、商业规则没有阻碍企业竞争能力（↑）阻碍企业竞争能力（↓）等指标，综合为"开放性因子"。

第三个因子只解释了宽带费用100K/秒流量的每月费用（美元）、公路网密度（公里/平方公里）和铁路网密度（公里/平方公里）三个指标，称之为"交通通信因子"

第四个因子解释了国际旅游收入与利用外资总额比例、国际旅游收入与国际贸易总额比例，可称之为"外贸外资因子"。

第五个因子只解释了空运主要公司运载的乘客数（千人）这个指标，直接称之为"航空运输因子"。

第六个因子只解释了学生教师比（中等教育）每名教师对应的学生人数，可以称之为"人力资源因子"。

3. 模型分析。

至此，将反映旅游竞争力的四个指标作为因变量，提取了"国际旅游收入因子"和"国际旅游效率因子"作为两个被解释变量因子，而其他的解释变量也提出了以上提到的"社会环境因子"、"开放性因子"、交通通信因子"、"外贸外资因子"、"航空运输因子"以及"人力资源因子"六个方面的解释变量因子，可以利用回归分析考虑建立模型。下面建立因变量因子与自变量因子的模型如下：

（1）国际旅游收入因子模型。

$$国际旅游收入因子 = 0.32 + 0.237 × 社会环境因子 - 0.408 × 开放性因子 + 0.152 × 交通通信因子 + 0.099 × 外资外贸因子 + 0.08 × 航空运输因子 + 0.751 × 人力资源因子$$

由模型可以看到，反映规模的国际旅游收入因子得分主要受社会环境、交通电信和人力资源几个方面因素的影响。这几个方面给旅游业发展带来了环境、支撑基础设施和人力资源支持。

（2）国际旅游效率因子模型。

$$国际旅游效率因子 = 0.103 + 0.550 × 社会环境因子 + 0.229 × 开放性因子 + 0.138 × 交通通信因子 + 0.272 × 外资外贸因子 + 0.468 × 航空运输因子 - 0.427 × 人力资源因子$$

由国际旅游效率因子模型可以看出，以旅游业作为本国（地区）国民经济的主要来源的国家（地区），其效率大部分由社会环境和航空运输因子造成。可见社会的稳定安全、人们生活水平的提高都是一国（地区）发展旅游业的直接保证。还有，国际旅游当然和航空运输能力紧密相连，尤其是这类以旅游为主要产业的国家（地区）。当然，引进外资与国际贸易的引致效应和开放性的效应也不可忽略。

由于因子分析无法直接看出各个原始变量对因变量的解释程度，根据因子得分系数阵（component score coefficient matrix），将回归系数与系数阵结合，算出各因子对原始解释变量的解释程度，从而根据解释度高的原则挑选变量，重新建立关于原始变量的回归模型。

由于中国的发展模型应该和规模强国的模式相近，因此采用除中国外六大规模强国：法国、德国、意大利、西班牙、英国和美国 1994 年到 2006 年的 panel data 数据，以及挑选出来的变量建立回归模型。

（3）国际旅游收入模型。

$$国际旅游收入 = 16.897 + 400.030 × 国际旅游收入与国际贸易总额比例 + 0.001 × 人均国内生产总值（现行价格、汇率，美元）- 1.080 灵活性和适应性 + 8.186E - 05 × 主要公司运载的乘客数（千人）- 0.644 × 国际电话费用高峰期通往美国的每三分钟费用（美元）- 1.693 × 学生教师比（中等教育）每名教师对应的学生人数 - 2.519 × 成人（15 岁以上）文盲占总人口比例（%）$$

由模型可以看出，规模强国的国际旅游收入是由国际贸易的很大部分的引致效应直接导致，同时人均 GDP 作为一国（地区）经济发展程度的衡量对国际旅游收入也起到一定促进作用。而空运能力在国际旅游方面的贡献不大，可能是这些国家的空运主要目的并不是用于旅游。同时，可以看到电信成本越高，对国际旅游收入越有反向作用，可见旅游中沟通也是必不可少的。值得注意的是人口素质对国际旅游收入的影响也不小，可以这样说，人口素质直接决定了一国的稳定安全的社会环境和服务业的服务质量和效率，也就是和前面说到的社会环境因子类似的因素，这跟旅游业发展也有直接关联。所以中国旅游业走的是经济发达国家带动旅游业发展的道路，应该考虑更好地利用国际贸易来带动旅游业的发展，同时也应该在降低服务业成本，提高效率和提高国民素质方面努力。

（4）服务业就业人均国际旅游收入模型。

服务业就业人均创造的国际旅游收入（美元/人）＝ － 531.807 － 26.791 × 国际旅游收入与利用外资总额比例 ＋ 42 139.251 × 国际旅游收入与国际贸易总额比例 ＋ 0.059 × 人均国内生产总值（现行价格、汇率，美元）＋ 48.341 × 安全 ＋ 40.780 × 灵活性和适应性 － 0.003 × 主要公司运载的乘客数（千人）－ 80.793 × 国际电话费用高峰期通往美国的每三分钟费用（美元）＋ 0.392 × 每百万美元中由工业排放二氧化碳（吨）－ 90.371 × 学生教师比（中等教育）每名教师对应的学生人数

由模型可以看出，强国的旅游效率主要是由贸易拉动、人均 GDP、安全、灵活性和适应性、电信成本、工业效率和教育水平决定。中国的旅游业要想提高效率，除了从提高总量规模的那些方面改进之外，还应该在改善社会治安，保障社会安全，加强与国外的经济文化交流，提高工业效率，同时减少工业对环境的危害方面进行改进。

（五）对比分析

由上面的分析可以看到，中国的发展与以规模占优的强国比较类似，现将中国各方面的状况与其他六个规模强国进行比较。

图 12 - 9 展示中国的国际旅游收入在强国群体中处于最弱的位置可见，中国的国际旅游收入规模优势还有进一步扩大的空间。中国可以以强国群体为目标，先追赶英国和德国，再将法国和意大利的水平作为下一步发展目标。

图 12 - 10 展示国际旅游收入在 GDP 中的比重，可见中国的旅游业比重不高，中国不是以旅游业为主要发展产业的国家。

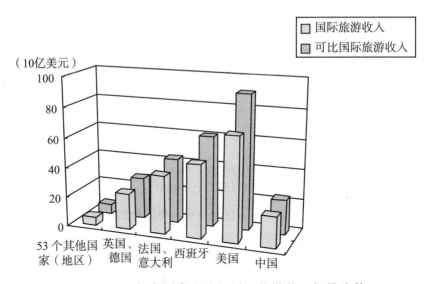

图 12 – 9　各类国家和地区国际旅游收入规模比较

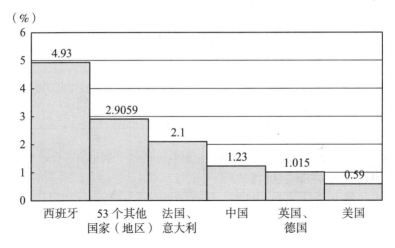

图 12 – 10　各类国家和地区旅游收入占 GDP 比重比较

图 12 – 11 展示了服务业为旅游收入创造价值的效率，中国无疑是最低的，而且远低于其他国家和地区，效率只有美国的 1/5 不到，与西班牙比较更是九牛一毛。

由上面的分析可以看到，中国的发展与以规模占优的强国比较类似，现将中国各方面的状况与其他六个规模强国比较如下（见表 12 – 13）。

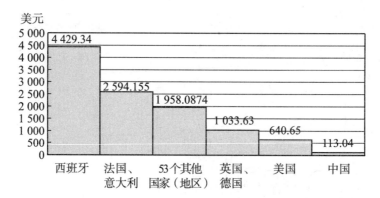

图 12 – 11　各类国家和地区服务业人均国际旅游收入比较

表 12 – 13　　　　　　　中国与规模强国各方面均值比较

	指　标	规模强国均值	中国	差值
商务旅游	国际旅游收入与利用外资总额比例	150.1283	32.72	117.4083
	国际旅游收入与国际贸易总额比例	0.038	0.018298126	0.019701874
环境保护	可持续发展　不被认为是优势（↓）被认为是优势（↑）	5.85	5.68	0.17
	污染问题与基础设施　受到严重的污染问题影响（↓）没有受到严重的污染问题影响（↑）	6.1633	3.04	3.1233
	二氧化碳排放　GDP 的每百万美元中由工业过程排放出的二氧化碳（吨）	397.7167	3 077.7	− 2 679.9833
交通基础设施	公路网密度（公里/平方公里）	1.3085	0.18	1.1285
	铁路网密度（公里/平方公里）	0.0533	0.01	0.0433
	空运　主要公司运载的乘客数（千人）	143 797.6667	87 590	56 207.6667
	用于货物和服务分配的基础设施　普遍有效率（↑）普遍无效率（↓）	7.03	4.34	2.69

续表

	指　　标	规模强国均值	中国	差值
通信基础设施	网络花费（高峰期20小时花费，美元）	17.3733	10.14	7.2333
	宽带费用　100K/秒流量的每月费用（美元）	6.35	7.84	-1.49
	固定电话　每千户中的主要干线数	558.5	209	349.5
	国际电话费用高峰期通往美国的每3分钟费用（对美国指通往欧洲，美元）	0.56	2.9	-2.34
金融服务	信用卡发行量　人均信用卡拥有量	1.4183	0.02	1.3983
	信用卡交易量　人均10亿美元	35.81	23.96465517	11.84534483
	银行和金融服务　有效支持经济的活力（↑）没有有效支持经济的活力（↓）	5.9833	4.32	1.6633
人力资源	学生教师比（中等教育）每名教师对应的学生人数	13.7	18.7	-5
	公共教育支出占GDP比重	5.2	3.3	1.9
	已获得高等学历的比例（%）	29.4667	5	24.4667
	外语水平　外语水平满足企业需要（↑）不满足企业需要（↓）	3.99	3.53	0.46
	文盲　成人（15岁以上）文盲占总人口比例（%）	1.3	9.1	-7.8
开放性	对全球化的态度　消极（↓）积极（↑）	5.09	5.98	-0.89
	民族文化　对外国文化开放（↑）对外国文化封闭（↓）	6.1583	6.58	-0.4217
	国际事务　与外国合作者处理国际事务可以充分交流（↑）不能充分交流（↓）	7.6517	4.34	3.3117
	外贸依存度（出口+进口）/（GDP×2）	25.41	33.61	-8.2

续表

指　标	规模强国均值	中国	差值
社会稳定安全 政治不稳定的风险 很低（↑）很高（↓）	8.0217	6	2.0217
骚乱和暴力 不是工作岗位严重不稳定的原因（↑）是工作岗位严重不稳定的原因（↓）	7.1983	5.77	1.4283
健康问题 艾滋病、酗酒、吸毒在工作岗位没有成为严重问题（↑）在工作岗位成为严重问题（↓）	6.8617	6	0.8617
安全 人们对人身、财产安全受到保护充满信心（↑）人们对人身、财产安全受到保护没有信心（↓）	6.9867	4.85	2.1367
产业环境 商业规则没有阻碍企业竞争能力（↑）阻碍企业竞争能力（↓）	4.515	5.56	- 1.045
汇率政策 支持公司的竞争力（↑）阻碍公司的竞争力（↓）	4.355	5.83	- 1.475
大型企业 大型企业对照国际标准是有效的（↑）没有效率（↓）	6.5667	3.81	2.7567
中小型企业 中小型企业对照国际标准是有效的（↑）没有效率（↓）	6.5667	4.42	2.1467

由表 12 - 13 可以看出，中国在商务旅游方面跟其他强国比还是有较大差距，依靠外国直接投资和外贸拉动旅游业还需要进一步的发展。环境保护方面，在可持续发展上，中国与强国的差距还不太大，而在污染和二氧化碳排放的问题上，中国的问题相当严重，导致排名大大落后于其他强国。交通基础设施方面，中国也是相对落后的，各项基础设施的跟进才能保证旅游业的进一步发展。通信方面，中国通信成本高成为绊脚石。中国的金融服务与强国还有很大差距，金融机构效率有改善的必要性。人力资源方面，中国除了外语水平还可以和强国比一比之外，别的指标都比较落后，这也是中国人口众多，教育资源匮乏造成的。开放性方面，中国表现得比较好，中国的社会稳定安全、产业环境与强国的差距也不大，这三点可以看到中国改革开放，加入 WTO，以及和谐社会战略的成功。

（六）国际旅游竞争力小结

综上所述，中国国际旅游业竞争力呈现如下特点：

（1）中国在国际旅游收入总量上处于领先地位，算得上世界旅游强国之一，而人均水平较低。

（2）从子要素的排名情况看来，中国的优势在于国际旅游和国内出境游的潜力、旅游资源等，而人力资源、开放性、金融服务、产业发展、社会稳定安全等方面相对处于劣势。

（3）中国旅游业的核心国际竞争力排名位于第51位。中国的基础和环境竞争力也较弱，亟待改善。

（4）中国在旅游业国际竞争力上仍有较大的潜力和发展空间，国际旅游收入与发达国家相比还有比较大的发展空间。

（5）中国的国际旅游收入稳中有升，发展稳定。

对旅游业带来的生态问题，世界各国已有太多的教训。然而，在正期待着旅游经济创造利润奇迹的中国许多地方，人们仍在回避"生态旅游管理不当会带来灾难性后果"的警告，急于赚钱，渴望加速发展，无法冷静下来看看别人走过的弯路，减少自己的失误[1]。事实上，实施生态旅游无论在哪类国家都不是一件轻松的事。中国人不愿意，国情也不允许中国重复发达国家走过的弯路。因此，中国不能盲目学习西方旅游的发展模式，而是应该及时、充分、广泛地学习和了解国外的经验、教训，跟上国际最新的环境保护观念和旅游的思想认识，把世界上环境保护与可持续发展中新的、重要的科学发现、环境理论、环保观点和意识引入到中国的旅游业发展实际中来。

在旅游业的发展上可以借鉴一下美国的增长管理模式[2]。大卫·高斯乔克和大卫·布劳尔对增长管理的权威定义是："政府有意识地计划，意图是在地方权限内影响速度、总量、类型、地点和未来的发展质量"。可以将这五个目标综合成三个：类型被包含在发展的"质"中；"速度"和"总量"与发展的"量"有关；第三个就是发展的"地点"。

一个增长管理策略可以同时朝以上三个目标努力，但多数把重点放在其中一项上。

（1）一些策略集中关注发展的"质"，目标是鼓励那些能达到一定水准的发展。

---

①② 参见弗雷德·P·波塞尔曼、克雷格·A·彼特森、克莱尔·麦卡锡著；陈烨、陈鑫、李洁、翁翔译：《弯路的代价——世界旅游业回眸》。中国社会科学出版社2003年版，第55～56页。

（2）其他策略通过控制发展的速度和最终的容量来管理。

（3）很多策略的重点放在发展的选址寻址上，扩大或缩小现有的旅游增长区，抑或将增长转移到新的地点。

在此提出对中国旅游业改进发展的几点建议：

（1）引导社会各方面积极投资开发旅游资源，搞好景区、景点、旅游度假区建设，改善旅游接待条件，提高旅游服务水平，增强旅游产品的吸引力和竞争力。

（2）设立专门机构进行旅游协调工作。

（3）大力开展国际旅游，积极发展边境旅游，加强国外旅游市场营销工作，通过举办旅游交易会、旅游节庆活动，刊发旅游专版、广告，编印旅游图书、明信片，制作音像制品，开通旅游电视节目、旅游信息网等方式让更多的人了解中国。

（4）在发挥价格优势的同时，提升旅游企业管理档次和科技含量。

（5）发挥经济落后地区开发旅游的比较经济优势和关联带动作用。

（6）把产业作为旅游观光资源，使旅游与产业开发、经济开发结合起来。产业旅游观光资源，指工、农业设施和社会公共设施及反映经济建设成就的展览会、展销会等。

当然，中国为了要实现旅游强国的目标，有必要预测变化的旅游需求并提前做好筹划，非常重要的一环就是跟踪过去和现在的旅游需求趋势，这就意味着要有高质量的旅游统计数据[①]。监测旅游发展趋势有利于发现影响增长的威胁和新的机遇。对增长的威胁包括：污染对环境的影响——这是中国必须要认真关注的——和安全问题，与一国旅游业的发展息息相关。

四、中国 31 个省市自治区旅游产业竞争力评价体系设计、评价和分析研究

我国旅游业在经历"非典"的浩劫后全面恢复振兴。2006 年共接待入境游客 12 494.21 万人次，实现国际旅游外汇收入 339.49 亿美元，分别比上年增长 3.9% 和 15.9%；国内旅游人数 13.94 亿人次，收入 6 230 亿元人民币，分别比上年增长 15.0% 和 17.9%；中国公民出境人数达到 3 452.36 万人次，比上年增长 11.3%，旅游业总收入 8 935 亿元人民币，比上年增长 16.3%；

---

① 张广瑞、刘德谦主编：《2004～2006 年中国旅游发展：分析与预测》，社会科学文献出版社 2004 年版，第 382 页。

相当于当年全国国内生产总值的 4.27%，比上年提高 0.07 个百分点。中国各省市自治区，由于旅游资源、旅游服务、旅游企业的发展不尽相同，出现了各方面上的发展差异，本部分利用旅游业国际竞争力理论，密切联系我国旅游业发展的实际，基于 31 个省市自治区的整体，研究我国旅游业竞争力发展问题，以便建立竞争力评价体系，为旅游业发展的分析和政策制定提供客观和科学的依据。

（一）31 个省市自治区旅游产业竞争力结构设计及评价指标体系

旅游产业的现实活动是一个复杂的系统，因此，其发展主题的实现依赖多个层次，包括资源、企业、市场，以及国际和国内。基于我们多年的统计数据分析和比较研究，我们设计了如下的基本分析框架（见图 12 - 12）。

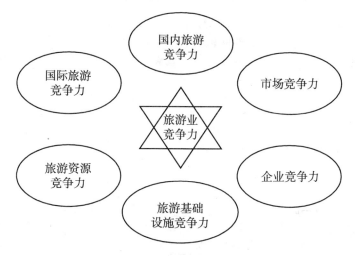

图 12 - 12　31 个省市自治区旅游业竞争力指标体系关系

由图 12 - 12 可以看到，一省或直辖市的旅游产业竞争力，具体到实际数据的角度可以分为六个主要方面。国际旅游竞争力主要反映一省（区）或直辖市旅游区对入境旅游者的吸引力，入境游客在该地停留旅游的意愿等。国内旅游竞争力主要反映一省（区）或直辖市居民出外旅游的意愿、需求和旅游消费能力。市场竞争力主要是反映旅游企业整体的服务质量和市场吸引力。企业竞争力主要反映旅游企业的人力、资产、规模、数量等方面经营发展的整体差异。旅游资源竞争力主要反映一省（区）或直辖市所拥有的天然和人文的旅游资源，以及这些资源对游客的吸引能力，还有旅游业发展必需的人力资源。旅游基础设施竞争力主要反映提供各项旅游服务的旅游基础设施，即车船、铁路、公路服务，住宿服务等的服务能力。以上六个方面综合反映了一省（区）或直辖市旅游业的总体发展状况，应该说在中国旅游统计目前的基础上，可以实现对上述各个方面的全面评价和系统分析。按照上述设计理论和思想，我们依据《2005 中国旅游统计年鉴》、《2005 中国旅游统计年鉴（副本）》、《2005 入境游客抽样调查资料》和《2005 中国国内旅游抽样调查资料》的指标数据，建立了具体评价中国旅游产业竞争力的评价指标体系，如表 12 - 14 所示。

表 12 - 14　　31 个省市自治区旅游产业竞争力评价指标体系

国际旅游					
国际旅游（外汇）收入	入境游客人均消费	入境游客停留时间	各地区接待入境游客人数	入境游客旅游次数	入境游客的流向
万美元	万美元	天	人次	次数构成百分比(第 2～3 次)	将前往的省调查人数百分比
国内旅游					
农村居民国内旅游平均在外停留夜数（不含一日游）	城镇居民国内旅游平均在外停留夜数（不含一日游）	农村居民国内旅游出游人均花费	城镇居民国内旅游出游人均花费	城镇居民国内旅游出游率	农村居民过夜游出游率
夜	夜	元/人	元/人	%	%
市场竞争力					
旅行社个数	入境游客对旅游服务质量的评价	星级饭店百元固定资产创营业收入	旅行社营业收入	星级饭店营业收入	星级饭店客房出租率
家	得分	元	万元	万元	%
企业竞争力					
旅游企业营业收入	旅游企业人均实现利税	旅游企业全员劳动生产率	旅游业固定资产总额	旅游企业从业人员数	旅游企事业单位数
万元	万元/人	万元/人	万元	人	家
旅游资源					
入境游客对旅游资源的兴趣	旅游区数量＝企业数 - 旅行社 - 星级饭店 - 其他企业	所在省（直辖市）旅游院校学生数	所在省（直辖市）旅游院校数	旅游业从业人员数	文物保护单位数
得分	家	人	所	人	个
旅游基础设施					
星级饭店个数	入境游客对旅游接待设施的评价	旅游车船企业数	星级饭店床位数	各地区铁路客运量	公路运输载客汽车拥有量
家	得分	家	张	万人	万客位

（二）31个省市自治区旅游产业竞争力综合评价和分析

我们收集整理了2005年中国31个省市自治区的旅游业统计数据，利用我们前面设计的中国旅游产业竞争力评价指标体系，对中国31个省市自治区2005年旅游产业竞争力作出了全面系统的评价，结果见图12-13。

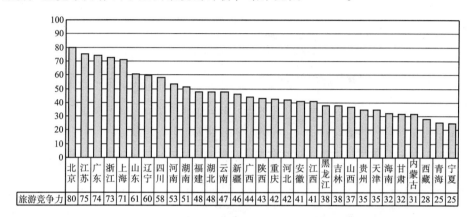

	北京	江苏	广东	浙江	上海	山东	辽宁	四川	河南	湖南	福建	湖北	云南	新疆	广西	陕西	重庆	河北	安徽	江西	黑龙江	吉林	山西	贵州	天津	海南	甘肃	内蒙古	西藏	青海	宁夏
旅游竞争力	80	75	74	73	71	61	60	58	53	51	48	48	47	46	44	43	42	42	41	41	38	38	37	35	35	32	32	31	28	25	25

图 12-13   31个省市自治区旅游产业竞争力综合评价排名

由图12-13可以看出，从旅游产业竞争力的方面来比较，北京毫无悬念地占据榜首，紧随其后的是江苏、广东、浙江、上海，这四个省份和北京应该说处于旅游业的第一梯队，属于旅游大省。而紧接其后的山东、辽宁、四川、河南应该处于中上水平，它们的旅游业发展可能在某些方面或多或少有些缺陷。处于中等水平的省份比较多，这里就不一一列举，而排在最后的西藏、青海、宁夏三个省（区），旅游竞争力得分相当低，应该说，当地的旅游业发展比较缓慢，处于落后水平，旅游资源还未得到充分开发。

我们利用多元统计的现代分析方法，依据31个省市自治区旅游产业竞争力的评价结果，进行聚类分析，结果如表12-15所示。

表 12-15   聚类分析各类中心展示

	分　类		
	1	2	3
国际旅游竞争力	79.17	39.00	42.97
国内旅游竞争力	50.33	47.94	42.56
市场竞争力	83.83	34.99	49.16
企业竞争力	86.96	30.07	51.07
旅游资源竞争力	67.38	33.25	59.93
旅游基础设施竞争力	79.29	30.85	57.52

表 12 −16　　　　　　　　　各分类省份数

分 类		
	1	5
	2	16
	3	10
总 和		31.000

　　表 12 −16 是按照多元统计聚类分析所得的具体结果,它使我们科学地划分出我国旅游产业竞争力三种类型,即强势旅游产业竞争力区域、中势旅游产业竞争力区域和弱势旅游产业竞争力区域。各类产业竞争力包括的具体省市自治区参见表 12 −17。

表 12 −17　　　　　中国 31 个省市自治区旅游产业竞争力分类

类　别	地　　区
强势竞争力区域	北京、上海、江苏、浙江、广东
中势竞争力区域	河北、辽宁、安徽、山东、河南、湖北、湖南、广西、四川、云南
弱势竞争力区域	天津、山西、内蒙古、吉林、黑龙江、福建、江西、海南、重庆、贵州、西藏、陕西、甘肃、青海、宁夏、新疆

(三) 31 个省市自治区旅游产业要素竞争力综合评价和分析

　　根据我们的旅游产业竞争力评价体系设计,一共包括六大要素,本部分分别六大要素,对中国 31 个省市自治区旅游产业竞争力作出评价和分析。

　　1. 国际旅游竞争力评价和分析。

　　由图 12 −14 可以看出,我国旅游产业竞争力,在国际旅游竞争力方面,北京、上海占据绝对的竞争力优势,这与这两个国际化大都市的开放性、发达程度和国际知名度是分不开的。城市越开放,自然吸引到越多的外国游客和商机,这一点从排名紧随其后的江苏、浙江、福建、辽宁、广东 5 省可以看出来,这 5 省的共同点是:沿海开放,经济发达。这样,入境游客自然多,游客停留时间越长,人均消费越高,旅游次数越多,旅游意愿越强烈,则该省的国际旅游收入就会节节攀升。而相对的,处于内陆的省份,比如,内蒙古、河南、江西、甘肃,则在国际旅游方面表现欠佳。这虽然说和地理位置有很大的关系,但通过加大宣传和国际交流的力度,国际旅游竞争力的现状还是有改善的空间和可能性的。

　　2. 国内旅游竞争力评价和分析。

　　图 12 −15 展示的结果出人意料,国内旅游竞争力排名,新疆居然高居榜首而且遥遥领先,这是一个值得关注的旅游特殊区域。国内旅游竞争力主要反映一

省（区）或直辖市居民出外旅游的意愿、需求和旅游消费能力。我们用 6 个指标分别刻画城市和农村的国内旅游相对水平，其中新疆居民出去旅游的意愿和能力即"旅游需求"比较强。新疆地处内陆偏远地区，农村居民所占的人口比例较大，居民出游的花费和出游在外过夜的时间相对较长，应该说，旅游需求较大，旅游市场有较大的发展空间。排在第 5 位的西藏情况和新疆也类似。而排在第 2、3、4 位的广东、上海、福建则是另一种情况，这些省份本身经济比较发达，省内游的服务和资源也相对较好，居民手头相对宽裕，旅游倾向和意愿比较强烈，居民出游次数和时间相对较多，游程也相对较长，出游人均花费较多，形成很强的旅游需求市场。而排在最后几位的海南、山西和河北等几个省份相同的特点则是省内的旅游资源相对丰富，导致居民出游的时间和花费不高，很多居民所居住的城市本身就是旅游城市，没必要跑很远去旅游，而且这类省份的经济发展状况也属一般，居民没有那么多余钱出省旅游。

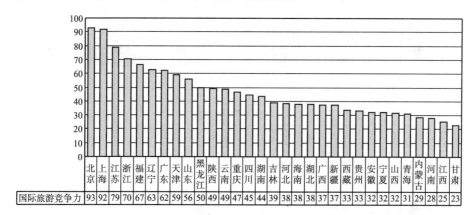

	北京	上海	江苏	浙江	福建	辽宁	广东	天津	山东	黑龙江	陕西	云南	重庆	四川	湖南	吉林	河北	海南	湖北	广西	新疆	西藏	贵州	安徽	宁夏	山西	青海	内蒙古	河南	江西	甘肃
国际旅游竞争力	93	92	79	70	67	63	62	59	56	50	50	49	47	45	44	39	38	38	38	37	37	33	33	32	32	31	29	28	25	23

图 12－14 31 个省市自治区旅游产业国际旅游竞争力综合评价排名

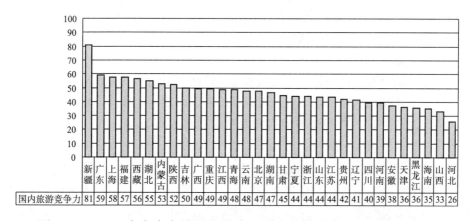

	新疆	广东	上海	福建	西藏	湖北	内蒙古	陕西	吉林	广西	重庆	江西	青海	云南	北京	湖南	甘肃	宁夏	浙江	山东	江苏	贵州	辽宁	四川	河南	安徽	天津	黑龙江	海南	山西	河北
国内旅游竞争力	81	59	58	57	56	55	53	52	50	49	49	49	48	48	47	47	45	44	44	44	42	41	40	39	38	36	36	36	35	33	26

图 12－15 31 个省市自治区旅游产业国内旅游竞争力综合评价排名

3. 市场竞争力评价和分析。

市场竞争力主要反映的是整个省市自治区旅游市场的吸引能力和接待能力，以此来反映旅游市场的竞争能力。由图 12 – 16 可以看出，江苏、上海、浙江、北京和广东五大传统强省（市）以明显的优势占据前 5 位，经济的发展带动百业兴旺，旅游业也一并被带动，旅行社、星级饭店的个数和营业收入也较多，客房出租率和游客对服务质量的评价也较高，服务业的相关服务也跟得上，这五省市的服务业和第三产业的发展也处于国内领先的水平。而处于末几位的省区是甘肃、青海和西藏，旅游市场相对落后，相应的旅游服务也缺乏市场竞争力。在2006 年青藏铁路开通后，相信这些省区的旅游业会得到较好的发展机会。

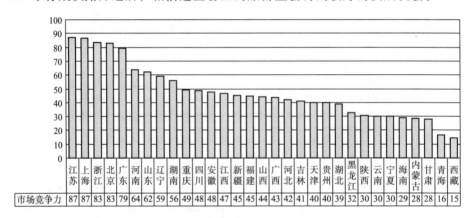

	江苏	上海	浙江	北京	广东	河南	山东	辽宁	湖南	重庆	四川	安徽	江西	新疆	福建	山西	广西	河北	吉林	天津	贵州	湖北	黑龙江	陕西	云南	宁夏	海南	内蒙古	甘肃	青海	西藏
市场竞争力	87	87	83	83	79	64	62	59	56	49	48	48	47	45	45	44	43	42	41	40	40	39	32	30	30	30	29	28	28	16	15

图 12 – 16　31 个省市自治区旅游产业市场竞争力综合评价排名

4. 企业竞争力评价和分析。

企业竞争力主要是研究我国各省市自治区旅游产业的生产力规模、布局、结构以及旅游企业的经济效益等方面的情况。各省市自治区的企业竞争力发展状况如图 12 – 17 所示，依然是不出意外的五大强省（市）占据前列，山东、四川、河南、辽宁等中强省份紧随其后，这些省份的旅行社、旅游区、星级饭店等旅游企业比较发达，相应的，这些企业的规模、营业收入、利税、劳动生产率、资产、从业人员各方面的指标达到较高水平。经济和市场的发展带动相关产业的发展，这一点从排在末尾的几个省份可以看出来，内蒙古、甘肃、贵州、宁夏、青海、西藏六省（区）都是经济发展相对落后的省（区）份，所以它们的旅游企业的规模、营业收入、利税、劳动生产率、资产、从业人员各方面的发展也相对薄弱，企业缺乏竞争力，再好的旅游资源也不足以吸引游客，毕竟在旅游途中，安全、饮食、住宿等方面对游客来说也是相当重要的。因为旅游本来就是要放松身心，享受各项优质服务，这通常是大多数人旅游的目的，然后才是参观旅游景点，增长见识。

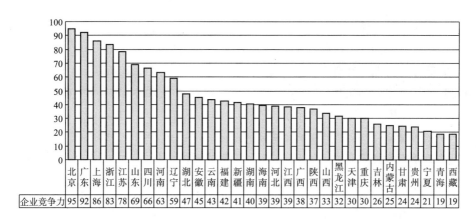

图 12 - 17 31 个省市自治区旅游产业企业竞争力综合评价排名

5. 旅游资源竞争力评价和分析。

旅游资源是个硬指标，各省市自治区所固有的人文旅游资源和自然地理风光应该说在一定的时间内是固定的，但通过旅游区的建设，也可以有些许改变，问题是面对相同或类似的旅游资源，怎样开发使其对各地游客产生吸引力，是各省市自治区面临的重要问题。而旅游院校数和学生数则是从旅游业人力资源角度反映各省市自治区的资源状况，人力资源相对于自然和人文景观等资源而言，灵活性相对较大，发展的空间也较多。来看看各省市自治区的状况（图 12 - 18），在旅游资源方面，处于前几位的除了传统的旅游强省之外，还有四川和河南，众所周知，四川的九寨沟、卧龙、乐山大佛、峨眉山，河南的少林寺、洛阳古都、开封等等，都是举世闻名的旅游胜地，这些著名景点的确会给本省的旅游资源加分。而排在最后几位的内蒙古、天津、宁夏，则是旅游资源比较匮乏或者还没得到完全开发的省（区）份。

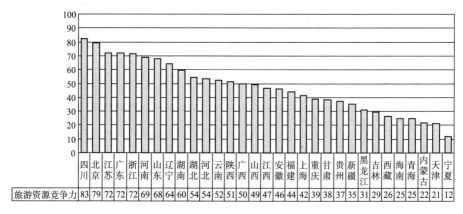

图 12 - 18 31 个省市自治区旅游产业旅游资源竞争力综合评价排名

由 2007 年《中国旅游统计年鉴》的数据，到 2006 年末，全国旅行社、星级饭店、旅游区（点）等旅游企事业单位从业人员居于前10位的省（区、市）是：（1）广东：26.10万人；（2）浙江：24.71万人；（3）江西：18.21万人；（4）山东：16.56万人；（5）湖南：13.44万人；（6）江苏：13.38万人；（7）北京：13.30万人；（8）四川：12.88万人；（9）辽宁：12.39万人；（10）上海：11.30万人。从中可见，人力资源的差距给本地区竞争力带来的竞争优劣势。

6. 旅游基础设施竞争力评价和分析。

旅游基础设施在旅游业中占有举足轻重的地位，基础设施是旅游业的根基与支柱，没有一流的交通、住宿、餐饮、卫生和安全服务，旅游产业的发展不可能那么顺畅。来看看各个省市自治区的情况（图12-19），排在前5位的除了传统强省江苏、浙江、广东和北京之外，还有辽宁。辽宁省作为沿海发达省份，原来老东北重工业基地的底子赋予辽宁省比较优越的交通条件和较为开放的经济发展环境，随着经济的发展，也相应带动了星级饭店、旅游车船企业等相关产业，形成了比较良性的产业链带动循环机制。排在末尾的依然是西藏、青海和宁夏这类交通不太发达的内陆省（区）份。

由2007年《中国旅游统计年鉴》的数据，按拥有星级饭店的客房间数排列，位居全国前10名的地区是：（1）广东：15.10万间；（2）北京：11.28万间；（3）浙江：10.84万间；（4）江苏：9.31万间；（5）云南：8.76万间；（6）山东：7.73万间；（7）上海：5.89万间；（8）四川：5.57万间；（9）辽宁：5.51万间；（10）河南：5.22万间。星级饭店是解决游客住宿的代表性场所，其多少与服务质量直接关系到本地区的旅游基础设施。

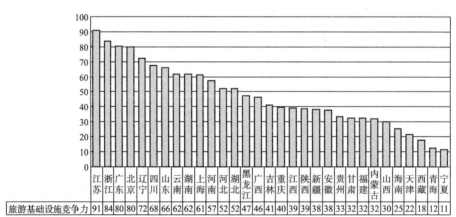

	江苏	浙江	广东	北京	辽宁	四川	山东	云南	湖南	上海	河南	河北	湖北	黑龙江	广西	吉林	重庆	江西	陕西	新疆	安徽	贵州	甘肃	福建	内蒙古	山西	海南	天津	西藏	青海	宁夏
旅游基础设施竞争力	91	84	80	80	72	68	66	62	62	61	57	52	52	47	46	41	40	39	39	38	38	33	32	32	32	30	25	22	18	12	11

图12-19　31个省市自治区旅游产业旅游基础设施竞争力综合评价排名

（四）31个省市自治区旅游产业竞争力结构均衡度分析

结构均衡度是衡量各省市自治区在各个方面发展水平是否均衡的指标，其数值越低，表明该省（区）在各个方面发展越均衡。各省市自治区旅游竞争力结构均衡度如图 12 - 20 所示。

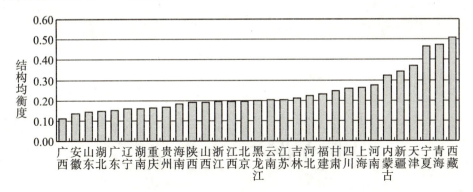

图 12 - 20　31 个省市自治区旅游业结构均衡度排名

各省市自治区在六个方面发展的结构均衡度，广西、安徽和湖北在旅游竞争力的综合排名中均处于中等水平，但它们却享有较低的结构均衡度，说明这些省（区）在各个方面的发展相对比较均衡，齐头并进，各个方面的发展均处在中等水平。而山东、广东这类省份不仅旅游综合竞争力处于强势地位，而且结构均衡度相对较低，可见该省在各个方面都处于国内先进水平。而宁夏、青海、西藏等弱势省区，不仅综合竞争力不强，而且发展也相对不均衡，可能有些省份有较好的旅游资源，但旅游服务、旅游企业和旅游基础设施都跟不上，造成这种"长短腿"的局面。所以，均衡的发展对一地区的旅游业而言，也是相当重要的。

（五）31 个省市自治区旅游产业竞争力小结

综上所述，中国各省市自治区旅游产业竞争力评价比较的结果显示：

（1）北京、上海、广东、浙江、江苏五大旅游强省（市）旅游业实现高速度、高质量发展。

（2）山东、海南、云南、四川等中强省区呈现良好的发展态势，只要开发利用好丰富的旅游资源，旅游业的蒸蒸日上指日可待。

（3）广西、安徽、湖北等中等省区各方面发展均衡，齐头并进，有较大发展空间。

（4）新疆、宁夏、青海、西藏等弱势省区拥有较为丰富的旅游资源，却由于旅游基础设施和旅游企业的发展跟不上而落后，其旅游市场亟待由基础设施的改进来刺激。

第十三章

中国文化产业竞争力研究

一、文化产业竞争力研究背景

世界各国和地区通过国际竞争力评价，从数量特征和系统层次有机整体上深刻认识其存在的竞争优势和劣势，保持优势，改进劣势，不断提升一国的国际竞争力水平，以便为本国全体国民创造更好的生活质量，包括物质财富和精神文化财富，以及持续发展的良好环境。作为一个国家整体，经济系统和社会系统，一直是人们为之追求改进的主要方面，前者是实现国家创造价值能力的最大化，后者是实现国家社会结构协调与社会价值最大化。分各个国民经济行业部门和分国民经济机构部门的全部描述，深刻展示了全社会的生产与收入的一体化活动关系。在这样一个国家系统运行的解释结构内，国际竞争力所体现的创造力、和谐力，对于经济社会持续发展非常重要。

20 多年国际竞争力研究，特别是近 10 年的研究表明，一国的文化产业竞争力对于一国的国际竞争力提升具有重要的基础和推动作用。外延涵盖文化渊源、思想意识、价值观念、组织的凝聚力等方面的文化产业竞争力，对国际竞争力其他相关要素有着本质上的影响和约束力。随着生产力的发展，社会逐渐从工业文明向知识文明转换，经济发展方式也逐渐从劳动力密集型向资本密集型过渡，再向智能密集型转化。在这一转化过程中，人作为知识和智能的拥有者，作为生产力中最活跃的要素和最核心的资源，他的能动性和创造性，成为生产性单位，小到企业大到整个国家，发展和参与竞争的最终动力和推进力的源泉。在新科技革命带来的新一轮的国家竞争中，人更加凸显为国家竞争的关键资源和竞争主体。和过去只重物质不重人，只重机器的更新换代不重人的发展的观念相比，人不再隶属于物质，人本身成了发展的目的和手段，人的发展和资源的整合，成为国家发展的关键要素。文化维系着人们的相互关系，提供人们相互交流的空间，使人们聚合起来在社会中共同进行各种活动。

文化对国家的经济社会发展来说有着三大主要影响力。第一，文化具有渗透力，易于交流、借鉴、融合。思想、观念是文化的细胞，无处不在、无时不有，常常进入到其他新的成分中，融合成新意识、新思维，使思想得以延伸和生长。第二，文化具有整合力，用思想教育的文化方式规范个体行为，促使个体心态向群体共享性、适应性改善和调整，实现文化的"软"管理控制。第三，文化具有精神的穿透力，易于塑造人的灵魂，以此指导着人们建构正确的行为方式。

由于文化的纽带，使整个国家整个民族有了异于其他族群的集体共性。比如人们提到自由创新精神就会想到美国，提到严谨就会想到德国，提到勤奋和善于学习就会想到日本。这种沉淀在群体成员和组织中的思想意识、价值理念，则在深层次上协调并支配着群体成员的行为，使之持久和传承。这也正是别人难以照搬、难以替代的"人气"，而"人气"是一个国家和民族核心竞争力的灵魂。小到企业，大到国家和民族，核心竞争力从本质上说就是最难以模仿的能力。文化的可塑性、专有性、持久性和不易模仿性，使主体具备最难以模仿的能力，从而获得独有的持续竞争优势。文化直接的竞争力度不见得很大，不可能单凭文化去战胜对手，但是文化内化为竞争意识、竞争动力而产生的力量确实是无穷的，不可估量的。从这个角度来看，文化产业竞争力作为某种意义上的核心竞争力，不仅是最重要的国家竞争软实力，对整个国家的竞争力整体都有着深刻的影响。美国学者亨廷顿在冷战结束后曾指出：21 世纪的竞争将不再是经济的竞争，军事的竞争，而是文化的竞争。因此对我国目前文化产业竞争力水平的评价和分析，对研究和提升我国的国家竞争力有着重大的现实意义。

二、文化产业竞争力的结构模型

文化产业竞争力无所不在，它体现和测度我们社会生活的每一个方面。但从文化对经济社会作用的主要领域来看，可以将文化分为公共文化、商务文化、企业文化、人本文化和开放性文化五个竞争力要素。

在公共领域，行政和法制是两个最重要的主导力量，它是对整个公共生活的规划引导和宏观调控。因此，公共文化主要反映了一国在公共生活方面，相关管理部门对整个经济社会的宏观把握和有效控制的能力和执行质量，以及体现出的民主化、科学化和规范化的水平。主要表现在：法律法规的制定是否符合相关问题的实际情况，并带来问题的有效解决；行政管理部门的决策流程是否迅速，以及决策是否能得到有效实施；相关管理部门自身的行为是否符合法律规范，运作方式是否科学、透明和高效；相关部门在大众中的形象和认可度如何，其管理方式是否为大众所接受和支持。所以，一国公共文化的水平，很大程度上说明了该国的公共管理，尤其是行政和法制的科学化水平以及完善程度。由此体现出的公共卫生文化产业竞争力要素，是对一国公共生活管理质量的有效测度，是文化产业竞争力整体中的重要组成部分。

商务环境是经济发展的依托平台，反映了一国的经济总体运行的实际背景。因此，商务文化反映的是一国在商贸活动中所体现出的商业理念，以及与商务发展相关配套软硬件的完善程度。主要体现在：大众对创业的理解和接受度，以及相关法规所体现出的态度；经济运行中，商务公平是否得到尊重和强调，以及在具体的商务活动中的体现程度；人们对竞争的理解和接受度如何，他们的竞争意识得到了何种程度的反映；和商务活动相配套的资金和信贷融通的水平如何。商务文化的水平高低，可以有力地反映一国商务活动规范化和成熟化的程度，这种规范和成熟水平，将直接影响在此种商务背景下运行的商贸活动和商务主体的信誉和质量，并对一国的经济发展产生深远的影响。因此，商务文化产业竞争力要素，有效地反映了一国经济运行环境的质量和竞争力。

企业是一国经济的细胞，也是国家经济发展与竞争的主体。企业文化对企业竞争力的影响已经被各国的学者提升到相当的高度。企业文化的重要作用，可以归纳为：企业文化决定着企业的整合能力，良好的企业文化能以强大的凝聚力、向心力，使企业成为一个协调统一的整体团队；在企业管理重点上，是由行为控制转向观念塑造，在企业内部部门之间、员工之间消除大的原则性的分歧，尽可能减少内部冲突所耗散的能量；尊重每一个行为主体，最大程度发挥员工的积极性和各方面的潜能；企业品牌的塑造和企业员工头脑中的品牌意识离不开企业文化沃土的培植。从企业的实际运行来看，企业文化主要体现在：企业团队的协同能力，员工和管理者以及企业的发展目标的一致程度；企业管理人员在企业运作中是否权职明确；企业的价值取向和目标导向如何，什么是企业发展的最高价值和最终目标；企业的高层管理和决策者的企业家精神和能力得到何种程度的体现，在员工中的美誉度如何；企业的交流和研发情况如何，对新技术的吸收和掌握程度怎么样。企业文化产业竞争力，反映的是一国经济行为主体——企业的核心竞争优势，以及所聚合成的一国的总体经济竞争力。

随着社会文明的进步，人的发展作为社会发展的终极目标已越来越为人们所认可和接受，对人的尊重和强调被提升到前所未有的高度。对人的认识和重视程度，成为衡量一国社会文明和知识经济发展程度的重要标度。在此基础上建立起的人本文化，则对此进行了很好的测度。人本文化主要体现为：对人的教育质量情况，教育体系的完善程度，经济知识和科学教育的普及情况如何；社会对每一个个体的尊重程度，以及对相关个人权利的保障情况如何，社会对不同群体的包容力和平等性如何；民众的素养达到了什么水平，对经济社会发展的适应性和灵活度如何；以及人力资源的成长情况，各种专门人才是否得到了很好的培养。所以，人本文化产业竞争力要素，总体上反映各国中人的重视和发展程度，以及人的竞争力水平。

全球化已经成为世界经济和社会发展的势不可当的汹涌大潮。一国面对全球化大潮所体现出的参与国际交流的积极或消极姿态，以及相应准备的充分程度，则有力地反映了该国经济的成熟度，以及在未来的发展中是否能够取得先机，获得有利的发展机遇和地位。因此，开放性文化是对一国主动加入国际化交流的积极程度的系统描述。主要体现为：国家保护主义的强弱程度，由此衍生出的各项措施是否影响到正常的商贸往来；国家的经济吸引力如何，是否能吸引有效的外资和人才；该国对由全球化而产生的生产和资源在全球范围内的重新配置持何种态度；该国的市场和公共领域是否给予国外的资本和投资者以本土化的平等待遇。由此得到的开放性文化产业竞争力，是对一国加入全球化经济整合的参与和准备水平的系统测度。

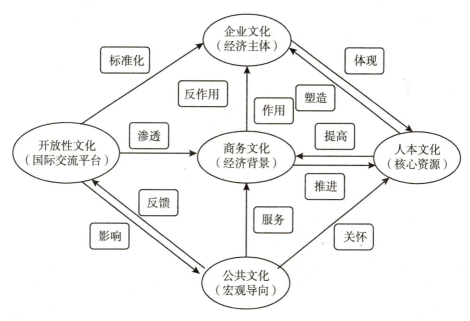

图 13 - 1　文化产业竞争力要素关系

上述文化产业竞争力的五个文化子要素，既自成一体，同时每一个子文化中又渗透和融和了其他文化的元素，成为互相联系着的机整体（图 13 – 1）。从公共文化来看，行政和法制是贯穿整个文化的主线，在其发挥宏观调控和导向的作用时，必然会涉及到对民众的人本关怀，对整个商务环境的督导和服务，并决定着国家对外开放的程度和参与国际交流的积极性，从而影响和塑造着该国的人本文化、商务文化和开放性文化。而开放性文化标志着一国国际化的程度，那么同时要求该国的各项经济和商务活动都必须按照国际标准来运行。公共管理的执行、商务背景的规制，以及企业主体的运营，也都应该向国际化的要求看齐，从而使开放性文化也渗透到公共文化、商务文化和企业文化之中。企业一方面作为直接参与经济活动的主体，在商务环境和国际交流的大背景下运作，必然受到商务和开放性文化的塑造和作用；另一方面，企业作为管理者和雇员的工作环境，企业对员工的关怀度也直接体现了该国的人本文化，同时企业对员工的教育和培训也是提高人本文化的重要途径。商务文化作为背景性文化，与国际化程度、企业细胞、公共管理机构，以及在此环境下生活和工作的民众，都有着密切的联系，受开放性文化的渗透，接受公共文化的服务，吸纳企业文化的元素，并被人本文化所推进。从另一个角度来看，还对在其范围内运营的企业和民众有着熏陶和教化的作用。而人本文化则是企业文化、商务文化和公共文化的融会和综合体现，被公共文化所关怀，为商务文化所推进，又通过企业文化来体现。

三、文化产业竞争力评价指标体系

（一）竞争力指标体系的构建

在上述文化产业竞争力内涵和文化子要素的各项特质的基础上，结合瑞士国际管理发展学院（IMD）每年发布的 IMD 国际竞争力评价年鉴中对 60 个会员国家和地区进行调查获得的相关竞争力指标（其中，硬指标的数据信息来自国际组织和当地政府公布的统计数据，软指标的数据信息来自 IMD 对所有参与评价的国家和地区的中高级管理人员进行的问卷调查。中国及中国的浙江省先后成为该组织的成员并参与了每年的调查和评估），设计出文化产业竞争力评价的指标体系。在指标体系的构建中，采用了要素的对称性设计，建立了分层的竞争力指标体系，保证了文化产业竞争力综合信息在动态结构和系统结构上的有效性。

文化产业竞争力评价指标的设计重点考虑了综合性、层次性和对称性三项原则：

（1）综合性，是指用比较全面的指标体系来反映文化产业竞争力的方方面面，从而可以建立文化产业竞争力评价的全方位的信息平台。

（2）层次性，是指整个竞争力体系分为三级来呈现：在文化产业竞争力下设五个文化产业竞争力子要素；在每个子要素下根据具体内涵又分别设置若干分要素；在分要素下再设置相关的竞争力指标。在具体计算成本时首先计算竞争力指标的得分，再综合到竞争力的分要素下，进而汇总到各文化子要素的得分中，最后由子要素竞争力得分得到竞争力整体得分。这种做法可以使得整个竞争力的信息呈现不同层次，有利于系统评价和分析。

（3）对称性，是指在设计指标体系时，尽量使每一个分要素下设置的指标个数相等，从而在计算指标得分综合到分要素得分，分要素得分综合到子要素得分时，可以采取等权平均的计算方法，这样可以更好地解释多个指标构成的竞争力评价网状结构，强调各个"网点"对竞争力的平行贡献和均衡作用，避免某一个方面对整体竞争力产生过大的影响。

最后，对文化产业竞争力及其子要素的内涵与特质进行全盘分析之后，针对分析的重点和系统性，并综合上述考虑，设计出如下由 5 个子要素、21 个分要素、67 个指标构成的指标体系（见表 13－1）。

表 13－1　　　　　　　文化产业竞争力评价指标体系结构

公共文化	法令实施	技术的开发和应用　有法律环境的支持（↑）被法律环境约束（↓）
		法律框架　支持国家竞争力的发展（↑）损害国家竞争力的发展（↓）
		环境法案　妨碍商业发展（↓）没有妨碍商业发展（↑）
	政策有效性	汇率政策　支持公司的竞争力（↑）阻碍公司的竞争力（↓）
		内阁就政策方向达成的一致性　很高（↑）不高（↓）
		政府决策　可以有效实施（↑）不能有效实施（↓）
	政府效能	未来 2 年中对公共财政的管理　将有所改进（↑）将会削弱（↓）
		中央银行　对经济发展有积极影响（↑）对经济发展有消极影响（↓）
		社会凝聚力　是政府的首要目标之一（↑）不是政府的首要目标之一（↓）
	政府形象	官僚主义　不阻止企业发展（↑）阻止企业发展（↓）
		不适当行为（例如受贿或腐败）　在公共领域不盛行（↑）在公共领域盛行（↓）
		透明度　政府对市民是透明的（↑）经常不能成功地公开它的意图（↓）
商务文化	创业精神	公司创造　是普遍现象（↑）不是普遍现象（↓）
		失业法　激励人们寻找工作（↑）不激励人们寻找工作（↓）
		就业增长　增长百分比
	竞争意识	资本成本　不阻碍竞争性企业的发展（↑）太高而不利于竞争性企业发展（↓）
		竞争法　阻止贵国的不公平竞争（↑）不阻止贵国的不公平竞争（↓）
		社会价值观　有利于竞争力的提高（↑）不利于竞争力的提高（↓）

续表

商务文化	资金融通	股票市场（包括二级市场） 为公司提供充足资金（↑）不能为公司提供充足资金（↓） 风险资本 企业发展可以容易获得（↑）企业发展不能容易获得（↓） 信贷 能容易地从银行向企业流动（↑）不能容易地从银行向企业流动（↓）
	商务公平	逃税 不普遍（↑）很普遍（↓） 知识产权 得到了很好保护（↑）未得到充分保护（↓） 金融机构透明度 金融机构提供了它们活动的充分信息（↑）没有提供它们活动的充分信息（↓）
开放性文化	地方保护	关税管理 不阻碍货物的有效转口（↑）阻碍货物的有效转口（↓） 国家保护主义 没有阻碍外国商品及服务进口（↑）阻碍了外国商品及服务进口（↓） 民族文化 对外国文化开放（↑）对外国文化封闭（↓）
	平等对待	进入本地资本市场 对外国公司不加限制（↑）对外国公司加以限制（↓） 公共部门合同 向外国投标人充分开放（↑）没有向外国投标人充分开放（↓） 外国投资者 可自由获得国内公司的控制权（↑）不能自由获得国内公司的控制权（↓）
	吸引力	投资激励 足以吸引外国投资（↑）不足以吸引外国投资（↓） 人才外流 受过良好教育的人留在本国就业（↑）受过良好教育的人移民国外就业（↓） 国外高技术劳动力 被本国商业经济环境所吸引（↑）没有被本国商业经济环境所吸引（↓）
	开放态度	对全球化的态度 是消极的（↓）是积极的（↑） 生产的重新配置 生产向国外转移对本国未来经济没有威胁（↑）对本国未来经济有实际威胁（↓） R&D资源重新配置 对未来经济发展不构成威胁（↑）构成威胁（↓）
企业文化	团队指向	雇佣关系 经理和雇员的关系是有效率的（↑）对立的（↓） 工人的动力 雇员与公司目标一致（↑）与公司目标不一致（↓） 雇员培训 公司高度重视培训雇员（↑）公司忽略培训雇员（↓）
	权职明确	公司董事会 保证公司合理经营（↑）不能阻止公司不合理经营（↓） 股东的权力与义务 有明确界定（↑）没有明确界定（↓） 股东价值 经理人员能够有效地为股东创造价值（↑）不能有效地为股东创造价值（↓）
	管理艺术	道德惯例 被公司采取（↑）不被公司采取（↓） 顾客满意度 受到重视（↑）不受重视（↓） 劳动力管理（雇佣或解雇惯例） 有足够的弹性（↑）没有足够的弹性（↓）
	交流研发	企业技术合作 在公司间很普遍（↑）在公司间很缺乏（↓） 院校与企业间合作研究 很充分（↑）不充分（↓） 新信息技术 非常好地满足企业需要（↑）不能满足企业需要（↓）

企业文化	企业家才能	企业家精神　管理者有较强的企业家精神（↑）管理者缺乏企业家精神和创新意识（↓）
		社会责任感　管理者注意对社会的责任（↑）管理者忽视对社会的责任（↓）
		经理人信誉　得到公众信任（↑）未能得到公众信任（↓）
人本文化	个人尊重	移民法　不禁止本国公司雇佣外国技术人员（↑）禁止本国公司雇佣外国技术人员（↓）
		公平　对社会公平的公正管理充满信心（↑）对社会公平的公正管理没有信心（↓）
		安全　人们对人身、财产安全受到保护充满信心（↑）人们对人身、财产安全受到保护没有信心（↓）
		机会均等　无论种族、性别、家庭背景，均有平等机会（↑）种族、性别、家庭背景会成为社会的障碍（↓）
	人力资源	熟练劳动力　熟练劳动力容易获得（↑）熟练劳动力难以获得（↓）
		金融技术人才　在劳动力市场上容易获得（↑）在劳动力市场上不能获得（↓）
		称职的高级经理人员　很容易从市场上得到（↑）不容易从市场上得到（↓）
		获取合格工程师状况　市场上合格工程师很充足（↑）市场上缺乏合格工程师（↓）
	民众素养	科学与技术　激发青年的兴趣（↑）没有激发青年的兴趣（↓）
		灵活性和适应性　人民对新的挑战有充分的灵活性和适应性（↑）人民对新的挑战缺乏充分的灵活性和适应性（↓）
		人文发展指数　经济、社会与教育的综合指数
		酗酒、吸毒　在工作岗位没有成为严重问题（↑）在工作岗位成为严重问题（↓）
	教育质量	教育体系　适应有竞争力的社会的需要（↑）不适应有竞争力的社会的需要（↓）
		大学教育　满足竞争性经济的要求（↑）不满足竞争性经济的要求（↓）
		经济知识普及　经济知识普及率高（↑）总体上经济知识普及率低（↓）
		科学教育状况　在义务教育阶段科技教育状况良好（↑）科技教育状况不好（↓）

（二）竞争力指标体系的有效性检验

从理论上我们完全可以肯定文化产业竞争力及子要素竞争力对国家竞争力以及相关具体领域的重要影响和作用。但是从实际研究的科学性和严谨性来看，我们选取的指标是以 IMD 国际竞争力评价年鉴中的通过问卷调查获得的软数据为基础。这些指标数据由被调查者通过个体经验主观评判来获得，虽然在评分过程中遵循了相关的科学与客观性的要求，但最终得分的有效性并没有得到硬性的保证。这一直以来是软数据使用的难以克服的弱点。另一方面，我们在各文化子要素中所选取的一系列软指标，是否充分代表和涵养了相关文化的内容，即我们的指标选取是否具有代表性、客观性和综合性，还有待我们进行检验。

我们可以这样考虑：既然各个社会领域的文化对国家综合竞争力，尤其是经济总体竞争力有着关键的影响作用，那么从全球范围来看，各国的文化指标得分和相应的经济社会发展的实际水平有着很密切的相关关系，这些实际水平可以从IMD年鉴中挑选相关的反映客观发展程度的一系列硬指标来测度和表示。当我们用科学的统计方法对这些文化产业竞争力软指标和经济社会发展的硬指标进行相关分析时，如果最终结果确实表现为两组指标有着较强的相关关系，那么我们可以对文化产业竞争力数据的准确性和指标选取的代表性予以肯定，从而可以以这个指标体系为基础，进行下一步的分析。

但是在实际操作中我们发现，每一个文化产业竞争力子要素的下面有着众多的指标，如果将每一个指标提出来和相关的硬指标进行相关分析，显然是一个冗杂而烦琐的过程，同时得出的一系列结果也是庞杂无序的。我们可以设想，如果将每一个文化子要素下的指标群浓缩成少数几个指标，使这几个指标包含了指标群的大部分信息，再用这个浓缩指标和相应的硬指标进行相关分析，不仅大大简化了分析过程，同时分析结果也是科学有效而且简洁的。

对于指标的科学压缩问题，我们可以借助于多元统计中因子分析的方法。因子分析是解决上述问题的非常有效的方法，它以最少的信息丢失，将原始的众多指标综合成较少的几个综合指标，这些综合指标称为因子变量。

因子分析主要有以下几个步骤：

（1）确认待分析的原始变量是否适合作因子分析。通常对原变量进行KMO（Kaiser Meyer Olkin）检验。KMO统计量是用于比较变量间简单相关系数和偏相关系数的指标量，KMO的值在0到1之间取值，KMO值越接近1，原变量越适合作因子分析，接近0则相反。通常KMO值达到0.8以上，原始变量是比较适合作因子分析的。

（2）利用主成分分析法，构造因子变量和计算因子载荷矩阵，并对因子载荷矩阵进行旋转，使某个变量在某个因子上有较高的载荷，使每个因子变量成为某个变量的典型代表，从而使因子有了较明确的实际含义。其中涉及到两个测度指标：一个是变量共同度，在0和1之间取值，它体现了公共因子对原有变量的贡献程度，越接近1，说明公共因子已经解释了原始某变量的几乎全部信息。一般来说，只要大部分原始变量的变量共同度超过0.8以上，说明提取的公共因子已经反映了各原始变量的80%以上的信息。另一个是公共因子的方差贡献度，每个因子的方差贡献度反映了该公共因子对原所有变量信息的解释说明能力。当所提出的公共因子累积贡献度超过80%以上时，也可以认为所提因子基本反映了原变量的绝大部分信息。

（3）根据因子得分函数的系数，利用回归法将提取的几个公共因子表示成原始变量的线性组合，从而计算出各国公共因子的指标值，因子分析完成。

我们以文化产业竞争力中五个文化子要素的下属指标为单位，对每个子要素指标进行因子分析。由因子分析的结果，我们发现对各个文化产业竞争力子要素指标进行的因子拟合还是比较成功的，并且得到了相应的简化的公共因子。接下来，我们将利用这些因子和每一个相应领域的有代表性的发展硬指标进行相关分析，从而最终得出所设计的指标体系是否科学与有效的结论。

结果见表13－2～表13－6。

表13－2　　　　　　　　　　公共文化相关分析

行政文化子要素	通货膨胀率（%，预测）	汇率稳定度（2001）本币相对于特别提款权的汇兑年价变动（2001年/1999年）	中央政府预算盈余/赤字占GDP比重（%）	GDP实际增长率（%）（预测值）
FAC1_1	－ 0.517388066	0.500601209	0.693549241	－ 0.39596
FAC2_1	0.002185813	0.142042233	0.127301171	0.5681
FAC3_1	－ 0.078033269	－ 0.119702196	0.747308075	0.283505

表13－3　　　　　　　　　　商务文化相关分析

商务文化子要素	货物出口增长率以美元计的变化百分比（%）	股票市场筹资额的GDP占比（%）	投资风险《欧洲货币》国家信用评级：0－100
FAC1_1	0.511496842	0.495721723	0.573928064
FAC2_1	－ 0.242763167	0.106896731	0.501136041
FAC3_1	0.281025732	0.401061338	－ 0.274977408

表13－4　　　　　　　　　　开放性文化相关分析

开放性文化子要素	外贸依存度（出口＋进口）/（GDP×2）	吸引外国直接投资占GDP比重（%）	投资风险《欧洲货币》国家信用评级：0－100	国家信用评级（2001）根据《机构投资者》杂志的评估按百分制评分
FAC1_1	0.271099676	0.217653906	0.665878586	0.639181438
FAC2_1	0.668941294	0.593767167	0.235740331	0.245681416
FAC3_1	－ 0.022278221	0.157364578	－ 0.470388792	－ 0.510408115

表 13 – 5 　　　　　　　　　　　　　企业文化相关分析

企业文化子要素	劳动生产率（购买力平价）每个雇员每小时的 GDP（以购买力平价计）（美元）	大型企业对照国际标准是有效的（↑）没有效率（↓）	中小型企业对照国际标准是有效的（↑）没有效率（↓）	综合生产率增长率每个就业者实际 GDP 变化百分比（2001 年,%）	人均企业研究与开发人数（每千人中全日约当单位）
FAC1_1	0.340445123	0.62135024	0.454536836	– 0.34286	0.122007997
FAC2_1	0.658149339	0.469745682	0.762972408	– 0.10574	0.439968766
FAC3_1	– 0.224354275	0.235449642	0.164835285	0.650753	– 0.221073528

表 13 – 6 　　　　　　　　　　　　　人本文化相关分析

人本文化子要素	失业占劳动力比例（%）	预期健康生活年龄（2001 年，估计平均值）	公共教育支出占 GDP 比重	人均国内生产总值按现行价格、购买力平价计算（美元）	每千人拥有的计算机数
FAC1_1	0.511496842	0.842388868	0.550924305	0.885863725	0.896742725
FAC2_1	– 0.242763167	– 0.109158694	0.298352095	0.027190183	0.044089065
FAC3_1	0.281025732	– 0.14416842	0.107843171	0.143603161	0.173457763
FAC4_1	0.179130119	0.238096688	– 0.09219642	– 0.047124637	– 0.0083227

综合以上的相关分析的结果，每一个文化子要素的几个公共因子都和该相关领域的相应代表性硬指标有着较强的相关系数，最高达到了 0.8 以上。虽然从统计学上来看，这些相关系数不是非常的理想，但是从随后的分析可以看出，由于文化指标为主观打分的软数据，同一国家同一指标值在连续的年份中也有较大的起伏，考虑到数据的波动，在这种数据背景下能够得到如此的相关系数，说明公共因子和相应的硬指标确实有着较好的相关性，从而从实证的角度，表明我们所选取的文化产业竞争力指标体系，确实全面地概括了相应的文化子要素的整体信息，同时也证明了不同领域的文化子要素也确实和同领域的经济社会发展程度有着紧密的联系和强大的影响力。

上述的一系列证明，都说明了我们所设计的文化产业竞争力指标体系，科学而全面地涵养了一国文化产业竞争力系统的内容，在接下来的进一步分析中，我们可以利用这一指标体系和指标数据，对我国文化产业竞争力的现状和水平进行全面考察和评价。

四、世界文化产业竞争力总体评价与分析

为了更全面地认识和评价中国文化产业竞争力的现状和水平，需要将其放在世界的大背景下进行通盘考虑，在同世界其他各国（地区）进行竞争力得分的比较和分析过程中，才能准确把握我国文化产业竞争力所处的水平和特质、优势和不足，并在此认识的基础上，针对表现出的具体问题进行进一步的深入分析。

我们以 IMD 年鉴中参评的每一个国家和地区为分析主体，以该国或地区各项文化产业竞争力指标值为数据基础，对该国（地区）进行文化产业竞争力总体和子要素的打分和评价。

（一）评价和分析思路

首先对各国和地区的指标数据进行处理，换算成 0 到 100 之间的标准化得分。这为我们解决了可能存在的各指标得分量纲不同，不能进行有效汇总计算上一级竞争力要素得分的问题。同时，使指标的数据更具有直观性和简洁性。

具体方法是：在每一个指标内，将各国（地区）的该指标值视为一个正态分布的样本。计算出样本的均值 μ 和标准差 σ。在假定样本服从正态分布 $N(\mu, \sigma)$ 基础上，计算出样本中每一个单元 x 的下侧累计概率值 $P(X < = x)$，再将其乘以 100 得到最后的正态标准化得分。

由于指标设计时，遵循了对称性的原则，因此在每个指标得分的基础上，要素内的指标平均即得到上一级的要素得分，再汇总得到最终的竞争力总得分。

在要素得分的基础上，我们进行文化产业竞争力的评价和分析。

文化产业竞争力评价主要是以要素得分为标准，对各国（地区）进行竞争力总体和分要素的得分排名，从而宏观地掌握世界范围内各国（地区）的文化产业竞争力的水平。

从文化产业竞争力五个子要素下共 21 个分要素的排名出发，进行文化产业竞争力分析，包括均衡度分析和聚类分析。

按照竞争力原理，不均衡的要素结构是不利于竞争力的持续发展和提升的。而各国（地区）的竞争力分要素的得分，不可避免地出现某些要素高于平均水平，另一部分要素又低于平均水平的情况。为此，我们设计了竞争力均衡度分析，对各国（地区）的竞争力结构进行分析。具体操作为，计算出各国（地区）21 个分要素的变异系数（变异系数是指样本的标准差和均值的比值，是刻画样本分布离散程度的指标），将其定义为该国（地区）的竞争力结构均衡度，进而进行比较和评判。

聚类分析是判定各国（地区）文化产业竞争力总体水平和分要素竞争力结

267

构的相似度，对相似的国家和地区进行归类。方法是，根据 21 个分要素的得分，运用多元统计的聚类分析方法，将 60 个参评国家和地区聚为若干类，从而对世界范围内的文化产业竞争力发展和分布有更准确的认识。

了解对手是为了更好地了解自身的水平，了解自己的不足和长处，从而更有重点、目标更加明确地向先进的国家和地区学习，最终得到自身的提高和进步。在中国文化产业竞争力分析中安排国际比较这一部分内容正是出于这样的考虑。在得出基本的形势判断之后，我们将在本章的以后部分，对浮现出的中国文化产业竞争力的具体问题进行更深入、更全面的分析。

（二）评价和分析的具体内容

1. 文化产业竞争力评价。

文化产业竞争力的总分，是由五个文化子要素等权平均得出的，它系统地反映了一国（地区）文化产业竞争力的综合水平。从竞争力的总得分的情况来看图 13－2，新加坡、芬兰和中国香港位列三甲。从这一点来看，亚洲国家和地区的文化软实力在世界范围内也具有很强的竞争力。中国台湾排名 14 位，中国浙江省排名 26 位，同为发展中大国的印度排名 29 位，在 60 个参评的国家和地区中，均位于中上水平。中国的排名较靠后，仅为第 51 位。在前 20 名的国家和地区中，除了第 8 位和第 12 位的加拿大和美国之外，其他主要为北欧小国。可能由于领土范围较小，同时本身也具有相当的物质和文化财富的积累，所以整个国家（地区）内部各地的文化产业竞争力水平比较一致，而且呈现较高水平。而从中国来看，东中西部地区发展不均衡，尽管浙江省在文化产业竞争力得分中取得了 26 名的较好表现，但经过中西部地区较低水平的冲减，使中国整个的水平降低到第 51 位。因此，区域协调发展，拉动中西部发展的迫切性，不仅体现在经济发展的硬实力上，在文化竞争能力提升的层面上也同样是必需的。

接下来，我们将对文化产业竞争力五个子要素的发展状况进行细致的分类说明，从而对中国文化产业竞争力的各个侧面在世界范围内的水平有一个系统了解。

公共文化产业竞争力是对一国或地区的公共管理力度和水平，尤其是行政和法制的科学化水平以及完善程度的测度。从公共文化产业竞争力的构成来看，由法令实施、政策有效性、政府形象和政府效能四个分要素组成，得分上（见图 13－3），新加坡仍是拔得头筹。这并不让人意外，因为新加坡不仅地缘面积小，易于公共管理，同时新加坡一直以高效廉洁的政府形象而为人称道。中国香港排名则滑落到第 11 位，这也许和中国香港的自身定位有很大的关系。中国香港一直以自由港的形象著称于世，提倡小政府的概念，其发展理念就是强调经济和人的自由发展和公平竞争，公共部门和行政势力越少介入当地的经

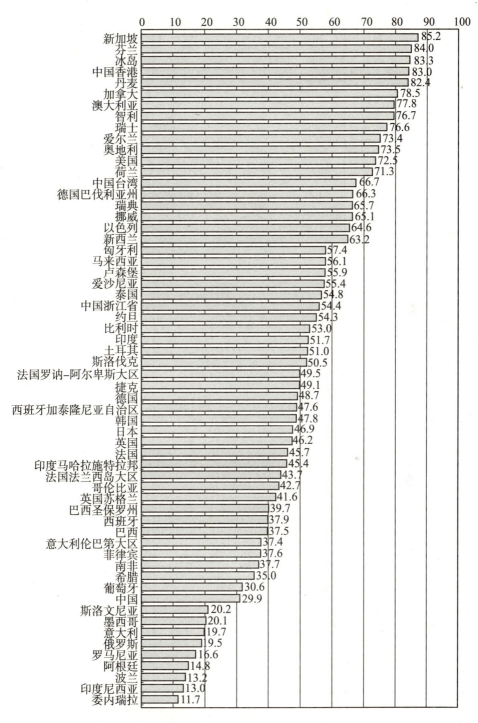

图 13-2 各国和地区文化竞争力总得分（2005年）

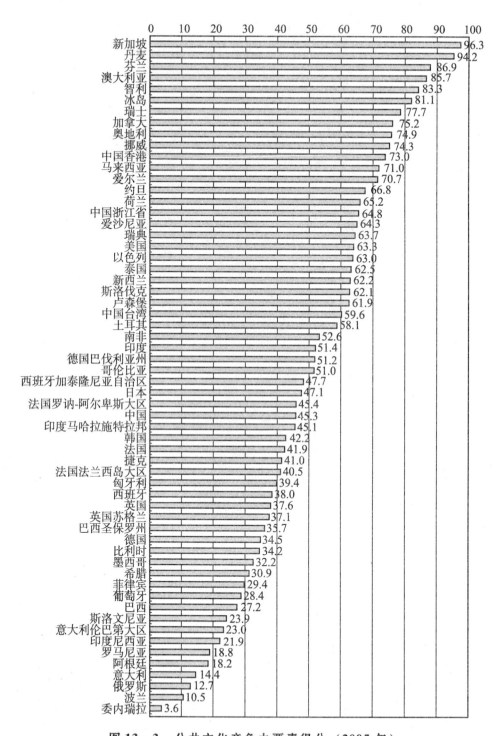

图 13 - 3 公共文化竞争力要素得分（2005 年）

济社会活动越好，因此相对来说政府的作用力度稍弱，得分有所降低。中国台湾排名为 25，位次也下滑了十几名。亚洲的几个主要邻国，韩国和日本排名为 36 和 32。与此相比，中国浙江省和中国大陆地区还是取得了不错的成绩，分别位列第 16 位和第 34 位，是五个子要素得分中的最好水平。可见，随着政府改革和职能调整的不断深入，作为公共管理主导力量的政府，在国家的宏观调控和治理上，无论在立法水平还是政策制定和实施效率上，都取得了不错的成效。在随后的中国文化产业竞争力诸要素的历年跟踪分析单元中，我们将对各要素的发展轨迹进行详细的描述。

商务文化产业竞争力，测度了一国（地区）的经济总体运行的实际背景，是对一国（地区）商务活动规范化和成熟化程度的有力反映。商务文化产业竞争力由创业精神、竞争意识、商务公平和资金融通四个分要素组成。在这个要素的得分上（见图 13−4），中国香港、新加坡和美国名列前三。中国香港作为全球商务和贸易最有活力的地区之一，作为世界最大自由港和最有影响力的金融中心之一，在商务文化中创业精神和资金融通两个分要素得分也均为第一，得到如此评价确实是实至名归。中国台湾排名为第 12 位。中国浙江省和中国则位列第 42 和 51 位。其中中国的排名还算比较正常，但浙江省作为中国商务经济最为成熟和商贸活动最为活跃的地区之一，得到如此低的评分确实让人费解。从商务文化四个分要素得分来看，浙江省在创业精神和竞争意识的分要素排名为第 18 和 24 位，得分比较正常。但商务公平和资金融通的排名则跌到第 47 和 50 位。商务公平涉及到：逃税是否普遍，知识产权是否得了很好保护与金融机构透明度高低三个指标。资金融通涉及到股票市场（包括二级市场）是否为公司提供充足资金，风险资本企业发展是否可以容易获得和信贷是否容易地从银行向企业流动三个指标。这些分要素涉及了税务、知识产权保护、资本市场，以及金融体系发展的相关内容，而这些方面正是我国经济发展过程中，问题比较突出的几个部门，中央政府正在着手努力解决这些问题。从这个意义来说，浙江省受全国大气候的影响较大，独立有效解决或改善这些问题的能动性很小，对于这些指标水平的提高还要依赖于全国总体环境的改善。因此，浙江省在该要素总体得分较低，既在人意料之外，仔细分析又在情理之中。

开放性文化是对一国主动加入国际化交流的积极程度的系统描述。开放性文化产业竞争力由地方保护、平等对待、吸引力和开放性态度四个分要素组成。从要素的总体得分上来看（见图 13−5），智利、中国香港和爱尔兰居于前三位。中国台湾位列第 26 位。中国浙江省和中国名次分别为第 34 和 50 位。浙江省的得分表现有失水准，略有偏低，中国的得分则属于正常。但是从下属的四个子要素来看，二者的分要素得分都不均匀。二者在地方保护和吸引力两个分要素上得

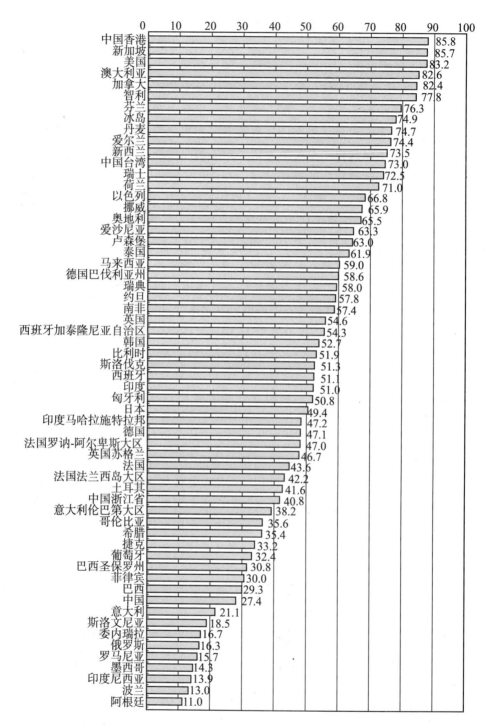

图13-4 商务文化竞争力要素得分（2005年）

中国产业竞争力研究

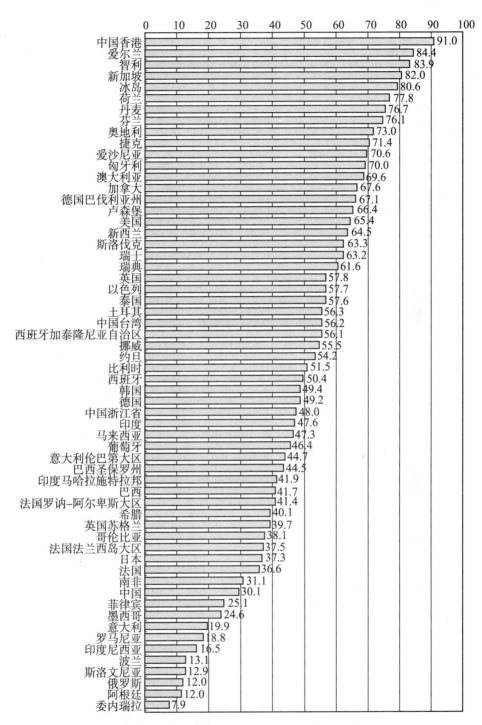

图 13－5　开放性文化竞争力要素得分（2005 年）

分正常，在开放性态度上得分较高，一个位列 11，一个位列 34，但在平等对待的分要素得分上，中国浙江省跌至 56 位，中国跌至 60 位。考察平等对待分要素的构成，由进入本地资本市场对外国公司是否不加限制、公共部门合同是否向外国投标人充分开放、外国投资者是否可自由获得国内公司的控制权三个指标构成。我们必须承认，在资本市场的外方准入门槛、公共部门合同的开放程度和外资股东控股权的问题上，我国出于保护国内企业，扶植民族产业的角度，确实对相关问题进行了设限，而且在短时期内应该不会有太大的变更。作为发展中国家，无论是资本市场的成熟和完善机制，还是企业的发展水平，都无法直接和发达国家短兵相接。因此，必须在政策上进行适当的缓冲，待到时机成熟，各方面已经发展到一定水平，有了一定的抗冲击力的时候，才是我们完全开放这些领域的恰当时机。

企业文化产业竞争力，反映的是一国经济行为主体——企业的核心竞争优势，以及所聚合成的一国的总体经济竞争力。企业文化产业竞争力由团队协作、权职明确、管理艺术、交流研发和企业家才能五个分要素构成。在得分排名上（见图 13-6），前三的位置又有了变动，分别是：丹麦、芬兰和冰岛。中国香港名次滑落至第 7 位。中国台湾名次上升到 13 位。中国仍然是 51 位，但中国浙江省的名次升至第 19 位。在五个分要素得分上，浙江省除了在交流研发分要素得分不高外，在管理艺术和企业家精神两个要素的得分排在第 7 位和第 1 位的位置。在这里，浙江省显示了它作为中国民营经济最发达省份的实力。浙江省的私营企业和民营资本企业向来以数量多、总体规模大、产业集群发展完善、机动灵活、善于发现市场和充满活力而享誉海内外。同时，浙江省作为传统的经济大省，有着独特的经商习俗和深厚的企业文化底蕴，而这习俗和底蕴的浸染，成为一代又一代浙商茁壮成长的摇篮，并促成了浙江省企业家先进的经商理念和企业家精神的形成与发展。因此，该地区在企业文化产业竞争力要素得分上显示了较高的水平是理所当然的。

人本文化产业竞争力要素，总体上反映了各国（地区）对人的重视和人自身的发展程度，以及竞争力水平，成为体现一国（地区）社会文明发展程度的重要标度。人本文化产业竞争力子要素由个人尊重、人力资源、民众素质和教育质量四个分要素组成。从得分情况来看（见图 13-7），前三名分别是：冰岛、芬兰和新加坡。中国香港名列第 4 位，中国台湾位居第 12 位，表现都很不错。中国浙江省和中国得分排名为第 32 和 52 位。和开放性文化产业竞争力的各分要素得分情况相似，中国浙江省和中国都是其他分要素得分不错，单被一个分要素拉低了整个人本文化产业竞争力的水平。在这里，作为短板的分要素是人力资源。中国浙江省和中国在这个分要素上的排名竟然只排在 56 和 58 位。人力资

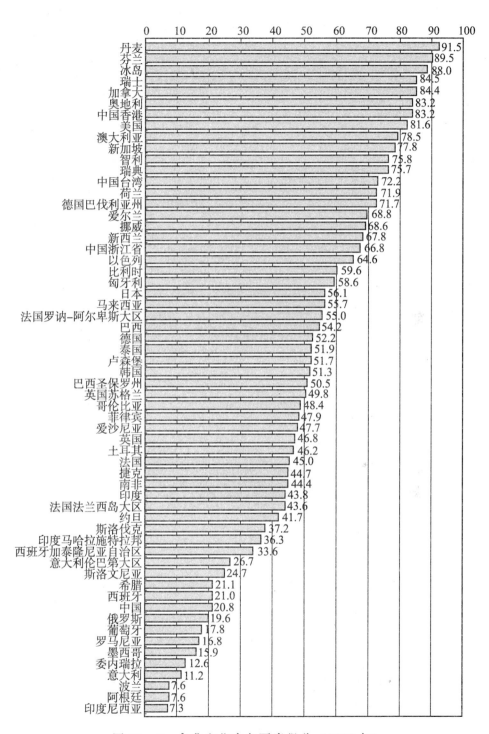

图 13 - 6　企业文化竞争要素得分（2005 年）

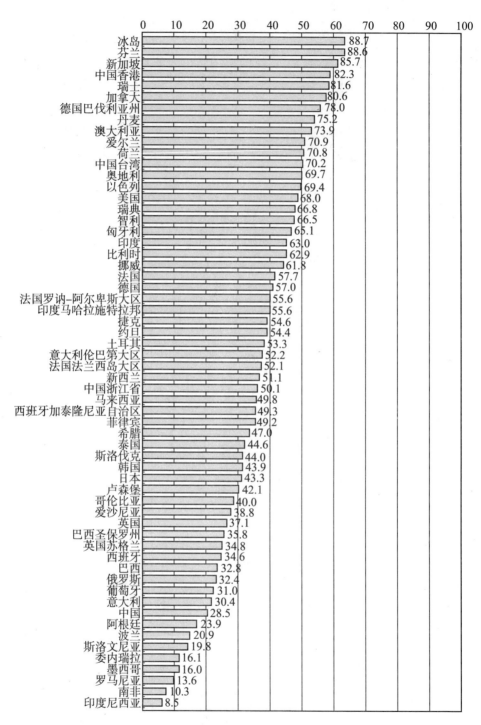

图 13-7　人本文化竞争力要素得分（2005 年）

源分要素由：熟练劳动力是否容易获得、金融技术人才在劳动力市场上是否容易获得、称职的高级经理人员是否容易从市场上得到和市场上合格工程师是否充足四个指标构成。这个分要素的低分，反映了我国在高质量的工人和高层技术人才培养方面的严重问题和不足。这是我国面临的继自然资源供应紧缺之后，人力资源供应的又一个危险信号。21 世纪是人更加自由发展，同时发挥更大的生产推进作用的世纪，人作为最重要的生产资源界时将发挥更加核心的作用，而人力资源如果发生短缺，其危害性将不亚于任何自然资源不足所带来的后果。因此，这个问题能否得到解决，是关系到我国文化产业竞争力的提升以及整个国家未来发展的关键步骤。

2. 文化产业竞争力分析。

（1）文化产业竞争力结构均衡度分析。

要素发展的不均衡将导致文化产业竞争力进一步发展的不稳定，即使现在整体实力较强，由于短板要素的存在，很难保证地位的稳固。若本身竞争力较弱，则整体提升将会更加困难。因此一国或地区的文化产业竞争力各分要素越均衡，各要素之间的协调性和互动性则越好，越有利于文化产业竞争力总体水平的提高。用来进行均衡度分析的变异系数，是反映各子要素之间发展的平衡性和稳定性的简单和有效的指标。从分析结果来看（见表 13 - 7），60 个参评的国家和地区按照变异系数的值域被分为五个梯队。中国香港和中国台湾均位于第一梯队，表现了文化产业竞争力各个子要素之间较为均衡的发展。而中国浙江省和中国大陆地区则位于第四和第五梯队。在上面进行的要素分类讨论中我们已经看到，二者不光在不同子要素之间得分和排名有着较大差别，在同一子要素内的分要素之间这种差别也在进一步拉大。这种分要素的差别有的是由部分分要素水平低于平均水平引起的，它们是我们文化产业竞争力体系中的短板要素，如：商务公平（中国浙江省，第 47 位；中国，第 58 位），资金融通（中国浙江省，第 50 位；中国，第 55 位），平等对待（中国浙江省，第 50 位；中国，第 60 位）和人力资源（中国浙江省，第 56 位；中国，第 58 位）要素。这些分要素一方面是降低总体水平的滞后因素，从另一个角度看也是总体水平比较恒定时的最有可能的提升空间。重点提高这些要素的水平，一方面可以加强总体的协调和稳定性；另一方面会拉动总体水平的提高。另一种差别是由于部分分要素的得分高于平均水平，如政策有效性（中国浙江省，第 8 位；中国，第 25 位）、开放态度（中国浙江省，第 11 位；中国，第 34 位）、企业家才能（中国浙江省，第 1 位；中国，第 54 位），这些要素代表了文化产业竞争力整体中的先进性部分，应该以它们为龙头，起到示范和拉动效应，首先带动相关要素的提升，最终推动整体水平的提高。

277

表 13 – 7　　　　　　　文化产业竞争力 21 个分要素变异系数归类

变异系数域	0.1～0.2	0.2～0.3	0.3～0.4	0.4～0.5	0.5 以上
国家和地区	新加坡 冰岛 加拿大 澳大利亚 中国香港 爱尔兰 奥地利 智利 丹麦 以色列 瑞士 芬兰 挪威 中国台湾 荷兰	美国 瑞典 韩国 法国罗讷 – 阿尔卑斯大区 德国巴伐利亚州 西班牙加泰隆尼亚自治区 法国法兰西岛大区 约旦 新西兰 斯洛伐克 法国 卢森堡 马来西亚 匈牙利 爱沙尼亚 泰国	英国 比利时 土耳其 印度 哥伦比亚 日本 英国苏格兰 西班牙 德国 捷克 印度马哈拉施特拉邦 巴西圣保罗州 希腊	意大利伦巴第大区 中国浙江省 巴西 斯洛文尼亚 葡萄牙 菲律宾	南非 墨西哥 罗马尼亚 意大利 波兰 中国 俄罗斯 印度尼西亚 阿根廷

（2）按 21 个分要素得分进行的聚类分析。

聚类结果显示（见表 13 – 8），60 个参评国家和地区根据总体水平和各分要素的结构相似度，被划分为五个梯队。中国香港位于强势梯队，中国台湾位于较强梯队，中国浙江省处在中等梯队，中国则位居最后的弱势梯队。虽然在个别分要素上得分有所靠前，但从总体的综合情况来看，中国的文化产业竞争力在 60 个国家和地区中，处于弱势地位，它是中国较发达和不发达地区文化产业竞争力的综合体现。而中国浙江省从某种意义上来看，无论是经济还是文化，都是中国先进水平的代表，中国浙江省能够超越英国、法国和韩国，与日本一同跻身中等梯队，表明中国最先进的水平从世界范围来看，也是具有一定实力的。我们不必妄自菲薄，要对自己的实力有信心，我们所要做的是把发展水平不高的地区拉动起来，使整体都能表现出这样的高水平。从这个意义上看，中央政府提出的振兴东北、西部开发、中部崛起的区域协调发展战略是具有强烈的现实意义和高度的前瞻性的。

表 13 – 8 　　　　　　　　　　参评国家和地区聚类分析

强势梯队	较强梯队	中等梯队	较弱梯队	弱势梯队
新加坡	中国台湾	卢森堡	印度	葡萄牙
芬兰	瑞典	马来西亚	韩国	中国
中国香港	德国巴伐利亚州	爱沙尼亚	西班牙加泰隆尼亚自治区	墨西哥
冰岛	挪威	泰国	英国	斯洛文尼亚
丹麦	以色列	中国浙江省	法国	意大利
智利	新西兰	约旦	印度马哈拉施特拉邦	俄罗斯
加拿大	匈牙利	斯洛伐克	法国法兰西岛大区	罗马尼亚
澳大利亚	比利时	土耳其	哥伦比亚	阿根廷
瑞士	法国罗讷 – 阿尔卑斯大区	日本	英国苏格兰	印度尼西亚
奥地利	捷克		巴西圣保罗州	波兰
爱尔兰	德国		南非	委内瑞拉
美国			西班牙	
荷兰			巴西	
			菲律宾	
			意大利伦巴第大区	
			希腊	

五、中国和重点国家（地区）的文化产业竞争力比较分析

　　在进行上述的文化产业竞争力综合和分类评价之后，我们对中国文化产业竞争力在世界范围内的水平有了较为概括的了解，但是具体到每个子要素下的分要素的情况还是了解得不够细致。对 21 个分要素进行详细的描述，是我们进一步更细致、更立体也更精确地勾勒中国文化产业竞争力发展现状的有效途径。另一方面，一些文化产业竞争力处在世界前列的东方国家（地区），我们的邻居，竞争对手，同时也是我们的朋友和伙伴，比如韩国、日本等等，与处于同样高水平的西方国家（地区）相比，这些国家和地区，与我们在文化上面有着更大的共通性，比如同属于东方的文化体系，思想哲学中渗透着儒学的浸染，秉承着深厚的历史渊源，有着共同或相近的文化理念和价值观基础等等，因此学习和借鉴它们的经验，对我们来说更具有现实性和可操作性。从细节上了解它们的具体情况，同时对比我们在同一方面的发展水平，可以使我们更具体地找出自身的差距，在未来的竞争力提升上更有目标性和导向性，从而更有效率。

279

出于这个目的，我们接下来将在对比分析 21 个分要素的得分排名基础上，更细致、更详细地了解我国和东亚文化强国（地区）的文化产业竞争力现状，并进一步看清自己，同时寻找差距。

在此，雷达图是进行若干样本多指标比较分析的有效工具。用雷达图的每一个数值轴代表一项待分析的指标，每一个多边形在轴上的落点代表该项样本在该指标上的排名。多边形的整体面积的大小反映了该样本总体排名情况，而多边形的规则程度则代表了该样本各指标的协调程度。面积越小，排名越靠前，形状越规则，那么该样本的各指标协调性越好。

从公共文化产业竞争力相关分要素排名的雷达图来看（见图 13 - 8），中国在该领域的总体排名比较令人满意，子要素的综合排名为 34 位，各分要素的协调性比较适中。除了政府形象排名在 49 位之外，其他分要素都在 30 位左右。中国浙江省综合排名为 16 位，分要素中政府效能的得分偏低，排到了 29 位。政策有效性排名比较优异，位次为第 8 位。这可能和浙江省近年来推行的"小政府"理念，强化政府的服务性而不是指导性的行政路线有关。中国香港在该文化领域的综合排名为 11，各项分要素的排名非常不均衡，政策有效性排在了第 34 位，法令实施为第 2 位，而其他的分要素则都在第 10 名左右。日本和韩国在公共文化产业竞争力的综合得分上和中国很接近，在分要素得分上，政府效能和政策的有效性都是两国相对来说比较劣势的要素，均低于中国的对应分要素得分。

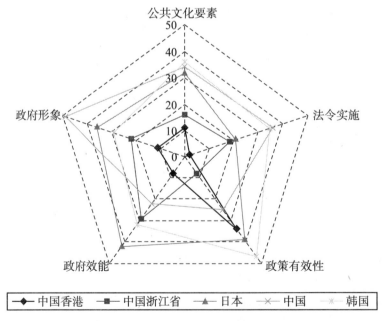

图 13 - 8　公共文化竞争力子要素排名雷达图

在商务文化领域（见图 13－9），从中国的排名情况来看，似乎只有创业精神分要素一枝独秀，排在第 25 位，其他分要素和综合得分均排到 50 位之后，协调性不高。中国浙江省的综合排名在 42 位，创业精神和竞争意识排名为 18 和 24 位，资金融通和商务公平大失水准，落到了 50 和 47 位，这种得分情况的可能原因前面已经提到，在此不再赘述。中国香港综合得分排名第 1 位，创业精神和资金融通也分别排名首位。中国香港民众的勤奋和金融之都的地位可见一斑。韩国和日本在该文化领域的各分要素排名情况十分相近，两国在商务文化要素上的综合得分排名分别是 28 和 34 位。

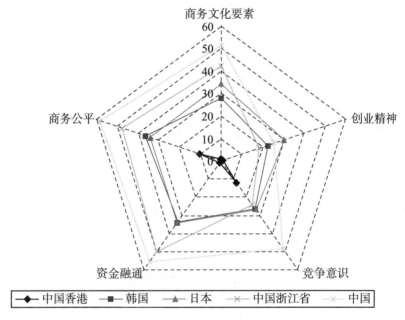

图 13－9 商务文化竞争力子要素排名雷达图

在开放性文化方面（见图 13－10），中国的综合排名为 50 位，分要素排名协调性比较差，平等对待和开放态度分别排在 34 位和 60 位，差异过大。中国浙江省的综合排名为 34 位，分要素协调性也很差，开放态度和平等对待排名为 11 和 56 位，这是因为平等对待的相关指标内容受中央政府的宏观政策影响较大，省级政府自身的能动性比较有限，而开放态度则有着强烈的主观能动性。中国香港的综合得分排名为第 2 位，各分要素都在前 3 名左右，表现优异。韩国的综合排名为 32 位，分要素方面地方保护和平等对待的得分相对较低。日本综合得分排在 47 位，分要素得分结构和中国很接近。

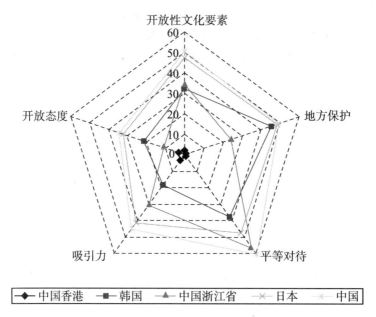

图 13 – 10　开放性文化竞争力子要素排名雷达图

　　企业文化产业竞争力的比较结果显示（见图 13 – 11），中国综合排名为 51 位，分要素中，管理艺术得分排在 33 位，其余的分要素均排在了 50 位之后。中国浙江省综合排名为 19 位，分要素排名结构非常奇特，两个分要素团队协作和权职明确排名显示了平均水平，企业家才能和管理艺术表现突出，排名第 1 和第 7 位，而交流研发的第 43 位名次又低于总体的水平，成为相对劣势要素。中国香港的分要素结构和浙江省相似，综合排名为第 7 位，分要素也分为优势、中等和劣势三个梯队，管理艺术和企业家才能为优势要素，权职明确为相对劣势要素。韩国综合排名为 30 位，分要素排名结构协调性不错。日本综合排名 23 位，分要素得分结构和浙江省更为相似，只是优势要素变成了团队协作和管理艺术，劣势要素为权职明确。

　　人本文化产业竞争力的排名结果显示（见图 13 – 12），中国的综合排名为 52 位，各分要素排名的协调性比较理想。中国浙江省的综合排名为 32 位，分要素中，人力资源表现远低于整体平均水平，排到了 56 位，接近于中国在该分要素的得分水平。这不难理解，因为人才在中国国内的流动性是比较高的，所以浙江省的可得人才率和全国其他地区的水平相差并不明显，所以分要素得分也很接近。香港的综合排名为第 4 位，相对的劣势分要素也是人力资源，排名为 13 位。看来，在中国的各种典型区域内，人才的紧缺都是一个亟待解决的问题。韩国和日本的竞争力综合得分排名分别是 39 位和 40 位，各分要素的协调性都比较好，只是在个人尊重分要素上都表现略低。

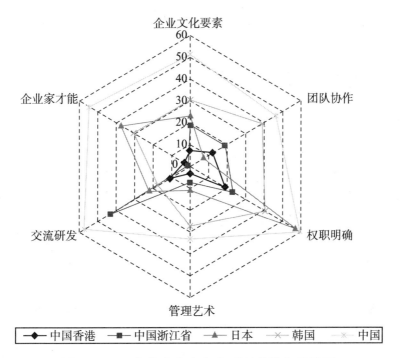

图 13 - 11　企业文化竞争力子要素排名雷达图

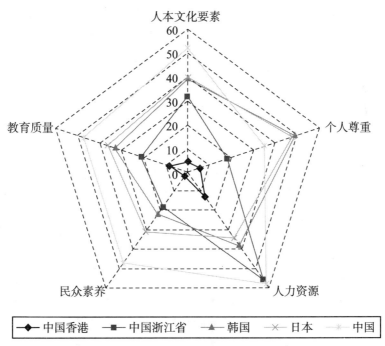

图 13 - 12　人本文化竞争力子要素排名雷达图

第十三章　中国文化产业竞争力研究

六、基本结论和建议

通过以上对中国文化产业竞争力多角度的描述，使我们对于中国目前的文化产业竞争力的一个侧面有所认识和了解。随着研究不断深入，当前国内经济发展中所存在的一些问题也得以浮现，这是我国文化产业竞争力的不足，但同时也是我们提高文化产业竞争力整体水平的入手点。因此，认真地对待和探讨这些问题，并试图分析出问题的成因和可能的解决方法，这是本研究所追求的方向。

通过对中国和中国浙江省文化产业竞争力得分和排名的比较，反映出我国经济发展先进地区和全国平均水平的距离，同时不难推算先进地区和落后地区的巨大差距。这种差距不仅仅表现在经济的发展水平上，也同样体现在文化产业竞争力上。先进的人本文化培育一流的人才和高素质的劳动者，先进开放性文化打造一流的投资环境和国际商贸交流的平台，先进的公共文化和商务文化提供一流的经济运营的环境，先进的企业文化造就一流的企业，生产一流的产品，诸多先进因素的融合则成就一个强有力的经济和文化综合体。因此，文化产业竞争力的落后比经济的落后更加值得我们关注，因为文化软实力是造就经济硬实力的环境和体制基础，是经济发展高低的最本源的原因。但是，在关注区域文化产业竞争力差距的同时，我们也不必妄自菲薄，应该看到，以浙江省为代表的中国经济文化发展的先进地区，其文化产业竞争力已经跻身中等发达国家（地区）水平，尤其在企业文化要素上更是取得了不俗的成绩，其中企业家才能分要素更是取得了第一的好成绩。这是浙商和浙企的骄傲，也是中国的骄傲，浙商和浙企在成为中国民营企业发展样板的同时，也成为中国经济"走出去"战略忠实的实践者和排头兵。

在对我国文化产业竞争力进行全球范围的纵向比较的过程中，我们对文化产业竞争力子要素和下属的分要素都进行了打分和排名，除观察到不同文化产业竞争力子要素的水平差别之外，在每一个子要素内部我们也发现了低于平均水平的"短板分要素"。这些分要素是目前我国文化产业竞争力中的薄弱环节，应当引起我们更大的关注，它们的得分如表 13-9 所示。

通过对各分要素的代表性指标进行数据跟踪，我们可以大致了解各分要素从有数据记录的年份直到 2005 年的发展走势情况，哪些指标和分要素呈无明显趋势的随机波动，哪些分要素呈逐步上升的趋势，又有哪些分要素水平有所回落和退步。我们将呈明显上升或下降趋势的分要素筛选出来，如表 13-10 所示。

表 13 - 9　　　　　　　　　　"短板分要素" 及得分

公共文化 平均分: 45.3	政府形象 22.9	
商务文化 平均分: 27.4	资金融通 9.7	商务公平 7.7
开放性文化 平均分: 30	平等对待 2.2	
企业文化 平均分 20.8	权职明确 4.5	交流研发 10.8
人本文化 平均分: 28.5	人力资源 6.5	

表 13 - 10　　　　　　　　　　趋势型分要素

	上升型分要素	下降型分要素
公共文化	政府形象	法令实施
商务文化	资金融通 竞争意识	商务公平
开放性文化	地方保护 开放态度	平等对待
企业文化	交流研发 管理艺术	团队指向
人本文化	教育质量	人力资源

　　从上述纵向和横向两种角度,可以发现许多分要素在特性上有所重叠。部分短板型的分要素,尽管目前得分较低,但总体水平一直处在上升阶段,从发展的眼光来看,这些分要素的进步我们要给予肯定,比如公共文化中的政府形象,商务文化中的资金融通,企业文化中的交流研发。我国在这些方面的进步有目共睹。行政方面,共产党作为执政党,近年来一直把提高执政者能力,当作行政部门的首要任务进行推进,政府透明度和官僚主义等问题得到了一定的改善,公共领域的不适当行为虽不能完全杜绝,但也因加大了监督的力度而有所收敛。在资金融通方面,酝酿已久的金融改革以四大国有商业银行的股份制改造为序幕逐渐走上了日程。2005 年,建设银行在香港地区成功上市为国有银行改造迈好了第一步。同年,诸多国有大型企业和民营企业在香港地区成功上市和募集资金,香港作为国际金融中心逐渐成为中国内地进行全球范围内融资的资本口岸。在企业文化的交流研发方面,中国作为越来越重要的全球制造基地,在不断扩大产业规模和效率的同时,也一直在强调抓住全球范围内产业转移和调整的重大机遇,对

我国现有的产业进行改造和升级，加大产品的科技含量和附加值，扶持发展高新技术企业，并对全国纷纷成立高新技术开发区予以环境和政策上的支持，这些当然有利于新技术在企业内的采用和推广。因此，我们要以乐观的态度对待这些目前得分较低的分要素。

也有一些分要素，在水平本来已经较低的情况下，近年来的得分却一直呈下降的趋势。这些分要素我们需要特别予以关注。它们包括：商务文化中的商务公平，开放性文化中的平等对待和人本文化中的人力资源。

在商务公平中比较突出的问题是知识产权的保护问题，盗版图书和光盘横行市场，假冒伪劣商品屡禁不止，一直以来为国际社会所诟病。这个问题的解决，需要我们推出从立法到行政管理一系列的制度和措施，做到在处理问题时有法可依，有条可循，执法必严，这个体系的建立需要时间和实践的积累，也要花费很大的人力和物力成本。因此，一方面我们要看到问题的严重性和急迫性；另一方面问题的解决也不可能一蹴而就。

在开放性文化中的平等对待问题上，主要涉及国外资本在中国的待遇问题，比如能否进入中国的资本市场，能否参与中国公共项目的竞标，能否获得国内公司的控股权问题。对于国外资本和投资方，我们不能视为洪水猛兽一味地否定，也不能完全给予国民待遇一视同仁，因为再开放的国家（地区）从国家（地区）安全和保护民族产业的角度，也会对国外机构和资金进行一定的限制。在资本市场上，首先中国的资本市场建立不久，无论从机制还是抗风险能力都不足以抵挡国际金融大鳄的资本冲击，1997年席卷亚洲的金融风暴即是明证。因此，这个领域的开放还有待时日。对于控股问题我们也要分两个方面来看：一方面，无论从保护民族产业还是防止国有资产流失的角度，对于关系国计民生和国家安全的国有大中型企业和重要的民族工业，我们一定要强调本国对控股权的把持。但这并不代表我们不需要吸纳国外的股份和资金，只是规模上必须有所限制而已。资本总是向有利润的地方流动，因此，只要企业的发展能给国外资本带来良好收益，控股权问题应该不会成为阻碍国外资金进入中国的理由。在不涉及产业安全和国家安全的完全市场化的中小企业中，我们并不绝对排斥外国资本的控股，因为伴随资本到来的还有比较先进的企业运作模式和理念，可以训练和培养一批优秀的技术工人和先进的人才。在公共项目的竞标问题上，我国已经逐渐放宽了限制。2008年奥林匹克运动会体育场馆的设计、国家大剧院以及中央电视台大楼等重要工程的方案采集，都是由国外的竞争者中标。而且，在今后的发展中，只要公共项目摆脱行政垄断，面向全社会招标，我们就不应该排斥国外的竞争者，毕竟有竞争才会有进步，这种国际化竞争既可以带来招标工程的高质量完成，也可在竞争中迫使国内竞争者增强实力，可谓双赢。

人力资源问题，也就是人才问题，早在上世纪80年代就引起了国家领导人的高度重视。如今，这个问题已经表现为各层次人才的全方位缺乏，管理层面的高级工程师、金融技术人才、高级经理人合格者寥寥，在生产层面，熟练的技术工人也呈供不应求的态势。前者的问题，一方面涉及国内对国际性人才吸引力不够的问题，一方面也反映了我国高等教育人才培养机制和培养模式的问题，高等教育在我国教育界是主流，因此这个问题定有许多专家学者谏言献策，笔者不必在此妄加评论。但是，对培养高素质高水平技术工人的职业教育培训，在全社会乃至教育界却都一直受到冷遇和轻视。这种轻视很大程度上是来自于对我国产业发展现状的不了解，其实随着我国对高新技术产业的重视和扶持，以及伴随而来的产业升级，对技术工人的要求已经远比传统意义上的工人要高出很多。技术工人已经不再是高体力劳动的代名词，他们的许多工作技术含量不断加大，如果不经培训，普通的本科毕业生也很难立刻胜任。而且，对熟练技术工人的需求也大大超过了普通专业的高校毕业生，在薪金方面，许多企业也开出了高价，因此，技术工人也不再是低薪低收入人群的代表。这种种的不理解，既影响了许多年轻人的就业观，也影响了许多职业技术培训学校对自身的定位和发展方向，从而造成了现在高校毕业生工作难找，产业技术工人却又一技难求的失衡局面。其实，在高素质技术工人的职业培训方面，苏州工业园区的职业技术培训学校为我们提供了一个值得借鉴的范本。该学校采用学校与企业互动的模式，学生就业主要面向工业园区内的众多企业，因此学校内专业的设置紧跟园区内的产业走向，并每隔二至三年进行一次调整，从而使得培养的人才始终贴近市场需求。许多企业成为学校的董事，一方面对学校进行投资并对学校的运行进行监管和督导；另一方面为学生提供在自己企业实习的机会，大部分学生在实习阶段就已经和所在企业签订了就业意向书。因此，学校的学生就业、企业的人才需求和学生自己的职业规划都同时得到了解决，形成三方共赢的局面。这个模式，在我国众多的高新技术企业密集的工业园内都可以进行借鉴，重要的是可以大大缓解国内技术工人紧缺的局面，并推动形成我国职业技术教育培训的新模式。

综合上述的种种，不难判断，目前我国的文化产业竞争力水平总体来说还比较低，在文化产业竞争力的各个方面都存在不同程度的问题，提高和发展还有很长的一段路要走。全面认清我国目前的文化产业竞争力现状，正视我国与先进国家的差距，分析薄弱环节的问题所在，找准突破口和探讨解决办法，是目前我们最需要做的工作。"路漫漫其修远兮，吾将上下而求索"。希望我们能一直坚持以实事求是的态度，正视问题，解决问题，伴随着中华民族和平崛起的步伐，我们的文化产业竞争力一定可以获得更快更好的发展。

第十四章

中国环保产业竞争力研究

伴随着全球化进程的快速扩张和经济的高速发展，环境问题日益严峻，污染物排放超标、能源浪费严重、生态遭受破坏等一系列问题已经引起各国政府及公众对环境问题的密切关注，如果不进行环境保护，经济快速增长带来的环境压力会抵消其带来的进展，甚至吞噬已取得的成果。由此，引发了人们对环境保护活动的极大重视，刺激了对环保产品和服务的需求。为满足这些需求，形成了一个新的产业，即环保产业。

环保产业是一类特殊的产业，作为经济体系内发生的经济活动，它同其他经济活动一样，在消耗经济资源的同时，也提供了经济产出；它不仅会直接创造就业、创造增加值，构成 GDP 的组成部分，同时还会拉动或推动其他产业的发展，间接创造就业机会和增加值。但在另一个层面上，这些产出满足了人们维护环境质量、避免环境退化的需求；同时，通过技术革新等手段，采用更为清洁的技术或工艺进行生产，从而减少对环境的负面影响。正是在此意义上，可以将环保产业作为实现经济和环境"双赢"的产业[①]。

中国的环保产业起步于 20 世纪 70 年代，30 多年来经历了一个从无到有、从小到大的发展历程，目前已经形成包括环境保护产品、环境保护服务、资源循环利用、自然生态保护、洁净产品等领域的环境产业体系，产业门类基本齐全，

---

① 参见高敏雪：《环境产业：体现"双赢"的新兴产业》，载《中国科技成果》2004 年第 17 期，第 4 ~ 6 页。

总体上已具有一定经济规模，为我国环境事业的发展提供了重要的物质和技术保障[①]。但是在环保产业的国际竞争中，中国已经明显落后于发达国家，存在着诸如环保活动与环保产业的定义缺乏国际可比性和统一性、数据不充分等弊端，并且有关环保活动的计量被现实的管理体制所分割，分散在不同部门，其内容主要关注环境状况的实物量统计，价值量核算仅限于并不完整的支出统计，缺乏针对环境保护活动的统一核算，这导致我国目前对环保产业的核算仍处于初步探索阶段。

因此，有必要通过梳理国内外关于环保产业的定义，明确基于我国现实的环保产业概念及范围，展示我国环保产业进行统一核算的途径和方法，借此把握中国环保产业的发展现状与发展趋势；进一步将环保产业的规模与经济发展水平、环境压力状况等相联系，从竞争力角度评析我国各地区环保产业所面临的机遇和挑战。由此，可以及时地、充分地透视我国及各地区环境保护活动实施的状况，以便实行科学的宏观调控，制定合理的产业政策，充分发挥环保产业在国民经济发展中的重要作用。

一、环保产业的定义

环保产业，是环境保护产业（environmental protection industry）的简称。顾名思义，即依托环保活动而形成的产业。在不同的文献中，关于环保产业有不同的提法，有些文献直接以环境产业（environment industry）相称，尤以在欧美各国文献中更为常见，有些文献则以生态产业（eco-industry）或环境产品与服务产业（environmental goods and services industry）命名，我国则称之为环境保护相关产业。为了与整个环境保护主题相对应，并兼顾国内外相关研究的提法，本研究采用环保产业的称谓。

研究环保产业之初，由于受到理论上和实践上的双重限制，关于环保产业的定义比较狭窄，主要关注污染治理。例如，1992 年 OECD[②] 将环保产业定义为："一个覆盖多种货物和服务、门类众多的产业，但在统计上还没有明确的分类，并且数据十分有限。根据'终端使用'将环保设备和相关服务细分成四个类别，即废水治理、废弃物管理、空气质量控制和其他（主要是土壤恢复和减少噪音）。工业过程中涉及的环保技术没有纳入到环保产业分类中。综合的环保服务

---

① 更详细的介绍参见国家环保总局科技标准司、中国环境保护协会：《中国环境产业市场供求指南》，中国环境科学出版社 2002 年版。

② OECD, The Global Environmental Goods and Services Industry, 1996.

通常与清洁技术有关，予以单独列示。"可见，考虑到核算清洁技术和工艺的难度，早期 OECD 对环保产业的定义中尽管提到清洁技术，但并未将其融入环保产业核算中，而是单独列示。不仅如此，该定义中也没有包括资源管理、生态保护等广义环境保护活动。

由于对环保活动的需求逐步拓宽，人们已经不仅仅满足于针对环境问题进行"终端治理"，而要求在更广泛的意义上进行环境保护活动，这导致环保产业的内涵逐渐扩大，环保产业的相关研究逐渐深入，环保产业的定义逐渐完善。例如，欧洲委员会[①]认为可将环保产业描述为由这样的企业组成："它们生产的货物和服务用于水、空气和土壤环境损害以及与废弃物、噪音和生态系统有关的问题的测量、预防、限制，使之最小化或得到修正。它包括使污染和资源使用达到最小的清洁技术、货物和服务。"它在 OECD（1992）环保产业定义的基础上，进一步延伸出清洁技术、货物和服务以及保护生态系统的活动。

环保产业是针对环保活动定义的，因此其覆盖范围直接取决于环保活动的范围，二者是一脉相承的。迄今为止，关于环保活动比较详细的定义当属欧盟统计局 2000 年开发的环境保护活动分类（CEPA）[②]，该分类主要体现了狭义环境保护的不同领域，如周围空气和气候的保护、废水管理、废弃物管理、土壤、地下水和地表水的保护和恢复、减少噪音和震动、生物多样性和景观的保护、防止辐射、研究与开发等。然而，CEPA 的设计主要是针对以环境保护为主要目的的交易和活动进行分类，即狭义的环境保护活动，没有包括自然资源管理（如水供应）和自然灾害的预防（如火灾和洪水等），因此有必要对其进行补充说明。

除了国际组织逐步开展的环保产业研究，世界上的发达国家在经历了高速经济发展之后，也开始意识到环境保护的重要性，采取了一系列的环境保护措施，导致环保产业研究、绿色清洁消费等开始风靡。自 1995 年起，加拿大统计局为了了解加拿大环保产业的发展现状，开始在联邦政府资助下开展环保产业年度调查[③]，明确地指出加拿大环保产业是指："……在加拿大专业或兼业从事环保产品生产、环保服务提供以及环保关联建设活动的所有公司。"其中提到的环保产品和服务，是指可以用于或潜在用于测量、预防、限制或改善对水、空气、土壤的环境破坏（自然的或人为的行为）和有关废弃物、噪声和生态系统等问题的产品和服务，同样也包括洁净或资源有效利用的技

① European Commission, Environmental Expenditure Statistics: Industry data collection handbook, 2005.
② UN, Integrated Environmental and Economic Accounting – 2003.
③ Canada, Env-industry survey 1995 – 2000.

术，修复有价值的副产品，减少排放或使废弃物排放最小化的产品和服务。总体来说，确定环保产品的关键在于环保产品和服务的终端使用，而不在于其物质属性。

美国在保持世界第一强国地位的同时，也是世界上最大的能源消费国，近十几年来，逐渐认识到自身能源高消费的严重危害，开始制定和实行许多降低能源消耗的国家战略规划与法制框架。1995年，美国环境保护署[1]系统地介绍了环保产业的定义，包括以下两个要点：一是环保产业的基础是环保活动，而所谓的环保活动，主要限于美国环境保护署管理范围内的污染物削减和防止活动。显然，这是狭义的环保活动定义；二是通过追踪成本进而确定环保活动及环保产业，指执行了环保法规从而负担了相应成本的产业。

20世纪90年代，日本提出了建设循环型社会的设想，制定了环境负荷较小、以废物循环为基础的经济社会系统的长期目标。2001年，日本环境厅从广义的角度将环保产业[2]定义为："潜在地有助于减轻环境压力的产业部门。"它包括使环境负担降低装置的开发与销售，对环境负担较小产品的开发与销售，环保服务业的开发及服务，有关强化公共设施的技术、设备及系统的开发与销售。日本的环保产业从最初的特定污染型产业转向包括清洁技术、生态保护等的广义环保产业，从官方的需要转向民间的需要，从城市向各种地域辐射。

1993年起，我国在全国范围内开展了四次环境保护相关产业基本情况调查[3]，逐渐突破了狭义环保活动的界限，越来越重视对产品生命周期全过程的环境行为的控制。2004年，将环保产业定义为："国民经济结构中为环境污染防治、生态保护与恢复、有效利用资源、满足人民环境需求，为社会、经济可持续发展提供产品和服务支持的产业。它不仅包括污染控制与减排、污染清理与废物处理等方面提供产品与技术服务的狭义内涵，还包括涉及产品生命周期过程中对环境友好的技术与产品、节能技术、生态设计及与环境相关的服务等。"但是，我国关于环保产业的定义仍没有包括自然资源管理和自然灾害防护等环境保护活动。

---

[1] United States Environmental Protection Agency, The U. S. Environmental Protection Industry: the Technical Document. EPA 230 - R - 95 - 012, September 1995.

[2] 日本通常称环保产业为生态产业，关于环保产业分类可参见王劲峰：《中日两国环境保护产业分类的比较分析》，载《中国环保产业》2002年第4期，第34～36页。

[3] 具体参见国家环境保护总局：《2000年全国环境保护相关产业状况公报》和《2004年全国环境保护相关产业状况公报》。

联合国的《综合环境经济核算——2003》（简称 SEEA 手册）[①] 中定义环保产业，即环境货物和服务产业，"由这样的活动组成：即所生产的货物和服务用于水、空气和土壤环境损害以及与废弃物、噪音和生态系统有关的问题的测量、预防、限制，使之最小化或得到修正。它包括降低环境风险，使污染和资源使用达到最小的清洁技术、货物和服务，同时也包括那些与资源管理、资源开采和自然灾害有关的活动。"该定义涵盖了目前研究涉及的所有环境保护活动，可以视为截至目前覆盖面最为完整、产业类别列示最为详细的环保产业定义。

总结上述应用，可以大体归纳出环保产业的不同脉络：

（1）环保产业覆盖了一系列不同性质的货物和服务。它不仅包括直接针对环境污染治理而提供的货物和服务，还包括唯一地用于环保服务生产的设备、专用材料、建筑与设施等环保关联产品，如果进一步扩展环保产品的边界，还应将在产品的整个生命周期内对环境友好的产品即清洁产品也包括在内。但是，目前国内外还没有关于环保产品的详细清单。

（2）关于环保产业的不同研究关注点不同。有些研究基于广义环境的定义，研究内容比较宽泛，认为环保产业应该包括污染物防治管理、自然资源管理和生态保护建设这三部分内容的广义环保活动，而有些研究则仅仅关注包括污染物防治管理和生态保护建设的狭义环保活动。

（3）对于环保产业的内涵还没有达成共识。狭义的环保产业主要针对环境问题的"终端治理"而言，主要是指环境污染控制与减排、污染治理以及废弃物处理等基于单一环境保护目的、直接作用于环境保护而形成的产业。但是，目前越来越多的研究倾向于扩展上述狭义环保产业所包含的内容，认为还应包括综合性的环保活动，即在实现产品特定使用价值的同时，使其具备环境保护功能的那些活动，具体指清洁产品和清洁技术的生产使用活动。

本研究沿用 SEEA 手册中关于环保产业的定义，但对中国环保产业范围的界定有以下几个方面的理解：

第一，关于环保产业的定义应该基于广义环保活动，不仅包括污染物管理防治，还包括资源可持续管理、生态保护建设。

第二，环保产业所覆盖的环保活动，主要是指作为生产活动的环保活动，不包括围绕环保活动所发生的收入分配和资金运作。

第三，根据环保活动的发生方式，环保产业不仅包括环保服务产业，还包括

[①] 参见 UN: Integrated Environmental and Economic Accounting – 2003，中译本《综合环境经济核算——2003》，高敏雪等译。

体现综合环保活动的清洁产品和技术产业。

第四，根据环保服务产业的存在方式，理论上，环保服务业不仅应该包括由独立经济单位完成的外部环保活动，还应该包括在各经济单位内部以辅助生产活动方式发生的内部环保活动。但是由于资料可得性的限制，目前关于中国环保产业的核算，暂时不考虑内部环保产业。

第五，环保产业还应将环保关联产业纳入其中，因为其产出唯一地服务于环境保护服务产业，处于环保产业的上游。尽管从基本定义看，它本身并不属于环保活动，但是，从另外一个角度看，如果不是为了进行环保，这些产业活动也不会发生。在此意义上，将其定义为环保产业是有道理的。

二、环保产业的识别与分类

有了环保产业的定义和范围，进一步需要对环保产业覆盖的内容做具体归纳，这是管理的前提，也是计量的前提。然而，环保产业与通用的标准产业分类并不兼容。事实上，不论是在国际标准产业分类（ISIC）框架里，还是在我国的《国民经济行业标准》中，能够单独识别的环保活动十分有限。原因在于，行业分类是按照经济活动的同质性原则进行行业划分的，难以满足单独观察环境保护活动的要求。因此，无法直接利用《国民经济行业标准》确定环保产业分类，必须在现有行业标准基础之上，打破现有产业分类，对环保产业相关类别进行重新组合。

（一）基本框架

依据上述讨论，本研究将环保产业做如下定义和分类：环保产业是由这样的活动组成，所提供的服务用于水、空气和土壤环境损害以及与废弃物、噪音和生态系统有关的问题的测量、预防、限制，使之最小化或得到修正以及与资源管理、资源开采和自然灾害有关的环保服务产业，还包括降低环境风险，使污染和资源使用达到最小的清洁产品和技术产业，同时也包括为上述活动提供相关材料和设备的环保关联产业，具体如图 14－1 所示。

进一步，可以根据环保产业的发生方式，将环保服务产业看做环保产业的核心层，将清洁产业及技术产业看做环保产业的扩展层，将环保关联产业看做是环保产业的支持层，如图 14－2 所示。

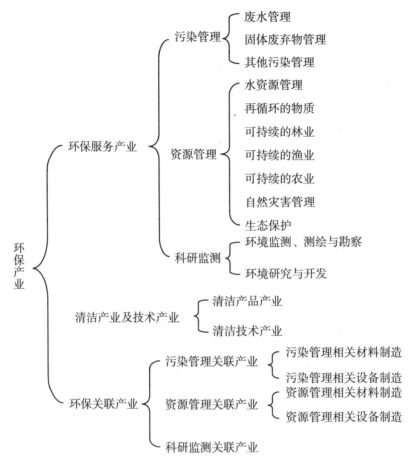

图 14 - 1　环保产业的基本框架

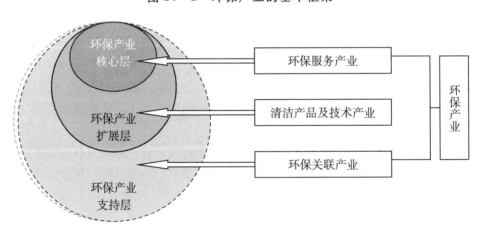

图 14 - 2　环保产业的结构

（二）分类依据与产业识别

依据上述思路框架，下一步工作是对环保产业分类的识别。理论上，如果能够依照《国民经济行业分类》较充分地识别出环保活动，是最理想的途径。但是实践中需要具备四级码的分类数据，这样的高要求只有在特定年份才可以满足。退而次之，希望借助详细的122部门投入产出表识别环保活动，但这也只能在编表年份才可以实现，并且分类较粗。再退之，希望借助经常统计寻求有关环保活动的数据。以下将遵照由粗到细、由浅入深的原则，首先考察经常统计层面，继而考察详细的122部门投入产出表层面，最后对《国民经济行业分类》中属于环保产业范围的经济活动予以识别。

1. 经常统计层面。

考察经常统计中是否能够识别出环保产业，即要考察历年《中国统计年鉴》中是否从产业角度给出环保活动的相关数据。根据《中国统计年鉴2006》可知，我国的经常统计中并未从产业角度列示环保活动，但在环境保护篇中，从环境存量角度给出自然资源、生态保护区和环境质量的数据，从经济活动对环境造成的直接压力和间接压力角度分别给出环境污染排放和自然灾害的数据，从环保活动角度给出环境污染处理利用和自然灾害防治的数据，从环保支出的角度给出自然灾害防治和污染治理投资的数据，具体如表14-1所示。

表14-1　　　　《中国统计年鉴2006》中环境保护相关数据

			水资源
实物量指标	环境存量	自然资源	森林资源
			土地资源
			湿地面积
		生态保护	自然保护区
			生态示范区
		环境质量	海水水质
			空气质量
	环境压力	环境污染	废水排放
			废气排放
			固体废弃物产生
			环境噪声
		自然灾害	地质灾害
			地震灾害
			森林火灾

实物量指标	环保活动	环境污染处理和利用	废水处理
			废气处理
			固体废弃物处理利用
		可持续的林业	森林病虫害防治
价值量指标	环保支出	自然灾害防治	地质灾害防治
		污染治理投资	工业污染治理
		可持续的林业	林业固定资产投资

2. 投入产出表层面。

依据上述环保产业的定义和范围，在投入产出表的 122 部门中，能够清晰界定为环保产业类别的并不多。因为有些行业只是部分地包含环境保护活动，但是环保活动究竟占据该行业多大比例，却没有相关数据支持，因此不能简单将该行业完全界定为环保产业。表 14 – 2 列示出涉及环保活动的行业类别。

表 14 – 2 　　　　　　　122 部门投入产出表中的环保产业类别

行业类别	代码	行业类别	代码
林业	02002	电机制造业	39072
渔业	04005	其他电气机械及器材制造业	39074
农、林、牧、渔服务业	05006	仪器仪表制造业	41081
石油及核燃料加工业	25036	废品废料	43085
专用化学产品制造业	26043	电力、热力的生产和供应业	44086
橡胶制品业	29047	水的生产和供应业	46088
有色金属压延加工业	33059	建筑业	47089
金属制品业	34060	批发和零售贸易业	63102
锅炉及原动机制造业	35061	科学研究事业	75111
其他专用设备制造业	36065	专业技术及其他科技服务业	76112
汽车制造业	37067	地质勘察业	78113
汽车零部件及配件制造业	37068	水利管理业	79114
船舶及浮动装置制造业	37069	环境资源与公共设施管理业	80115

3. 国民经济行业分类层面。

显然，通过经常统计和 122 部门投入产出表对环保产业进行识别，难以反映环保产业的全貌。因此，以下将根据《国民经济行业分类》，将其中符合上述环保产业定义与范围的、以小类列示的经济活动，归为环保产业。但是，必须具备非常翔实的小类数据，才能汇总得到环保产业的总体概况，然而，这在实际操作中是困难的。

根据上述的环保产业定义与分类，并参照《国民经济行业分类》，可以将环保产业划分为四层：

第一层按照环境保护活动的发生方式分为环保服务业、清洁产品与技术产业和环保关联产业，分别用第一部分、第二部分、第三部分表示。

第二层根据环境保护活动的目的分为污染管理类、资源管理类、科研检测类等 8 个大类，用汉字数字一、二……表示。

第三层根据所要保护的具体环境领域分为 14 个中类，用阿拉伯数字表示。

第四层共有 78 个小类，它是第三层所包括的行业类别层，也是环保产业的具体活动类别。该层不设顺序号，在左侧设置代码，为对应的"国民经济行业代码"。

为了科学、完整、准确地反映环保产业分类，本分类对部分内容作了特殊处理：

（1）在第三层部分中类下设置了过滤层，共有 12 个类别，用带括弧的阿拉伯数字表示，有助于进一步将相似的行业类别归类。

（2）第四层有部分小类（行业类别）的活动不是纯的环保活动，在相应的类别后用星号"＊"表示。

（3）在第四层部分小类（行业类别）下设置了延伸层，共 38 个类别。延伸层不设代码和顺序号，在相应的类别前用横线"—"表示。这是因为有些行业划分得很粗，使得按行业划分环保产业时难以反映需要单独观察的环保活动，因此在部分小类下增设了延伸层，以便科学、完整、准确地反映该行业所描述的环保活动。

表 14 - 3 给出《国民经济行业分类》中所包含的环境保护活动，根据分类方法进一步将其归纳为环保产业的分类。

表 14 - 3 环保产业分类

类别名称	国民经济行业代码
第一部分 环保服务产业	
一、污染管理	
1. 废水管理	
污水处理及其再生利用	4620
水污染治理	8023
市政公共设施管理＊	8110
—城市污水的排放、疏通、清淤	

类别名称	国民经济行业代码
2. 固体废弃物管理	
（1）危险废弃物收集、处理和处置	
危险废物治理	8024
核燃料加工*	2530
—核废物处置	
（2）废弃物收集、处理和处置	
金属废料和碎屑的加工处理	4310
非金属废料和碎屑的加工处理	4320
再生物资回收与批发	6391
3. 其他污染管理	
城市环境卫生管理	8022
其他环境治理	8029
二、资源管理	
1. 水资源管理	
自来水的生产和供应	4610
其他水的处理、利用与分配	4690
水库管理	7921
调水、引水管理	7922
其他水资源管理	7929
其他水利管理	7990
2. 再循环的物质	
再生橡胶制造	2940
3. 可持续的林业	
（1）林木的培育和种植	
育种和育苗	0211
造林	0212
林木的抚育和管理	0213
（2）林业服务业	0520
4. 可持续的渔业	
（1）海洋渔业	
海水养殖	0411
（2）内陆渔业	
内陆养殖	0421
（3）渔业服务业	0540
5. 可持续的农业	
灌溉服务	0511
其他农业服务*	0519

类别名称	国民经济行业代码
——为种植某种农作物，促进其生长或防止病虫害的活动	
6. 自然灾害管理	
气象服务	7610
地震服务	7620
海洋服务	7630
防洪管理	7910
7. 生态保护	
（1）自然保护	
自然保护区管理	8011
野生动植物保护	8012
其他自然保护	8019
（2）城市绿化管理	8120
（3）游览景区管理	
风景名胜区管理	8131
公园管理	8132
其他游览景区管理	8139
三、科研监测	
1. 环境监测、测绘与勘察	
（1）环境监测与测绘	
测绘服务	7640
环境监测	7660
工程勘察设计*	7672
——水利及水电工程的勘察设计	
——风景园林工程设计	
规划管理*	7673
——风景名胜区的规划活动	
——城市园林绿化的规划活动	
——农业、林业的规划活动	
（2）地质勘察业	
能源矿产地质勘察	7811
固体矿产地质勘察	7812
其他矿产地质勘察	7819
基础地质勘察	7820
地质勘察技术服务	7830
2. 环境研究与开发	
工程和技术研究与试验发展*	7520
——能源科学技术	

类别名称	国民经济行业代码
一水利工程技术	
一环境科学技术	
农业科学研究与试验发展 *	7530
一农学、林学、水产学研究与试验发展活动	
第二部分　清洁产品及技术产业	
一、清洁产品产业	
水轮机及辅机制造 *	3514
一水轮机、水车及其控制机械	
其他原动机制造	3519
发电机及发电机组制造 *	3911
一水轮发电机、汽轮发电机	
一核发电设备	
一风力发电机组	
燃气、太阳能及类似能源的器具制造	3961
二、清洁技术产业	
水力发电	4412
核力发电	4413
其他能源发电	4419
第三部分　环保关联产业	
一、污染管理关联产业	
1. 污染管理相关材料制造	
环境污染处理专用药剂材料制造	2666
建筑陶瓷制品制造 *	3132
一陶瓷管：排水陶瓷管、井用陶瓷管及陶瓷管配件	
隔热和隔音材料制造 *	3135
一矿棉吸声板	
一其他隔音、吸声矿物制品	
2. 污染管理相关设备制造	
锅炉及辅助设备制造 *	3511
一烟垢清除器、气体回收器	
烘炉、熔炉及电炉制造 *	3560
一焚化炉、垃圾焚烧炉、放射性废物焚烧炉	
气体、液体分离及纯净设备制造 *	3572
一空气分离设备	
一气体或液体的过滤、净化及纯化设备	
一净化检测设备及类似装置	
环境污染防治专用设备制造	3691

类别名称	国民经济行业代码
汽车整车制造*	3721
—专用作业车：垃圾处理车、机动环境监测车等	
汽车零部件及配件制造*	3725
—汽车零件：消声器等	
船用环保设备	3754
工矿工程建筑*	4723
—自来水厂、污水处理厂的施工	
—固体废弃物治理工程施工	
架线和管道工程建筑（包括污水管道施工、水管道）	4724
—城市内污水、水的管道施工及中转站、控制站（所）的施工	
二、资源管理关联产业	
水资源专用机械制造	3697
水利和港口工程建筑	4722
手工具制造*	3422
—消防、防爆专用手工工具	
安全、消防用金属制品制造*	3453
—消防用金属制品：消防梯、消防箱、消防栓等	
社会公共安全设备及器材制造*	3695
—消防设备及器材	
车辆专用照明及电气信号设备装置制造*	3991
—火灾报警设备及类似装置	
建筑安装业*	4800
—上水管道及设备安装	
—下水管道及设备安装	
—火警装置的安装	
三、科研监测关联产业	
环境监测专用仪器仪表制造	4121
导航、气象及海洋专用仪器制造	4123
地质勘探和地震专用仪器制造*	4125
—测震仪器、人工地震仪器等	
核子及核辐射测量仪器制造*	4127
—环境及个人防护用核辐射剂量监测报警仪器	

三、中国环保产业竞争力分析

环保产业的研究是一个热点，原因在于，环保产业不单是一个普通产业，具有提供就业和促进经济增长等宏观积极效益，作为一个特殊产业，其产出所具有的社会价值远大于其作为商品的市场价值，因此，环保产业还具有附加的社会效益。目前，环保产业发展已经引起政府宏观管理部门的高度重视，颁布实施了一系列环境保护法规、标准，制定了鼓励和扶持环保产业发展的政策措施，逐步加大了对环境保护投资的力度，尤其是在环境污染治理和生态保护方面。例如，《国务院关于落实科学发展观加强环境保护的决定》和第六次全国环境保护大会，明确指出我国要实现从重经济增长轻环境保护转变为保护环境与经济增长并重，从环境保护滞后于经济发展转变为环境保护和经济发展同步推进。

为了推进可持续发展战略的实施，我国各地区都在努力抓住环保产业这一新的经济增长点来迅速占领国内市场，为我国环保产业的发展提供了不竭动力。然而，由于各地区不同的经济发展水平，对应着不同的环境质量状况，再加上环保意识、政府的方针政策等方面的差异，各地区环保产业的发展水平也大相径庭。因此，为了进一步定量分析我国各地区环保产业的现状及发展潜力，可以基于上述关于环保产业的定义与分类，对环保产业竞争力进行系统研究。在国家层次上，要研究环保产业的国际竞争力状况，在国内，则要着眼于不同区域环保产业竞争力的比较。

然而，不论是环保产业的国际竞争力研究，还是中国各区域环保产业的竞争力研究尚都处于初步探索阶段。1998 年，美国商务部技术政策办公室（U. S. Department of Commerce Office of Technology Policy）在题为《美国环境产业》（The U. S. Environmental Industry）[1] 的报告中曾对美国、德国、日本、法国和英国环境产业相关技术的竞争力进行了比较分析，主要涉及了环境服务业、环境设备业和环境资源业三个领域，结论是各国在各领域具有不同的优势，但综合排名以美国居首，其次是德国、英国、法国和日本。这项研究虽然不是针对环保产业本身，但基本涵盖了环保产业技术的主要领域和世界环保产业市场的几个大户，并且，由于环保技术的优势往往会直接影响环保产业的发展优势，因此其研究结论对评价环保产业竞争力具有一定的价值。该研究一定程度上可以看做是国际环保产业竞争力研究的起步。除此之外，国外还未见更多的相关研究。而在国内，关于环保产业竞争力的相关研究基本处于空白状态，本研究则立足于国内各

---

[1]　U. S. Department of Commerce Office of Technology Policy, The U. S. Environmental Industry, 1998.

区域来研究我国的环保产业竞争力。

（一） 理论框架

考察中国环保产业的区域竞争力，首要的就是要掌握各地区环保产业的现状。鉴于环保产业数据的限制，本研究首先参照国家环保总局2001年和2004年开展的环境保护相关产业调查数据①，获取环保产业的规模数据。其次，从与环保产业发展的相关因素入手，借鉴波特的"钻石理论"和其他有关产业竞争力决定因素理论，主要从经济增长、环境压力、环境治理这三个角度考察各地区环保产业的水平，如图14-3所示，上述三个相关因素围绕环保产业构成一个相互关联的"压力—状态—反应"结构。国民经济的快速发展，会产生大量的污染物和废弃物，这对环境造成影响并构成压力，而环境压力反过来又促使个人和社会为避免或减轻这些影响做出反应，如环境治理、减少排放等。这构成了研究框架的外环。除此之外，它们各自与环保产业相互作用，这构成了研究框架的内环。内外环以完整系统的形式，共同作用于环保产业。以下对各个因素予以逐一解析。

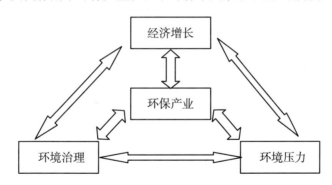

图14-3　环保产业竞争力研究框架

1. 经济增长。

环境经济学中著名的"库兹涅茨曲线"理论②指出：在经济发展初期，环境质量可能随着经济增长而不断下降和恶化，导致以污染治理为主的狭义环保产业规模有所发展壮大，但到了一定拐点时，环境质量又有可能随经济的进一步发展而逐步改善，污染治理强度有所减弱，而资源管理、生态保护以及清洁产品和技术产业蓬勃发展，导致环保产业内部结构发生变化。显然，经济增长是环保产业发展最基础、最重要的决定因素，如果没有经济的繁荣，环保产业

---

① 原则上，有关环保产业现状的数据口径应该与前面规定的环保产业范围相一致，但由于数据资料的限制，目前无法获取《国民经济行业分类》小类数据，因此采用全国环境保护相关产业公报的数据。但是前已述及，其关于环保产业范围的界定与本研究推荐的环保产业范围略有差异。

② 参见泰坦博格：《环境与自然资源经济学》，经济科学出版社2003年版。

的发展将难以为继。

2. 环境压力。

环境压力来自人类社会经济活动和各种自然现象，这是两个完全不同的类别，应该分开统计，并且在统计上应该以前者为主。众所周知，目前我国经济投资增长过快，投资结构不合理，一些地区和行业盲目投资和低水平重复建设的问题相当严重。在国民经济高速增长的背后，是能源、原材料等资源的大量消耗，许多省份地区生产总值的增长仍然以高能耗、高污染为代价，造成较大的环境压力。鉴于数据的可得性，本研究着重从我国污染物和废弃物的大量排放角度考察环境压力。毋庸置疑，如果具备较强的环保意识，在较大的环境压力水平下，必然导致环保产业较快的发展。反之，环保产业快速健康的发展，又会进一步减轻环境压力。

3. 环境治理。

针对我国目前大量存在环境污染的现状，各地区采取相应的环境保护活动，对环境进行治理，以消除可能的环境威胁，抵御环境的负面影响，处理环境影响所造成的不利后果。由此，带动了新兴产业——环保产业的快速发展。按照环境活动的功能和发生方式，可将环境治理区分为防御性/补救性环境治理和预防性环境治理两大类[①]，前者主要指对环境污染的清理性行动，旨在消除环境污染所产生的影响，避免环境恶化可能造成的危害。后者则是要改变或控制人类行为，旨在从根源上消除环境对人类生活产生负面影响的可能。显然，两者相比，后者要更加有效，但是我国正处于经济增长方式由粗放型向集约型转变的过程中，补救性的环境治理仍然是环保产业的重头戏。

（二）指标选取

根据上述环保产业竞争力的理论框架，可以对我国各地区环保产业竞争力模型进行设计。以下将遵循指标统计数据的可获得性、合理性的原则，结合我国发展阶段的特点，选取我国环保产业竞争力分析的基本指标。

1. 环保产业规模。

依据环境保护相关产业调查数据，本研究采用环保产业的从业单位数、从业人员数和收入总额这3个指标来表示环保产业的总体规模。

2. 经济增长。

选取了3个指标来反映经济增长水平：（1）各地区生产总值，它是从总量上反映各地区经济发展水平的最综合的指标；（2）人均地区生产总值，它是从相对

[①] 参见高敏雪：《环境统计与环境经济核算》，中国统计出版社 2000 年版。

量上反映整体消费、投资、社会发展水平的综合指标;(3)工业增加值占地区生产总值的比重,它是反映工业化程度的指标,并且与其他行业相比,工业造成的环境压力要略大一些,因此将该比重看做是影响环保产业规模的重要指标之一。

3. 环境压力。

现阶段,我国的废水、废气和固体废弃物(简称"三废")的大量排放仍是各地区进行环境保护活动的重头戏。因此,本研究重点从"三废"污染排放入手考察环境压力,主要包括生活和工业的废水、废气、固体废弃物的产生量和排放量,考察其与环保产业规模之间的关系。需要加以说明的是,由于没有生活的固体废物产生量指标,考虑到生活垃圾清运量与其有较高的正相关关系,即生活的固体废弃物产生量越大,生活垃圾清运量也越大,因此此处采用生活垃圾清运量代替生活的固体废弃物产生量。

4. 环境治理。

与环境压力相对应,环境治理活动主要包括对废水、废气和固体废弃物的处理。需要说明的是,经常统计中包含的主要是治理工业"三废"的数据,缺少治理生活"三废"的数据,因此选取废水、废气治理设施数,以期能完整体现环境治理投入的力度。

具体指标如表 14 - 4 所示。

表 14 - 4   环保产业竞争力分析的基本指标体系

变量名称	指 标		单 位
环保产业规模	从业单位数		(个)
	从业人员数		(人)
	年收入总额		(亿元)
经济增长	地区生产总值		(亿元)
	人均地区生产总值		(亿元)
	工业增加值占地区生产总值比重		(%)
环境压力	废水	工业废水排放总量	(万吨)
		生活污水排放量	(万吨)
	废气	工业二氧化硫排放量	(万吨)
		生活二氧化硫排放量	(万吨)
		工业烟尘排放量	(万吨)
		生活烟尘排放量	(万吨)
		工业粉尘排放量	(万吨)
	固体废弃物	工业固体废物产生量	(万吨)
		生活垃圾清运量	(万吨)

续表

变量名称	指　标		单　位
环境治理	废水	工业废水排放达标量	（万吨）
		废水治理设施数	（套）
	废气	废气治理设施数	（套）
		工业二氧化硫去除量	（万吨）
		工业烟尘去除量	（吨）
		工业粉尘去除量	（吨）
	固体废弃物	工业固体废弃物处置量	（万吨）
		生活垃圾清运量	（万吨）

（三）我国环保产业竞争力实证分析

1. 我国环保产业竞争力分析。

我国的环保产业经过近 30 年的快速发展，已经形成产业门类基本齐全、总体上已具有一定经济规模的产业体系，为防治环境污染、保护自然资源、改善生态环境、维护社会可持续发展，发挥了重要作用，环保产业已经成为国民经济结构的重要组成部分。2000 年，全国环保产业收入总额为 1 689.9 亿元，占同期国内生产总值的 1.89%，实现利润 166.7 亿元。"十五"期间，国家加大了环境保护基础设施的建设投资，环保产业总体规模迅速扩大，2004 年，环保产业收入总额达到 4 572.1 亿元①，是 2000 年收入总额的 2.71 倍，占同期国内生产总值的 3.34%。2000 年，环保产业从业单位 18 144 个，从业人员 317.6 万人。而 2004 年，环保产业的从业单位数和从业人员数均有所下降，分别为 11 623 个和 159.5 万人，与 2000 年相比分别减少了 6 521 个和 158.1 万人，尽管调查范围的缩小可以看做是原因之一，但从中仍可看出我国环保产业呈现向集约化方向发展的趋势。

表 14 - 5 列出了 2000 年和 2004 年全国及各地区环保产业的基本概况，并根据 2004 年环保产业年收入总额排序。显而易见，全国各地区环保产业年收入总额大致表现出强劲的发展势头。2004 年，江苏省一马当先，其环保产业年收入总额由 2000 年的 209.9 亿元增长到 1 016.5 亿元，遥遥领先于其他省份，与排在第 2 位的浙江省差距为 372.5 亿元，广东省紧随其后。这三个省份的环保产业年收入总额均超过 500 亿元，三者合计约占我国环保产业收入总额的半壁江山。

但是，环保产业主要集中在东部沿海等经济发达的地区，如表 14 - 5 所示，环

---

① 与 2000 年相比，2004 年全国环境保护相关产业调查范围略有调整。调查范围由 31 个省市自治区中全部环保相关产业的企事业单位减小为全部国有及环保相关产业年销售（经营）收入 200 万元以上的非国有企业或事业单位。

保产业收入总额超过 100 亿元的共有 12 个省市，除上述三省外，还包括山东、辽宁、上海、福建等省市，这 12 个省市的收入总额共计 3 751.4 亿元，占当年全国环保产业收入总额的 82.05%。然而，2004 年，新疆、宁夏、青海和西藏等西部省区环保产业年收入总额均未超过 10 亿元，表现出各个省份环保收入之差距悬殊。

表 14 - 5 　　2000 年和 2004 年全国及各地区环保产业的基本概况

地区	从业单位数（个）		从业人员数（人）		年收入总额（亿元）	
	2000 年	2004 年	2000 年	2004 年	2000 年	2004 年
全国	18 144	11 623	3 176 178	1 594 765	1 689.9	4 572.1
江苏	1 711	1 555	163 879	203 913	209.9	1 016.5
浙江	1 967	1 507	159 964	159 719	245.0	644.0
广东	1 564	943	108 690	124 530	143.5	511.0
山东	1 071	789	162 392	161 250	187.1	345.3
辽宁	872	513	156 946	66 463	133.7	246.2
上海	745	353	40 466	32 635	62.7	165.8
福建	965	569	48 273	54 368	66.2	163.1
河南	831	373	820 159	66 160	94.4	160.1
安徽	387	316	58 425	53 285	20.3	144.4
四川	420	362	32 915	72 185	17.8	129.1
湖北	381	320	39 293	43 969	32.7	120.9
贵州	223	171	17 013	27 974	12.4	105.0
河北	994	461	83 740	68 423	59.7	89.9
山西	643	487	104 586	68 714	28.7	88.1
广西	399	288	25 580	41 120	24.1	86.8
天津	313	228	22 926	31 234	20.2	84.4
重庆	141	351	10 397	41 663	7.9	83.0
云南	538	481	35 933	59 117	16.2	77.8
北京	375	193	31 157	29 787	39.8	71.8
湖南	1 114	390	77 083	45 727	100.4	60.9
吉林	393	226	42 182	26 004	24.6	42.0
江西	321	121	29 269	21 404	22.4	35.6
陕西	559	162	53 382	26 969	43.9	34.2
黑龙江	464	151	798 845	18 877	48.1	18.9
甘肃	249	69	17 420	16 778	11.1	18.1
内蒙古	243	74	18 750	17 531	4.4	9.8
新疆	65	69	3 187	6 698	3.8	8.7
宁夏	74	43	6 811	6 196	2.7	6.8
海南	93	38	5 468	1 699	3.1	3.5
青海	28	18	1 019	337	2.7	0.3
西藏	1	2	28	36	—	0.1

环保产业收入总额增速最快的莫过于重庆，其环保产业年收入总额从 2000 年的 7.9 亿元增长至 2004 年的 83 亿元，增长了近 10 倍，使得其环保产业收入排名由第 25 位跃居第 17 位；增速位居第 2 位的要属贵州，其环保产业年收入总额由 12.4 亿元增长至 105 亿元，增长了近 8 倍，排名由第 23 位提升至第 12 位。然而，黑龙江、湖南、陕西、青海这四个省份的环保产业收入总额有所减弱，并没有与全国总体快速发展的步伐保持一致。

除少数省份外，从业单位数和从业人员数均表现出缩减的趋势，但有些省份的缩减幅度较大。例如，河南环保产业从业单位数由 2000 年的 831 个下降为 2004 年的 373 个，从业人员由 820 159 人减少为 66 160 人；湖南的环保产业从业单位数由 1 114 个下降为 390 个，黑龙江的从业人员由 798 845 人减少为 18 877 人，下降幅度之显著，已不能仅仅看做是环保产业自身的变动，而可以认为是由于这些省份的中小型非国有企业所占份额较大，使得 2004 年调查范围的调整给这些省份带来了显著的变化。

除了上述提到的上海和重庆两个直辖市外，北京和天津虽然也有不俗的表现，但相比于其他省份，由于增幅相对缓慢使得二者环保产业收入总额在全国的位次仅仅居中，分别排在第 19 位和第 16 位。

2. 环保产业的相关因素分析。

进行环保产业的影响因素分析时，采用标准化得分的方法，将选取的指标分别根据正态概率分布求出概率值，并同时乘以 100，使该概率值介于 0 ～ 100 之间，然后分别求解多个指标概率值的算术平均数，这即为所求变量的综合得分值。

(1) 环保产业与经济增长。

如前所述，在考察环保产业与经济增长之间的关系时，本研究采用环保产业的从业单位数、从业人员数和收入总额这三个指标来表示环保产业的规模，采用各地区生产总值、人均地区生产总值及工业增加值占地区生产总值的比重来表示各地区经济发展的状况。

如图 14 - 4 所示，横轴表示经济发展水平，纵轴表示环保产业规模。可见，环保产业的规模与经济发展水平大致呈现正相关关系，2000 年相关系数为 0.826，2004 年略有降低，为 0.789，即经济发展的水平越高，环保产业的规模越大；或者可以说是环保产业的规模越大，带动了经济发展水平越高，二者共同促进、共同发展。结合表 14 - 5 可见，我国东部沿海等发达地区借助其强劲的经济增长态势，其环保产业也表现出领先地位。例如，江苏和浙江在追求经济发展的同时，大力发展环保产业，使得环保产业与经济增长相辅相成，均位居全国领先水平，2004 年，江苏和浙江的环保产业综合得分排名分别为第 1 名和第 2 名，相应的经济发展综合得分排名分别为第 1 名和第 3 名；紧随其后的是广东、山东与辽宁，在保持经济强省地位的同时，加强对环保产业的投入力度，其环保产业综合得分排名分别为第 3、4、5 名。类似地，由于西部省份地区的经济发展水平相对落后，环保产业处于劣势的省份也主要集中在西部地区。例如，西藏和青海，不论是经济发展水平还是环保产业规模的得分值几乎都小于 20 分，处于全国排名的末端，有待加速发展。

在图 14－4 中添加了辅助对角线，是为了更清晰地展示环保产业与经济发展之间的关系。如果各地区的指标值散落在对角线的周围，则可以看做环保产业与经济发展同步推进，反之则说明环保产业与经济发展之间存在落差，有待进一步调整与改善。可以看到，有部分省市并没有完全遵循环保产业与经济发展相匹配的原则。结合表 14－6 可知，2000 年，位于对角线上方的有河南和湖南两个省份，其环保产业的发展快于经济发展水平，二者环保产业得分排序分别为第 4 名和第 7 名，而经济发展综合得分排序为第 12 名和第 16 名。其中河南是由于众多的环保产业从业人员，而湖南是由于较多的环保产业从业单位，创造了较高的环保产业收入，使得这两个省份环保产业规模的得分较高，超过其经济发展水平。2004 年，河南和湖南两省环保产业与经济发展之间的落差有所改善，但是以环保产业的排名下降为代价的，分别下降了 4 位和 8 位。位于对角线下方的有上海和天津这两个直辖市，其经济发展水平高于环保产业的规模，2000 年，上海和天津的经济发展综合得分排序为第 4 名和第 7 名，而环保产业综合得分排序分别为第 11 名和第 22 名，其中上海由于人均 GDP 指标排在全国首位，而天津的环保产业过于薄弱，不及全国平均水平，使得这两个省份经济发展水平超过其环保产业的水平。

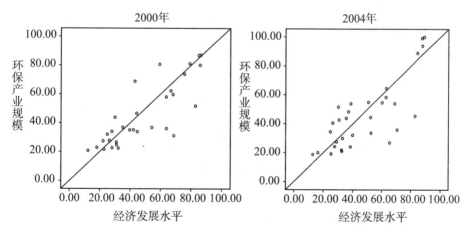

图 14－4　环保产业与经济增长之间的关系

表14-6　2000年与2004年各地区经济发展水平与环保产业规模的排序

地区	2000年				2004年			
	环保产业		经济发展		环保产业		经济发展	
	得分	排名	得分	排名	得分	排名	得分	排名
江苏	87.04	2	86.39	3	99.93	1	89.23	1
浙江	86.75	1	85.85	1	99.11	2	88.10	3
广东	81.13	5	85.05	2	93.87	3	87.79	2
山东	80.60	3	82.81	5	88.94	4	84.62	4
辽宁	80.05	6	79.11	6	64.56	5	82.96	9
福建	73.81	10	75.69	11	58.26	6	70.49	10
山西	68.74	12	68.73	15	54.83	7	68.77	14
河南	62.16	4	68.18	12	54.61	8	65.36	11
河北	59.55	9	66.73	8	53.98	9	62.99	7
四川	57.93	20	63.83	14	53.84	10	62.78	16
云南	51.69	14	63.72	19	51.53	11	60.19	24
安徽	46.54	17	59.26	17	48.25	12	52.63	18
上海	43.84	11	54.22	4	45.41	13	52.30	5
湖北	36.91	16	44.66	10	44.45	14	50.79	13
湖南	36.84	7	44.21	16	43.83	15	39.79	19
重庆	36.12	26	43.03	21	42.66	16	38.58	23
广西	35.22	19	42.13	25	40.55	17	38.30	27
天津	35.08	22	39.63	7	35.88	18	37.00	6
贵州	34.07	24	35.11	29	34.51	19	35.47	29
北京	33.94	15	32.20	13	33.67	20	32.98	12
吉林	32.12	18	31.03	18	32.14	21	32.53	15
陕西	31.23	13	30.92	23	29.95	22	32.34	20
江西	27.83	21	30.08	27	27.55	23	30.64	25
黑龙江	27.48	8	28.12	9	26.98	24	30.15	8
甘肃	26.73	23	27.98	26	24.24	25	28.93	26
内蒙古	24.77	25	26.34	22	24.11	26	27.71	17
新疆	22.91	29	25.03	20	21.80	27	26.41	22
宁夏	22.63	28	22.83	24	20.98	28	25.29	21
海南	22.44	27	22.30	30	19.93	29	24.81	30
青海	21.59	30	18.13	28	19.10	30	16.34	28
西藏	20.76	31	12.18	31	18.69	31	12.83	31

　　有些省份由于重点发展第三产业，工业增加值占地区生产总值的比重较小，这会影响经济发展的得分以致排名，并且由于第三产业造成的环境压力较小，进

一步影响了环保产业的市场份额。因此，我们不能简单认为环保产业的市场份额越大越好，要综合考虑背后的影响因素。例如，北京市 2000 年环保产业的排名为第 15 位，略落后于经济发展的第 13 位，这种趋势在 2004 年进一步扩大，环保产业的排名为第 20 位，远落后于经济发展的第 12 位，原因之一是，其工业增加值还不到地区生产总值的 1/3，远小于大力发展工业的东部沿海省份；再如，海南省 2004 年其工业增加值占地区生产总值的比重为 15.56%，位居全国倒数第二，成为其环保产业位次名落孙山的原因之一，但其宜人的气候环境不正是做大做强环保产业的终极目标吗？

（2）环保产业与环境压力。

存在环境污染就相应地存在环境保护活动，否则经济的可持续增长将难以维持。因此，在可持续发展战略的指导下，国家及各地区政府仍将污染治理作为环境保护活动的重中之重，高度重视环境污染与环保产业二者之间是否相互协调等问题，以促进粗放型经济增长方式的转变。但是，如前所述，我国是基于广义环保活动来定义环保产业的，以期能够从较为完整、较为系统的角度来认识和描述环保产业。它不仅包括污染控制和减排、污染清理与废物处理等方面提供产品与技术服务，还包括清洁生产技术与洁净产品、节能技术、生态设计和与环境相关的服务。原则上，应从环保产业的数据中剥离出污染治理的部分，考察其与环境污染造成的环境压力之间的关系，但是鉴于数据资料的可得性，并结合理论与现实问题，本研究认为目前我国环保产业仍以污染治理为主，故以环保产业的收入总额来代替污染治理的收入总额存在合理性。以下将重点分析污染排放造成的环境压力与环境保护产业规模之间的关系。

由于环境污染物的种类不同，无法直接加总计算。此处首先将生活与工业的"废水、废气、固体废弃物"原始指标值加总；其次将这三种污染排放的指标值按照前述方法标准化得到各自得分值；最后计算三者得分值的平均值即是环境压力的综合得分值。表 14 - 7 列出了 2000 年和 2004 年环境压力和环保产业的得分值。如前所述，我国各地区环保产业收入基本都在增加，环保投资力度在不断加大，但各地区的绝对投入水平差异也较为明显，环保产业的规模与其经济发展水平密切相关。但是从环境压力与环保产业的相关性来看，相关性并不高，处于 0.5 左右，与 2000 年相比，2004 年该值还有所下降，说明某地区污染程度高，其环保产业规模不一定高。可见各地区对环保活动的重视程度差异明显，有些地区仍未把环境保护的必要性提升到应有的位置，因此有待于进一步强化环保意识，强调经济与环境的协调发展。

从环保产业年收入总额得分值具体变化来看，相比于 2000 年，31 个省市自治区中有 12 个地区的环保收入排名在下降，除了黑龙江、陕西和湖南外，其他

9 个地区环保收入总额绝对水平是上升的，只是增长程度略微缓慢导致环保收入
排名下降。而"三废"的环境压力排名中，相比于 2000 年，31 个省市自治区中
有 14 个地区的污染总水平在下降，但是与环保收入排名下降的省市自治区并不
是对应关系，其中只有山东、辽宁、上海、北京、吉林和黑龙江是污染排放减

表 14 - 7　2000 年和 2004 年中国地区环境压力与环保产业的得分值比较

地区	2000 年		2004 年		2004 年与 2000 年差异	
	环境压力	环保产业	环境压力	环保产业	环境压力	环保产业
江苏	68.16	99.05	73.45	100.00	5.29	0.95
浙江	52.45	99.80	53.05	98.89	0.60	− 0.91
广东	67.11	90.83	66.66	95.29	− 0.45	4.46
山东	91.31	97.70	83.63	81.88	− 7.68	− 15.82
辽宁	82.27	88.12	70.57	67.53	− 11.71	− 20.59
上海	33.76	53.87	30.19	53.36	− 3.57	− 0.51
福建	29.92	55.99	34.43	52.87	4.51	− 3.12
河南	82.21	71.94	84.15	52.32	1.94	− 19.63
安徽	43.40	29.11	48.16	49.43	4.76	20.32
四川	87.82	27.82	81.11	46.63	− 6.71	18.81
湖北	59.57	35.91	54.02	45.13	− 5.55	9.21
贵州	58.61	25.12	50.47	42.24	− 8.14	17.12
河北	87.72	52.05	89.51	39.54	1.79	− 12.51
山西	79.81	33.66	83.05	39.23	3.23	5.57
广西	65.96	31.13	67.54	39.00	1.58	7.86
天津	19.10	29.32	15.68	38.57	− 3.42	9.25
重庆	40.36	22.98	37.75	38.33	− 2.60	15.34
云南	33.95	27.01	30.89	37.42	− 3.06	10.41
北京	21.66	40.04	19.25	36.37	− 2.41	− 3.66
湖南	66.82	74.94	70.90	34.51	4.08	− 40.44
吉林	32.18	31.40	29.22	31.36	− 2.96	− 0.05
江西	45.33	30.22	47.78	30.32	2.45	0.10
陕西	47.40	42.47	49.15	30.10	1.75	− 12.38
黑龙江	42.85	45.00	40.72	27.69	− 2.14	− 17.31
甘肃	24.63	24.49	25.80	27.57	1.17	3.07
内蒙古	42.16	21.40	61.91	26.30	19.75	4.91
新疆	21.58	21.13	27.78	26.14	6.20	5.01
宁夏	17.22	20.65	16.72	25.86	− 0.50	5.21
海南	10.63	20.82	11.25	25.27	0.62	4.55
青海	12.05	20.65	13.72	24.90	1.67	4.25
西藏	—	—	9.69	24.87	9.69	24.87

少，环保收入也在减少的地区。31 个省市自治区中有 10 个地区的污染排放加大，而环保收入也增加，其中安徽、山西、广西、甘肃、海南、青海等 6 个省区是环保收入增加较快的地区。另外，广东、四川、湖北、贵州、天津、重庆、云南和宁夏等 8 个地区表现出污染排放减少、环保收入增加的特点，这些地区并不一定是发达地区，但其共同点是更为重视地区的环境保护活动。浙江、福建、河南、河北、湖南与陕西等 6 个地区表现出污染排放增加、环保收入减少的特点，从中可以看出这些地区更多地是以环境污染为代价从而实现地区的经济增长，对于环保活动的投入力度不够。

从"三废"具体污染指标值来看 2000～2004 年的变化：废水方面，湖北、辽宁、上海和西藏四个地区 2004 年比 2000 年有所减少，然而，多数地区的废水排放量表现出增加的态势。废气方面，北京、贵州、辽宁、天津和重庆五个地区的二氧化硫排放量有所改善，多数地区的烟尘排放量趋于减少，但是河南、黑龙江、湖南、江苏、内蒙古、山西和新疆地区的烟尘排放量有所增加；全国各地区的粉尘排放量均在减少，改善的程度较高。而我国 31 个省市自治区的工业固体废物产生量在逐年加大。整体上，我国各地区的环境污染都在不同程度上有所改善，相对而言，废气污染程度减少，而废水和固体废弃物的污染是今后各地区应更为重视的问题。

（3）环保产业与环境治理。

如前所述，伴随着高能耗、高污染的经济增长，必然会造成较大的环境压力，必须配合有效的环境治理才能逐步摆脱经济增长所带来的环境压力。此处基于上述环保产业与环境压力的实证分析，进一步考察环境治理与环保产业二者的关系，揭示环保产业的规模与环境治理的力度是否保持一致，即是否环境治理的力度越大，带来了越多的环保产业总产出；或者说，环保产业的规模越为壮大，环境治理的效果越好。

由前述指标选取可知，鉴于无法获取生活中废水、废气的数据，分析环境治理时主要考虑工业"三废"及生活固体废弃物处理量，这在一定程度上也说明我国对生活废水与废气的治理力度还不够，仅仅体现各地区工业的环境治理状况。

同样，由于环境治理的种类不同，无法直接加总计算。此处首先将生活与工业的固体废弃物处置量的原始指标值加总，其次将"三废"治理量的指标值按照前述标准化方法得到各自得分值，最后计算三者得分值的平均值即是环境治理的综合得分值。表 14 - 8 分别列出了 2000 年和 2004 年环境治理和环保产业的得分值。从环境治理与环保产业的相关系数来看，为 0.7 左右，相关性较高，说明各地区环境治理的力度越强，环保产业的规模越大。与 2000 年相比，2004 年二者的相关性有所下降，这在一定程度上表明随着各地区环保治理力度的加强，环境质量有所改观，环保产业规模的壮大已不仅仅依赖环境治理获得环保收入，而越来越转向通过开发清洁产品、采用清洁技术等来获得环保收入。

表 14−8   2000 年和 2004 年中国地区环境治理和环保产业的得分值比较

地区	2000 年		2004 年		2004 年与 2000 年差异	
	环境治理	环保产业	环境治理	环保产业	环境治理	环保产业
江苏	71.43	99.05	73.68	100.00	2.25	0.95
浙江	59.77	99.80	61.36	98.89	1.58	− 0.91
广东	76.28	90.83	72.77	95.29	− 3.51	4.46
山东	86.32	97.70	82.08	81.88	− 4.24	− 15.82
辽宁	88.88	88.12	79.30	67.53	− 9.58	− 20.59
上海	50.29	53.87	37.11	53.36	− 13.18	− 0.51
福建	33.03	55.99	42.44	52.87	9.41	− 3.12
河南	74.78	71.94	69.21	52.32	− 5.56	− 19.63
安徽	65.59	29.11	52.48	49.43	− 13.11	20.32
四川	50.97	27.82	44.79	46.63	− 6.18	18.81
湖北	64.62	35.91	53.61	45.13	− 11.01	9.21
贵州	30.29	25.12	33.57	42.24	3.27	17.12
河北	72.43	52.05	86.57	39.54	14.14	− 12.51
山西	63.40	33.66	60.44	39.23	− 2.96	5.57
广西	55.67	31.13	48.67	39.00	− 7.00	7.86
天津	23.29	29.32	20.55	38.57	− 2.75	9.25
重庆	34.62	22.98	35.50	38.33	0.87	15.34
云南	38.05	27.01	49.26	37.42	11.21	10.41
北京	24.65	40.04	23.32	36.37	− 1.33	− 3.66
湖南	58.75	74.94	54.47	34.51	− 4.28	− 40.44
吉林	41.58	31.40	32.56	31.36	− 9.02	− 0.05
江西	47.76	30.22	65.17	30.32	17.42	0.10
陕西	27.13	42.47	34.18	30.10	7.05	− 12.38
黑龙江	51.62	45.00	39.54	27.69	− 12.08	− 17.31
甘肃	37.71	24.49	37.71	27.57	0.00	3.07
内蒙古	36.03	21.40	38.76	26.30	2.73	4.91
新疆	20.53	21.13	20.35	26.14	− 0.18	5.01
宁夏	20.17	20.65	21.47	25.86	1.31	5.21
海南	14.35	20.82	16.13	25.37	1.77	4.55
青海	14.31	20.65	15.87	24.90	1.56	4.25
西藏	12.62	—	14.86	24.87	2.24	—

从环境治理和环保产业年收入总额得分值的年度变化来看，更能体现出不同地区在这两方面的变化方向上差异显著。比如，江苏、浙江、福建、河北、云南、江西与陕西等 7 个地区，在加大环境治理的同时，环保收入却保持了较少的增长；而广东、安徽、四川、湖北、贵州、山西、广西、天津、重庆、甘肃、内蒙古、新疆、宁夏等地区，环保收入增幅显著，但环境治理的改善并不明显，而且这些地区多数是西部地区；相比之下，其余地区的环保收入和环境治理力度，都有所减弱，总体情况不容乐观。因此，整体上我国大多数地区的环境治理力度有待加强，应同时从补救性和防御性环境治理入手，共同致力于环保产业的发展壮大。

从工业"三废"具体环境治理指标值来看年度变化：工业废水方面，多数地区废水的排放达标量在增加，体现出工业废水的治理力度持续加大，使得工业废水对环境造成的压力得以改善；工业废气方面，基本上所有地区（青海除外）的二氧化硫去除量都在增加，而各地区烟尘和粉尘的去除量均在大量地减少，这是由于该期间其排放量在减少；此外，我国各地区工业固体废弃物处置量和生活垃圾清运量在加大，尤其是生活垃圾清运量，这对环境构成了越来越严重的负面影响。总体来看，长期以来我国各地区对生活污染物的环境治理有所忽视，而对工业方面的治理力度有所改善，但治理效率或者说治理水平还需要进一步提高。

3. 环保产业相关因素的关联分析。

以上就研究框架的内环进行了分析，分别就环保产业与经济增长、环境压力和环境治理之间的关系进行了分析说明。以下就研究框架的外环展开分析，以经济增长为立足点，考察工业污染物排放与工业增加值的比重，以及生活污染物排放与消费总额的比重，评价经济增长对环境造成的压力大小；进一步考察污染物治理量与排放量的比重，评价环保产业的投入力度。这些影响因素与环保产业形成一个互动的传导机制，共同对环保产业的蓬勃发展起着至关重要的作用。

（1）经济增长与环境压力。

如前所述，在经济发展起步阶段，随着经济的增长，对环境造成的压力日益增大；但到了一定拐点时，随着经济的进一步发展，逐步意识到环境保护的重要性，造成的环境压力有所缓解。因此关注经济增长和环境压力之间的关系，有助于我们把握各地区经济发展所处的阶段。

此处分别用工业废水、废气和固体废弃物的排放量除以工业增加值，用生活废气、污水和生活垃圾排放量除以消费总额考察各地区经济增长对环境造成的不同压力程度，并利用前述方法计算各地区的综合得分值加以比较。综合得分值越小，表明经济增长对环境造成的压力较小，经济增长方式更为合理。

如表 14 - 9 所示，工业综合得分值较高的省份主要集中在西部地区，2004 年，

表 14 - 9   2000 年和 2004 年中国地区经济增长与环境压力之间的关系

	2000 年		2004 年		2004 年与 2000 年差异	
	工业得分值	生活得分值	工业得分值	生活得分值	工业得分值	生活得分值
广西	82.42	44.85	86.73	46.01	- 4.31	- 1.17
宁夏	91.59	57.33	80.28	87.52	11.31	- 30.20
贵州	82.81	70.00	76.09	68.07	6.73	1.93
江西	75.14	30.85	74.58	31.17	0.56	- 0.32
山西	74.71	97.21	70.98	85.45	3.73	11.76
内蒙古	62.98	61.99	69.50	47.32	- 6.52	14.67
四川	63.42	38.72	66.25	31.66	- 2.84	7.06
重庆	69.40	47.16	66.08	44.04	3.32	3.12
湖南	54.08	34.28	64.99	45.52	- 10.90	- 11.24
陕西	66.16	35.76	64.78	45.17	1.38	- 9.41
甘肃	68.70	40.77	63.48	56.16	5.22	- 15.39
青海	56.03	71.76	56.25	65.88	- 0.22	5.88
云南	48.20	18.68	54.33	21.72	- 6.13	- 3.04
河北	39.39	32.27	52.22	35.25	- 12.83	- 2.97
辽宁	41.89	52.10	44.96	50.43	- 3.07	1.67
安徽	38.82	27.75	44.08	25.20	- 5.26	2.55
海南	49.26	50.11	41.64	55.79	7.61	- 5.67
西藏	45.23	71.61	41.38	47.41	3.85	24.20
新疆	28.24	57.69	36.89	90.83	- 8.65	- 33.14
福建	22.84	20.08	35.98	20.64	- 13.15	- 0.56
河南	35.96	37.34	35.24	27.82	0.72	9.52
湖北	31.64	54.80	35.14	45.54	- 3.50	9.25
吉林	39.47	61.60	34.45	49.51	5.02	12.09
江苏	25.78	28.05	26.17	28.50	- 0.38	- 0.45
浙江	22.74	21.53	23.46	24.66	- 0.73	- 3.13
黑龙江	22.01	50.69	20.69	52.05	1.31	- 1.36
山东	23.43	27.31	20.41	30.19	3.02	- 2.88
广东	15.87	48.44	17.66	49.92	- 1.79	- 1.48
天津	17.01	45.31	16.26	25.02	0.75	20.30
北京	21.06	56.42	15.95	63.47	5.10	- 7.06
上海	18.20	57.25	15.36	46.89	2.84	10.36

工业综合得分值前 3 名为广西、宁夏和贵州,而这主要是由于单位工业增加值排放的废气居全国前列;而东部地区的工业得分值较低,2004 年,3 个直辖市,天津、北京和上海排在最后,相比于中西部地区,显示出东部地区较高的工业发展水平并未带来较大的环境压力,体现了东部地区在经济发展的过程中十分重视环境保护问题。然而,生活综合得分值排名与工业综合得分值排名并没有体现出较强的一致性,二者的相关系数仅为 0.281。例如,2004 年,新疆、宁夏、山西和贵州的单位消费总额排放了较多的生活污染物。尽管根据工业综合得分值显示,北京、上海的工业经济增长方式较为合理,但是这两个省份的居民生活却造成较大的环境压力,分为排在全国第 6 位和第 15 位;广西在工业发展过程中造成了较大的环境压力,但是该省份的生活综合得分值仅排在全国的第 16 位。天津、浙江、云南和福建的生活综合得分值位居全国末端,意味着这 4 个省份的居民生活对环境造成的压力较小。

除了比较各地区经济增长对环境造成的不同压力程度之外,还需要关注各地区经济增长对环境的压力是否有所改善。如表 14-9 所示,最右端两列中 2004 年与 2000 年差异的数据是用 2000 年得分值减去 2004 年得分值,这表明如果工业得分值与生活得分值的变动为正,即二者的综合得分值在减小,经济增长造成的环境压力在逐步改善;反之,经济增长造成的环境压力在逐步恶化。不容乐观的是,与 2000 年相比,2004 年中分别有 15 个省份和 17 个省份的工业综合得分值和生活综合得分值在上升,近乎半数省份得分值的上升揭示了经济增长伴随着更大的环境压力。其中,福建、河北、湖南、新疆、内蒙古、安徽的工业综合得分值增加的幅度显著,说明这些省份在注重工业快速发展的同时,并没有同时加大环境保护的投入力度,使得经济增长对环境的压力逐年增加;而宁夏、海南、贵州、甘肃、北京的工业综合得分值显著下降,表明这些省份在经济发展过程中,注重经济增长方式由粗放型向内涵型的日益转变。新疆、宁夏、甘肃、湖南、陕西、北京的生活综合得分值明显增加,表明这些地区居民生活对环境造成的压力增加;而西藏、天津、内蒙古、吉林、山西的生活综合得分值显著下降,表明这些地区居民生活对环境造成的压力减弱。

(2)环境压力与环境治理。

基于前述分别对环境压力与环保产业、环境治理与环保产业关系的分析,此处考察环境治理与环境压力二者的关系,分析各地区环境治理的效果或水平,或者可以说考察各地区环保活动的效率。

同样,鉴于数据的可得性,此处从工业废水、废气及固体废弃物三个方面来考虑环境压力与环境治理的关系。首先分别用"三废"的去除量除以排放量得到治理率的指标值,其次将"三废"的治理率按照前述标准化方法得到各自得分值，最后计算三者得分值的平均值即是环境治理效率的综合得分值。图 14－5 展示了 2000 年和 2004 年中国地区环境治理和环境压力比值的综合得分值，说明了各地区工业"三废"治理效率的水平，依据 2004 年综合得分值将各地区降序排列。

整体上看，2000 年至 2004 年，全国有 12 个地区的治理效率有较大提高，然而却有半数以上的地区在下降，这主要是受废水和废气治理水平的影响。而且治理效率提升较快的地区，多数是自然景观优美的西部地区，原因在于，它们的工业发展水平相对缓慢和落后，工业污染物排放增加的速度小于治理水平的快速提高。而一些工业发达的地区治理效率却呈现出下降趋势，比如浙江、江苏与山东等，2004 年排在全国后 3 位。作为政治、经济与文化中心的北京，以及东部沿海的福建与辽宁，能够充分利用自身的地区优势，提升环境治理效率，在 2004 年工业"三废"治理效率的排名中位居前三。今后，各地区在大力推进环保产业发展的同时，不应仅仅看到量的增长，更应注重质的改善，将环境治理的效率提升到一个更高的水平。事实上，这与前述分析环保产业与环境治理之间关系时的结果保持了一致，形成了前后呼应。

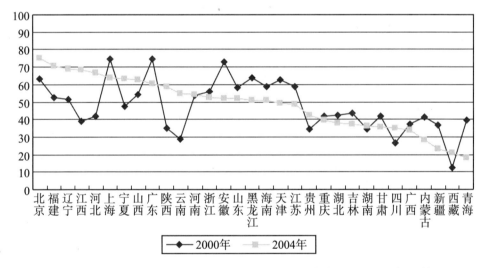

图 14－5　中国地区环境治理与环境压力比值的综合得分值比较

从工业"三废"的具体环境治理效率综合得分值来看年度变化，如图 14－6 所示，工业废水方面，2004 年，多数地区的废水治理效率较高，天津、北京、江苏、福建与山东遥遥领先，居全国前 5 位，然而这期间只有少数地区的治理效率改善显著；如图 14－7 所示，工业废气方面，2004 年，各地区的废气治理效率差距悬殊，上海、北京与广东居于全国领先地位，排在前 8 名的地区，其治理效率改善明显，而多数地区的废气得分值处于 20 ~ 60 分之间，且无显著提高，由此可见，大部分地区的工业废气治理水平偏低，没有给予充分的重视；同样，我国各地区工业固体废弃物的治理效率也有一定程度的减弱，如图 14 - 8 所示，尤其是沿海发达省份，2004 年，均处于全国下游水平。因此，整体上看，我国多数地区的"三废"治理效率有待提升，尤其是工业较发达的地区。

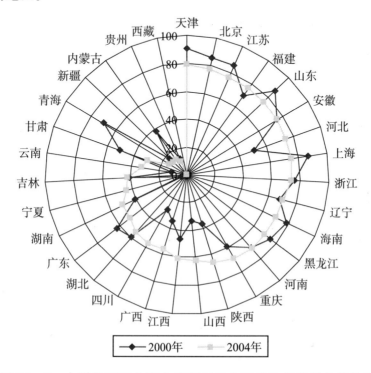

图 14 - 6　中国地区工业废水治理与废水污染比值的得分值比较

4. 主要结论。

通过各地区环保产业与经济增长之间的关系、环保产业与环境压力之间的关系实证分析，对于各地区的环保产业的竞争水平有以下几点主要结论。

（1）中国的环保产业整体上取得了快速的发展，但环保产业布局不太合理，环保产业主要集中在东部沿海等经济发达的地区，2004 年，江苏、浙江和广东的环保产业收入均超过 500 亿元，遥遥领先于其他省份，三地环保产业收入合计约占我国环保产业收入总额的半壁江山。然而新疆、宁夏、青海和西藏等西部省区环保产业年收入总额均未超过 10 亿元，表现出东强西弱的显著差异。

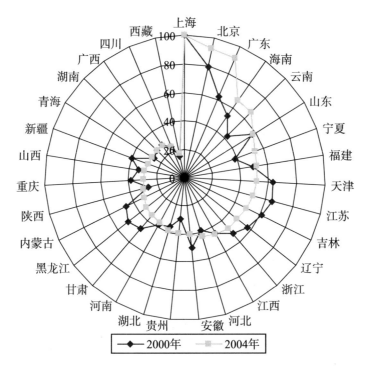

图 14 – 7　中国地区工业废气治理与废气污染比值的得分值比较

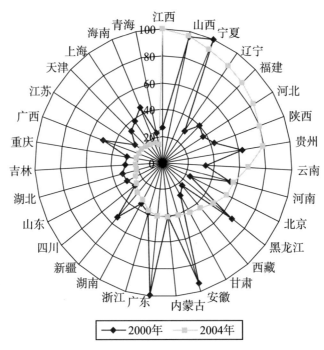

图 14 – 8　中国地区工业固废治理与固废污染比值的得分值比较

（2）中国各地区环保产业的规模与经济发展水平呈现出高度一致性。江苏、浙江、广东、山东、辽宁在保持经济强省地位的同时，加强对环保产业的投入力度，二者共同促进、共同发展。类似地，中西部地区的经济发展水平相对欠发达，使得环保产业处于劣势的省份也主要集中在中西部地区。但也不排除有些省市经济发展水平超过其环保产业的水平，比如上海与天津；有些省市环保产业的水平超过其经济发展水平，比如河南和湖南。有些省份由于重点发展第三产业，使得工业增加值占地区生产总值的比重较小，这会影响经济发展的得分以致排名，并且由于第三产业造成的环境压力较小，进一步影响了环保产业的市场份额，比如北京与海南。

（3）中国各地区的"三废"环境污染压力与环保产业规模相关性并不大，各地区对待环境污染与环境保护差异明显，有些地区目前未把环境保护的必要性提升到应有的位置，尤其是中西部一些省市。其中山东、辽宁、上海、北京、吉林和黑龙江污染排放减少，环保收入也在减少；安徽、山西、广西、甘肃、海南、青海等10个地区污染排放加大，而环保收入也增加；广东、四川、湖北、贵州、天津、重庆、云南和宁夏等8个地区表现出污染排放减少、环保收入增加的特点；而浙江、福建、河南、河北、湖南与陕西等6个地区表现出污染排放增加、环保收入减少的特点。但整体上，我国各地区的环境污染都在不同程度上有所改善，相对而言，废气污染程度减少，而废水和固体废弃物的污染是今后各地区应更为重视的问题。

（4）中国各地区环境治理力度与环保产业规模存在高度相关性，即环境治理的力度越强，环保产业的规模越大。但是这种相关性逐步减弱，不同地区在环境治理力度和环保产业规模的变化方向上差异显著。江苏、浙江、福建等7个地区，在加大环境治理的同时，环保收入却保持了较少的增长；而多数西部地区环保收入增幅显著，但环境治理的改善并不明显；总体情况不容乐观。长期以来，我国各地区对生活污染物的环境治理有所忽视，而对工业方面的治理力度有所改善，但治理效率或者说治理水平还需要进一步提高。因此，整体上我国大多数地区的环境治理力度有待加强，应同时从补救性和防御性环境治理入手，共同致力于环保产业的发展壮大。

（5）工业发展过程中带来较大环境压力的省份主要集中在西部地区，广西、宁夏和贵州位居前三。相比于中西部地区，东部地区较高的工业发展水平并未带来较大的环境压力，天津、北京和上海排在后三位，体现了东部地区在经济发展的过程中十分重视环境保护问题。然而，居民生活造成的环境压力排名与工业发展造成的环境压力排名并没有体现出较强的一致性。不容乐观的是，与2000年相比，2004年中近乎半数省份的经济增长伴随着更大的环境压力。

（6）整体上看，全国有 12 个地区的治理效率有较大提高，然而却有半数以上地区的治理效率在下降，这主要是受废水和废气治理水平的影响。而且治理效率提升较快的地区，多数是西部地区。而一些工业发达的地区治理效率却呈现出下降趋势，比如浙江、江苏与山东等地区，2004 年排在全国后三位。北京、福建与辽宁，能够充分利用自身的地区优势，提升环境治理效率，在治理效率排名中名列前茅。多数地区的废水治理效率较高，但大部分地区的工业废气治理水平偏低，没有给予充分的重视；我国各地区工业固体废弃物的治理效率也有一定程度的减弱，尤其是沿海发达省份。因此，整体上看，我国多数地区的"三废"治理效率有待提升，尤其是工业较发达的地区。

四、政策建议

环保产业是具有强大生命力的产业，对可持续发展战略的实施、经济增长和产业结构的战略性调整以及和谐社会建立均具有极其重要的作用。中国发展环保产业的宏观背景和基础条件已经具备，但是存在的一系列问题使其潜力难以得到充分发挥。基于上述研究分析结果，本研究认为应至少从以下几个方面对中国的环保产业进行宏观上的调控：

1. 建立全面的环境产业政策体系。

环境产业是一项政策引导型产业，对国家政策有很强的依赖性，而目前中国虽然对环保产业日益重视，但环保产业政策体系不健全，缺乏全面的政策支持和引导，严重制约了环保产业的发展。因此，应当制定中国环保产业总体发展规划，通过全面的环保产业政策来加强对整个环保产业的宏观管理作用，以创造健康的环保产业发展的宏观环境。

2. 大力推进环保产业的市场化发展。

虽然公共政策的扶持对促进环保产业的发展具有重要作用，但最终，中国环保产业的增长还须靠增强内力，走市场化道路来实现，这是推动环保产业增长的关键。环保产业的市场化要求环保产业实施市场化生产，打破条块分割的小规模生产概念，广泛发展专业化分工协作，不断提高环保产业的企业化、专业化生产。

3. 加快推进环保产业的技术创新体系的建立。

科技是第一生产力，环保产业作为高新技术产业，对先进技术更有极高的依赖性。中国环保产业的技术水平距离世界先进水平还有相当大的距离，靠"拿来主义"是永远不可能在世界环保市场独占鳌头的。因此，技术创新是环保产业的生命线，开发环保新工艺、新产品、新设备，调整环保产业结构，促进环保产业向高度化发展均需要科技进步来推动。

第十五章

中国农业产业竞争力研究

一、中国农业产业竞争力研究现状

20 世纪 90 年代中期以来，中国农业发展进入到一个新阶段，出现了一些新情况和新问题：大宗农产品由总量不足变为总量基本平衡且丰年有余，农业生产由资源约束变为资源和市场双重约束，农业生产的结构性矛盾日益突出，农产品市场竞争力不强等等。在中国农业发展面临矛盾重重的时候，中国于 2001 年 12 月 11 日成为世贸组织（WTO）的正式成员。加入 WTO，意味着中国融入世界经济一体化和贸易自由化的潮流中，参与"国际竞争"也将随之成为中国经济发展的主旋律。那么，中国农业如何参与国际竞争？如何应对"入世"的挑战呢？

理论界有一种观点认为，依据传统的比较优势原理，中国人多地少，中国农业在土地密集型的农产品生产上已经不具备（成本）比较优势，而在劳动密集型农产品生产上具备（成本）比较优势，因而，中国农业应实施农业比较优势发展战略。传统比较优势理论是一种外生的比较优势，它强调的是对本国产品成本的比较。然而，这不意味着本国比较成本低的产品在国际竞争中就一定具有竞争优势，在国际竞争中具有竞争优势的是在国际市场上具有垄断优势的资源和产品。无论是以劳动生产率差异为基础的"比较成本说"，还是以生产要素供给为基础的"资源禀赋说"，其比较利益的前提是各国的供给条件、生产条件不可改变，资源、生产要素不能在国际上流动以及完全竞争的市场条件。在这种假设条件下，具有比较优势的资源及其产品才可能具有竞争优势。然而，在现阶段，随着世界经济一体化的发展，这些假定条件已经改变。首先，在当今商品经济国际化的条件下，生产要素、资源可以在国际上自由流动。其次，在新技术革命浪潮推动下，以知识为基础的农业现代生产要素打破了自然地理和经济意义上的时空条件对农业生产的根本约束，日照、水、风、肥等简单的自然资源可以被改良、再造，也可以被新材料所替代。最后，现实的市场竞争是不完全竞争的市场，生产成本（或价格）的优势并不是决定农业竞争力的唯一因素，农产品的差异性、企业战略和政府政策都将影响竞争优势的形成。所有这些表明，单纯的成本比较优势，并不一定能成为竞争优势。

现实中，生产具有成本比较优势的产业（或产品）也往往没有达到预期的结果。比如，中国的水果业是属劳动密集型产业，在成本上应当具有比较优势，中国的水果的总产量从1993年起就是世界第一，但中国水果的出口量却仅有总产量的1.2%。再如，中国的花卉生产从成本上看也是有比较优势的，我国花卉种植面积相当于世界其他国家总和的20%~30%，但出口创汇总额却只有世界花卉贸易总额的0.5%。相比之下，荷兰花卉种植面积只有中国的1/10，出口创汇额却占到世界花卉贸易总额的50%以上。

传统的外生比较优势理论的局限性与现实应用中的失效表明，中国农业发展不能仅仅停留在现有的成本比较优势上，而需要将这种比较优势转化为竞争优势。因此，笔者认为，21世纪的中国农业发展，应是以提升竞争力为中心的发展。此时，深入探讨中国农业国际竞争力问题无疑具有很强的理论与现实意义。

总的来看，国内外学者对我国农业竞争力的研究已取得丰硕的成果。无疑，现有的研究成果对本课题的研究提供了适用的方法和研究基础。但是，现有研究也存在一些明显的倾向或不足之处：

第一，已有文献对农业竞争力影响因素的理论解释还尚显不足。现有文献多数从比较优势理论或竞争优势理论（以"国家钻石"模型为范式）来分析农业竞争力影响因素。然而，无论是比较优势理论，抑或是竞争优势理论，都侧重于对影响农业竞争力形成的"国内条件"进行分析。比较优势理论强调的是国家或地区农业生产要素条件，而竞争优势理论强调的是包括国内的生产要素条件、国内的相关支持产业条件、国内的需求条件、国内的企业战略、结构和竞争条件以及政府的作用等等，却很少注意到"国外条件"（例如，进口国的贸易壁垒、进口国公司的战略、跨国公司的战略等等）对农业竞争力产生影响。

但事实上，从现实的农产品国际竞争中不难发现，即使一国农业生产条件很好，能够生产出成本相对更低、质量也相对较高的农产品，但如果进口国出于保护本国农业而设置各种贸易障碍，那么，农产品的国内比较优势也还是难以转化成国际上的竞争优势。对于中国农产品尤其是优势农产品的国际竞争而言，拥有较好的"国内条件"，但经常面临的是不利的"国外条件"。例如，我国蔬菜贸易经常遇到进口国的技术性贸易壁垒问题；跨国公司的进入及实施的战略对我国大豆产业的巨大冲击问题；等等。因此，分析农业竞争力影响因素时有必要纳入"国外条件"，以进一步拓展现有的理论解释。

第二，已有文献侧重于对我国农产品竞争力业绩的评价，而对我国农业竞争力背后影响因素的评价还关注不多。大多数竞争力评价指标的设计是基于传统比较优势理论，侧重于对竞争力业绩的衡量，而对于其背后的影响因素的评价还较缺乏。也有部分文献涉足了对农业竞争力影响因素的评价，但多数文献仅仅做的是简单的成本比较分析，或者是采用综合评价方法对总体农业进行评价，很显然，这种分析很难真正揭示出我国农业竞争力的影响因素状况。

第三，现有的绝大多数文献对农业竞争力进行实证分析时存在一些技术性问题，如对农产品范围界定的不一致性和使用统计数据的非延续性。

二、中国农产品的比较优势分析

(一) 农产品比较优势评价指标

农产品的比较优势与竞争力评价有单因素指标评价和综合评价两种方法（陈卫平，2003）。我们采用单因素评价方法，并选取两种最为常用的评价指标（显示性比较优势指数（RCA）和贸易竞争指数（TC））对中国农产品的比较优势与竞争力进行测评。

1. 显示性比较优势指数。

显示性比较优势指数（Revealed Comparative Advantage，RCA）是巴拉萨（Balassa）于 1965 年测算部分国家贸易比较优势时采用的一种方法，后被世界银行等国际组织普遍采用。它是指一个国家某类产品占其出口总值的份额与世界该类产品占世界出口份额的比率。用公式表示就是：

$$\text{RCA}_{ij} = \frac{X_{ij}/X_{it}}{X_{wj}/X_{wt}}$$

式中，RCA_{ij}：i 国 j 类产品的显示性比较优势指数；

X_{ij}：i 国 j 类产品的出口额；

X_{it}：i 国所有产品的出口总额；

X_{wj}：世界 j 类产品的出口总额；

X_{wt}：世界所有产品的出口总额。

2. 贸易竞争指数。

贸易竞争指数（通常是指一个国家某类产品的净出口与该类产品贸易总额

的比率。其实，该指标和净出口指标一样，表示一个国家产品是净进口还是净出口，但这个指标的优点是作为一个与贸易总额的相对值，它剔除了通货膨胀、经济膨胀等宏观总量方面波动的影响，即无论进出口的绝对量是多少，它均介于 $-1 \sim +1$ 之间，因此在不同时期、不同国家之间是可比的。用公式表示为：

$$TC_{ij} = \frac{X_{ij} - M_{ij}}{X_{ij} + M_{ij}} \quad (-1 \leqslant TC_{ij} \leqslant 1)$$

式中，TC_{ij}：贸易竞争指数；

X_{ij}：i 国 j 类产品的出口总额；

M_{ij}：i 国 j 类产品的进口总额。

TC_{ij} 指数的取值落在 $-1 \sim 1$ 之间。如果 $TC_{ij} > 0$，表示该国 j 种品的生产效率高于国际水平，对于世界市场来说，该国是 j 种产品的净供应国，具有较强的出口竞争力；如果 $TC_{ij} < 0$，则表明该国 j 种产品的生产效率低于国际水平，出口竞争力较弱；如果 $TC_{ij} = 0$，则说明该国 j 种产品的生产效率与国际水平相当，其进出口纯属与国际间进行品种交换。

（二）中国农产品比较优势的总体评价

图 15-1 显示了 1987～2000 年中国农产品贸易竞争指数（以下称 TC 指数）和显示性比较优势指数（以下称 RCA 指数）的变化情况。从图 15-1 可以看出，我国农产品的 TC 指数值波动很大，在 1989 年前期显著下降，但在 90 年代初期发生较大幅度增长，到 1993 年达到 0.3232 的高峰值。从 1993 年起农产品 TC 指数值开始呈现下降趋势，到 2000 年 TC 值已是负值，是 1987 年以来最低点。总体来看，我国农业 TC 指数呈下降趋势，在若干年份 TC 指数值表现为负。

1987 年以来中国农产品的 RCA 指数也呈现显著下降，由较强比较优势（1987 年 RCA 指数为 1.45）的产业变成较弱比较优势产业（2000 年 RCA 指数为 0.74），这充分表明中国农产品的比较优势整体上呈下降的趋势。

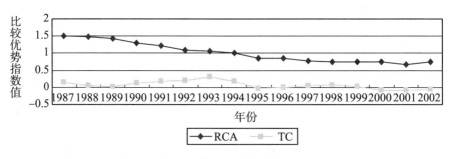

图 15-1　中国农产品比较优势变化趋势（1987～2002 年）

中国农产品比较优势的结构变化。

为了更为直观地综合反映出七大类农产品比较优势的变动趋势，我们依据首尾两期农产品的 RCA 指数值和 TC 指数值分别设计了简单平面坐标系统。系统的横轴和纵轴分别表示 RCA 指数值和 TC 指数值。不同农产品依据其两个指标值表现为图形中的一个散点。依据定义，落入象限 I 的农产品表示 RCA 指数值小于 1 且 TC 指数值大于 0，即有比较优势的产品；位于象限 II 的农产品表示 RCA 指数值小于 1 且 TC 指数值大于 0，即不具有比较优势但仍净出口的产品；处于象限 III 的农产品表示 RCA 指数值小于 1 且 TC 指数值小于 0，即不具有比较优势的产品；在象限 IV 的农产品表示 RCA 指数值大于 0 且 TC 指数值小于 0，即具有比较优势但是净进口的产品。图 15-2 和图 15-3 分别显示了七大类农产品比较优势评价指标值的上述分布。

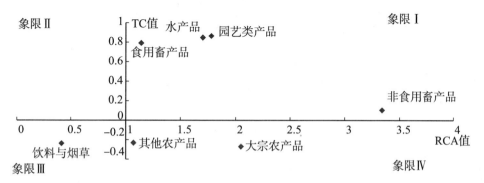

图 15-2　1987 年分类农产品比较优势

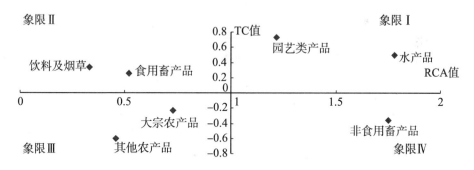

图 15-3　2000 年分类农产品比较优势

结合本节前面的分析，我们可以对中国七大类农产品比较优势的变动趋势作如下判断：

——大宗农产品比较优势表现出下降趋势，已经从有比较优势的产品转变成不具有比较优势的产品。

——食用畜产品是净出口产品，但其比较优势不明显，且呈下降趋势。

——非食用畜产品从净出口产品变成净进口产品，但其仍保持着较高的

RCA 值，不过，RCA 值下降幅度较大。

——水产品是七类农产品中唯一保持 RCA 指数值上升的农产品，总体上具有较强的比较优势。然而，近年来水产品净出口额呈下降趋势。

——园艺类产品的 TC 值是中国各类农产品中最高的，RCA 值虽然有所下降但仍然要大于 1，总体看，园艺类产品有较强的比较优势。

——饮料及烟草产品的国际市场份额和 RCA 值都不高（2000 年 RCA 值要小于 0.5），但其 TC 值却实现了从负值向正值的转变，不过，近年来 TC 值有下降的趋势。

——其他类农产品的 TC 值常年为负，且表现出下降的趋势；RCA 值在绝大多数年份中要小于 1，总体来看，其他类农产品的比较优势较弱。

（三）中国农产品比较优势的分品种考察

为了便于观察 64 种农产品比较优势的变动趋势，我们依据首尾两期农产品的 RCA 指数值和 TC 指数值的不同组合建立了分析矩阵。分析矩阵分成四个区间，每个区间表达的含义与上一节中的平面坐标系相一致。在每个区间内部，我们依据 RCA 指数值（如果 RCA 值相等，就按 TC 值的大小）按从大到小的顺序排列，排列结果见表 15 - 1 和表 15 - 2。从表中可以看出，从 1987 年到 2000 年农产品的比较优势变化有以下特点：

表 15 -1　　　中国农产品竞争业绩分析矩阵（1987 年）

RCA <1&TC >0		RCA ≥1&TC >0			
1. 鲜、冷冻肉及杂碎（0.95，0.92）	8. 糖果（0.17，0.56）	1. 蚕丝（80，0.99）	8. 黄（红）麻及废料（4，0.34）	15. 玉米（2.93，0.36）	22. 蜜饯及果类制品（1.63，0.96）
2. 其他杂项食品（0.68，0.25）	9. 木柴及木炭（0，0.45）	2. 其他植物纺织纤维及其废料（11.5，0.97）	9. 大米（3.36，0.39）	16. 禽蛋（2.8，0.96）	23. 活冰鲜、冻鱼（1.36，0.84）
3. 腌、干或熏制的肉及食用杂碎（0.6，0.45）	10. 旧衣着及旧纺织品；纺织纤维制品的碎料（0，0.01）	3. 动物原料（11.33，0.91）	10. 肉、食用杂碎制品及鱼浆（3.29，1）	17. 饲料（2.79，0.51）	24. 未硝毛皮（1.33，0.49）
4. 谷物及淀粉制品（0.43，0.73）		4. 茶叶及马黛茶（10.22，0.93）	11. 不含酒精饮料（3.17，0.65）	18. 调味香料（2.57，0.77）	25. 生皮（1.1，0.27）
5. 巧克力及其他含有可可的食品（0.31，0.85）		5. 棉花（6.97，0.67）	12. 主要供食用的活动物（3.14，0.93）	19. 鲜、冷藏、冻或简便保藏的蔬菜（2.27，0.94）	26. 鲜或干水果及坚果（1.05，0.75）

RCA<1&TC>0		RCA≥1&TC>0		
6. 鱼、甲壳及软体类动物 (0.26, 0.96)		6. 蔬菜制品 (5.45, 0.99)	13. 制作其他油用的油籽及含油果实 (3, 1)	20. 植物原料 (1.77, 0.37) · 27. 其他谷物粉 (1, 0.35)
7. 含酒精饮料 (0.18, 0.56)		7. 制作软性油用的油籽及含油果实 (4.26, 0.82)	14. 甲壳及软体类动物 (2.98, 0.91)	21. 其他谷物 (1.75, 1)
RCA<1& TC≤0				**RCA≥1& TC≤0**
1. 其他植物油 (0.92, -0.45)	7. 其他原木 (0.26, -0.92)	13. 咖啡及代用品 (0.02, -0.5)	19. 动物油、脂 (0, -0.98)	25. 黄油 (0, -1)
2. 糖及蜂蜜 (0.86, -0.33)	8. 烟草制品 (0.17, 0.78)	14. 动、植物油、脂（经特殊加工提炼的）及蜡 (0, -0.29)	20. 人造黄油及酥油 (0, -0.99)	26. 天然橡胶乳、天然橡胶及类似橡胶的树胶 (0, -1)
3. 烟草及废料 (0.63, -0.33)	9. 奶及奶油 (0.11, -0.51)	15. 纸浆原料 (0, -0.88)	21. 纸浆及废纸 (0, -0.99)	
4. 可可 (0.45, -0.07)	10. 合成橡胶乳、合成橡胶及再生橡胶 (0.06, -0.96)	16. 干酪及凝乳 (0, -0.95)	22. 其他纺织用人造纤维及废丝 (0, -0.99)	羊毛及动物毛 (3, -0.28)
5. 软性植物油 (0.44, -0.71)	11. 纺织用合成纤维 (0.06, -0.99)	17. 软木及废料 (0, -0.97)	23. 小麦 (0, -1)	
6. 腌、干或熏制的鱼 (0.43, -0.22)	12. 简单加工木材及铁路枕木 (0.05, -0.47)	18. 小麦粉 (0, -0.97)	24. 大麦 (0, -1)	

资料来源：联合国贸易和发展会议（UNCTAD）的在线数据库（网址：www.unctad.org）。

表15-2　　　　中国农产品竞争业绩分析矩阵（2000年）

RCA<1&TC>0			RCA≥1&TC>0		
1. 植物原料 (0.78, 0.39)	6. 鲜、冷冻肉及杂碎 (0.49, 0.08)	11. 咖啡及代用品 (0.05, 0.4)	1. 蚕丝 (13, 0.92)	7. 肉、食用杂碎制品及鱼浆 (2.22, 0.97)	13. 鲜、冷藏、冻或简便保藏的蔬菜 (1.45, 0.86)
2. 小麦粉 (0.67, 0.5)	7. 谷物及淀粉制品 (0.48, 0.66)	12. 木柴及木炭 (0, 0.93)	2. 动物原料 (5, 0.65)	8. 大米 (2.09, 0.67)	14. 蜜饯及果类制品 (1.45, 0.94)
3. 其他杂项食品 (0.6, 0.41)	8. 糖果 (0.43, 0.46)	13. 腌、干或熏制的肉及食用杂碎 (0, 0.87)	3. 蔬菜制品 (4, 0.95)	9. 纸浆原料 (1.67, 0.92)	15. 甲壳及软体类动物 (1.26, 0.37)
4. 其他谷物 (0.5, 0.98)	9. 糖及蜂蜜 (0.41, 0.09)	14. 旧衣着及旧纺织品；纺织纤维制品的碎料 (0, 0.2)	4. 鱼、甲壳及软体类动物 (3.5, 0.99)	10. 不含酒精饮料 (1.63, 0.97)	16. 主要供食用的活动物 (1.07, 0.88)

329

续表

RCA <1&TC >0			RCA≥1&TC >0		
5. 禽蛋 (0.5, 0.97)	10. 烟草制品 (0.24, 0.58)	15. 其他谷物粉 (0, 0.08)	5. 玉米 (3, 1)	11. 活冰鲜、冻鱼 (1.51, 0.26)	17. 制作其他油用的油籽及含油果实 (1, 0.89)
			6. 茶叶及马黛茶 (2.8, 0.98)	12. 调味香料 (1.5, 0.85)	18. 腌、干或熏制的鱼 (1, 0.45)

RCA <1&TC >0				RCA≥1&TC >0
1. 棉花 (0.92, -0.42)	7. 软性植物油 (0.23, -0.44)	13. 黄（红）麻及废料 (0, -0.13)	19. 其他植物纺织纤维及其废料 (0, -0.81)	25. 生皮 (0, -0.98)
2. 制作软性油用的油籽及含油果实 (0.73, -0.76)	8. 合成橡胶乳、合成橡胶及再生橡胶 (0.2, -0.86)	14. 软木及废料 (0, -0.35)	20. 未硝毛皮 (0, -0.85)	26. 其他原木 (0, -0.99)
3. 烟草及废料 (0.67, -0.04)	9. 可可 (0.17, -0.33)	15. 巧克力及其他含有可可的食品 (0, -0.51)	21. 黄油 (0, -0.86)	27. 纸浆及废纸 (0, -0.99)
4. 人造黄油及酥油 (0.5, -0.8)	10. 含酒精饮料 (0.11, -0.11)	16. 干酪及凝乳 (0, -0.54)	22. 动物油、脂 (0, -0.87)	28. 天然橡胶乳、天然橡胶及类似橡胶的树胶 (0, -1)
5. 饲料 (0.36, -0.5)	11. 奶及奶油 (0.1, -0.62)	17. 简单加工木材及铁路枕木 (0.28, -0.56)	23. 纺织用合成纤维 (0.25, -0.93)	29. 小麦 (0, -1)
6. 鲜或干水果及坚果 (0.32, -0.03)	12. 其他植物油 (0.09, -0.9)	18. 动植物油、脂（经特殊加工提炼的）及蜡 (0, -0.74)	24. 其他纺织用人造纤维及废丝 (0, -0.97)	30. 大麦 (0, -1)

（右列 RCA≥1&TC >0：1. 羊毛及动物毛 (2.33, -0.41)）

资料来源：联合国贸易和发展会议（UNCTAD）的在线数据库（网址：www.unctad.org）。

（1）具有比较优势的产品种类减少，不具有比较优势的产品种类增加。在我们计算的 64 种农产品中，1987 年有 27 种农产品具有比较优势（RCA≥1&TC >0），26 种不具有比较优势（RCA <1&TC≤0），经过 13 年的变化，到 2000 年我国仅有 18 种农产品具有比较优势，而不具有比较优势的产品上升到 30 种。

（2）农产品的 RCA 指数值呈整体下降趋势。在 1987 年 RCA 指数值大于 2.5（有极强竞争力）的农产品种类就有 19 种，而 2000 年仅 6 种。RCA 指数值大于 1.25（有较强竞争力）的农产品种类从 1987 年的 25 种下降到 2000 年的 16 种。

（3）在七大类农产品中，大宗农产品、食用畜产品、非食用畜产品、园艺产品和其他农产品中有比较优势的（RCA≥1&TC＞0）农产品品种数都有所下降，其中，大宗农产品的品种数下降得最多。饮料及烟草产品的品种数没有发生变化，只有水产品的品种数增加了。

——1987 年 15 种大宗农产品中有比较优势的品种有 7 种："棉花"、"制作软性油的油籽及含油果实"、"大米"、"制作其他油用的油籽及含油果实"、"玉米"、"其他谷物"和"其他谷物粉"；而 2000 年有比较优势的品种仅有 3 种："玉米"、"大米"和"制作其他油用的油籽及含油果实"。

——9 种食用畜产品中有比较优势的品种数从 1987 年的 3 种（"主要供食用的活动物"、"肉、食用杂碎制品及鱼浆"和"禽蛋"）下降到 2000 年的 2 种（"主要供食用的活动物"和"肉、食用杂碎制品及鱼浆"）。

——4 种非食用畜产品中有比较优势的品种数从 1987 年的 3 种（"蚕丝"、"未硝毛皮"和"生皮"）下降到 2000 年的 1 种（"蚕丝"）。其中，"蚕丝"的 RCA 指数值是所有农产品中下降最快的产品，尽管如此，"蚕丝"仍然是我国最具优势的农产品。

——在 1987 年水产品 RCA 指数大于 1 的品种仅有"甲壳及软体类动物"和"活、冰鲜、冻鱼"2 种；而 2000 年我们所计算的 4 种水产品的 RCA 指数值全部都大于 1。

——园艺产品品种数虽然有所下降，但有比较优势的产品比例仍然较高。在我们选择的 9 种园艺产品中，RCA 值大于 1 的产品 1987 年有 6 种，到 2000 年仍有 5 种。其中，"鲜或干水果及坚果产品"从有中等竞争力的产品（1987 年 RCA 值为 1.05）变成较弱竞争力的产品（2000 年 RCA 值为 0.32）。值得注意的是，"茶叶及马黛茶产品"的 RCA 值下降得较快，从 1987 年的 10.22 下降为 2000 年的 2.8。

——4 种饮料及烟草类产品中，只有"不含酒精饮料"1 种产品有较强竞争力（2000 年 RCA 值为 1.63），其他 3 种产品比较优势都较弱。

——19 种其他农产品中有比较优势的品种数从 1987 年的 5 种（"其他植物纺织纤维及其废料"、"动物原料"、"黄红麻及废料"、"饲料和植物原料"）下降到 2000 年的 2 种（"动物原料"、"纸浆原料"）。其中，"其他植物纺织纤维及其废料"和"黄红麻及废料"两类纺织纤维类的产品下降最快，由极强竞争力的产品（1987 年 RCA 值分别为 11.5 和 4）变成毫无优势的产品（2000 年 RCA 都等于 0）。

（4）在七大类农产品中，非食用畜产品、其他农产品和园艺类产品中不具有比较优势（RCA＜1&TC≤0）的农产品品种数增加了；大宗农产品、食用畜产品、饮料及烟草产品的品种数没有发生变化；水产品的品种数减少了。

——15 种大宗农产品中，"其他植物油"、"软性植物油"、"小麦"和"大麦"4 种产品在 1987 年和 2000 年两个年份都处在 RCA < 1&TC ≤ 0 区间，没有发生变化。"棉花"与"制作软性油用的油籽及含油果实"则是从 1987 年的有比较优势（RCA ≥ 1&TC > 0）的品种转变成没有比较优势的品种。此外，1987 年不具有比较优势的品种"小麦粉"和"糖及蜂蜜"同时又落入 RCA < 1&TC > 0 区间，成为不具有比较优势但仍为净出口产品。

——食用畜产品的品种及其品种数都没有发生变化，它们分别是"奶及奶油"、"动物油、脂"、"黄油"和"干酪及凝乳"。

——从 1987 年到 2000 年，不具有比较优势的非食用畜产品增加了 2 种，分别是"未硝毛皮"与"生皮"，这两种产品在 1987 年均为有比较优势的产品。

——1987 年水产品中有"腌、干或熏制的鱼"产品不具有比较优势，但到 2000 年所有 4 种产品全部转变成有比较优势的产品。

——园艺产品中，"鲜或干水果及坚果"从有比较优势的产品转变成不具有比较优势的产品，致使园艺产品中不具比较优势品种数由 2 种增加到 3 种。

——饮料及烟草类产品中，"烟草及废料"一直处在不具有比较优势的区间，"烟草制品"由不具有比较优势转变到 RCA < 1&TC > 0 区间，而"含酒精饮料"则净出口变成了净进口，成为不具有比较优势的产品。

——1987 年其他农产品中有 11 种不具有竞争力的亚类产品，到 2000 年又增加了"饲料"、"其他植物纺织纤维及其废料"2 种，这 2 种产品都是从有比较优势的产品变成不具有比较优势产品的。

（5）"羊毛及动物毛"是 64 种亚类农产品中唯一位于表右下方的产品。依据定义，在这一区间表示该种产品有比较优势但同时又是净进口产品。形成这种情形的可能原因是，"羊毛及动物毛"是我国国内需求较大的产品，国内生产难以满足需求，因而尽管具有较高的比较优势，仍然表现为净进口。

（四）中国农产品贸易未来发展趋势的展望

以上的分析显示出中国农产品贸易发展格局和比较优势变动有以下几方面主要特点：第一，从总量上看，中国农产品贸易在整个贸易中的比重下降了，中国农产品整体比较优势也呈下降趋势；第二，在农业内部结构方面，中国大宗农产品、林产品和大多数农业原料产品已经不具有比较优势，而水产品、蔬菜、水果、畜产品等还具有一定的比较优势；第三，从贸易主体结构和贸易模式来看，由国有企业垄断农产品贸易的格局逐渐被打破，农产品进出口市场分布也逐渐多元化。那么，中国农产品贸易演变所表现出来的特点是由何而来？是经济中的偶然现象，还是经济发展的必然趋势？

国际经验表明，工业化进程中，农业在国民经济增长中的贡献份额开始下降，产出占整个经济系统产出的份额不断下降，获取社会生产所需稀缺资源的能力不断下降，劳动力和资本不断转移到非农业部门，即形成所谓的"农业小部门化"现象。这正如美国著名经济学家 A. 刘易斯所言："无论如何，不能把一个仍有 40% 的劳动力在农业中就业的经济称为一种成熟的经济"。① 改革以来，中国农业与国民经济的关系发生了较大的转变，农业增加值在国民生产总值的份额由 1980 年的 30.1% 下降到 2002 年的 14.5%，相应地，农业对国民经济增长率的贡献比重也从改革初期的大约 1/4，下降到现在的不到 1/10。既然农业产值在国民经济中的比重普遍下降了，农产品的贸易地位与农产品整体比较优势下降是合乎逻辑的，是经济发展规律性的必然表现。

如果从中国现阶段农业生产技术条件和实际成本构成看，大宗农产品基本属于土地投入相对密集的土地密集型农产品，而水产品和蔬菜水果等园艺产品则属于劳动投入相对密集的劳动密集型农产品。依据比较优势原理，一国贸易结构与它的成本结构和要素禀赋条件存在内在联系，一国应该出口相对密集使用该国相对充裕要素生产的产品，进口相对密集使用该国相对稀缺要素生产的产品。在现阶段和未来相当长时期内，中国农业经济部门最基本的要素结构特点仍然是劳动力资源相对丰裕和土地资源相对稀缺。因而，中国农产品比较优势的演变是与中国资源禀赋特征相一致的。

伴随世界经济一体化和农产品贸易自由化的发展，中国与世界各国之间的经济合作也日益活跃。中国作为拥有近 13 亿人口的发展中国家，凭借低成本的劳动力和广阔的市场容量来吸引拥有资金、技术、市场网络和质量标准的国外农业企业的直接投资。这些拥有农业先进生产力的投资方所生产的农产品，不仅在东道国的市场销售，而且返销于投资方所在国家或地区的市场。在这种背景下，中国农产品生产面对的是更大的市场空间和不同需求层次的消费群体，从而有更多的机会来实现规模经济与产品的多样化，进而也推动中国农产品进出口市场的多元化。与此同时，外资企业也在中国农产品贸易中扮演着越来越重要的角色。

由此可见，虽没有人为因素刻意安排，1987 年以来在中国市场化改革不断推进和农产品贸易自由化不断深化的大背景下，中国农产品贸易演变所表现出来的特点与经济发展的内在规律具有一致性。展望未来，这些作用于中国农产品贸易的内在规律性因素仍将存在。基于此，对于未来一个时期内中国农产品贸易的发展趋势，提出这样一些概略的判断：

---

① W. A. 刘易斯：《二元经济论》（中译本），北京经济学院出版社 1989 年版，第 38 页。

第一，中国农产品进出口贸易在未来可能都会有所增长。一方面，在未来一个时期，中国要继续履行 WTO 农业协定的承诺，这将使得中国农产品市场开放度提高，也有利于中国更多地参与世界农产品贸易；另一方面，农业国内生产结构的调整带来国内农产品市场供求关系的变化，以及由于居民收入的快速增长和城镇化水平的提高而导致消费需求和饮食结构变化，都将促进未来中国农产品进出口贸易的增长。

第二，从长远看，中国的土地密集型产品是缺乏国际竞争力的，我国不可能大量出口土地密集型产品。主要原因是中国农户的土地经营规模太小，平均只有半公顷，相当于欧盟的 1/40，美国的 1/400。中国目前大宗农产品的过剩是阶段性的，随着需求的发展，供求关系将发生变化。

第三，随着国内供求情况的变化和国内外市场价格关系的变化，中国对大宗农产品的进口将会有所增加。主要原因有两方面：一方面是受比较优势原理的支配，不具有比较优势的大宗农产品的生产逐渐会被具有比较优势的园艺产品、水产品等劳动密集型产品所替代，部分大宗农产品将从国外进口来满足国内需求；另一方面，中国在未来一个时期制造产业的快速增长将促进对农产品原料（如棉花、动物皮毛、橡胶、动物饲料等）的需求。

美国农业部经济研究局对中国主要大宗农产品产需形势的预测也表明（如表 15-3 所示），除大米外，玉米、小麦、大豆、棉花和豆油在 2005～2010 年间都是净进口，其中，玉米、小麦和大豆的进口增长幅度较大，与 2005 年相比，2010 年的增幅分别为 198%、73% 和 40%。

表 15-3　　　2005～2010 年中国主要大宗农产品产需形势预测　　　单位：千吨

农产品	年份	2005	2006	2007	2008	2009	2010
玉米	生产	137 592	137 742	139 718	140 344	141 963	143 060
	需求	134 178	135 465	137 964	139 933	141 404	144 579
	进口量	1 243	1 600	2 199	2 700	3 000	3 700
	出口量	4 205	3 684	3 372	3 023	2 642	2 308
小麦	生产	95 417	96 879	97 302	96 675	95 096	94 165
	需求	100 465	100 663	100 855	100 442	99 442	98 680
	进口量	3 000	3 556	4 334	4 469	5 071	5 177
	出口量	700	600	500	450	401	376
大米	生产	129 123	131 082	132 534	132 896	134 063	133 229
	需求	133 779	131 992	130 625	130 896	131 607	131 498
	进口量	289	335	329	333	346	353
	出口量	2 067	2 236	2 080	2 023	1 941	1 889

续表

农产品 \ 年份		2005	2006	2007	2008	2009	2010
大豆	生产	17 008	17 153	17 043	17 634	17 747	17 960
	需求	42 836	45 353	47 193	49 685	51 880	54 234
	进口量	26 129	28 530	30 479	32 396	34 481	36 626
	出口量	300	305	309	314	320	325
棉花	生产	5 656	5 643	5 835	5 967	5 946	5 957
	需求	6 871	6 963	7 149	7 345	7 454	7 519
	进口量	1 212	1 367	1 386	1 449	1 560	1 601
	出口量	46.2	41.7	43.1	41.2	43.3	40.8
豆油	生产	6 015	6 481	6 815	7 262	7 656	8 091
	需求	7 932	8 439	8 814	9 300	9 732	10 207
	进口量	1 962	1 999	2 038	2 075	2 112	2 151
	出口量	43.53	39.79	38.14	36.16	35.03	33.85

资料来源：美国农业部经济研究局，ERS，USDA。

第四，由于大国效应的作用，我国市场和贸易情况对世界市场有显著的影响。这种影响使得我国大宗农产品的进口虽然会增加，但是数量不可能会特别大。这是因为大国进口，会引起世界市场价格上涨，从而抑制我国的进一步进口。

第五，在未来一个时期内，中国农产品尤其是水产品、园艺产品、畜产品等劳动密集型农产品的出口将可能持续增长，因为中国能以相对低的成本生产出这些产品，然而，中国农产品的出口也面临着动物疾病、过多的化学残留物和其他的食品安全问题，在发达国家日益关注食品质量和食品安全的情况下，如果中国不能尽快地大幅度提高农产品质量竞争力、防治动物疾病、提高食品安全标准和改善检疫制度，就不能够将这些产品的成本比较优势发挥出来。从这个意义上说，中国劳动密集型农产品未来出口的增长很大程度上取决于这些产品的非价格竞争力的提高。

第六，受收入增长和城镇化进程加快的影响，中国居民在未来一个时期内对肉类和其他副食品的消费需求会不断增加。如表15-4所示，相比2001年，2010年糖、蔬菜、水果、肉类和水产品的人均消费需求在农村和城镇都将增加20%~40%。在农产品关税降低和市场开放的条件下，这些消费导向型农产品的进口将有所增长。

第七，伴随世界经济一体化的不断发展，中国积极推动双边、多边、地区和区域的经济合作。经济合作程度的加深必将促进中国与各国之间农业生产资源的重新整合，由此，未来一个时期中国农产品产业内贸易将有所增长。

表 15 - 4　　　2001 ~ 2010 年间主要食物人均消费量预测　　　单位：千克

主要食物	2001 年	2010 年	主要食物	2001 年	2010 年
农村居民：			城市居民：		
粮食	221	225	粮食	120	112
其中：谷物	214	218	其中：谷物	107	98
食油	6	9	食油	8	11
糖	1.8	2.4	糖	3	4
蔬菜	182	216	蔬菜	196	234
水果	26	33	水果	72	88
猪、牛、羊、禽肉	29	36	猪、牛、羊、禽肉	51	63
水产品	7	10	水产品	21	27

　　注：粮食包括大米、小麦、玉米、红薯、土豆和其他谷物。
　　资料来源：黄季焜，《中国农业的过去和未来》，载《管理世界》2004 年第 3 期。

　　值得一提的是，中国农产品生产与贸易还受到世界经济形势、农业技术进步、气候等一些不确定性因素的影响，例如，金融危机、口蹄疫、SARS 传染病和禽流感等等，这些都对中国农业生产和贸易造成了很大的负面影响。诚然，我们要采取积极的态度和有力的措施去预防和控制这些事件的发生。但是，在 WTO 的框架下，适应经济发展内在规律的国内相关农业政策的改革和调整，将对中国农业未来的生产和贸易起着更为关键的作用。

三、中国农产品产业内贸易与竞争力研究

（一）产业内贸易的基本理论

　　产业内贸易理论是 20 世纪 70 年代中期以来兴起的国际贸易理论，西方许多经济学家都从不同的角度对产业内贸易这一现象进行了解释，主要包括：林德（Linder）的代表性需求论、拉絮－迪歇纳（Lassudrie-Duchene）的需求重叠论，巴拉萨（Balassa）的关税同盟论、克鲁格曼（Krugman）的规模经济效益论。前两者主要受需求偏好多样性影响，后两者则主要基于市场及企业规模的扩大。

　　代表性需求论认为平均收入是影响需求结构的最主要因素，平均收入水平相似导致需求结构相似。同时，同类产品的异质性是产业内贸易的重要基础，产品的差异化形成相互竞争又不能完全替代的局面，并且随着人均收入水平的提高，消费者的选择就越趋于多样化。若两个国家具有相同的代表需求，满足这种共同需求的产品便能成为现实出口品，产业内贸易也就发生了。

　　需求重叠论以代表性需求论为基础，分析了不同消费水平的国家产业内贸易发生的情况。一般消费者喜欢高质量产品，但是高质量产品售价较高，消费者受

到收入制约，收入低的消费者只能接受低质量产品。于是富国中的"穷人"需要低档品，穷国中的"富人"追求高档品，国家需求之间的质量档次产生了交叉。如果各国都集中生产本国需求当中主要的质量档次产品，对于次要档次需求产品以贸易的方式解决，那么产业内贸易就会在两个国家之间发生。当然，这一理论也有其适用要求，一是贸易国之间的收入水平要接近，需求有重叠部分；二是该理论主要适用于制成品贸易，而不适于初级产品贸易。

规模经济是国际贸易的独立源泉。在两国要素完全相似甚至完全相同的情况下，产业内贸易也可能因为规模经济而存在。对于两个要素禀赋和生产要素比例相近或相似的国家，若一国在某种产品的生产上具有成本递减的规模经济，则在相同的长期平均成本曲线上，该国该产品将以较大的产出和较低的成本排挤另一国同种产品从而占据优势，取得贸易利益，并使另一国的要素转向其他相似产品或行业。倘若一国在某种产品上具有规模经济优势，而另一国在另一种相似产品上具有规模经济优势，则产业内贸易就会发生，双方都将从贸易中获利。

无论是从生产规模还是需求的角度看，产业内贸易发生，都离不开产品差异这一前提。因为只有存在产品差异，企业才可能进行专业化分工，实现规模经济，规模经济才能成为国际贸易的一个独立源泉；同样，也只有存在产品差异，才能满足消费者多样性的需求偏好，需求才能成为产业内贸易的另一动因。产业内贸易理论可以分为两类：一类解释水平差异产品产业内贸易；另一类解释垂直差异产品产业内贸易。当同行业中产品质量虽然一样，但其性能和设计有所差异时，我们称其贸易为水平型产业内贸易，主要受消费者多样化的需求偏好影响；相对的一个行业中能够满足相同需求（如汽车可以代步），但质量有差别的产品，其贸易称为垂直型产业内贸易，主要受消费者收入水平的制约。

（二）数据来源分类

本研究依据"标准国际贸易分类（SITC）"来界定贸易农产品的范围，它包括"食品（food）"和农业原料（agricultural raw material）两部分。

食品包括：SITC 第 0 类（食品及活动物）、SITC 第 1 类（饮料及烟草）、SITC 第 2 类第 22 章（油籽及含油果实）和 SITC 第 4 类（动植物油、脂及蜡）。

农业原料包括：SITC 第 2 类（非食用原料，燃料除外）中的第 21 章（生皮及生毛皮）、第 23 章（生橡胶，包括合成橡胶及再生橡胶）、第 24 章（软木及木材）、第 25 章（纸浆及废纸）、第 26 章（纺织纤维及其废料，羊毛除外）和第 29 章（其他动、植物原料）。

所考察的是 SITC 分类中前三位数相同的农产品，涉及 64 类（见表 15-5），采用的是 1983 年到 2002 年中国农产品贸易的进出口数据，包括数量与金额，来源于《中国海关统计年鉴》。

为进一步考察中国农产品贸易的商品结构和市场结构变动情况，我们又对贸易农产品进一步进行了细分，分为七大类：（1）大宗农产品；（2）食用畜产品；（3）非食用畜产品；（4）水产品；（5）园艺类产品；（6）饮料及烟草类产品；（7）其他农产品。表15－6说明了7类农产品包含的产品目录及其相应的SITC统计编号。虽然这种分类可能会夸大产业内贸易指数数值，但可以用于较大类别比较，分析产业内贸易的次序，此外还有产品包容性强，将相关加工生产环节的产品联结为产业内贸易的优势。

表15－5　　　　SITC分类中前三位数相同的农产品（64类）

001	供食用的活动物	091	压缩食品
011	新鲜、冰冻的肉类	098	其他食品
012	晒干、腌制、熏制的肉类	111	非酒精饮料
014	其他肉制品	112	含酒精饮料
022	牛奶和奶油	121	未加工烟草
023	黄油	122	已加工烟草
024	乳酪和凝乳	211	生皮革
025	新鲜的、防腐的禽蛋	212	生皮毛
034	新鲜的、冰冻的鱼类	222	软混合油油籽
035	腌制、晒干、熏制的鱼类	223	其他混合油油籽
036	新鲜的、冰冻的贝类和甲壳类	233	天然橡胶、树胶
037	其他鱼制品	233	人造的、可再生的橡胶
041	未碾磨的小麦	244	天然原生软木
042	稻米	245	柴火和木炭
043	未碾磨的大麦	246	木浆、木片
044	未碾磨的玉米	247	其他木条
045	未碾磨的其他谷物	248	枕木、木栏
046	粉状的小麦类	251	纸浆和废弃纸
047	粉状的其他谷物	261	丝
048	预加工的谷类	263	棉花
054	新鲜的、简单保存的蔬菜	264	黄（红）麻及废料
056	蔬菜制品	265	其他植物纺织纤维及其废物
057	新鲜的、晒干的水果和坚果	266	纺织用合成纤维
058	水果制品	267	其他纺织用人造纤维极其废物
061	糖和蜂蜜	268	羊毛及动物毛
062	非巧克力类糖制品	269	旧衣着及旧纺织品
071	咖啡及其替代品	291	其他动物原料
072	可可	291	其他植物原料
073	巧克力制品	411	动物油、脂
074	茶类	423	混合植物油
075	调味品	424	其他植物油
081	饲料	431	其他已加工动植物油

表 15 – 6 7 类农产品目录及 S1TC 标准

类别	SITC 标准	类别	SITC 标准
大宗农产品	04 章 谷类及其制品	饮料及烟草	11 章 饮料
	06 章 糖、糖制品及蜂蜜		12 章 烟草及其制品
	22 章 油籽及含油果实	林产品	23 章 橡胶
	263 节 棉花		24 章 软木及木材
	42 章 植物油		25 章 纸浆及废纸
食用畜产品	00 章 主要供食用的活动物	其他农产品	08 章 饲料
	01 章 肉及肉制品		09 章 杂项制品
	02 章 乳制品及禽蛋		264 节 黄（红）麻及废料
	41 章 动物油、脂		265 节 其他植物纺织纤维及其废料
非食用畜产品	21 章 生皮及未硝毛皮		266 节 纺织用合成纤维
	261 节 丝		267 节 其他纺织用人造纤维及废料
	268 节 羊毛及动物毛		269 节 旧衣着及旧纺织品；纺织纤维
水产品	03 章 鱼、甲壳及软体动物		29 章 其他动、植物原料
园艺类产品	05 章 蔬菜及水果		43 章 动、植物油、脂
	07 章 咖啡、茶、可可、调味品		

（三）实证结论分析

通过计算，所观察的 64 种农产品的 G – L（格鲁贝尔 – 劳埃德指数）指数见表 15 – 7。对数据进行划分，将 G – L 值处于 0 ~ 0.25 之间的产品归为强产业间贸易产品（代号①），0.25 ~ 0.5 之间归为次产业间贸易产品（代号②），0.5 ~ 0.75 之间归为次产业内贸易产品（代号③），0.75 ~ 1 之间归为强产业内贸易产品（代号为④）。将 64 种产品放入自己所属的类中，并将其 G – L 值走势用上面所规定的①、②、③、④表示。

表 15 - 7　　　　　　　　64 种农产品的 G - L 指数

类别	SITC 代码	G - L 值	类别	SITC 代码	G - L 值
第一类 大宗农产品	041	①	第五类 园艺类产品	054	①
	042	①		056	①
	043	②		057	② - ③ - ④
	044	①		058	①
	045	①		071	②③
	046	①		072	④
	047	① - ②		073	② - ③
	048	②		074	①
	061	④		075	①
	062	④ - ②	第六类 饮料及烟草	111	② - ①
	222	① - ②		112	② - ④
	223	① - ②		121	③ - ④
	263	① - ③ - ① - ④		122	② - ③ - ④ - ③
	423	②	第七类 林产品	232	①
	424	② - ①		233	①
第二类 食用畜产品	001	①		244	① - ③
	011	① - ④		245	④ - ①
	012	①		246	①
	014	①		247	①
	022	②		248	④ - ②
	023	①		251	①
	024	① - ②	第八类 其他农产品	081	③④
	025	①		091	①
	411	①		098	③
第三类 非食用畜产品	211	③ - ①		264	①
	212	③ - ② - ①		266	①
	261	①		267	①
	268	③		269	④
第四类 水产类	034	③		291	① - ②
	035	④ - ③ - ②		292	③ - ② - ③
	036	① - ② - ③		431	④ - ①
	037	①			

340　　　　从表 15 - 7 中可以看到各单个产品和八个类别 G - L 指数 16 年的大致趋势，

与此同时我们还对八个类别与总农产品也进行了 G-L 指数的计算，计算结果见图 15-4。

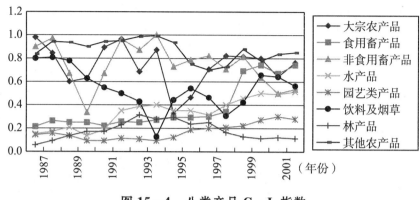

图 15-4　八类产品 G-L 指数

通过图 15-4，可以比较清晰地看到各个类别的总体走向及次序，当然这种方法不可避免地会夸大或相互抵消产业内贸易现象，因此下面就将图 15-4 与表 15-7 结合起来，分析一下我国农产品产业内贸易的总体结构趋势。

（四）农产品贸易结构趋势分析

（1）总的来说，我国农产品贸易以产业间贸易方式为主，表明我国农业仍旧是按照传统的比较优势原理参与国际贸易的。

从图 15-4 中我们可以看到，园艺类产品与林产品的曲线走势平缓并且一直处于 0.4 以下，水产品也一直是在 0.5 以下，这表示三类产品贸易形式基本上是产业间贸易，对照表 15-7，这三大类中的各个产品也基本表现为产业间贸易（除个别产品外，如第五类中的可可（072）、水产品中的新鲜的、冰冻的贝类和甲壳类（036））。

（2）从图 15-4 中我们还可以看到，大宗农产品、非食用畜产品与饮料及烟草三大类都是起伏较大的，同时占据着图 15-4 的中部。食用畜产品出现了较大上升趋势。其他农产品则处于图 15-4 的上部。

（3）大宗农产品除了在 1995 年、1996 年出现低谷外，其余的基本上围绕着 0.75 上下波动，对照表 15-7 看，其实大宗农产品单个产品贸易形式也是以产业间贸易为主（即多表现为代号①），但其中包含了糖和蜂蜜（061）、棉花（263）这两个产品是强产业内贸易的品种，对整个类别的 G-L 值起了较大作用，同时也可能是我们所提过的累加误差夸大了产业内贸易的强度。

（4）非食用畜产品在 1990 年出现过低谷，并且在后几年一直处于下降趋势，在 2001~2002 年已经处于产业内贸易与产业间贸易的分界线 0.5 上，对照

表 15 - 7 可以看出，属于这一类的四种产品有两类是从次产业内贸易转为了强产业间贸易（③ - ①），应该注意，羊毛及动物毛（268）基本上一直体现着次产业内贸易的形式。

（5）烟草与饮料的情况跟非食用畜产品比较相同，都是出现低谷之后在 0.5 附近徘徊。再看表 15 - 7 及原始的数据，非酒精饮料（111）在这一类别中所占比重较大，所以对整个 G - L 值产生了影响，单个来看含酒精饮料（112）、未加工烟草（121）、已加工烟草（121）都还是表现为产业内贸易的形式。

（6）食用畜产品则是由原来的产业间贸易形式在 1998 年出现上升后，向产业内贸易形式靠拢。对照表 15 - 7 可看到，此类别大多数产品都属于产业间贸易品，值得关注的是新鲜、冰冻的肉类（011），在 1999～2002 年这 4 年里表现了强产业内贸易的情况，从而影响了整个类别。

（7）其他农产品的 G - L 值一直很高，对照表 15 - 7 可以知道饲料（081）、其他食品（091）、旧衣着及旧纺织品（269）对其影响较大，同时受误差影响。

（五）基本政策建议

1. 充分协调好产业间贸易与产业内贸易这两种贸易形式，有区别地发挥自身优势。

产业间贸易与产业内贸易不是相互矛盾的，在一定意义上它们是互补的，只是由于不同的经济发展水平、不同的影响因素造成了有些产业（或是产品）以产业间贸易为主，有些以产业内贸易为主。对于我国的农产品来说，则应该是在充分利用我国资源禀赋优势，有重点地加强发展产业间贸易的基础上，努力发展产业内贸易，并要将一些建立在稀缺或非可再生资源上的产业间贸易向产业内贸易转变，因为这种形式的产业间贸易优势很容易或是不久就会丧失，并不有利于长远发展。通过资源、技术、生产方式多方面的融合，利用规模经济，参与更多的国际分工，从而建立自己的产业内贸易优势。另一方面，发展产业内贸易也有利于我国消费者获得更多性能、款式的产品，需求得到更好满足。

2. 将差异化产品作为进军国际化市场的前提，努力制造自身产业内贸易优势。

在国际农产品市场的激烈竞争下，差别战略将会是一个有效的竞争手段。对于农产品这一具有地域性的产品来说，如何利用本身的资源优势，生产我国独特产品是我们整个农业贸易必须关注的问题。应该做好农产品加工的工艺创新与差异化，扩展深加工、精加工链条，同时我国的农产品还应该在树立品牌、包装等方面下工夫。

3. 提高农产品技术含量，增大产品附加值，从根本上提升我国农产品品质。

4. 规划农业产业的长远发展，充分利用产业内贸易。

对于一些缺乏或是逐渐丧失比较优势的农产品，比如谷物、油籽等这类以土地密集为特征的大宗农产品，在保证安全供给的条件下，可以适度减少国内生产，有效利用国际市场调节供需缺口；对于具有比较优势的产品，则应采取措施进一步扩大其优势，增强贸易竞争力。应该积极发展生态农业，建立各种生态园区，走可持续道路。

四、中国加工食品产业内贸易发展与竞争力研究

我们的研究试图回答以下两个问题：

（1）产业内贸易是否是中国加工食品贸易的重要组成部分？垂直差别产品的产业内贸易和水平差别产品的产业内贸易各自贡献水平如何？在中国农产品贸易自由化不断深化和市场化转型的进程中，中国加工食品产业内贸易的发展变化趋势怎样？

（2）那些在其他国家会影响产业内贸易的因素，对中国加工食品产业内贸易是否也会产生类似的影响？本研究所选取的因素都是被已有理论文献所论证，而且在已有实证研究中用其他国家数据检验过的。

（一）中国加工食品产业内贸易发展现状

我们运用联合国统计署创立的贸易数据库 COMMTRADE 所提供的 1987 ~ 2002 年中国加工食品进出口贸易数据（SITC - 4 位代码，Rev. 1 版本）进行测算，对测算结果做如下描述：

图 15 - 5 报告了 1987 ~ 2002 年中国加工食品的 G - L 指数和不同贸易类型所占份额的变化趋势。首先，从 G - L 指数来看，中国加工食品的 G - L 指数总体呈上升趋势，由 1987 年的 15% 上升到 2002 年的 33%，这表明产业内贸易模式在中国加工食品贸易中起着越来越重要的作用。然而，中国加工食品的 G - L 指数总体水平仍然较低（最高的年份仅为 33%），这一点与发达国家加工食品贸易相异。其次，从中国加工食品贸易总额中不同贸易类型所占份额来看，2000 年以前，产业间贸易所占份额最高，但 2000 年后，垂直差别产品的产业内贸易所占份额最高，到 2002 年，垂直差别产品的产业内贸易所占份额为 58%，产业间贸易和水平差别产品的产业内贸易各占 39% 和 3%。这表明，中国加工食品贸易额的增加中，产业内贸易的增长起着越来越重要的作用，尤其是垂直差别产品的产业内贸易，这样的倾向更为明显。

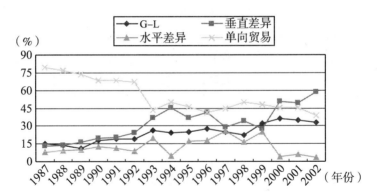

图 15 – 5　加工食品产业内贸易 G – L 指数（1987～2002 年）

数据来源：COMMTRADE。

为了观察中国加工食品产业内贸易的商品结构特征，我们将加工食品细分成 14 类，并测算这 14 大分类加工食品的 G – L 指数和不同贸易类型所占份额。如表 15 – 8 所示，"蔬菜制品"、"动物油"和"水果制品"是典型的以产业间贸易模式为主的加工食品。"糖及蜂蜜"、"植物油"和"动物饲料"也大体上可以归为此类，它们的 G – L 指数分别仅为 17%、21% 和 23%，而产业间贸易额在贸易总额中占有较高的比重，这一比重分别为 65%、53% 和 68%。

相对地看，其他 8 大分类加工食品的产业内贸易份额相对较高，它们的 G – L 指数值在 25%～47% 之间，而且产业内贸易份额在贸易总额中的比重也均在 50% 以上。其中，"人造黄油与杂项食品"最为显著，G – L 指数为 47%，产业内贸易份额在贸易总额中的比重高达 99%。在这 8 大分类加工食品贸易中，垂直差异产品的产业内贸易在贸易总额中占有相对较高比重的主要有："肉制品"、"奶类制品"、"鱼类制品"、"饮料"和"烟草"；而"面粉及谷物制品"、"咖啡及其替代品，可可与巧克力"和"人造黄油与杂项食品"则是垂直差异与水平差异的产业内贸易各占一半左右。

表 15 – 8　中国各类加工食品产业内贸易 G – L 指数和不同贸易

类型所占份额（1987～2002 年平均）

	G – L 指数		在贸易总额中所占比重		
	平均	变异系数	垂直差异	水平差异	单向贸易
肉制品	29%	0.6703	51%	0%	48%
奶类制品	27%	0.4979	49%	17%	34%
鱼类制品	37%	0.3632	61%	5%	35%
面粉及谷物制品	31%	0.4059	37%	29%	34%

	G－L指数		在贸易总额中所占比重		
	平均	变异系数	垂直差异	水平差异	单向贸易
水果制品	5%	0.6187	6%	7%	86%
蔬菜制品	0%	0.4278	1%	0%	99%
糖及蜂蜜	17%	0.6290	13%	24%	65%
咖啡及其替代品，可可与巧克力	35%	0.4843	32%	35%	33%
动物饲料	23%	0.4371	31%	1%	68%
人造黄油与杂项食品	47%	0.3068	50%	49%	1%
饮料	25%	0.3937	51%	5%	45%
烟草	38%	0.4793	55%	32%	13%
动物油	2%	1.1453	5%	0%	95%
植物油	21%	0.6841	10%	37%	53%

数据来源：COMMTRADE。

（二）加工食品产业内贸易的决定因素与变量选择

在已有的文献中，加工食品产业内贸易决定因素及假设变量的选取是基于不同的产业内贸易理论或前人对其他产业的经验研究（克里斯托多罗，1992；赫斯切、谢尔顿和德通，1994；皮耶里等，1997；费托和赫巴德，2002）。这些假设变量从广义上可以分为三大类：一是国家特征（country-specific）变量，主要包括经济发展、市场规模、地理上的远近；二是产业特征（industry-specific）变量，包括产品差别、规模经济、市场结构、产品生命周期和跨国公司的作用；三是以政策为基础的（policy-based）变量，包括经济一体化与贸易壁垒。本研究主要选取"国家特征"变量进行实证性分析，它们是：

1. 市场规模。

兰卡斯特（Lancaster，1980）和伯格斯特朗德（Bergstrand，1990）的理论模型表明，当贸易伙伴国之间的平均市场规模扩大，也意味着每个国家的消费者人数和消费数量增加，如果有更多的（富裕的）消费者或者每个消费者愿意花费并购买更多的多样化商品，就越有可能在规模经济下实现差异性生产，从而提高产业内贸易。基于此，我们认为中国与贸易伙伴国或地区市场规模平均水平，对加工食品的垂直差别型与水平差别型产业内贸易程度均起到正向的影响。在本研究中，中国与贸易伙伴国或地区平均市场规模拟用平均国民生产总值替代，记为 GDP。

2. 市场规模差异。

迪克西特和诺曼（Dixit and Norman，1980）、赫尔普曼（Helpman，1981）认为，当贸易伙伴国之间市场规模差异越小，它们越有能力生产差异性产品，从

345

而它们之间进行产业内贸易的可能性越大。另外，使用这个变量可以减少由于单一使用平均市场规模变量而带来的偏差（比如，当两个贸易伙伴国之间其中一个很大另一个很小时，产生的平均市场规模仍然很大），因而，这个变量可以纠正第一个变量（即市场规模平均水平）的影响。基于此，本研究的假设是，中国与贸易伙伴国或地区市场规模差异水平，对加工食品的垂直差别型与水平差别型产业内贸易程度均起到负向的影响。

在本研究中，中国与贸易伙伴国或地区的市场规模差异水平拟用贸易国之间的国民生产总值的绝对差值替代，记为 DGDP。计算方法如下：

$$DGDP = |GDP_c - GDP_j|$$

式中，GDP_c 代表中国的国民生产总值，GDP_j 表示中国的贸易伙伴国的国民生产总值。

3. 人均收入水平。

人均收入水平从供给与需求两方面对贸易模式产生影响。从供给方面看，如果一个国家人均收入水平高，则其资本/劳动的比率也高。所以其创新与生产差异性产品能力也越强。基于这种假定，迪克西特和诺曼（1980）、赫尔普曼（Helpman，1981）及赫尔普曼和克鲁格曼（1985）在他们的研究中都认为产业内贸易与资本储备，或人均收入水平成正比。在需求方面，高的人均收入会产生更多差异性需求，而这些差异性需求可以使一个国家在更广泛的不同产品上创造出规模效益。因此，我们认为中国与贸易伙伴国或地区人均收入平均水平，对加工食品的垂直差别产品与水平差别产品的产业内贸易均起到正向的影响。在本研究中，人均收入水平采用中国与其所选定的贸易伙伴国的人均收入水平的平均值来衡量，记为 PCI。

4. 人均收入水平差异。

人均收入水平差异在不同贸易模型中有不同的理论含义，因而对不同类型的产业内贸易的影响也不一致。林德（1961）的需求偏好相似理论（demand preference similarity）模型中，人均收入水平差异代表的是需求结构的差异，如果两国人均收入水平越接近，其需求结构越相似，对对方的产品需求也越大，它们之间潜在的产业内贸易就必定会越密集。但是在另外一些贸易模型中，人均收入水平被用来反映的是生产要素禀赋程度。赫尔普曼和克鲁格曼（1985）的多样化需求（love-of-variety）模型的含义是，由于一国资本/劳动的比率与该国人均收入水平呈正向关系，那么，人均收入水平相似的国家会有相似的生产要素比率，而相似的要素比率往往会导致相同的生产结构，相同的生产结构为生产水平差异的产品提供了可能。然而，法尔威（Falvey，1981）的质量差异模型（differentiation by quality）指出，要素禀赋的初始条件差异是垂直差别产品的产业内贸易发生的前提，这意味着，要素禀赋差异越大，垂直差别产品的产业内贸易程度越高。因此，我们认为中国与贸易伙伴国或地区人均收入水平差异，对加工食品的垂直差别产品的产业内贸易程度起到正向的影响，对水平差别产品的产业内贸易程度起到负向的影响。在本研究中，中国与其所选定的贸易伙伴国的人均收入水平差异记为 DPCI，计算方法与 DGDP 相同。

5. 地理距离。

两国之间在地理位置上的空间距离对其间的产业内贸易发挥影响的方式有三种（Andresen，2003）：一是运输成本，两个地理上越接近的国家发生贸易，其运输成本越低，因而两国之间的贸易强度也越高；二是两个地理上接近的国家更可能具有文化与消费偏好的相似性，因而提高了产业内贸易发生的可能性；三是地理上接近的国家更可能具有相似的资源禀赋条件，因而更有可能从事相同产业的生产，进而更有利于产业内贸易发生。基于此，我们认为地理距离对中国加工食品的垂直差别产品的产业内贸易与水平差别产品的产业内贸易均起负向的影响。在本研究中，中国与其所选定的贸易伙伴国或地区地理位置上的空间距离拟用首都城市所在地的球面距离来衡量，记为 DIS。

我们将上述假设变量、变量含义以及理论预测符号用表 15 – 9 列出。

表 15 – 9　产业内贸易的决定因素、解释变量含义及理论预测符号

变量名称（缩写）	定义	理论预测的符号		
		TIIT	VIIT	HIIT
市场规模（GDP）	两国国民生产总值的平均值	+	+	+
市场规模差异（DGDP）	两国国民生产总值的绝对差值	–	–	–
人均收入水平（PCI）	两国人均收入水平的平均值	+	+	+
人均收入水平差异（DPCI）	两国人均收入水平的绝对差值	–	+／–	–
地理距离（DIS）	两国（首都）之间的绝对距离	–	–	–

注："理论预测的符号"一列中表明的是理论结论，其中，"＋"表示产业内贸易随该因素的增加而增大；"－"表示产业内贸易随该因素的增加而减少；"＋／－"表示同该因素之间相关性可能是正的，也可能是负的。

（三）计量模型、样本选择及数据来源

1. 计量模型。

本研究采用 panel data 模型。panel data 模型是一种合成数据（又称面板数据）模型，适用于对不同时刻的多个截面个体作连续观察所得到的多维时间序列数据。该模型通常含有很多的数据点，会提高自由度，并降低解释变量间存在的共线性问题，从而可以大大增强估计的有效性。而且，截面变量和时间变量的结合信息能够有效地提高短期时间序列动态模型估计的准确性。

本研究主要采用线性模型。假定时间序列参数齐性，即参数满足时间一致性，参数值不随时间的不同而变化。对于截距和斜率参数，假定回归斜率系数相同（齐性）但截距不同，即目前应用最为广泛的变截距模型。其基本形式为：

$$y_{it} = \alpha_i + \beta' x_{it} + u_{it} \qquad i = 1, \cdots, N; \ t = 1, \cdots, T$$

其中，x_{it} 代表解释变量的向量，包括市场规模变量、市场规模差异变量、人均收入水平变量、人均收入差异变量和地理距离变量；β' 为待估参数向量；α_i 代表了截面单元的个体特性，反映了模型中被遗漏的体现个体差异变量的影响；个体时期变量 u_{it} 代表了模型中被遗漏的体现随截面与时序同时变化的因素的影响。

变截距模型又分为确定效应模型和随机效应模型两种。确定效用模型适宜仅以样本自身效应为条件进行推论，即只关心样本个体的情况；随机效应模型把样本个体当作一个总体的随机抽样，以样本对总体进行推论，关心的是总体的情况。本研究将通过 SAS 软件对模型是否采用确定效应模型进行 F 检验。

2. 样本国家（地区）范围。

本研究共选取 22 个中国加工食品的贸易伙伴国（或地区）：美国、日本、德国、荷兰、英国、意大利、法国、澳大利亚、加拿大、西班牙、芬兰、丹麦、韩国、中国香港、马来西亚、印度尼西亚、泰国、巴西、阿根廷、智利、波兰、新西兰。这 22 个样本国家或地区大都是中国加工食品的主要贸易伙伴，在 1987~2002 年间的中国加工食品对外贸易中，这些被选定的贸易伙伴占中国加工食品贸易总额的 80% 以上（COMMTRADE 数据库），因此，中国与这些国家和地区的贸易基本上反映了中国加工食品的贸易形态。本研究的理论观察样本容量为 352 个观测值（22 × 16 = 352）。

3. 数据来源。

1987~2002 年中国与各样本国（地区）之间加工食品的双边贸易流量（进出口额及进出口单价）数据来自联合国的 COMMTRADE（商品贸易统计）数据库。1987~2002 年间各样本国家的 GDP 和人均 GDP 均来自国际货币基金组织（IMF）的《世界经济展望》（WEO）数据库；距离数据来自网站 www.indo.com 中的"距离计算器"（distance calculator）。

（四）检验结果与分析

我们采用了 SAS 中的 TSCSREG 模块建立中国加工食品总体产业内贸易（TIIT）指数对市场规模、市场规模差异、人均收入水平、人均收入水平差异及地理距离这五个变量的变截距模型，运行结果如表 15－10 所示。

表 15 - 10　　　　　　　　　　**TIIT 的确定效应模型试运算结果**

自变量	自由度	系数估计	标准误	t 值	Pr > |t|
Intercept	1	0.307257	0.2593	1.18	0.237
PCI	1	5.09717	1.1810	4.32	0.0001
DPCI	1	-4.56608	1.1741	-3.89	0.0001
GDP	1	0.284884	0.2685	1.06	0.2895
DGDP	1	-0.18301	0.2182	-0.84	0.4023
DIS	0	0	0	—	—

表 15 - 10 表明 TIIT 的确定效应模型运算结果并不理想，DIS 的系数、自由度和标准误均为 0，而 t 统计量值缺失，并且，VIIT 和 HIIT 的确定效应模型也遇到了同样的问题。我们认为造成这一问题的主要原因是，各国（地区）之间的距离并不随年份的变动而有大的变动，例如，1987～2002 年中国与美国的距离基本是不变的，也就是说，两国之间的地理距离均采用的是同一个数据，而这样的数据结果在作 panel data 分析时，会导致不满秩，从而会产生估计问题。鉴于此，我们考虑将 DIS 剔除出模型，用 PCI、DPCI、GDP 和 DGDP 四个解释变量重新进行建模。

1. 中国加工食品总体产业内贸易（TIIT）决定因素的检验结果。

我们首先运用 SAS 对模型是否采用固定效应模型进行 F 检验：原假设为不存在确定效应，备择假设为存在确定效应，F 统计量的值为 11.40，Pr 值 < 0.05，表示拒绝原假设，即采用确定效应模型是合理的。

从表 15 - 11 的参数估计结果可看到，在 4 个自变量中，人均收入平均水平（PCI）对中国加工食品总体产业内贸易起到正向作用，回归系数在 1% 水平上显著，符合理论预期；人均收入水平差异的影响和预期也非常吻合，对中国加工食品总体产业内贸易有显著的负相关性，同样也在 1% 水平上显著。这表明中国与贸易伙伴国（地区）之间人均收入的平均水平越高，与贸易伙伴国（地区）之间的人均收入水平越接近，就越有利于中国加工食品产业内贸易的发展。由于对原始数据已进行了标准化处理，因此可以直接对变量系数比较大小，以比较各影响因素的重要性。比较以上两因素对中国加工食品总体产业内贸易的影响，可以发现人均收入平均水平（PCI）的影响更大一些。

市场规模（GDP）和市场规模差异水平（DGDP）也均有与理论预期相同的符号。然而，从解释变量影响的显著性来看，回归结果表明市场规模（GDP）对于中国加工食品总体产业内贸易的影响并不显著，就一般的理论分析而言，市场规模平均水平越大，越有可能在规模经济下实现差异性生产。但本研究的分析结论隐含的含义是规模经济对中国加工食品总体产业内贸易提高影响很小。市场规模差异水平（DGDP）的 t 值检验统计结果也不显著，同样表明中国与其贸易伙伴国（地区）市场规模差异大小对中国加工食品产业内贸易发展影响不大。

表 15 – 11　　　　　　　TIIT 的确定效应模型运算结果

变量	自由度（DF）	系数估计（Estimate）	标准误（Error）	t 值（t Value）	Pr >	t	Label
Intercept	1	0.307257	0.2593	1.18	0.237
PCI	1	5.09717	1.1810	4.32	0.0001
DPCI	1	– 4.56608	1.1741	– 3.89	0.0001
GDP	1	0.284884	0.2685	1.06	0.2895
DGDP	1	– 0.18301	0.2182	– 0.84	0.4023

拟合统计量（Fit Statistics）			
SSE	160.6667	DFE	341
MSE	0.4712	Root MSE	0.6864
R-Square	0.5622		

2. 中国加工食品水平差别产品的产业内贸易（HIIT）决定因素的检验结果。

首先对模型进行 F 检验，F 统计量的值为 3.59，Pr 值 < 0.05，表示拒绝原假设，即采用固定效应模型是合理的。从表 15 – 12 的参数估计结果可看到，在 4 个自变量中，也只有人均收入平均水平（PCI）和人均收入水平差异（DPCI）对中国加工食品水平差别产品的产业内贸易有显著影响，人均收入平均水平对中国加工食品水平差别产品的产业内贸易起到正向作用，人均收入水平差异起到负向的影响，结果均有与假设预期相同的符号。从绝对值来看，PCI 相对 DPCI 而言，对中国加工食品水平差别产品的产业内贸易影响力更大一些，这与前面的中国加工食品总体产业内贸易因素分析结果相同。而市场规模（GDP）和市场规模差异水平（DGDP）的 t 值检验统计结果不显著，但从回归系数所显示的结果来看，市场规模差异水平得到与假设预期相同的符号，而市场规模却得到的是与理论预期相反的符号，其原因还有待于今后进一步研究。

表 15 – 12　　　　　　　HIIT 的确定效应模型运算结果

变量	自由度（DF）	系数估计	标准误	t 值	Pr >	t	Label
Intercept	1	0.545253	0.3414	1.60	0.1112
PCI	1	4.385313	1.5548	2.82	0.0051
DPCI	1	– 3.92164	1.5457	– 2.54	0.0116
GDP	1	– 0.31466	0.3535	– 0.89	0.3741
DGDP	1	– 0.04277	0.2873	– 0.15	0.8817

拟合统计量（Fit Statistics）			
SSE	278.4574	DFE	341
MSE	0.8166	Root MSE	0.9037
R-Square	0.2413		

3. 中国加工食品垂直差别产品的产业内贸易（VIIT）决定因素的检验结果。

首先对模型进行 F 检验，F 统计量的值为 9.96，Pr 值 < 0.05，表示拒绝原假设，即采用固定效应模型是合理的。从表 15 - 13 的参数估计结果可看到，在 4 个自变量中，人均收入平均水平（PCI）对中国加工食品垂直差别产品的产业内贸易呈正相关性，回归系数在 1% 水平上显著，符合理论预期；人均收入水平差异（DPCI）对中国加工食品垂直差别产品的产业内贸易起到正向作用，同样在 1% 水平上显著。从理论上说，人均收入水平差异从需求方面可以代表需求结构的差异，会对产业内贸易起正向影响；而从供给方面代表的是生产要素禀赋差异程度，对垂直差别产品的产业内贸易起到负向的影响，本研究的结论更倾向于前者，即中国与贸易伙伴国之间的人均收入水平越相似，越有利于中国加工食品产业内贸易的发展。

表 15 - 13 **VIIT 的确定效应模型运算结果**

变量	自由度	估计系数	标准误	t 值	Pr >	t |Label
Intercept	1	0.125168	0.2690	0.47	0.6420
PCI	1	4.125097	1.2250	3.37	0.0008
DPCI	1	- 3.698	1.2178	- 3.04	0.0026
GDP	1	0.474604	0.2785	1.70	0.0893
DGDP	1	- 0.19707	0.2263	- 0.87	0.3845
拟合统计量					
SSE	172.8410		DFE	341	
MSE	0.5069		Root MSE	0.7119	
R-Square	0.5290				

与 TIIT 和 HIIT 不同的是，市场规模（GDP）对中国加工食品垂直差别产品的产业内贸易有较为显著的影响，显著性水平为 10%，并有与理论预期相同的符号，这表明中国与贸易伙伴国之间平均市场规模的扩大，或者说规模经济对中国加工食品垂直差别产品的产业内贸易发展更为有利。比较这三个变量的系数，三个变量的影响力从大到小排列分别为：PCI、DPCI、GDP，而且相对市场规模（GDP）而言，前两个变量对中国加工食品垂直差别产品的产业内贸易的影响更明显些。

市场规模差异水平（DGDP）的 t 值检验统计结果不显著，但从回归系数所显示的结果来看，市场规模差异水平也有与假设预期相同的符号，这一点与 TIIT 和 HIIT 一致。

（五）研究的基本结论

本研究把产业内贸易分为垂直差别产品的产业内贸易和水平差别产品的产业

内贸易，考察了中国加工食品产业内贸易的发展现状及其决定因素。通过研究得出以下结论：

（1）从1987～2002年，中国加工食品产业内贸易的比重呈上升趋势，这种贸易模式对中国加工食品的贸易发展起着越来越重要的作用。在加工食品的产业内贸易当中，并不是水平差别产品的产业内贸易，而是价格和质量有所区别的垂直差别产品的产业内贸易的比重持续增长。这种形式的贸易在中国加工食品的整个贸易或者产业内贸易的发展中起了很大的作用。

（2）不同类型的加工食品有着不一致的贸易模式。"蔬菜制品"、"动物油"和"水果制品"的贸易是典型的以产业间贸易为主；"糖及蜂蜜"、"植物油"和"动物饲料"的贸易中，产业间贸易也占有主导地位；而"人造黄油与杂项食品"、"肉制品"、"奶类制品"、"鱼类制品"、"饮料"、"烟草"和"面粉及谷物制品"的贸易则是以产业内贸易为主，其中，"人造黄油与杂项食品"尤为显著。

（3）在选取的解释变量中，人均收入平均水平和人均收入差异是影响中国加工食品产业内贸易的首要因素，人均收入平均水平起到正向作用，而人均收入差异有负向影响；从影响程度看，人均收入平均水平的影响力最大，人均收入差异次之，这一结果在总体的产业内贸易、垂直差异产品的产业内贸易和水平差异产品的产业内贸易三种情形下都是一致的。然而有所不同的是，市场规模平均水平对垂直差异产品的产业内贸易起到正向作用，并有显著的影响，但对总体的产业内贸易和水平差异产品的产业内贸易的影响不显著。此外，市场规模差异水平对中国加工食品产业内贸易不具有显著影响。

本研究所选取的解释变量是"国家特征"变量，而没有考虑产业内贸易的"产业特征"变量（比如，产品差别化、规模经济、市场结构、国际直接投资等）和"政策特征"变量（比如，关税壁垒、非关税壁垒、经济一体化程度等），这些因素会对中国加工食品产业内贸易有何影响？影响程度怎样？它们对垂直差异产品的产业内贸易与水平差异产品的产业内贸易的影响是否会有所不同？我们在今后将对这些问题做进一步研究。

五、中国31个省市自治区农业产业竞争力综合评价与分析

（一）农业产业竞争力的基本问题

农业竞争力是一个非常复杂的现象，从理论上我们可以对其做多方面、多角度的研究与分析，但当进入实际应用领域，人们更希望能够运用统计学的方法把农业竞争力的强弱状况及其影响因素量化出来。因此，农业竞争力评价成为农业

竞争力研究中的一个专门领域，并受到广泛关注。

早在 1965 年，巴拉萨基于出口数据提出了"显示性比较优势指数（RCA）"来反映国家的某个产品或产业的贸易比较优势。然而，RCA 指数只考虑了产品或产业的出口所占的相对比例，并没有考虑该产业或产品的进口因素的影响。对此，沃尔拉斯（Vollrath，1988）和阿拔斯（Abbas，1992）又分别设计了"显示性竞争优势指数（CA）"与"可比净出口指数（NTB）"，用以测度一国产品或产业的竞争力。此 3 种竞争力评价方法与指标因数据来源可靠、操作简易，于 20 世纪 80 年代起被广泛应用于农业竞争力评价中。

用进出口数据评价农业竞争力很好地将农业产业在市场竞争中的业绩或者说农业竞争力的结果反映出来，但是，却无法揭示农业竞争力的原因或者决定因素。为此，一些分析性指标在近年来被采用，如"国内资源成本指数（DRC）"、"社会净收益指数（NSP）"、"有效保护率指数（ERP）"、"全要素生产率（TFP）"，它们分别从生产要素成本、资源配置效率、贸易扭曲程度、农业技术水平等角度来评价农业产业竞争力。诚然，这些方面都会影响到农业竞争力，但农业竞争力强弱还与经营主体水平、经营规模大小、产业关联程度、农业制度等多方面因素有关。遗憾的是，将农业竞争力的各种决定因素综合起来进行评价的研究至今仍是少之又少。

鉴于此，本研究尝试性地提出一个农业竞争力综合评价指标体系与评价方法，并将其运用于中国 31 个省市自治区的农业产业竞争力的评价与分析。本研究认为，作为一个大国，中国农业并非同质结构体，不同省市自治区农业经济由于自然条件、要素结构、经济发展水平、区位以及市场距离等方面的因素不同存在显著的区域差异，不同省市自治区农业竞争力应有不同的特点。本研究旨在考察各省市自治区农业竞争力的状况与发展趋势，竞争力的优势与劣势，从而为了解各省市自治区农业发展的实际水平、提高其农业竞争力水平提供客观依据。

（二）农业竞争力综合评价的指标体系、方法与流程

1. 农业竞争力综合评价指标体系。

农业竞争力综合评价的关键在于科学地选取指标和构造指标体系，而建立指标体系最为重要的是要解决好以下几方面问题：

（1）指标体系要体现客观性。指标体系既要尽可能地揭示出农业竞争力的最重要方面，但又要防止片面性，各指标之间要相互联系、相互配合，各有侧重，形成有机整体，从不同角度客观地反映出一个地区农业竞争力的实际状况。

（2）指标体系要讲求动态性。提高农业竞争力既是目标又是过程，因此，指标体系既要充分考虑农业竞争力系统动态化特点，能综合反映农业竞争力的现

状和发展趋势,便于预测和管理;同时,又要在一定时期内保持指标体系的相对稳定性,不宜频繁变动。

(3) 指标体系要有可操作性。指标体系应是一个可操作性的方案,要尽可能利用现有统计数据,指标的经济含义要明确,口径要一致,核算和综合方法要统一,以达到动态可比,保证指标比较结果的合理性、客观性和公正性。

基于此,本研究依据现有可获得的统计数据,从 7 个方面选择了 38 个指标建立起农业竞争力综合评价指标体系,表 15 - 14 中详细地列示了所有指标的名称、计算方法及其所代表的含义。

表 15 - 14   基于可获得统计数据的中国 31 个省市自治区农业产业竞争力评价指标体系

对象	指标名称	若干指标的计算方法	指标含义
规模	(1) 农业总产值		反映农业产出总量水平
	(2) 林业总产值		反映林业产出总量水平
	(3) 牧业总产值		反映牧业产出总量水平
	(4) 渔业总产值		反映渔业产出总量水平
	(5) 第一产业总产值		反映第一产业的产出总量水平
效益	(1) 劳动生产率	=农业总产值/农业劳动力人数	反映农业劳动力要素的投入产出效益
	(2) 土地生产率	=某产品的产量/该种产品的播种面积〔注:在本研究中,土地生产率为粮食作物、油料、棉花、糖料、蔬菜和水果的土地生产率的简单平均数。〕	反映土地要素的投入产出效益
	(3) 农民人均家庭经营纯收入		反映农业获利水平
	(4) 农业总产值相对优势指数	=(各省农业 GDP 增长率/各省 GDP 增长率)/(全国农业 GDP 增长率/全国 GDP 增长率)〔注:在本研究中,增长率计算是以 1998 年为基期计算的。〕	反映某地区农业部门相对于其他非农业部门的比较优势状况
	(5) 农产品出口优势指数	=(各省农产品出口总额/各省所有产品出口总额)/(全国农产品出口总额/全国所有产品出口总额)	反映某地区农产品出口的比较优势状况

对象	指标名称	若干指标的计算方法	指标含义
基础	（1）耕地面积		反映农业土地要素状况
	（2）农民家庭非文盲人口的比重		反映农业劳动力素质
	（3）农业投资强度	＝（农村信用合作社农业贷款数额＋农户储蓄余额＋财政支农资金）/农业增加值比重	反映农业资金投入状况
	（4）农业科研强度	＝农业科技三项费数额/农业GDP比重	反映农业科技投入状况
	（5）农业自然灾害成灾面积占受灾面积比重*	［注：在本研究中，成灾面积与受灾面积采用3年平均数。］	反映农业基础设施状况
结构	（1）多样化指数	＝（农作物总播种面积－粮食播种面积）/农作物总播种面积	反映农业内部种植业、林业、牧业和渔业的综合结构状况和多种经营水平
	（2）林牧渔业产值与农业总产值比重		反映农业内部的结构优化程度
	（3）乡镇企业增加值		反映农村工业发展状况
	（4）乡村非农业从业人员比重	＝（工业＋建筑业＋交通运输业、仓储及邮电通信业＋批零业餐饮业＋其他非农行业）/（工业＋建筑业＋交通运输业、仓储及邮电通信业＋批零业餐饮业＋其他非农行业＋农林牧渔业）	反映农村就业结构状况
	（5）农产品加工机械动力		反映农业下游相关产业发展状况
	（6）各地区农业产业化重点龙头企业数		反映农业产业化水平
现代化	（1）单位耕地面积中有效灌溉面积		反映农业水利化水平
	（2）单位播种面积主要作业项目农业机械化水平		反映农业机械化水平
	（3）单位播种面积用电量		反映农业电力化水平
	（4）单位播种面积化肥施用量		反映农业化学化水平

对象	指标名称	若干指标的计算方法	指标含义
现代化	（5）单位播种面积农用柴油使用量		反映农业机械化水平
	（6）单位播种面积农药使用量		反映农业化学化水平
成长	（1）农民生活消费中用于人力资本支出比重的增长率	=（医疗保健支出＋文教娱乐用品及服务支出）/农民生活消费支出总额	反映农业人力资本投入的增长情况
	（2）农业投资总额增长率		反映农业资金投入的增长情况
	（3）农业增加值增长率		反映农业增加值的增长情况
	（4）各地区以农产品为原料的轻工业总产值增长率		反映农产品加工业的增长情况
	（5）农用机械总动力增长率		反映农业机械化水平的变化状况
	（6）农业科技三项费支出增长率		反映农业科技投入的增长情况
特色	（1）劳动密集型农产品生产集中度指数	（1）先分别计算出蔬菜、水果、肉类和水产品的集中度指数，然后再简单平均；（2）蔬菜和水果的集中度指数等于人均播种面积除以相应指标的全国平均度量值；（3）肉类和水产品的集中度指数等于人均产量除以相应指标的平均度量值。	反映农业生产的专业化水平及各省市自治区的该类农产品在国内的相对比较优势
	（2）土地密集型农产品生产集中度指数	（1）先分别计算出粮食作物、油料、棉花和糖料的集中度指数，然后再加权平均，权数为该四种产品播种面积；（2）粮食作物、油料、棉花和糖料的集中度指数等于人均播种面积除以相应指标的全国平均度量值。	反映农业生产的专业化水平及各省市自治区的该类农产品在国内的相对比较优势

对象	指标名称	若干指标的计算方法	指标含义
特色	（3）农产品商品率	＝农村住户平均每人主要农产品出售量/（人均农产品产量）[注：在本研究中，首先，分别计算出粮食、棉花、油料、糖料、肉类、蛋类、奶类和水产品的商品率，然后再简单平均；其中，农村住户平均每人主要农产品出售量中，肉类的计算方法为：猪肉、牛肉、羊肉和家禽的总和。]	反映农业市场化水平
	（4）农业利用外资额占全国的比重	＝各省农业利用外资额/全国农业利用外资总额	反映农业对外开放程度
	（5）农业外向度指数	＝（农产品进口总额＋农产品出口总额）/农业总产值	反映外向型农业发展水平

注：带★号的是逆指标。

2. 农业竞争力综合评价的方法与流程。

首先，收集相关数据。这是能否使评价正常进行最为关键的一步。本研究设计的农业竞争力评价指标总共包括了 7 大要素和 38 个评价指标，这些指标的数据可通过各年份的《中国农业年鉴》、《中国农村统计年鉴》、《中国统计年鉴》、《中国财政年鉴》、《中国金融年鉴》和《中国农产品加工业年鉴》得到。

其次，计算 STD 值。由于农业竞争力各项指标数据的量纲不同，因此，要对这些指标进行综合集成，所有指标原始数据都必须进行标准化处理。本研究对于指标原始数据标准化处理拟采取标准离差法，计算公式为：

$$X_i = \frac{x_i - \overline{x}}{Q^2} \tag{15.1}$$

x_i 为原始数据，$\overline{x}$ 为平均值，Q^2 为方差，X_i 为标准化值。

再其次，在计算出各指标的标准化值后，要建立综合评价模型以对农业竞争力各子要素竞争力与总体竞争力进行评价，评价内容主要包括计算各省农业竞争力子要素得分与排名和总体得分与排名。本研究运用的综合评价模型表达式为：

（1）竞争力子要素的评价模型：$A_i = \sum\limits_{j=1}^{m} B_{ij}$ \qquad (15.2)

（2）农业竞争力综合评价模型：$F = \sum\limits_{i=1}^{7} A_i$ \qquad (15.3)

A_i 为子要素竞争力指数；B_{ij} 为标准化值；F 为农业竞争力的总得分值。

最后，根据上述计算结果进行分析。在应用分析中，我们还将运用聚类分析、相关关系等统计方法对中国 31 个省市自治区农业竞争力状况作进一步研究。

（三）中国 31 个省市自治区农业竞争力综合评价结果与分析

运用上述 38 项评价指标构成的指标体系与评价方法，我们以 2003 年数据为基础对中国 31 个省市自治区的农业竞争力进行了定量评价①，评价结果及分析如下：

1. 农业竞争力总体评价。

图 15 – 6 显示了 2003 年中国 31 个省市自治区农业竞争力的综合排名情况。2003 年我国 31 个省市自治区中，浙江、山东和广东三省的农业竞争力综合水平位居前三甲，得分分别为 66.60、66.12 和 64.14。而青海、贵州、西藏三省区农业竞争力综合水平相对较低。其中，西藏农业竞争力综合得分最少，只有25.07，几乎只有排名第一的浙江省得分的 1/3。总体看，我国各省市自治区农业竞争力具有两大明显的特点：（1）各省市自治区农业竞争力综合水平具有不均衡性。农业竞争力强省的得分，是农业竞争力弱省得分的 2.7 倍。值得注意的是，农业竞争力的不均衡性与其经济发展水平（以平均人均 GDP 来衡量）的差异相似，二者的相关系数达 0.82。（2）各省市自治区农业竞争力综合水平具有显著的区域性。排名前 9 位的省市均处于东部沿海地带，而排名后 9 位的省市自治区又均处于西部地区，中部地区的省份居中。

为了观察我国各省市自治区农业综合竞争力的特征，我们运用多元统计聚类方法，对我国 31 个省市自治区农业竞争力各指标得分进行聚类分析。如表 15 – 15 所示，我国农业竞争力大体可以分为四种类型：第一类为北京、上海和天津三个直辖市；第二类包括浙江、广东、山东、福建等 13 个省市，这 13 省市中除四川外均处于东中部地区，第三类包括海南、新疆、广西、黑龙江、内蒙古、吉林、云南 7 省区；第四类包括山西、青海、重庆等 8 个省市自治区，都是西部地区省份。

表 15 – 15　　2003 年中国 31 个省市自治区农业竞争力指标得分聚类结果

第一类	天津、北京、上海
第二类	浙江、广东、山东、福建、江苏、辽宁、河北、湖北、湖南、安徽、河南、江西、四川
第三类	海南、新疆、广西、黑龙江、内蒙古、吉林、云南
第四类	山西、青海、重庆、宁夏、陕西、甘肃、贵州、西藏

① 乡镇企业增加值、农业利用外资额占全国的比重、各地区农业产业化重点龙头企业数、农业投资强度及农业投资总额增长率 5 个指标使用的是 2002 年的统计数据。

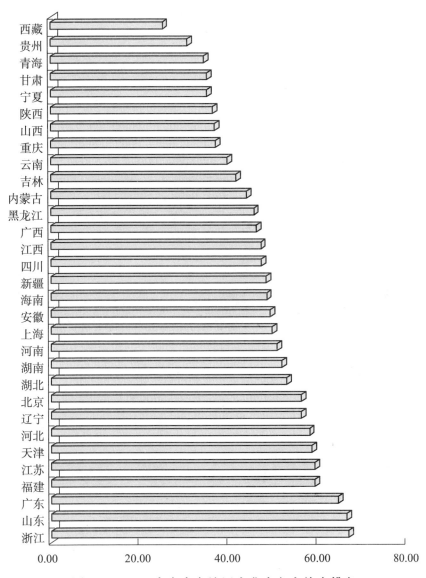

图 15 – 6 31 个省市自治区农业竞争力综合排名

我们将上述四种类型省份的各子要素竞争力得分的类中心值用图 15 – 7 表达出来，类中心值的差异大体反映出各类型省份农业竞争力的特点和差异。第一类省份的结构竞争力、现代化竞争力、特色竞争力及基础竞争力具有明显的优势，尤其是结构竞争力和现代化竞争力远远高出其他 3 种类型省份，但第一类省份的农业竞争力的弱势在于农业规模较小。第二类省份的规模竞争力最强，其他 6 大子要素竞争力也较强。第三类省份效益竞争力最强，但结构竞争力最弱，其他 5 大子要素竞争力水平相对较低。第四类省份的农业竞争力相对最弱，表现在：规模竞争力、效益竞争力、基础竞争力、现代化竞争力和特色竞争力这5项指标的得分都是最低的，结构竞争力也接近于最低水平。但是，第四类省份的成长竞争力在所有四类省份中得分是最高的，其原因将在下面中做出分析。

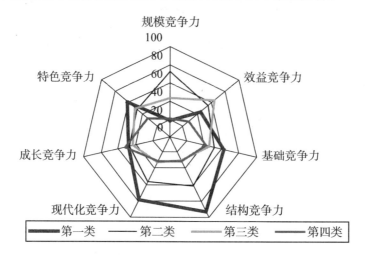

图15-7 不同类别省份农业子要素竞争力差异雷达图

为进一步考察农业各子要素竞争力对综合竞争力的影响与贡献程度，我们测算了各子素竞争力的得分和综合竞争力得分的相关系数（见图15-8），结果表明：

（1）农业结构竞争力、农业现代化竞争力与农业特色竞争力的得分与综合竞争力得分呈较高的正相关性，相关系数分别为0.8476、0.7896和0.7174，这表明现代化、结构与特色3个方面子要素竞争力是决定农业综合竞争力高低的最重要因素，由此，要提升一个地区的农业竞争力，需着力于提高自身的农业现代化水平，以市场为导向调整农业结构，以及提高农业的专业化、市场化和外向度水平。

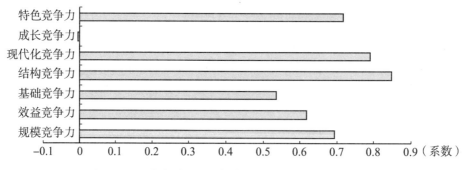

图15-8 农业各子要素竞争力与综合竞争力比较

（2）农业规模竞争力、农业基础竞争力和农业效益竞争力的得分与综合竞争力得分呈中度的正相关性，相关系数分别是0.6944、0.6169和0.5361，这表明规模、基础和效益3个方面子要素竞争力强也是农业综合竞争力的一个基本特征。

（3）令人关注的是，农业成长竞争力的得分与综合竞争力得分呈极弱的负相关性，相关系数为 - 0.0042，这表明了从动态的角度看，一些农业综合竞争力落后的地区在呈现出一种较快增长的态势，而一些领先的地区在发展态势上偏弱，这在一定程度上也反映出经济发展过程中的一个必然规律，即随着经济的发展，农业部门的产值和就业份额不断下降，而工业部门的份额逐步上升[1]，正如前面所分析的，目前农业综合竞争力领先的地区一般经济发展程度相对更高，这些地区随着经济发展水平的提高，农业总量及农业投资额的增长速度也会相对下降，农业在这些地区的国民经济中会逐步地丧失比较优势。由此，我们可以做一个经验性判断是，未来中国的各省市自治区农业综合竞争力格局会有所变化，这种变化的速度将取决于中国整个国民经济成长，也取决于各省市自治区能否顺应经济发展内在规律推进产业结构的更替。

同样地，我们也测算出农业各子要素之间的相关系数，以显示农业各子要素之间关联性和影响程度。从表 15 - 16 可以看出，各子要素竞争力之间相关程度不高，相对而言，在所有 7 大子要素竞争力中，现代化竞争力与其他 6 个子要素竞争力的关联程度较高，尤其是与结构竞争力和特色竞争力的相关系数分别达到 0.7790 和 0.6557。此外，特色竞争力与效益竞争力的关联度、规模竞争力与效益竞争力、规模竞争力与结构竞争力的关联度也相对较高，相关系数分别为 0.56、0.5121 和 0.5268。这些相关程度较高的子要素竞争力之间相互协同，共同影响农业综合竞争力的水平。

表 15 - 16　　　　　　农业各子要素竞争力之间的相关系数

	规模竞争力	效益竞争力	基础竞争力	结构竞争力	现代化竞争力	成长竞争力	特色竞争力
规模竞争力	1						
效益竞争力	0.5121	1					
基础竞争力	0.2034	0.1503	1				
结构竞争力	0.5268	0.2716	0.4583	1			
现代化竞争力	0.2832	0.2625	0.3536	0.7790	1		
成长竞争力	- 0.2299	- 0.2299	- 0.0734	- 0.0089	0.0457	1	
特色竞争力	0.2080	0.5600	0.4078	0.4689	0.6557	- 0.0240	1

2. 农业 7 大子要素竞争力评价。

农业综合竞争力是复合性的指标，包括农业的方方面面。农业综合竞争力排

---

[1]　从库兹涅茨对经济增长所做的国际比较研究看出，1978 ~ 1982 年间，农业产值占日本总量的 63% 左右，但是到了 1983 ~ 1987 年间，这一份额已经下降到了 20% 左右，引自王检贵：《劳动与资本双重过剩下的经济发展》，上海三联出版社 2002 年版，第 151 ~ 152 页。

名靠前的地区不等于其农业各子要素竞争力都很强，反之，农业综合竞争力排名靠后的地区不等于其农业各子要素竞争力都很弱。如表 15 - 17 所示，福建、天

表 15 - 17　　　中国 31 个省市自治区农业竞争力七大

子要素评价排名

地区	规模竞争力		效益竞争力		基础竞争力		结构竞争力		现代化竞争力		成长竞争力		特色竞争力	
	得分	排名	得分	排名	得分	排名	得分	排名	得分	排名	得分	排名	得分	排名
浙江	67.40	10	74.20	1	57.09	9	79.33	2	84.35	2	60.20	3	43.65	17
广东	84.88	2	49.97	15	60.76	6	70.01	5	67.67	7	54.39	6	61.28	7
山东	93.27	1	67.31	5	50.80	13	69.32	6	70.26	6	48.58	13	63.31	4
天津	16.11	28	46.79	18	69.95	2	64.42	7	72.36	5	73.74	1	65.21	1
福建	67.86	9	62.17	8	31.76	29	64.17	8	75.53	4	53.64	7	57.29	8
江苏	78.16	4	51.19	14	54.81	12	70.91	3	64.94	9	38.79	28	53.42	10
北京	18.29	27	45.13	21	59.18	7	81.24	1	85.04	1	41.55	22	61.49	6
辽宁	62.55	12	59.44	9	69.97	1	45.53	18	51.43	10	39.24	26	63.82	3
河北	73.78	7	49.67	16	64.51	3	62.74	10	67.58	8	36.23	29	49.69	12
上海	19.32	26	41.73	23	55.48	10	70.17	4	77.64	3	27.33	31	54.17	9
湖北	63.82	11	58.50	10	46.60	20	61.77	11	47.04	14	42.12	21	48.48	13
湖南	74.92	6	46.18	19	49.73	16	61.32	12	42.83	16	48.94	12	37.28	22
海南	35.10	19	68.60	3	28.61	30	38.59	20	50.00	12	51.89	9	64.67	2
安徽	70.53	8	45.18	20	48.76	18	51.31	14	43.00	15	47.69	14	36.88	23
河南	81.08	3	48.79	17	50.09	15	49.95	16	48.08	13	40.94	24	34.14	25
江西	53.52	14	36.55	24	47.42	19	55.07	13	37.18	18	54.39	5	44.52	16
新疆	30.09	20	71.96	2	48.88	17	36.39	21	39.51	17	46.37	16	63.16	5
广西	57.25	13	53.80	13	43.69	21	50.02	15	36.20	19	30.14	30	50.71	11
四川	76.08	5	56.71	12	40.49	24	62.84	9	26.19	26	39.04	27	28.39	28
黑龙江	50.41	15	68.48	4	61.17	5	30.46	26	21.34	30	39.47	25	46.71	14
内蒙古	39.44	18	65.12	6	58.33	8	33.42	23	23.18	28	42.76	20	44.77	15
吉林	39.91	17	64.96	7	39.16	25	31.23	24	29.99	24	41.28	23	43.59	18
云南	48.40	16	57.65	11	34.64	26	25.16	29	27.44	25	45.83	17	37.34	21
山西	22.66	24	31.88	26	55.18	11	30.84	25	35.37	20	45.09	18	35.94	24
青海	12.80	30	19.77	31	33.94	27	39.9	19	33.79	21	66.33	2	32.91	27
重庆	24.99	23	23.25	28	62.38	4	48.25	17	23.09	29	49.62	11	26.39	30
宁夏	13.82	29	26.51	27	50.19	14	26.98	27	31.92	23	53.53	8	41.84	19
陕西	28.04	21	19.99	29	43.62	22	26.24	28	50.16	11	47.27	15	38.06	20
甘肃	22.52	25	44.52	22	42.42	23	24.28	30	25.37	27	51.86	10	33.66	26
贵州	25.93	22	19.79	30	31.96	28	35.06	22	16.81	31	57.39	4	26.84	29
西藏	10.53	31	32.52	25	16.50	31	14.08	31	33.44	22	43.12	19	25.28	31

津的农业综合竞争力排名分别是第 4 位和第 6 位，但是福建的农业基础竞争力却是第 29 位，而天津的农业规模竞争力是第 28 位；相反，贵州的农业综合竞争力是第 30 位，但其成长竞争力排第 4 位。鉴于此，我们还需要对农业的 7 大子要素竞争力作具体分析。

（1）农业规模竞争力。

从各省市自治区的农业规模竞争力排名来看（见表 15 – 18），得分靠前的几个地区依次为山东、河南、广东、四川、江苏、湖南、河北，其竞争力得分均超过 70 分以上；得分较低的省份是北京、上海、青海、宁夏、天津、西藏，其得分均低于 20 分。可见 31 个省市自治区之间的农业规模竞争力之间的差距比较大。由于这部分指标均为产出的总量性指标，排名相对靠前的几个省份是理所当然的"农业大省"，但是，我们也可以看出，"农业大省"之中也有诸如河南、四川等省份的农业综合竞争力均属于中游水平，没有表现出"农业强省"；北京、天津虽然在规模竞争力上得分较低，但综合竞争力得分却较高，为农业竞争力强省。

表 15 – 18　　　　2003 年中国 31 个省市自治区农业规模
竞争力各指标得分及排名

地区	农业总产值	林业总产值	牧业总产值	渔业总产值	第一产业总产值	得分	排名
重庆	28.10	15.47	30.12	25.74	25.53	24.99	23
浙江	55.47	84.80	38.24	96.04	62.45	67.40	10
云南	44.96	90.79	39.70	25.33	41.20	48.40	16
新疆	50.35	14.63	27.98	22.20	35.27	30.09	20
西藏	10.43	8.25	13.06	10.12	10.36	10.45	31
天津	13.94	6.22	17.80	27.75	14.84	16.11	28
四川	81.58	77.99	98.21	34.93	87.68	76.08	5
上海	14.56	14.08	18.21	33.79	15.95	19.32	26
陕西	34.39	29.86	25.82	22.50	27.66	28.04	21
山西	26.21	21.64	21.65	21.93	21.85	22.66	24
山东	99.90	70.81	98.20	97.75	99.68	93.27	1
青海	10.66	6.72	14.25	21.51	10.83	12.80	30
宁夏	11.95	9.67	13.87	22.07	11.54	13.82	29
内蒙古	34.55	62.39	43.54	22.59	34.14	39.44	18
辽宁	51.95	47.43	67.64	81.63	64.08	62.55	12
江西	39.53	88.87	41.49	54.18	43.53	53.52	14
江苏	91.74	36.68	72.75	97.81	91.84	78.16	4
吉林	45.44	40.19	48.51	24.61	40.81	39.91	17

续表

地区	农业 总产值	林业 总产值	牧业 总产值	渔业 总产值	第一产业 总产值	得分	排名
湖南	70.24	95.23	85.78	47.72	75.63	74.92	6
湖北	75.87	41.74	61.95	69.04	70.50	63.82	11
黑龙江	52.56	77.75	47.84	26.92	46.95	50.41	15
河南	96.57	87.78	98.28	26.95	95.85	81.08	3
河北	90.73	52.06	98.00	36.17	91.94	73.78	7
海南	18.28	70.25	16.54	49.55	20.89	35.10	19
贵州	28.61	28.62	25.03	22.86	24.55	25.93	22
广西	52.33	70.94	55.59	53.28	54.08	57.25	13
广东	84.83	73.49	75.84	99.34	90.88	84.88	2
甘肃	28.64	20.94	19.60	21.71	21.73	22.52	25
福建	48.58	94.20	38.90	96.91	60.69	67.86	9
北京	13.97	14.44	23.29	23.81	15.93	18.29	27
安徽	64.84	90.92	70.67	57.52	68.70	70.53	8

（2）农业效益竞争力。

从各省市自治区农业基础竞争力排名看（见表 15 - 19），浙江、新疆、海南、黑龙江和山东居前 5 位；得分靠后 5 个省市自治区依次为宁夏、重庆、陕西、贵州和青海。为进一步显示效益竞争力的各指标对效益竞争力总得分的影响与贡献程度，我们仍然采用相关关系法进行评价。从各指标得分值与效益竞争力总得分值的相关程度看，"人均家庭纯收入"、"土地生产率"、"农业总产值相对优势指数"、"劳动生产率"和"农产品出口优势指数"这 5 个指标与效益竞争力总得分都呈正相关，相关系数分别为 0.7806、0.6578、0.5914、0.5525 和 0.5357，表明这五方面对于提升农业效益竞争力都有着重要的作用。

表 15 - 19   **2003 年中国 31 个省市自治区农业基础**
竞争力各指标得分及排名

地区	耕地面积	非文盲劳 动力比例	农业总 投资强度	农业科研 投入强度	农业自然灾害 成灾面积占受灾 面积的比重	得分	排名
重庆	62.39	58.56	86.80	40.64	63.54	62.39	4
浙江	24.89	60.75	71.15	88.14	40.55	57.09	9
云南	44.86	22.28	31.22	40.58	34.27	34.64	26
新疆	49.35	57.22	32.36	29.00	76.48	48.88	17
西藏	9.86	0.00	13.33	42.83	16.51	16.51	31

续表

地区	耕地面积	非文盲劳动力比例	农业总投资强度	农业科研投入强度	农业自然灾害成灾面积占受灾面积的比重	得分	排名
天津	11.50	73.55	90.99	99.99	73.71	69.95	2
四川	90.74	54.17	14.93	29.50	13.11	40.49	24
上海	10.39	69.33	99.02	43.20	55.49	55.49	10
陕西	53.97	52.23	38.83	38.82	34.27	43.62	22
山西	58.32	72.12	89.61	49.37	6.50	55.18	11
山东	93.90	62.50	45.48	36.23	15.89	50.80	13
青海	12.96	1.56	42.07	61.50	51.61	33.94	27
宁夏	15.08	24.07	74.35	48.59	88.87	50.19	14
内蒙古	84.59	61.09	24.77	34.62	86.56	58.33	8
辽宁	53.91	76.37	42.23	77.94	99.42	69.97	1
江西	35.36	63.72	25.78	23.55	88.70	47.42	19
江苏	71.29	61.27	45.81	46.84	48.82	54.81	12
吉林	63.49	69.44	26.06	31.61	5.18	39.16	25
湖南	51.47	72.87	29.89	29.26	65.16	49.73	16
湖北	53.36	63.35	24.82	35.02	56.46	46.60	20
黑龙江	99.47	73.99	26.02	44.17	62.22	61.17	5
河南	94.46	59.51	33.43	25.88	37.20	50.09	15
河北	92.90	75.86	57.38	26.54	69.87	64.51	3
海南	11.53	58.86	18.40	21.57	32.68	28.61	30
贵州	28.07	17.62	42.13	36.74	35.24	31.96	28
广西	40.45	67.60	23.52	26.67	60.21	43.69	21
广东	35.51	69.33	98.70	93.63	6.61	60.76	6
甘肃	55.52	15.63	25.27	28.39	87.31	42.42	23
福建	19.51	65.50	22.91	37.24	13.67	31.76	29
北京	11.28	78.74	99.22	99.21	7.43	59.14	7
安徽	68.90	41.39	26.79	23.66	83.08	48.76	18

（3）农业基础竞争力。

从各省市自治区农业基础竞争力排名看（见表 15 - 20），辽宁、天津、河北、重庆和黑龙江居前 5 位；得分靠后 5 个省区依次为青海、贵州、福建、海南和西藏。从各指标得分值与基础竞争力总得分值的相关程度看，"农民家庭非文盲人口的比重"、"农业总投资强度"的相关程度相对较高，相关系数分别为 0.6706、0.6042，这表明农业人力资本高低，以及农业投资多少，对于各省市自治区农业基础竞争力的提升起关键性作用。"农业科研投入强度"的相关程度次之，相关系数为 0.4689，这表明农业技术进步的快慢对各省市自治区农业基础竞争力的提升也很重要；"农业自然灾害成灾面积占受灾面积比重"和"耕地面积"相关程度虽然较弱但仍呈正的相关关系（相关系数分别为 0.3824 和 0.3120），表明各省市自治区农业基础竞争力的提升还需要加强农业基础设施建设和基本农田保护。

表 15－20　　　　　2003 年中国 31 个省市自治区农业效益
竞争力各指标得分及排名

地区	劳动生产率	土地生产率	人均家庭纯收入	农业总产值相对优势	农业产品出口优势指数	得分	排名
重庆	32.97	25.80	18.37	8.35	30.76	23.25	28
浙江	65.09	85.65	97.54	97.34	25.38	74.20	1
云南	30.18	43.62	22.43	99.31	92.68	57.65	11
新疆	78.35	90.39	79.50	50.60	60.98	71.96	2
西藏	52.40	1.62	32.55	15.27	60.79	32.53	25
天津	71.14	11.58	93.87	33.66	23.68	46.79	18
四川	51.18	59.39	30.98	95.05	46.92	56.71	12
上海	71.15	92.38	3.35	23.78	17.99	41.73	23
陕西	26.86	15.92	5.88	13.74	37.56	19.99	29
山西	40.31	51.82	28.34	16.82	22.09	31.88	26
山东	68.10	43.51	79.46	71.47	74.03	67.31	5
青海	23.93	1.62	19.39	32.09	21.83	19.77	31
宁夏	30.29	4.64	23.40	54.27	19.95	26.51	27
内蒙古	46.97	65.16	75.28	55.16	83.02	65.12	6
辽宁	55.97	57.98	65.95	64.32	52.97	59.44	9
江西	44.82	39.60	31.89	30.84	35.58	36.55	24
江苏	64.77	90.40	73.30	9.83	17.66	51.19	14
吉林	61.98	54.07	86.74	22.03	100.00	64.96	7
湖南	53.93	54.27	38.36	42.23	42.11	46.18	19
湖北	59.04	73.74	72.56	44.28	42.89	58.50	10
黑龙江	34.50	91.61	84.42	54.81	77.08	68.48	4
河南	47.61	81.50	44.26	24.75	45.85	48.79	17
河北	52.14	51.98	59.83	38.25	46.17	49.67	16
海南	35.04	53.13	92.53	95.05	67.25	68.60	3
贵州	22.65	17.57	8.18	15.97	34.60	19.79	30
广西	40.01	64.49	21.49	74.55	68.43	53.80	13
广东	61.78	77.55	70.50	20.91	19.10	49.97	15
甘肃	40.10	28.80	13.72	95.00	44.96	44.52	22
福建	58.14	67.84	88.00	66.59	30.29	62.17	8
北京	63.46	11.77	40.63	62.09	47.71	45.13	21
安徽	39.45	89.41	19.37	38.50	39.18	45.18	20

（4）农业结构竞争力。

从各省市自治区的得分与排名看（见表15－21），农业结构竞争力具有显著的地区差异性。位居前5位的省市分别为北京、浙江、江苏、上海和广东，它们均处于东部发达地区；而得分最低的5个省区又都属于西部地区，它们分别是西藏、甘肃、云南、陕西和宁夏。从各指标得分值与结构竞争力总得分值的相关程度看，"林牧渔业产值与农业总产值比重"与"乡镇企业增加值"与结构竞争力总得分的相关程度较高，相关系数达0.8622和0.8704；"多样化指数"、"乡村非农业从业人员比重"、"各地区农业产业化重点龙头企业个数"和"农产品加工机械动力"4个指标与结构竞争力总得分的相关系数分别为0.6789、0.6065、0.5137和0.3341，这些方面都是落后地区农业经济结构急需解决的问题和困难。

表15－21　　　　2003年中国31个省市自治区农业结构
竞争力各指标得分及排名

地区	多样化指数	林牧渔业产值占农业总产值比重	乡镇企业增加值	农村非农从业人员比重	加工机械动力	龙头企业个数	平均得分	排名
重庆	20.13	60.88	59.17	34.21	45.50	69.62	48.25	17
浙江	85.38	96.43	96.18	79.04	39.74	79.22	79.33	2
云南	26.86	7.77	8.73	32.45	59.01	16.15	25.16	29
新疆	97.68	5.78	6.56	1.08	20.47	86.75	36.39	21
西藏	8.91	11.29	8.16	37.82	15.34	2.94	14.08	31
天津	83.22	89.87	91.96	78.48	18.40	24.57	64.42	7
四川	34.39	50.93	50.47	77.18	77.33	86.75	62.84	9
上海	98.89	99.49	99.44	91.12	15.97	16.15	70.17	4
陕西	12.79	32.61	32.16	7.43	37.55	34.91	26.25	28
山西	13.81	52.16	52.56	8.07	33.88	24.57	30.84	25
山东	63.63	60.25	57.37	34.92	99.91	99.82	69.32	6
青海	79.57	23.40	22.53	91.15	17.18	5.60	39.90	19
宁夏	25.21	34.98	29.45	44.70	17.65	9.87	26.98	27
内蒙古	27.55	15.30	12.57	56.13	30.50	58.44	33.42	23
辽宁	19.20	46.79	51.01	88.22	33.02	34.91	45.53	18
江西	56.93	59.57	62.49	75.72	51.15	24.57	55.07	13
江苏	58.20	90.22	87.34	47.13	63.34	79.22	70.91	3
吉林	3.57	22.46	21.16	35.47	35.07	69.62	31.23	24
湖南	64.69	38.71	41.34	73.16	80.38	69.62	61.32	12
湖北	86.36	61.04	60.93	37.31	66.52	58.44	61.77	11

续表

地区	多样化指数	林牧渔业产值占农业总产值比重	乡镇企业增加值	农村非农从业人员比重	加工机械动力	龙头企业个数	平均得分	排名
黑龙江	5.35	15.90	15.99	30.20	28.60	86.75	30.46	26
河南	43.37	32.86	33.98	39.00	92.06	58.44	49.95	16
河北	32.16	61.59	67.60	57.01	99.63	58.44	62.74	10
海南	61.08	16.93	20.82	90.76	17.40	24.57	38.59	20
贵州	43.41	33.44	30.86	15.40	52.36	34.91	35.06	22
广西	74.24	36.03	37.26	63.90	72.55	16.15	50.02	15
广东	70.11	76.04	78.50	74.62	41.57	79.22	70.01	5
甘肃	31.51	28.63	31.62	2.10	27.22	24.57	24.28	30
福建	65.27	69.69	70.47	90.23	30.91	58.44	64.17	8
北京	92.40	98.24	98.00	95.77	16.26	86.75	81.24	1
安徽	36.18	48.64	46.25	66.39	63.88	46.52	51.31	14

（5）农业现代化竞争力。

从各省市自治区的农业现代化竞争力情况来看（见表 15 – 22），有两个值得引起注意的特点：其一，从得分居前的省市来看，北京、浙江、上海、福建和天津占据农业现代化竞争力得分的前 5 名，这说明这 5 个省市的农业科技含量和现代化程度高；而得分较低的省市自治区如贵州、黑龙江、重庆、内蒙古、甘肃等，均属于中西部地区，社会经济发展的落后制约了其农业的现代化过程。其二，各指标得分值与现代化竞争力总得分值的相关程度均较高，相关系数均在 0.6 以上，表明了落后地区需要从农业的机械化、电力化、化学化和水利化等方面全面提升其现代化竞争力。

表 15 – 22　　　　　2003 年中国 31 个省市自治区农业现代化

竞争力各指标得分及排名

地区	单位耕地面积中的有效灌溉面积	单位播种面积机械化水平	用电量	单位播种面积化肥用量	柴油使用量	农药使用量	得分	排名
北京	49.97	99.65	94.23	96.24	80.42	89.73	85.04	1
浙江	63.45	84.39	98.13	62.19	100.00	97.93	84.35	2
上海	76.64	26.61	99.97	82.26	83.82	96.56	77.64	3
福建	62.96	40.97	59.37	97.30	94.51	98.07	75.53	4
天津	69.59	99.70	83.71	75.08	79.36	26.74	72.36	5

地区	单位耕地面积中的有效灌溉面积	单位播种面积机械化水平	用电量	单位播种面积化肥用量	柴油使用量	农药使用量	得分	排名
山东	59.57	88.07	42.83	84.77	60.47	85.84	70.26	6
广东	38.56	39.34	98.30	88.97	49.25	91.62	67.67	7
河北	61.52	95.16	42.89	65.63	91.97	48.33	67.58	8
江苏	72.08	43.30	74.29	93.32	41.31	65.36	64.94	9
辽宁	34.88	46.22	51.53	55.79	51.81	68.37	51.43	10
陕西	100.00	30.83	38.13	74.07	43.15	14.76	50.16	11
海南	23.98	23.81	27.68	80.79	61.37	82.36	50.00	12
河南	56.86	59.63	32.47	70.70	29.85	38.96	48.08	13
湖北	39.58	22.52	31.30	82.09	27.94	78.83	47.04	14
安徽	52.90	42.46	29.61	58.00	27.09	47.91	43.00	15
湖南	64.94	36.35	30.04	32.37	22.87	70.43	42.83	16
新疆	72.63	27.39	31.04	37.27	49.88	18.83	39.51	17
江西	60.20	23.79	30.70	24.96	22.57	60.87	37.18	18
广西	33.24	26.79	28.74	51.66	33.39	43.38	36.20	19
山西	24.44	61.29	36.02	31.96	30.76	27.73	35.37	20
青海	26.44	74.94	29.55	7.60	44.52	19.69	33.79	21
西藏	41.30	88.74	26.68	6.13	22.48	15.29	33.44	22
宁夏	31.61	48.50	30.48	25.86	43.54	11.50	31.92	23
吉林	27.49	25.70	28.70	38.31	33.42	26.32	29.99	24
云南	23.54	26.54	29.71	25.72	34.47	24.64	27.44	25
四川	27.16	19.27	32.52	24.94	22.92	30.32	26.19	26
甘肃	21.41	36.63	31.24	16.34	27.38	19.22	25.37	27
内蒙古	30.53	28.10	28.30	9.88	29.52	12.76	23.18	28
重庆	10.05	19.79	32.70	22.02	23.28	30.69	23.09	29
黑龙江	20.10	17.61	27.57	5.13	37.44	20.18	21.34	30
贵州	17.44	15.80	27.77	9.82	16.90	13.13	16.81	31

（6）农业成长竞争力。

从各省市自治区农业成长竞争力排名看（见表15-23），天津、青海、浙江、贵州、江西等省得分居前，这些在成长性方面的"领头羊"中，既有综合竞争力居前的省份，如浙江、天津，也有排名落后的省份，如贵州，其综合竞争力排名倒数第二位。成长竞争力得分靠后的省市自治区依次有上海、广西、河北、江苏、四川、辽宁和黑龙江。如果说上海、江苏由于随着经济发展水平的提高，农业总量及农业投资额的增长速度也会相对下降，由此导致农业成长竞争力的靠后是符合经济发展的内在规律，那么，四川、辽宁等省都是我国的重点农业省份，在农业成长竞争力上却沦落为倒数，则难以用此来解释，这是值得反思的。

表15－23 　　　　2003年中国31个省市自治区农业成长
竞争力各指标得分及排名

地区	农民生活消费中用于人力资本支出比重增长率	农业投资总额增长率	农业增加值增长率	各地区以农产品为原料的轻工业总产值增长率	农用机械总动力增长率	科技三项费支出增长率	得分	排名
重庆	52.51	44.71	40.76	46.13	54.63	59.01	49.62	11
浙江	41.73	58.61	53.17	90.58	21.42	95.67	60.20	3
云南	39.83	38.33	75.11	36.51	46.00	39.22	45.83	17
新疆	36.18	99.99	34.21	9.22	35.85	62.78	46.37	16
西藏	61.92	19.65	23.67	26.65	98.63	28.20	43.12	19
天津	50.83	38.45	58.61	99.24	98.64	96.66	73.74	1
四川	41.18	19.75	43.77	53.34	33.87	42.34	39.04	27
上海	34.80	45.68	39.91	12.77	0.48	30.33	27.33	31
陕西	44.10	39.91	83.32	42.13	43.11	31.05	47.27	15
山西	40.72	46.10	99.99	14.47	35.88	33.41	45.09	18
山东	43.07	53.17	28.95	32.88	89.21	44.18	48.58	13
青海	65.37	98.35	28.84	87.20	45.92	72.32	66.33	2
宁夏	41.51	97.00	58.57	36.49	52.31	35.31	53.53	8
内蒙古	42.80	38.65	19.65	43.01	61.44	51.02	42.76	20
辽宁	40.12	28.95	38.45	16.98	57.35	53.57	39.24	26
江西	37.74	35.25	38.65	99.41	83.50	31.79	54.39	5
江苏	42.02	36.94	46.10	27.72	22.44	57.54	38.79	28
吉林	48.98	25.51	19.75	64.68	79.18	9.57	41.28	23
湖南	43.49	30.23	25.51	81.02	69.95	43.44	48.94	12
湖北	32.66	22.89	36.94	69.10	39.52	51.59	42.12	21
黑龙江	53.04	24.09	45.68	40.89	32.27	40.86	39.47	25
河南	46.13	40.76	35.25	22.02	64.66	36.85	40.94	24
河北	39.45	43.77	38.33	38.12	34.60	23.11	36.23	29
海南	100.00	38.13	24.09	34.42	26.91	87.82	51.89	9
贵州	54.78	75.11	38.13	45.19	73.73	57.93	57.48	4
广西	29.51	23.67	22.89	7.03	54.76	42.99	30.14	30
广东	29.08	83.32	30.23	74.86	12.30	96.56	54.39	6
甘肃	49.29	39.44	39.44	97.35	63.66	22.00	51.86	10
福建	37.90	28.84	97.00	96.74	25.76	35.63	53.64	7
北京	37.19	58.57	44.71	42.81	2.92	63.12	41.55	22
安徽	36.60	34.21	98.35	25.46	62.77	28.72	47.69	14

我们也计算了各指标得分值与成长竞争力总得分值的相关系数，相关系数较高的指标为"各地区以农产品为原料的轻工业总产值增长率"和"科技三项费支出增长率"，分别为0.6814和0.5484。"农民生活消费中用于人力资本支出比重的增长率"和"农用机械总动力增长率"的相关系数次之，"农业增加值平均增长率"的相关系数最弱，为0.1653。

（7）农业特色竞争力。

从各省市自治区的得分与排名看（见表15－24），农业特色竞争力也有着显著的地区差异性。得分前5位的省市自治区依次是天津、海南、辽宁、山东和新疆，除新疆外它们均属东部地区；而得分最低的5个省市自治区都属于西部地区，它们分别为西藏、重庆、贵州、四川和青海。从各指标得分值与特色竞争力总得分值的相关程度看，"农业利用外资的比重"和"农业外向度指数"两个指标的相关系数最大，分别是0.6184和0.5807，这说明特色竞争力薄弱地区的农业发展相对封闭，外向化程度低。

表15－24　　　　2003年中国31个省市自治区农业特色
竞争力各指标得分及排名

地区	劳动密集型集中度	土地密集集中度	商品率	利用外资	外向度指数	得分	排名
重庆	21.29	27.69	25.12	25.07	32.80	26.39	30
浙江	46.83	25.61	42.47	50.75	52.59	43.65	17
云南	18.21	56.81	45.24	28.99	37.46	37.34	21
新疆	91.79	100.00	56.85	24.12	43.04	63.16	5
西藏	13.79	29.92	25.99	23.72	32.97	25.28	31
天津	86.32	56.79	72.55	24.39	86.00	65.21	1
四川	23.21	33.06	25.44	27.24	33.00	28.39	28
上海	58.91	25.77	50.60	36.34	99.25	54.17	9
陕西	40.10	31.88	59.56	25.07	33.70	38.06	20
山西	23.92	37.62	60.33	23.99	33.85	35.94	24
山东	70.01	43.70	49.43	99.78	53.65	63.31	4
青海	11.76	38.37	56.76	26.46	31.19	32.91	27
宁夏	26.65	54.86	71.63	23.79	32.26	41.84	19
内蒙古	28.94	63.84	65.44	28.77	36.87	44.77	15
辽宁	95.14	29.51	53.86	92.80	47.79	63.82	3
江西	36.80	45.42	45.34	63.38	31.69	44.52	16
江苏	42.81	52.05	43.16	84.97	44.11	53.42	10
吉林	47.26	42.30	47.32	24.94	56.15	43.59	18
湖南	32.70	34.40	29.90	56.82	32.58	37.28	22

地区	劳动密集型 集中度	土地密集 集中度	商品率	利用外资	外向度指数	得分	排名
湖北	58.70	54.71	56.30	40.20	32.47	48.48	13
黑龙江	28.11	57.67	61.59	46.89	39.27	46.71	14
河南	19.61	44.03	42.15	31.46	33.47	34.14	25
河北	53.42	45.74	43.71	67.58	37.99	49.69	12
海南	99.83	80.84	47.93	62.40	32.34	64.67	2
贵州	12.25	31.04	34.74	23.99	32.17	26.84	29
广西	59.85	85.71	23.02	45.78	39.18	50.71	11
广东	73.87	34.77	26.22	99.78	71.75	61.28	7
甘肃	25.55	34.75	50.54	24.46	32.99	33.66	26
福建	96.05	26.62	24.38	95.84	43.58	57.29	8
北京	90.91	24.86	43.83	47.83	100.00	61.49	6
安徽	18.83	57.76	47.68	26.60	33.55	36.88	23

（四） 主要结论及政策含义

本研究基于可获得的统计数据，尝试性地提出了我国农业竞争力综合评价的7大要素和38项指标的评价体系，对中国31个省市、自治区在2003年的农业竞争力进行了定量评价。正如本研究过程所显示的，农业竞争力综合评价方法对于分析农业产业竞争力是一个简单但又非常有利的分析工具。它为我们全面理解、评价农业竞争力的现状和发展态势，找出自己的竞争优势、劣势提供了一个有现实操作性的框架，也为政府进行相关科学决策提供客观依据。

对2003年中国的31个省市自治区农业竞争力，我们可以将本研究的主要发现概括如下：

1. 中国31个省市自治区农业竞争力综合水平呈现发展不均衡性和显著的区域性特征。一般地，东部沿海地区省份的农业竞争力综合水平普遍要高于中部地区省份，而中部地区省份又普遍要好于西部地区省份，这与中国国民经济发展的梯度差异极为一致。

2. 目前，农业综合竞争力水平主要取决于农业现代化竞争力、农业结构竞争力和农业特色竞争力，它们是影响综合竞争力的3个重要因素。它们的变化对农业综合竞争力的提升至关重要。要提升农业的综合竞争力，提升上述3个主要方面的竞争力乃是应当首选的切入点。

3. 一些经济发达省市随着经济发展水平的提高，农业总量及农业投资额的增长速度呈相对缓慢的趋势，直接表现为农业成长竞争力的弱势，相反，一些经济落后地区的农业成长竞争力较强。我们的判断是，未来中国各省市自治区农业综合竞争力格局会有所变化，这种变化的速度将取决于中国整个国民经济成长，也取决于各省市自治区能否顺应经济发展内在规律推进产业结构的更替。

4. 农业综合竞争力是一个复合的综合体，包括农业的方方面面。农业综合竞争力排名靠前的省市不等于其农业各子要素竞争力都很强，反之，农业综合竞争力排名靠后的省市不等于其农业各子要素竞争力都很弱。从各省市自治区农业7大子要素竞争力来看，我们也有一些很有价值地发现：（1）农业大省不一定是农业强省；（2）农业人力资本高低，以及农业投资多少，对于各省市自治区农业基础竞争力的提升起关键性作用；（3）农业结构竞争力区域梯度性差异明显，西部省区农业结构竞争力最弱；（4）农业现代化竞争力也体现出显著的梯度性差异，这种差距是全面的，落后地区需要从农业的机械化、电力化、化学化和水利化等方面全面去提升其现代化竞争力；（5）农业成长竞争力呈弱势的省市大多位于东、中部地区；（6）农业特色竞争力的梯度性差异同样明显，落后省区特色竞争力薄弱的主要原因是农业开放程度和外向化程度较低。

总之，对于处于不同水平及发展阶段上的地区来说，农业的发展重点和发展方向也不应完全一致，应立足各个地区的区情和资源特色及优势，根据经济发展水平和产业发展状况，采取分类指导的原则，对症下药，制定切实可行的重点发展产业和行业，通过发展具有地区特色和比较优势的具体农业部门产业，促进各个地区农业竞争力水平的可持续提高。

参考文献

［1］阿尔弗雷德·韦伯，《工业区位论》，商务印书馆 1997 年版。

［2］保罗·克鲁格曼，《地理与贸易》，北京大学出版社 2000 年版。

［3］保罗·切希尔，《区域和城市经济学手册（第 3 卷）：应用城市经济学》，经济科学出版社 2003 年版。

［4］曹建海，《中国产业前景报告》，中国时代经济出版社 2005 年版。

［5］陈峰，《现代医学统计方法与 Stata 应用》，中国统计出版社 1999 年版。

［6］陈卫平，《中国农业国际竞争力——理论、方法与实证研究》，中国人民大学出版社 2005 年版。

［7］陈晓声，《产业竞争力的测度与评估》，载《上海统计》，2002 年第 9 期。

［8］陈兴滨，《财务管理》，中国人民大学出版社 2004 年版。

［9］程国强，《中国农产品贸易：格局与政策》，载《管理世界》，1999 年第 1 期。

［10］程国强，《WTO 农业规则与中国农业发展》，中国经济出版社 2000 年版。

［11］狄昂照，《国际竞争力》，改革出版社 1992 年版。

［12］董文泉、高铁梅，《经济周期波动的分析与预测方法》，吉林大学出版社 1998 年版。

［13］范剑勇、朱国林，《中国地区差距演变及其结构分解》，载《管理世界》，2002 年第 2 期。

［14］冯丽霞，《企业财务分析与业绩评价》，湖南人民出版社 2002 年版。

［15］高铁梅、孔宪丽、刘玉、胡玲，《中国钢铁工业供给与需求影响因素的动态分析》，载《管理世界》，2004 年第 6 期。

［16］高铁梅，《计量经济分析方法与建模：Eviews 应用及实例》，清华大学出版社 2006 年版。

［17］格林，《经济计量分析》，中国社会科学出版社 1998 年版。

［18］国家统计局编，《中国统计年鉴》，中国统计出版社 1981～2005 年版。

［19］汉密尔顿著，靳云汇等译，《时间序列分析》，中国社会科学出版社 1999 年版。

［20］韩中和，《企业竞争力：理论与案例分析》，复旦大学出版社 2000 年版。

［21］郝云宏，《中国大型企业国际竞争力研究》，中国财政经济出版社 2002 年版。

［22］胡大立，《企业竞争力论》，经济管理出版社 2001 年版。

［23］胡大立，《企业竞争力决定因素及其形成机理分析》，经济管理出版社 2005 年版。

［24］贾俊平、何晓群、金勇进，《统计学》，中国人民大学出版社 2000 年版。

［25］姜汝祥，《差距：中国一流企业离世界一流企业有多远》，机械工业出版社 2003 年版。

［26］金碚，《中国工业国际竞争力理论、方法与实证研究》，经济管理出版社 1997 年版。

［27］金碚，《企业蓝皮书：中国企业竞争力报告》，社会科学文献出版社 2003 年版。

［28］金碚，《竞争力经济学》，广东经济出版社 2003 年版。

［29］金祥荣等，《产业区内的知识外溢：一个选择性评述》，载《产业经济评论》2004 年第 1 辑。

［30］金煜、陈钊、陆铭，《中国的地区工业集聚：经济地理、新经济地理与经济政策》，载《经济研究》2006 年第 4 期。

［31］吉昱华、蔡跃洲、杨克泉，《中国城市集聚效应实证分析》，载《管理世界》，2004 年第 3 期。

［32］鞠建东、林毅夫、王勇，《要素禀赋、专业化分工、贸易的理论与实证——与杨小凯、张永生商榷》，载《经济学》（季刊）2004 年第 4 期。

［33］梁琦，《产业集聚论》，商务印书馆 2004 年版。

［34］李小建，《经济地理学》，高等教育出版社 1999 年版。

［35］李品媛，《企业核心竞争力研究——理论与实证分析》，经济科学出版社 2003 年版。

［36］李显君，《国富之源：企业竞争力》，企业管理出版社 2002 年版。

［37］李子奈、叶阿忠，《高等计量经济学》，清华大学出版社 2000 年版。

［38］梁琦，《中国工业的区位基尼系数》，载《统计研究》，2003 年第 9 期。

［39］列昂惕夫，《国内生产与对外贸易：美国地位的再审查》，转引自姚曾，《国际贸易概论》，人民出版社 1987 年版。

［40］刘志迎、周春华，《高技术产业聚群的经济学分析》，载《经济理论与经济管理》，2002 年第 4 期。

［41］刘志彪、鲁明泓，《部门内贸易：动因、形成与中国现状》，载《经济研究》，1992 年第 4 期。

［42］林毅夫，《制度、技术与中国农业发展》，上海三联书店、上海人民出版社 1994 年版。

［43］鲁凤，《中国区域经济差异的空间统计分析》，华东师范大学，2004 年。

［44］马剑飞、朱江磊、许罗丹，《对中国产业内贸易决定因素的经验研究》，载《世界经济》，2002 年第 9 期。

［45］马歇尔，《经济学原理（上卷）》，商务印书馆，1964 年版。

［46］迈克尔·E·波特，《族群与新竞争经济学》，载《经济社会体制比较》，2000 年第 2 期。

［47］迈克尔·波特著，李明轩、邱如美译，《国家竞争优势》，华夏出版社 2002 年版。

［48］裴长洪，《利用外资与产业竞争力》，社会科学文献出版社 1998 年版。

［49］裴长洪、王镭，《试论国际竞争力的理论概念与分析方法》，载《中国工业经济》，2002 年第 4 期。

［50］彭丽红，《企业竞争力——理论与实证研究》，经济科学出版社 2000 年版。

［51］平狄克、鲁宾费尔德著，钱小军等译，《计量经济模型与经济预测》，机械工业出版社 1999 年版。

［52］祈述裕，《中国文化产业国际竞争力报告》，社会科学文献出版社 2004 年版。

［53］芮明杰、陶志刚，《中国产业竞争力报告》，上海人民出版社 2004 年版。

［54］石培哲，《产业集聚形成原因探析》，载《机械管理开发》，1999 年第 1 期。

［55］斯托克等，《基于能力的竞争——公司战略的新规则》，上海远东出版社 1999 年版。

［56］孙明华，《企业竞争力》，天津社会科学院出版社 2004 年版。

［57］唐杰等，《城市产业经济分析———项经济案例研究》，经济学院出版

社 1989 年版。

　　［58］王惠文，《偏最小二乘回归方法及其应用》，国防工业出版社 1999 年版。

　　［59］王建刚、赵进，《产业集聚现象分析》，载《管理世界》，2001 年第 6 期。

　　［60］王缉慈，《创新的空间——企业集聚与区域发展》，北京大学出版社 2001 年版。

　　［61］王仁曾，《产业国际竞争力理论、方法与统计实证研究》，中国人民大学 2001 年版。

　　［62］汪炜、史晋川、孙福国，《经济增长的区域影响与集聚效应分析》，载《数量经济技术经济研究》，2001 年第 5 期。

　　［63］王忠明，《大企业定位国际竞争力》，中国财政经济出版社 2002 年版。

　　［64］魏江，《产业集群——创新系统与技术学习》，科学出版社 2003 年版。

　　［65］吴方卫、孟令杰、熊诗平，《中国农业的增长与效率》，上海财经大学出版社 2000 年版。

　　［66］吴学花、杨蕙馨，《中国制造业产业集聚的实证研究》，载《中国工业经济》，2004 年第 10 期。

　　［67］小艾尔弗雷德·D·钱德勒，《企业规模经济与范围经济：工业资本主义的原动力》，中国社会科学出版社 1999 年版。

　　［68］肖红叶，《中国区域竞争力发展报告 1985～2004》，中国统计出版社 2004 年版。

　　［69］徐强，《中国产业集聚形成机理与发展对策研究》，厦门大学 2003 年版。

　　［70］沃特·艾萨德，《区域科学导论》，高等教育出版社 1991 年版。

　　［71］许坚，《经济全球化条件下中国在国际分工中的定位》，载《世界经济与政治论坛》，2002 年第 2 期。

　　［72］阎永琪，《产业群聚与区域产业发展关系之研究——以南部区域为例》，"台湾成功大学都市计划学系"，2004 年。

　　［73］杨国华，《中国入世第一案：美国钢铁保障措施案研究》，中信出版社 2004 年版。

　　［74］杨小凯、张永生，《新贸易理论、比较利益理论及其经验研究的新成果：文献综述》，载《经济学》季刊 2001 年第 1 期。

　　［75］易丹辉，《数据分析与 Eviews 应用》，中国统计出版社 2002 年版。

　　［76］于秀林、任雪松，《多元统计分析》，中国统计出版社 1999 年版。

　　［77］袁晓莉、崔迅，《中日钢铁工业的国际竞争力比较》，载《经济论

坛》，2001 年第 9 期。

［78］张金昌，《国际竞争力评价的理论和方法》，经济科学出版社 2002 年版。

［79］张曙霄、孙莉莉，《对我国出口商品结构问题的分析与思考》，载《东北师大学报》（哲社版），2003 年第 3 期。

［80］张威，《中国装备制造业的产业聚集》，载《中国工业经济》，2002 年第 3 期。

［81］詹立宇，《台湾地区制造业地理集中情形之观察》，载《产业金融》，2002 年第 115 期。

［82］赵彦云，《国际竞争力统计模型及应用研究》，中国标准出版社 2005 年版。

［83］赵彦云，《中国制造业产业竞争力评价和分析》，中国标准出版社 2005 年版。

［84］中国人民大学竞争力与评价研究中心研究组，《中国国际竞争力发展报告（2003）——区域竞争力发展主题研究》，中国人民大学出版社 2003 年版。

［85］中国经济景气月报杂志社，《中国经济景气月报》2000 ~ 2006 年。

［86］周宏、褚保金，《中国水稻生产效率的变动分析》，载《中国农村经济》，2003 年第 12 期。

［87］朱英明，《产业集聚论》，经济科学出版社 2003 年版。

［88］邹薇，《关于中国国际竞争力的实证测度与理论研究》，载《经济评论》，1999 年第 5 期。

［89］Abd-el-Rahman, K. (1991), Firms' competitive and national comparative advantages as joint determinants of trade composition. Weltwirtschaftliches Archiv 127: 83 - 97.

［90］Allan Rae and Hengyun Ma, 2003, Projecting China's Grains and Meats Trade: Sensitivity to Agricultural Productivity Growth, Presented at International Agricultural Trade Research Consortium Annual General Meeting, Session, on Research Plan and Reports, San Antonio, Texas, 14 - 16 December.

［91］Amiti, M. (1999), 'Specialization Patterns in Europe', *Weltwirtschaftliches Archiv* 135, 1 - 21.

［92］A. M. Rugman and D'Cruz, 1993, The Double Diamond Model of International Competitiveness: The Canadian Experience, Management International Review.

［93］Andresen, M. A. (2003), Empirical intra-industry trade: what we know and what need to know. Workingpaper at the department of geography, university of

British Columbia.

［94］Arcelor, 2002 Financial Results, 28 February 2003.

［95］Arcelor, 2003 Financial Results, 18 February 2004.

［96］Arcelor, 2004 Financial Results, 17 February 2005.

［97］Aturupane, Chonira, Simeon Djankov, and Bernard Hoekman（1999）, Horizontal and Vertical Intra-industry Trade between Eastern Europe and the European Union. Weltwirtschaftliches Archiv 135: 62 – 81.

［98］C. Bai, Y. Du, Z. Tao & S. Y. Tong（2004）, Local Protectionism and Regional Specialization: Evidence from China's Industries, *Journal of International Economics*.

［99］Bjorn Alecke, Are there really high-tech clusters The geographic concentration of German manufacturing industries and its determinants ［J］, *Graduiertenkolleg Workshop*, *working paper*, 2004.

［100］Bergstand, J. H.（1990）, The Heckscher-Ohlin-Samuelson Model, the Linder Hypothesis and the determinants of bilateral intra-industry trade. Economic journal 100: 1216 – 1229.

［101］C. A. Sims, Macroeconomics and Reality, Econometrica, 1980.

［102］Cécile BATISSE, Externalities and local growth: A panel data analysis applied to Chinese provinces ［z］, *working paper*.

［103］Christodolou, M.（1992）, Intra-Industry in Agri-food Sectors: The Case of the EEC Market. Applied Economics 24: 875 – 884.

［104］Combes, The Spatial Distribution of Economic Activities in the European Union ［M］. Elsevier-North Holland. Amsterdam, 2003.

［105］Dickey, D. A. and W. Fuller, Distribution of the Estimators for Autoregressive Time Series with a Unite Root, Journal of the American Statistical Association, 1979, 74（366）, 427 – 431.

［106］Dixit, A. and Norman, V.（1980）, Theory of International Trade, Cambridge University Press, Cambridge.

［107］Ellison, Geographic Concentration in U. S. Manufacturing Industries: A Dartboard Approach ［J］. *Jounal of Political Economy*, 1999.

［108］Engle, Robert F. and C. W. J. Granger, Co-integration and Error Correction: Representation, Estimation and Testing, Econimetrica, 1987, 55.

［109］Fagerberg, J. , User-produer Interaction, Learning and Comparative Advantage, Cambridge Journal of Economics, Vol. 19, 1995.

[110] Falevy, R. E. (1981), Commercial Policy and Intra-industry Trade. Journal of International Economics, No. 11: 495 – 511.

[111] Ferto and Hubbard (2002), Intra- Industry Trade in Horizontally and Vertically Differentiated Agri-Food Products between Hungary and the EU. Working Paper at the Institute of Economics Hungarian Academy of Sciences, Budapest.

[112] Feser, E. J. , Bergman, E. M. , Industrial and regional clusters: concepts and comparative application [Z], *Regional research institute*, 1999.

[113] Feser, E. J. , Bergman, E. M. , National Industry cluster templates: a framework for applies regional cluster analysis [J], *Regional studies*, 2000, 34 (1), pp. 1 – 19.

[114] Feser, E. J. , Enterprises, external economies, and economic development [J], *Journal of planning literature*, 1998, 12 (3), pp. 283 – 302.

[115] Feser, E. J. , Luger M. I. , cluster analysis as a mode of inquiry: its use in science and technology policymaking in North Carolina [J], *European planning studies*, 2002.

[116] Fontagne, L. and M. Freudenberg (1997), Intra-industry Trade: Methodological Issues Reconsidered, CEPII Working Paper No. 97 – 01.

[117] Francoise Maurel and Beatrice Sedillot, A measure of the geographic concentration in french manufacturing industries [J], *Regional Science & Urban Economics* , 1999. pp. 575 – 604.

[118] Glenn Ellison and Edward L. Glaeser, Geographic Concentration in U. S. Manufacturing Industries: A Dartboard Approach [Z], NBER *working paper series* No. 4840, 1994.

[119] Glenn Ellison and Edward L. Glaeser, Geographic Concentration in U. S. Manufacturing Industries: A Dartboard Approach [J], *Journal of Political Economy*, 1997, Vol. 105, No. 5 pp. 889 – 927.

[120] Gordon, I. R. , McCann, P. , Industrial clusters: complexes, Agglomeration and/or social network [J], *Urban studies*, 2000, 37 (3), pp. 513 – 532.

[121] Greenaway, D. and C. Milner (1989), Effective Protection Analysis and Optimal Trade Policy with Intra-industry Specialization and Imperfect Competition, in P. K. M. Tharakan and J. Kol eds, Intra-industry Trade: Theory, Evidence and Extension, New York: St. Martin's Press.

[122] Greenaway, D. , R. Hine and C. Milner (1994), Country-Specific Factors and the Pattern of Horizontal and Vertical Intra-industry Trade in the UK,

Weltwirtschaftliches Archiv 130: 77 – 100.

[123] Grubel, H. G. and P. J. Lloyd (1975), Intra-industry Trade, the Theory and Measurement of International Trade in Differentiated Products. London: MacMillan.

[124] Guy Dumais. Geographic Concentration As a Dynamic Process [J]. *The Review of Economics and Statistics*, 2002.

[125] Helpman, E. (1981), International trade in the presence of product differentiation, economies of scale, and monopolistic competition: a Chamberlain-Heckscher-Ohlin approach. Journal of International Economics 11: 305 – 340.

[126] Helpman, E. and P. R. Krugman (1985), Market Structure and Foreign Trade: Increasing Returns, Imperfect Competition, and the International Economy. Cambridge MA: MIT Press.

[127] Henderson, J. V., Industrial development in city [J], *Journal of political economy*, 1995, Vol. 103, No5, pp. 1067 – 1090.

[128] Hill, E. W., Brennan, J. F., A methodology for identifying the drivers of Industrial clusters: the foundation of regional competitive advantage [J], Economic development quarterly, 2000, 14 (1), pp. 65 – 96.

[129] Hirschberg, J., Sheldon, I. and Dayton, J. (1994), An Analysis of Bilateral Intra-Industry Trade in the Food Processing Sector. Applied Economic 26: 159 – 167.

[130] Jan I. Haaland et al, 1999, What determines the economic geography of Europe? CEPR Discussion Paper 2072, Center for Economic Policy Research, London.

[131] J. Dunning, 1993, The Globalisation of Business, Routledge, London.

[132] Johansen, Soren, Likelihood-based Inference in Cointegrated Vector Autogressive Models, Oxford University Press, 1995.

[133] Kalyan K. Sanyal, 1993, Paradox of Competitiveness and Globalisation of Underdevelopment, Economic and Political Weekly, June 19, 1993.

[134] Kim, D. and Marion, B., Domestic Market Structure and Performance in Global Markets: Theory and Empirical Evidence from US Food Manufacturing Industry, Review of International Organization, Vol. 12, 1997.

[135] Kim, S. (1995), 'Expansion of Markets and the Geographic Distribution of Economic Activities: The Trends in U. S. Regional Manufacturing Structure, 1860 – 1987', *Quarterly Journal of Economics* 110, 881 – 908.

参考文献

［136］Kyoung-Hwie Mihn，An Analysis of Agglomeration Economiesin the Manufacturing Sector of Korea ［J］，*KIET Occasional Paper No.* 56.

［137］LanCaster，K.（1980），Intra-industry trade under perfect monopolistic competition. Journal of International Economics 10：151－175.

［138］Linder，S. B.（1961），An Essay on Trade and Transportation（Stockholm：Upsala）.

［139］Marius Brulhart，1998，Economic Geography，Industry location and trade：the evidence，*The World Economy*.

［140］Maryann P. Feldman & David B. Audretsch，1999，Innovation in cities：Science-based diversity，specialization andlocalized competition ［J］，European Economic Review 43（1999）409－429.

［141］McCorriston，S. and Sheldon，I. M.（1991）. Intra-Industry Trade Specialization in Processed Food Products：The Case of US and the EC. Review of Agricultural Economics 13：173－184.

［142］Michael E. Porter，Competitive strategy：Techniques for Analyzing Industries and competitors，1980，the Free Press，N. Y.

［143］Michael E. Porter，Competitive Advantage：creating and sustaining superior performance，1985，the Free Press.

［144］Michael E. Porter，Competition in Global Industries，1986，Harvard Business School Press，Boston.

［145］Michael E. Porter，The Competitive Advantage of Nations，1990，the Free Press，N. Y.

［146］Michael E. Porter，What is strategy?，Harvard Business Review，Nov-Dec，1996.

［147］Michael Fritsch，New firm formation by industry over space and time：a multi-level analysis ［J］，Freiberg working paper，2002.

［148］Michael P. Devereux，Agglomeration，Regional grants and firm location ［J］，IFS WP 04/06.

［149］Michael P. Deverux，The Geographic Distribution of Production Activity in the UK ［Z］，*The Institute for Fiscal Studies*，*working paper*，26/1999.

［150］Miren Lafourcade and Giordano Mino，Concentration，Spatial Clustering and the Size of Plants：Disentangling the Sources of Co-location Extenalities ［Z］，*DIW Berlin*，*discussion paper*，2004.

［151］Moreno，L. ，The Determinants of Spanish Industrial Exports to the European Union, Applied Economics, Vol. 29, 1997.

[152] Nippon Steel Corporation, Annual Report 2002, Year ended March 31, 2002.

[153] Nippon Steel Corporation, Annual Report 2003, Year ended March 31, 2003.

[154] Nippon Steel Corporation, Annual Report 2004, Year ended March 31, 2004.

[155] OECD, 2003, Science, Technology and Industry Scoreboard 2003, Paris, France.

[156] Olga Alonso-Villar, An Analysis of the Geographic Concentration of Industry in Spain [Z], Spanish Ministry of Science and Technology, Working Paper, 2001.

[157] Pieri, R., Rama, D., and Venturini, L. (1997). Intra-Industry Trade in the European Food Industry. European Review of Agricultural Economics 24: 411 – 425.

[158] Posco, Annual Report 2002.

[159] Posco, Leading Steel Annual Report 2003.

[160] Posco, On the Move Annual Report 2004.

[161] Prahalad, C. K. and G. Hamel, The Core Competence of the Corporation, Harvard Business Review, May-Jun, 1990.

[162] Raffaele & Stefano, Externalities, knowledge spillovers and the spatial distribution of innovation, Geo Journal 49: 381 – 390, 1999.

[163] Stephen H. Hymer, The International Operation of National Firms: A Study of Direct Foreign Investment, Cambridge, MA, MIT Press, 1976.

[164] Stiglitz, J. E. (1987), The causes and consequences of the dependence of quality on price. Journal of Economic Literature 25: 1 – 48.

[165] S. Orjan, L. Goran and K. Christian (2003), The Cluster Initiative Greenbook, The 6th Global TCI Conference.

[166] Stefano Breschi, Knowledge spillovers, technological diversity and spatial clustering of innovations, 1998.

[167] Stuart S. Rosenthal, 2001, The determinants of agglomeration. Journal of Urban, Volume 50, Number 2, September 2001, pp. 191 – 229 (39).

[168] Tharakan, P. K. M. (1984), Intra-industry trade between the industrial countries and the developing world. European Economic Review 26: 213 – 227.

［169］Todd Gabe, Local industry agglomeration and new business activity ［J］, *Growth and Change*, *Vol.* 34, 2003.

［170］Verspagen & Schoenmakers, the spatial dimension of knowledge spillovers in Europe: evidence from firm patenting data, 2000.

［171］W. R. Cartwright, 1993, Multiple Linked Diamonds and the International Competitiveness of Export-development Industries: The New Zealand Experience, Management International Review.

［172］Xepapadeas, A. and Zeeuw, A., Environmental Policy and Competitiveness: The Porter Hypothesis and the Composition of Capital, Journal of Environmental Economics and Management, Vol. 37, 1999.

［173］Xiaming Liu and Haiyan Song, China and the multinationals-A Winning Combination, Long Range Planning, Vol. 30, 1997.

［174］Young, A., (2000), The razor's edge: distortions and incremental reform in the People's Republic of China. *Quarterly Journal of Economic*s 115, 1091 – 1135.

后 记

　　中国人民大学竞争力研究团队经过 16 年的发展，在国际竞争力研究的基础上，深刻认识到产业竞争力的核心和基础地位。在研究中，我们特别注重团队作用，培养出多名高水平的博士研究生；坚持与政府部门的合作关系，与国家统计局合作保证最新、最权威的企业统计数据，与商务部等的需求互动合作，有效保证研究成果的应用价值；注重数据库的更新与发展，发挥统计模型作用，追求长期研究的基础建设；发挥研究的辐射和培育作用，吸收外部有研究基础和实力的研究队伍参加，如吸收华中科技大学光电子产业竞争力研究队伍，以壮大研究队伍。

　　中国产业竞争力课题研究发挥中国人民大学多学科交叉优势，主要专家包括：赵彦云教授、王化成教授、雷达教授、邹骥教授、高敏雪教授、王琪延教授、孔祥智教授、卢东斌教授，以及陈卫平副教授、简明副教授、李静萍副教授、薛薇副教授。甄峰博士作为首席专家的助手，在研究与组织上发挥了重要的作用。主要研究人员还有：张明倩博士后、甄峰博士、陈芳博士、傅琦博士、谭英平博士、李正辉博士、李亚杰博士、王作成博士、汪涛博士、乔云霞博士，陶晶硕士、夏凡硕士、王长春硕士、赵长春硕士、侯晓霞硕士、马文涛硕士、王丰硕士、余巍硕士、曹倩硕士、余毅硕士、李小虎硕士，以及博士生郭淡泊、王敏、吴翌琳、程晓月、谢益辉、程红莉、谢蕾蕾、邢瑞军等。华中科技大学卫平教授领导他的团队，以"光电子产业竞争力研究"参与了本课题的研究。在本课题研究过程中得到国家统计局、商务部产业损害调查局、国家发改委产业政策司、中国工商银行信贷部、国家开发银行综合局、国家旅游局等单位领导和专家的大力支持，在此表示衷心的感谢。也感谢教育部鉴定委员会的邱东教授等 7 位专家对我们课题研究的肯定和建议。我们的研究成果中还存在着有待深入研究的方面，个别地方也可能不一定完全妥当，因此，敬请各位同行多多指正。

已出版书目

书　名	首席专家
《马克思主义基础理论若干重大问题研究》	陈先达
《网络思想政治教育研究》	张再兴
《高校思想政治理论课程建设研究》	顾海良
《马克思主义文艺理论中国化研究》	朱立元
《弘扬与培育民族精神研究》	杨叔子
《当代科学哲学的发展趋势》	郭贵春
《当代中国人精神生活研究》	童世骏
《面向知识表示与推理的自然语言逻辑》	鞠实儿
《中国大众媒介的传播效果与公信力研究》	喻国明
《楚地出土戰國簡册［十四種］》	陈　偉
《中国特大都市圈与世界制造业中心研究》	李廉水
《WTO主要成员贸易政策体系与对策研究》	张汉林
《全球经济调整中的中国经济增长与宏观调控体系研究》	黄　达
《中国产业竞争力研究》	赵彦云
《东北老工业基地资源型城市发展接续产业问题研究》	宋冬林
《中国民营经济制度创新与发展》	李维安
《东北老工业基地改造与振兴研究》	程　伟
《中国加入区域经济一体化研究》	黄卫平
《金融体制改革和货币问题研究》	王广谦
《中国市场经济发展研究》	刘　伟
《我国民法典体系问题研究》	王利明
《中国农村与农民问题前沿研究》	徐　勇
《城市化进程中的重大社会问题及其对策研究》	李　强
《中国公民人文素质研究》	石亚军
《生活质量的指标构建与现状评价》	周长城
《人文社会科学研究成果评价体系研究》	刘大椿
《教育投入、资源配置与人力资本收益》	闵维方
《创新人才与教育创新研究》	林崇德
《中国农村教育发展指标研究》	袁桂林
《高校招生考试制度改革研究》	刘海峰
《基础教育改革与中国教育学理论重建研究》	叶　澜
《处境不利儿童的心理发展现状与教育对策研究》	申继亮
《中国和平发展的国际环境分析》	叶自成

即将出版书目

书　名	首席专家
《中国司法制度基础理论问题研究》	陈光中
《完善社会主义市场经济体制的理论研究》	刘　伟
《和谐社会构建背景下的社会保障制度研究》	邓大松
《社会主义道德体系及运行机制研究》	罗国杰
《中国青少年心理健康素质调查研究》	沈德立
《学无止境——构建学习型社会研究》	顾明远
《产权理论比较与中国产权制度改革》	黄少安
《中国水资源问题研究丛书》	伍新木
《中国法制现代化的理论与实践》	徐显明
《中国和平发展的重大国际法律问题研究》	曾令良
《知识产权制度的变革与发展研究》	吴汉东
《全国建设小康社会进程中的我国就业战略研究》	曾湘泉
《现当代中西艺术教育比较研究》	曾繁仁
《数字传播技术与媒体产业发展研究报告》	黄升民
《非传统安全与新时期中俄关系》	冯绍雷
《中国政治文明与宪政建设》	谢庆奎